JN279001

国境を越える歴史認識

日中対話の試み

劉 傑／三谷 博／楊 大慶［編］

東京大学出版会

Contending Issues in Sino-Japanese Relations:
Toward a History Beyond Borders
Jie LIU, Hiroshi MITANI and Daqing YANG, Editors
University of Tokyo Press, 2006
ISBN4-13-023053-0

はしがき

　1990年代以降，冷戦構造の崩壊とともに日本では戦前世代が政治・社会の表舞台から引退し，代わって戦後世代が日本の進路を決める時代に突入した．20世紀の戦争の歴史を共有した中国でも90年代の半ば頃から同様な時代を迎え，敵対の経験を持たない両国の戦後世代が未来に向けた信頼関係を構築する新時代の到来と期待された．

　ところが，経済と社会の相互依存関係が深まった反面，両国の戦後世代間に共通の言葉が逆に少なくなっていった．この世代の間に隔たりを作ったのは，戦前世代が残した「戦争の歴史」そのものではなく，歴史を「記憶する方法」「語る方法」そして，「伝承する方法」である．このことは，戦後世代よりも両国の戦争を経験した世代の方が，容易に対話を成立させていたことからも確認できる．1972年の国交回復以降20年以上も大事にされた「日中友好」の時代は，紛れも無く両国が過去の歴史への反省に立ち，細心の注意を払って育てたものであった．歴史を現在と過去との対話として理解するならば，中国と日本はほぼ同じチャネルを経由して比較的に合意しやすい共通の過去と対話してきたのだ．対話のなかで，たとえ共通の歴史認識が得られなくても，相手の歴史認識に対する理解は深められたのだった．

　1970年代末から始まった中国の改革開放は，連続20数年間の高度経済成長を達成しただけでなく，不十分ながらも情報の公開と学術研究の自由度の拡大をもたらした．寛容になった社会の雰囲気は当然ながら歴史学などの学問分野にも広がった．「階級闘争史観」「近代化史観」「多民族統一国家史観」といわれる歴史観が並存するなか，一部の歴史の専門家の間では，従来歴史の原動力とされてきた排外運動や革命への評価が下がり，反対にイデオロギー優先の時代に「反動」「売国」とされた人物と彼らが進めた「洋務」や「変法」などへの再評価が盛んになった．また，抗日戦争における国民党の役割も公式に評価されるようになった．現在の史料の公開と利用状況も，20年前と比べ隔世の感がある．

多様な歴史資料・史料にアクセスできるようになったことにより，歴史家はより多彩な過去と対話するチャンネルを手に入れた．また，表現をめぐる環境の変化は，大衆にも歴史を語るチャンスを増やした．かつて教科書にも登場しなかった南京虐殺事件や靖国神社などが中国の戦後世代に広く知られるようになったのは改革開放がはじまった 1980 年代以降のことである．

　多チャンネルで過去と対話できるようになった中国の歴史家は，日本の現在と過去を対話させながら，現代日本のイメージを修正していった．国交正常化当時，中国人の間では，敗戦の廃墟から国を再建した平和国家日本のイメージが支配的であった．当時の政治状況のもとでは，「日本人民も軍国主義の被害者」という中国政府の見解や，「日本民族は偉大な民族」という毛沢東主席の発言は，中国国民の対日認識を方向付けるのに十分であった．しかし，中国社会の急激な変化にともなって，政府に与えられた日本観は大きく変貌した．国交回復から 80 年代のなかばまでの 15 年間，中国の歴史家はおおむね「日本人民も軍国主義の被害者」という思考回路で現在の日本と過去の日本とを対話させた．ところが，日本社会の「右傾化」という認識が一般化すると，現在と過去の対話の回路はしばしば戦争中の日本軍の残虐行為に偏っていった．

　一方，中国の改革開放の進展と並行するように，高度経済成長を経て世界のトップに躍り出た日本では，日本の近代を主として侵略の歴史として総括し否定的に捉えてきた歴史観への見直しが行われた．この現象は歴史学界を越え，政治・外交の分野で「戦後政治の総決算」というスローガンとともに国民の意識に浸透し，教科書問題と首相による靖国神社の公式参拝をめぐる論争の形で近隣諸国との外交問題に発展した．

　その中で，日本の戦後世代の間に確立した重要な歴史観は「1945 年の視点」とでもいえるものであった．すなわち，1945 年を境目に日本には根本的な変化が生じたという見方である．終戦からの 60 年間，日本は民主主義の平和国家を建設し，戦争のない時代を謳歌してきた．1945 年以前の日本への逆戻りはもはや考えられない．これが多数の国民に共通した認識であると言ってよい．したがって，侵略行為を行った戦前の日本と現代の日本とを結びつけて語ることは，戦後生まれの人々にとってなじみ難いことのようである．戦後世代の日本人の多くは，現在の日本社会で起こっているさまざまな現象を考えるとき，自然に

「1945年の視点」を用い，したがって，1945年という明確な境界線を越えて戦前と対話する必然性は感じられないのである．

これに対し，「建設」（近代化）と「統一」（統一国家の形成）という辛亥革命以来の二大目標を未だ実現していない中国にとって，現代を見つめるときの視点は「1911年の視点」と言ってよい．帝政を倒した辛亥革命のあと，孫文及びその後継者らが進めた国民革命やブルジョア民主主義革命，ならびに毛沢東の新民主主義革命，社会主義革命を経て，中国社会に大きな変化が起こったが，「建設」と「統一」の目標は未完成である．しかもこの目標を目指す中国近代のなかで，最大の障害は日本による中国侵略であったと認識されている．現代社会を理解するにあたって，1945年の太平洋戦争の終戦は日本人にとって決定的な意味を持つが，近代化と統一を目指す中国の視点は近代国家の出発点となった1911年を自然に意識している．このように両国の戦後世代の視点の違いが両国の歴史をめぐる対話を難しくしていることは否定できない．

他方，日本民族の優越性と日本歴史の完全無瑕を主張する歴史認識は，1945年からさかのぼって戦前と戦後の日本史の連続性を強調する．欧米列強によるアジア侵略を非難することによって，日本の対中国侵略と対朝鮮植民地支配を相対化する一方，アジア諸国への加害の歴史を指摘する歴史観を「自虐史観」として排斥する．戦前と戦後の連続性を強調する点で中国の「1911年の視点」と共通点を有するが，価値判断が正反対なため，両国の歴史認識の対立を顕在化させた．このような民族主義的な歴史認識が教科書問題の形で表面化したことは，中国と韓国の警戒を招き，首相による靖国神社参拝問題とともに，日中政治関係の悪化と国民感情の対立を惹き起こした．この対立の中で，多くの戦後世代が共有している「1945年の視点」も，この「連続の視点」に吸収され，国民感情の対立を増幅させた．

歴史認識の隔たりが明確になった20数年前から，両国の研究者は，歴史認識が国境を越えるときの難しさを繰り返し経験した．歴史認識の距離は友好に対する情熱だけでは乗り越えられないことに気づいたとき，両国の人びとは落胆したのも事実である．こうした現実を前にすると，人は国境を越えて歴史認識を共有する可能性はほとんどないという悲観論に傾きがちである．しかし，対立解消の努力を放棄するのは早すぎるのではないだろうか．日本と中国の歴史

家は，「1945年の視点」と「1911年の視点」を認め合いながら，共有する過去を媒体に対話することができるはずだと我々は考える．

本書のタイトル，「国境を越える歴史認識――日中対話の試み」は，両国の隔たりを冷静に受け止める一方，それぞれの歴史認識を知るための対話は，もっとも困難な，しかし，もっとも重要なステップだ，という我々の思いを表現したものである．

この20年間，歴史家に限らず，日中の研究者の間で，数々の交流と対話が行われた．そのほとんどは，それぞれの立場から各自の主張を相手に伝えることであった．それ自体意義深いことであったが，我々はさらに進んで，日中関係史の分野では，史料を共有できるという利点を生かして，より深層の対話ができるはずだと考えた．そして，笹川平和財団日中友好基金の支援を得て，2001年10月から「日中若手歴史研究者会議」をスタートさせたのである．当初は日中の比較的若い世代の研究者を中心とした緩やかな研究会組織であり，議論は歴史問題の背景にある日中両国の社会変動にまで及んだ．日中の間で視点は異なるものの，研究会のメンバーは，互いの解釈がどこに発し，何に根拠を持つのかを理解するようになり，同時に同国人の間でもかなりの違いがあることも自覚し始めた．様々な相違はあっても，和やかで理性的な対話が可能なことを知ったのは，とくに貴重な経験であった．その結果，我々はこの経験と知識を，歴史認識をめぐる日中両国の若い世代の溝を埋めるために使えるのではないかと考えるようになった．いま乖離を始めている両国の若い世代に，対話に必要な環境を提供する必要性を痛感するに至ったのである．

本書は，歴史研究者に限らず，両国で歴史を学んでいる人々や，両国関係ないし東アジアの未来に関心のある読者のために，これまで争点としてクローズアップされた日中関係史の代表的な問題を日中双方の視点から一次史料を用いて整理してみたものである．対象とする時期は日清戦争前の19世紀後半から太平洋戦争の戦後，現代までである．この150年間の日中関係は敵対と協力の複雑な側面を繰り返したため，各歴史事象への認識も複数の視角が求められている．本書は，それぞれの問題がどういう理由で日中間の争点になったのかを解説すると同時に，争いを解決する道筋を提示することに努めた．

第Ⅰ部「歴史の事実と歴史認識」は，太平洋戦争前までの時期の歴史事象に焦点をあて，今日の日中関係の基層を構成している諸事件と歴史認識の枠組みを分析している．

　1章　茂木敏夫「日中関係史の語り方——19世紀後半」は，日清戦争までの日中関係に関する日中それぞれの認識の共有と対立を考察している．後世の人びとは，守旧/開化，伝統/近代，抵抗/侵略というコンテクストで日中関係史を語ってきたのであるが，それぞれの時代の史料を探ってみると，必ずしもその枠組みは妥当でない．日清戦争後，二項対立の図式が徐々に形成され，明治初年まで遡って適用されたことにより，多様な可能性を潜ませていた19世紀後半の日中関係史の解釈は狭められ，今日までその影響が及んでいる，と指摘する．

　2章　川島真「関係緊密化と対立の原型——日清戦争から二十一カ条要求まで」は，「中国」が形成された時期という観点から，19世紀の末から20世紀最初の20年までの日中関係を扱っている．また，この時期に日中政治外交の基層が形成されたという認識の下，現代と歴史との間を往復しながら100年来の日中関係の構造的な問題に挑んでいる．総体的な関係の緊密化と政治・外交関係の悪化はまさに昨今の日中関係に通ずる問題であり，その背後には，日本＝文明国，中国＝非文明国という意識が横たわっていた．20世紀初頭の中国「形成期」と，21世紀初頭の中国「台頭期」の日中関係の構造的共通点に，我々は何を見出すべきだろうか．

　3章　劉傑「『反日』・『反中』循環のなかの日中外交——満州事変前夜」は，日中関係史上の「反日」と「反中」の構造を，外交交渉の過程を通して解説する．外交手段による穏健な国権回復運動を構想した国民政府は台頭するナショナリズムと排日の嵐の前で無力であった．大衆からの「売国」の謗りをかわしながら日本との関係悪化を避けようとしたが，日本は中国の反日ナショナリズムを国民政府の反日教育と反日政策の結果とみなし，新聞による誇大報道の影響もあって，日本人の間に対中「恐怖感」と嫌悪感が広がった．この現象は五四運動から今日に至る日中関係に内在する構造的な問題に他ならない．

　4章　服部龍二「『田中上奏文』をめぐる論争——実存説と偽造説の間」は，日中関係史上，最大の争点の一つであり続けた「田中上奏文」論争を分析する．田中義一首相が天皇に中国を始めとする東アジアの侵略計画を上奏したという

文書があるが，その真偽に関する議論について，日中（台湾を含む）に限らず，アメリカ，ロシア，モンゴル，インド，韓国および北朝鮮での扱い方の変化について紹介し，議論を「本物説」「実存説」「偽造説」に類別している．「本物説」か「実存説」を唱えるのは，中国やロシアの研究者が多いのに対し，日本とアメリカは「偽造説」である．それぞれの主張の根拠を検証した上で，侵略の計画性，一貫性を強調する中国の歴史観と多様な選択肢や可能性を重視する日本の歴史観との深い溝を浮き彫りにしている．

　5章　樋口秀実「満州国史の争点──同時代と後世の視角」は，満州国を通して，同時代の人と後世の人の間の認識のギャップを描いた．日中の学者の間で満州国が日本の傀儡国家であったことについてはほとんど異論がないが，歴史の当事者がそれを理想国家として真剣に考えたのはなぜか．傀儡国家と理想国家の二つの側面を有すると考える筆者は，さらに第三の満州国像の可能性を紹介した．すなわち，満州国が誕生したことや満州国政府が行った政策のために中国東北社会にどのような変化がもたらされたかという視点である．

　6章　楊大慶「南京アトロシティズ──建設的な対話は可能なのか」は，南京事件を歴史研究の本質にかかわる問題として取り上げている．事件が刺激的であるほど主観的な意識が不可避的に働く歴史研究の性質と，現存する証拠や証言の性質を考えると，「南京大虐殺」の名で知られているこの事件は，虐殺された人数や虐殺の方法などについて，正確な結論を出すことは難しいが，意見の対立を縮小することはできると指摘している．それは，単一の見解を相手国に押し付けるのではなく，双方の間に歴史研究のための建設的な枠組みを構築することである．つまり，実証主義的であると同時に倫理道徳的でもあることを目標にすることである．南京アトロシティズを日本の中国に対する侵略戦争のなかで起こった事件として，人類の歴史上に発生したすべての戦争や組織的な暴力と犯罪に共通する性質を持っていると理解することによって，認識のずれが克服されると展望している．

　7章　劉傑「汪兆銘と『南京国民政府』──協力と抵抗の間」は，日本占領下の南京に成立した汪兆銘政権および人間汪兆銘に対する評価をめぐる日中の認識の違いを解説した．中国の学者と日本の学者がこの問題について議論するとき，底辺にある争点は，汪兆銘は「漢奸」（裏切り者）であるか否か，汪兆銘政

権は「傀儡政権」であるか否かということに集中する．歴史上，「漢奸」が絶えなかったことから「漢奸文化」という言葉が生まれた．この現象は「裏切り者」に対する中国人の憎しみの深さを物語っている．論文は，日中戦争中の対日協力者への中国人の憎悪は，如何なる理由に由来するかを分析し，汪兆銘政権の対日協力と「抵抗」の実態を明らかにした．

　第Ⅱ部「和解のための歴史認識を求めて」では，現代において日中間に横たわる課題を取り上げ，今後の展望を見通すよう試みている．

　8章　三谷博「日本の歴史教科書の制度と論争構図」は，中国の読者にも日本の歴史教育の実態および教科書の検定，採用制度の実態が理解できるように，詳しい解説を施し，その上で，2001年以前と以後の歴史教科書をめぐる国内論争を取り上げている．近隣諸国との関係が再建された結果，教科書問題に国際的な側面が持ち込まれたことを述べ，「新しい歴史教科書をつくる会」の主張と活動などを整理・紹介するとともに，日本の保守層の中にも，戦争への道を嫌悪し，日本の「国益」が隣国を含む国際協調に懸かっていると信ずる人が少なくないことを確認している．そして，歴史認識の問題は，権力抗争の具としてではなく，普遍的な道義の問題として処理することを提案している．

　9章　茨木智志「歴史教科書にみる日中の相互認識」は，日中両国の歴史教科書を比較・検証し，それぞれの教科書が相手国の歴史をどのような比重で，どのような形で記述しているかを再現した．「新しい歴史教科書をつくる会」の歴史観が近隣諸国から注目されているが，日本では，歴史教育のみならず，戦後生まれの子どもたちに平和の大切さを教える平和教育が，社会科教育の中で戦後一貫して追求されてきたことを指摘した．両国の歴史教育の共通点としては，ともに国家アイデンティティの希薄化への対処として歴史教育が利用されており，様々な要因から出現する政治的な要求が，歴史教育に影響を及ぼすような制度が整備されていると総括している．

　10章　浅野豊美「台湾の日本時代をめぐる歴史認識」は，50年間に及ぶ台湾の「日本時代」が現在の台湾人アイデンティティの形成や両岸関係に如何なる影響を残したかを検証し，台湾問題をめぐる日中の争点を描いた．台湾人を「民主」や「自由」の主体と位置づけ，歴史によってそれを正当化しようとする言

説は，大陸側では「文化台独」(文化面からの台湾独立の企て）として嫌悪されていると指摘した．また，日本の「民族的保守派」は，日本人による台湾「近代化」への一定の貢献を強調し，台湾の独立派と歴史的絆を確認し合っていると分析している．

　11章　村井良太「戦後日本の政治と慰霊」は，首相による靖国神社参拝の問題を政治と慰霊とをめぐる戦後日本の半世紀を越える営為の蓄積として理解している．靖国問題を，戦死者の鎮魂の問題（早期合祀・国家護持）と憲法問題が衝突した第1期，公式参拝を定着させようとして，近隣諸国，とくに中国との外交問題へと発展していった第2期，そして，靖国問題が憲法問題から国際問題へと決定的に変質し，その解決策として新施設建設の具体的議論が始まった第3期に分けて，政治と慰霊の歴史を整理し，この問題をめぐる国内的争点と国際的争点を明らかにした．

　12章　楊志輝「戦争賠償問題から戦後補償問題へ」は，中国政府による対日戦争賠償の請求放棄の決定が，結果的に民間によって戦後補償問題が提起される一因となったことを指摘し，戦後補償問題の拡大は中国社会における自由度の拡大と関連していることを明らかにした．また，従来慎重だった中国政府も，補償の請求は国民の権利であり，政府は干渉できないという態度に変わり，事実上民間の動きを支持している．歴史認識をめぐる日中間の対立の中で，中国側が補償問題に固執しているのは，日本側に戦争に対する反省を求めているのであって，物質的・金銭的な要求ではないと述べている．

　13章　川島真「歴史対話と史料研究」は，いかに国境を越えた歴史認識を求めるかという設問への探求である．筆者は，中国における戦争被害に関する記憶が地域，家庭などのプライベートな空間において形成される側面の重みを強調し，日中における「対話」や，共通の歴史観の形成の難しさを指摘した．また，いかに史料に依拠した「実証」研究を進めても，問題の解決に導かれるとは限らないことを意識すべきだと主張している．しかし，その一方では，近年の中国の歴史学界における議論の枠組みの拡大，研究課題の自由化と多様化，実証主義の進展，世界の中国研究への配慮，意識の変化などを紹介し，新たな対話，共同研究の可能性が生まれてきていると述べ，未来に向けての展望を示している．

本書は日本語版と中国語版を同時に出版する．近年，東アジアにおける歴史認識のギャップを埋めるため，様々な共通歴史教材が編まれているが，その中にあって，子供でなく，大人の通読に耐えるものを目指した．まだまだ不十分であろうが，両国の人びとが対話を始めるための環境整備の一助となるならば，幸いである．敵対の歴史を有する両国民の歴史認識にギャップが存在することは客観的事実である．また，加害者と被害者の立場の相違も明確であり，被害者の心が癒されるのは，加害者や第三者の想像をはるかに越えて，難しいことである．自らの歴史認識に合わせるよう，相手を強要することはできない．しかし，歴史を振り返ることは，「心の問題」でもある．相手の「心」を思いやり，相手の主張に耳を傾け，尊重することは，日本と中国が真の和解を実現する第一歩ではないだろうか．

　最後になったが，日中両国の相互理解と信頼関係を増進するために，研究会の開催と本書の出版に支援を与えて下さった笹川平和財団に衷心よりお礼を申し上げる．また，本書の出版を快諾し，編集・翻訳作業に一方ならぬご尽力をいただいた東京大学出版会，中国社会科学文献出版社に深く感謝申し上げる．

2006 年 3 月

編者を代表して　　劉　　傑

目　次

はしがき

第Ⅰ部　歴史の事実と歴史認識

1章　日中関係史の語り方──19世紀後半　　　　　　　　　茂木　敏夫
　はじめに ……………………………………………………………… 3
　1. 開化/守旧，侵略/抵抗というステレオタイプの成立 ………… 4
　2. 伝統的文化世界の共鳴──日清修好条規 ……………………… 6
　3.「処分」か「処置」か──琉球帰属問題 ……………………… 8
　4.「伝統」の再定義と近代──中国・朝鮮宗属関係 …………… 12
　5. 地域構想の競い合い──「アジア」 …………………………… 17
　おわりに …………………………………………………………… 24

2章　関係緊密化と対立の原型──日清戦争後から二十一カ条要求まで
　　　　　　　　　　　　　　　　　　　　　　　　　川島　真
　はじめに …………………………………………………………… 29
　1. 19世紀の日中関係 ……………………………………………… 32
　2. 日清戦争 ………………………………………………………… 33
　3. 戊戌変法 ………………………………………………………… 36
　4. 義和団事件と光緒新政 ………………………………………… 38
　5. 日露戦争 ………………………………………………………… 39
　6. 日本における留学生の増加と友好論 ………………………… 43
　7. 辛亥革命と中華民国の成立 …………………………………… 44

8. 第一次世界大戦，二十一カ条要求問題 ………………………… 46
　おわりに──「中国」形成期と「支那」呼称問題 ………………… 47

3章　「反日」・「反中」循環のなかの日中外交──満州事変前夜
劉　　傑

　はじめに ……………………………………………………………… 53
　1. 「反日」事態の把握 ……………………………………………… 55
　2. 中国の外交姿勢──対内と対外 ……………………………… 58
　3. 日本の外交姿勢──唯一の選択肢 …………………………… 67
　4. 幻の第二の選択肢 ……………………………………………… 76
　おわりに ……………………………………………………………… 80

4章　「田中上奏文」をめぐる論争──実存説と偽造説の間　服部　龍二

　はじめに ……………………………………………………………… 85
　1. 問題の所在 ……………………………………………………… 86
　2. 各国の「田中上奏文」観（1）──アメリカとロシア ……… 90
　3. 各国の「田中上奏文」観（2）──1970年代までの日本，中国，台湾 … 93
　4. 各国の「田中上奏文」観（3）──1980年代以降の日本，中国，台湾 … 97
　結びに代えて ………………………………………………………… 101

5章　満州国史の争点──同時代と後世の視角
樋口　秀実

　はじめに ……………………………………………………………… 113
　1. 満州国＝傀儡国家という認識 ………………………………… 115
　2. 満州国＝理想国家という認識 ………………………………… 123
　おわりに ……………………………………………………………… 132

6章　南京アトロシティズ──建設的な対話は可能なのか
楊　大慶

　はじめに ……………………………………………………………… 139
　1. なぜ「日中最大の争点」になったのか ……………………… 140

2．南京アトロシティズの捉え方 ……………………………… 148
　3．相違の認識から共同研究へ ………………………………… 164

7章　汪兆銘と「南京国民政府」——協力と抵抗の間　　劉　傑

　はじめに ……………………………………………………………… 171
　1．「漢奸」か「愛国者」か——汪兆銘論をめぐって ………… 175
　2．汪兆銘政権と日本——その「傀儡性」をめぐって ………… 185
　おわりに ……………………………………………………………… 197

第Ⅱ部　和解のための歴史認識を求めて

8章　日本の歴史教科書の制度と論争構図　　三谷　博

　はじめに ……………………………………………………………… 205
　1．現在の問題状況 ……………………………………………… 205
　2．学校での歴史教育 …………………………………………… 207
　3．現在の教科書制度 …………………………………………… 208
　4．歴史教科書をめぐる国内論争 ……………………………… 213
　むすび ………………………………………………………………… 223

9章　歴史教科書にみる日中の相互認識　　茨木　智志

　はじめに ……………………………………………………………… 227
　1．日本の歴史教科書における中国史の意味 ………………… 228
　2．中国の歴史教科書における日本史の意味 ………………… 236
　3．日中の相互認識のギャップとその背景 …………………… 247
　4．日中で取り組むべき歴史授業の方向——まとめに代えて … 248

10章　台湾の日本時代をめぐる歴史認識　　浅野　豊美

　はじめに——台湾の民主化とその歴史的背景 ………………… 253
　1．台湾史を取り巻く国際政治の文脈 ………………………… 258
　2．革命闘争史観と中華民族史観から見た台湾史 …………… 269

3. 日本帝国主義史観と近代化論の狭間から見た台湾史 ………………… 273
　　おわりに──「民主」と「民族」の相克と超越の可能性 ………………… 281

11 章　戦後日本の政治と慰霊　　　　　　　　　　　　　　　村井　良太

　　はじめに ……………………………………………………………………… 289
　　1. 国家護持の模索と挫折（1952－75 年） ………………………………… 290
　　2. 公式参拝の実現と中断（1975－86 年） ………………………………… 298
　　3. 首相による参拝復活と新施設論争（1986－2005 年）………………… 304
　　おわりに ……………………………………………………………………… 308

12 章　戦争賠償問題から戦後補償問題へ　　　　　　　　　　　楊　志輝

　　はじめに ……………………………………………………………………… 315
　　1. 日中間の戦争賠償問題の由来 …………………………………………… 316
　　2. 日中間の戦争賠償問題の処理 …………………………………………… 322
　　3. 日中間の戦後補償問題の提起と現状 …………………………………… 333
　　むすびに代えて──問われる歴史認識と戦後処理のあり方 …………… 339

13 章　歴史対話と史料研究　　　　　　　　　　　　　　　　　川島　真

　　1. 歴史認識の相違と困難な「対話」……………………………………… 347
　　2. 歴史研究と歴史認識 ……………………………………………………… 350
　　3. 対話可能性の拡大と新たな状況の出現 ………………………………… 357
　　4. 近代史・現代史の史料──アーカイバル・ヘゲモニー ……………… 360
　　5. 歴史の共同研究と共同の歴史 …………………………………………… 362

あとがき　367

人物索引　373

事項索引　376

執筆者紹介

第 I 部

歴史の事実と歴史認識

19世紀後半　日中関係年表

1871年9月	日清修好条規が天津で締結される．
1872年9月	明治政府，琉球の使節に「琉球国王ヲ藩王トシ華族ニ列スル詔」を言い渡す．
1874年5月	日本軍が台湾に上陸（台湾出兵）．
1875年	清朝が北洋海軍建設に着手．
1876年2月	前年の江華島事件を受け，日本と朝鮮との間で日朝修好条規が締結される．
1877年12月	初代の駐日公使として何如璋が着任．
1879年4月	明治政府，「琉球藩ヲ廃シ沖縄県ヲ置ク」ことを布告．
1880年9月	日本訪問中の朝鮮修信使金弘集に黄遵憲が「朝鮮策略」を贈る．
1884年12月	漢城(ソウル)で金玉均らがクーデター（甲申政変），袁世凱率いる清軍に鎮圧される．
1885年3月	福沢諭吉，「脱亜論」を発表．
1886年8月	長崎において清国水兵と日本人巡査との乱闘事件（長崎事件）．
1894年8月	日清両国，相互に宣戦（日清戦争）．
1895年4月	講和条約が下関で締結される（下関条約）．

1章 日中関係史の語り方
——19世紀後半

茂木敏夫

はじめに

　日本と中国の間に近代的外交関係を成立させた1871年の日清修好条規の締結から，94-95年の日清戦争にいたる19世紀後半の日中関係史に関する，それぞれの認識の共有と対立について考えるのが，本章の課題である．その際，日中の交流とそれを支えていた東アジアという場の，いわば同時代的コンテクストと，それが日清戦争以後，後世の人々にどのように認識され，語られてきたかというふたつのコンテクストにおける認識が問題にされねばならないだろう．往々にして，このふたつは区別されず，混同されて議論されてしまっているように思われる．その点に留意して，ここでは，まず19世紀日中関係史の代表的な語り方について，それがどのような認識枠組みによって支えられているのかを整理する．そのうえで，同時代のコンテクストにおいて，はたしてそのような認識枠組みが存在していたのかを確認し，していなかったとすれば，その同時代において，当事者たちはどう考え，どう行動していたのか，それを支えていたのはどのような枠組みだったのかを考えたい．

　それによって日清戦争後，20世紀に成立した歴史認識の枠組みがどのようなものであったかを，固定観念によって裁断する弊に陥ることなく，改めて吟味することができるだろう．近代の日本や中国がもっていた可能性や限界をそれとして受け止めることで，未来を構想する際に，より自由で豊かな発想が可能となるだろう．

1. 開化/守旧，侵略/抵抗というステレオタイプの成立

　日清戦争時の外務大臣，陸奥宗光(むつむねみつ)はその回想録『蹇蹇録(けんけんろく)』において，この戦争にいたる「日清両国の朝鮮における権力の争い」を，中国−朝鮮間の宗属関係をめぐる，新旧ふたつの世界秩序の対立として，こう回想している．

> 「而して日清両国が朝鮮において如何に各自の権力を維持せんとせしやの点に至りては，殆ど氷炭相容れざるものあり．日本は当初より朝鮮を以て一個の独立国と認め，従来清韓両国の間に存在せし曖昧なる宗属の関係を断絶せしめんとし，これに反して清国は疇(ちゅう)昔の関係を根拠として朝鮮が自己の属邦たることを大方に表白せんとし，実際において清韓の関係は普通公法上に確定せる宗国と属邦との関係に必要なる原素を欠くにもかかわらず，せめて名義上なりとも朝鮮を以てその属邦と認められんことを勉めたり．」（岩波文庫，新訂版，27頁）

「疇昔の関係を根拠」とする清と，いち早く近代世界の「普通公法」を受け入れた日本との，ふたつの世界秩序の対立として描き，清の側を「疇昔」，すなわち旧・伝統とすることで，両国の対立を「守旧の中国」と「開化の日本」という価値の構造に置き直し，それによって日本の立場を正当化しようとしているわけである．社会進化論的な尺度によって，いかにして近代化をはかるかという当時のグローバルな時代状況において，新旧の対立の構図を持ち出せば，新が正当とされるはずである．

　この語り方は，坂野正高『近代中国政治外交史』（東京大学出版会，1973年）において「往年の標準的著作」と評される，王信忠『中日甲午戦争之外交背景』（国立清華大学，1937年）が，

> 「中韓宗属関係についていえば，宗属の名を維持するだけで，その内政外交については顧慮しないという，中国の朝鮮に対するこの種の畸形(きけい)宗属関係は，昔日の閉関時代には維持できたが，国際関係が複雑化した19世紀に適用することはできない．国際慣例においては，属国の内政外交に対して，

宗主国はその外交を最も重視し，干渉の権利を有すばかりでなく，干渉の義務も有すと考えられている．中国が朝鮮においてこの種の権利義務を放棄したので，各国は中韓宗属関係を承認しなかった．朝鮮問題の発生はここに始まる．」（4〜5頁）

と，中国と朝鮮との間の伝統的な宗属関係を，近代世界の関係に照らして「畸形宗属関係」と否定的に評価したように，中国の側も自らの語り方として内面化していった．

さらに，第一次世界大戦で欧米列強のプレゼンスが後退した際，その間隙を縫って二十一カ条要求を突きつけたように，日本は，それまでの列強と歩調を合わせた関与から，日本一国による単独の関与へと対中国のスタンスを変化させていった．そのようななかで日中関係は，中国では「侵略する日本と抵抗する中国」として語られ，日本では「進んだ日本と遅れた中国」，「統一国家をつくった日本とつくれない，バラバラの中国」などという二項対立によって，定型化して語られるようになっていった．以後，19世紀末から20世紀初めの時点での日中関係を反映した相互イメージが固定化し，日中双方で，そのイメージが過去にさかのぼって定型化していったのである．

この時期，日清戦争史研究は，とくに中国では，その敗因の解明に力が注がれ，それを通じて日本の侵略性と同時に，伝統に拘泥する中国の守旧性が明らかにされ，19世紀半ば以降の日本と中国を，そのような近代と伝統，侵略と抵抗という観点から一貫させて語る語り方が定型化していった．日本には一貫して侵略の意図があったことは自明の前提とされ，その意図と政策を日清戦争以前にさかのぼって，相当する史料を選び並べることで日中関係史が描かれることとなった．

例えば，この時期に編まれた近代日中関係史の古典，王芸生編『六十年来中国与日本』（全7巻，大公報社，1932〜34年．第8巻を増補して1979〜82年三聯書店より再刊．部分訳は長野勲・波多野乾一編訳『日支外交六十年史』建設社，1933年）の，民国21年4月（1932年）の日付をもつ張熾章の序によると，この書は，九・一八事変（満洲事変）を契機に，60年前は名もなき島国だった日本が，日清戦争の敗北，義和団の危機，二十一カ条の羞恥，済南事変の痛苦

を経て，どうしてこれほどの脅威になったのかという問いをたて，その由来を，60年前の日清修好条規にさかのぼって，それ以来の日中関係のなかから解明し，そして『大公報』読者に救国雪辱の決心を促すことを趣旨としている，という．侵略の起源探求とナショナリズム喚起というスタイルをとり，これを，日清戦争を越えて60年前の日清修好条規まで適用するわけである．近代の日中関係を，日本の侵略と中国の抵抗という構図のもとに，日清修好条規以来，九・一八事変にいたるストーリーとして描き，その起源をたどるというひとつの典型が，東北喪失の危機意識を背景にした切実な状況のもとで成立したことがわかる．

戦後，中華人民共和国成立後の歴史研究においても，抗日戦争の位置づけは変わらなかった．一方で，戦前のファシズムや大陸侵略を批判することから始まった戦後日本の研究も，結果的にこうした定型化に照応することとなった．このように近代日中関係史は，日中双方において，侵略を許した「伝統の中国」と侵略に堕した「近代の日本」として語られるようになった．

だが，はたして陸奥がいうように19世紀後半，日本は近代，中国は伝統とはっきり二分され，「殆ど氷炭相容れざる」排他的な関係だったかというと，事実は決してそうではない．少し仔細に検討すれば，近代を標榜しながらも伝統の痕跡をとどめていたり，重視される伝統それ自体が近代の影響あるいは拘束によって再定義されていたり，ときには伝統と近代とを意識的に使い分けていたりしていたことは，日中ともに容易にみてとれる．以下，日清修好条規締結をめぐる交渉，明治日本による琉球王国併合と廃藩置県（「琉球処分」），朝鮮をめぐる日中間の問題について，史料を例にしながら考えたい．

2. 伝統的文化世界の共鳴——日清修好条規

明治初年，対馬藩を介して朝鮮へ出された王政復古告知書にあった「皇」・「勅」などの文字が従来の抗礼（＝対等）関係に反するとして，朝鮮が受理を拒否し続けた——「皇」・「勅」は，朝鮮にとっては国王を冊封した中国皇帝のみが使用できる文言であった——いわゆる書契問題によって，日本と朝鮮との関係は断絶した．その際，日本がとった打開策は，まず朝鮮の宗主国である中国と「比肩同等」の条約を結び，そのうえで朝鮮を「一等を下し候礼典」によって扱お

うという，中国と朝鮮との宗属関係を利用した迂回策だった¹⁾．自らを近代国家に再編成し，それにともなう対外関係を再編成しようとするなかで，日本はむしろ東アジアに形成されていた伝統的秩序を利用したのである．

　当初は中国駐在の英仏公使に仲介を依頼するか，直接交渉に入るか検討されたが，まず事情説明を目的とした軽輩を派遣して予備交渉をさせることになり，1870年夏，外務大丞柳原前光（やなぎはらさきみつ）が上海道台との交渉のために派遣された．上海は江戸時代の長崎貿易の拠点であり，既に1862年の千歳丸，64年の健順丸と二度にわたり派遣された幕府の使節が，いずれも上海で，その地方官たる道台と交渉していた．今回もそのルートが使われたわけである．

　柳原一行は上海での交渉後，天津にいたり三口通商大臣成林や新旧の直隷総督である曾国藩，李鴻章（りこうしょう）と面談し，日中間の条約締結を訴えた²⁾．柳原は，日本は欧米に通商を押し付けられ，心は不服であったが，力で抗し難かったと述べ，さらに，日本は中国と近隣であるので，まず好（よしみ）を通じて「同心協力」を願うと述べ，それを反映させた試案を現地で作成して中国側に示した．このような日中の「同心協力」論は，一定の共感も生み，李鴻章は，「中華の文字に精通する」日本を「外援」とし「西人の外府としない」ためにも締約に賛成した．使節には，中華の伝統への信頼から反西洋の日清同盟を構想していた漢学者名倉信敦（なくらのぶあつ）も随行しており，雰囲気醸成に一定のはたらきをしていた可能性もある³⁾．その結果，中国側は，柳原の条約草案を受理し，翌年の本交渉に臨むこととなった．

　もちろん柳原の唱えた「同心協力」論が中国側に額面どおりに受け取られたわけではない．しかし一行との交渉を「礼貌（ふるまい）と詞気（ことば）はともに極めて恭謹」と評するように⁴⁾，中国側には，西洋列強とは異なる，同じ文化世界のものとする共感があったことは注意してよいだろう．そして中国側は，この共感を梃子に，「同心協力」を逆手にとるかたちで，だからこそ西洋諸国との条約をモデルとしないという方針を貫き，日清修好条規第二条に「両国好みを通ぜし上は，必ず相関切す．若し他国より不公及び軽貌（けいばう）する事有る時，其知らせを為さば，何れも互に相助け，或は中に入り，程克（ほどよ）く取扱い，友誼を敦くすべし」と規定されることとなった，いわゆる日中連合に固執したのだった．

　これに対し，日本側は柳原草案とは別の，中国が西洋諸国と結んだ条約に準拠した，新たな「和約」草案を以て本交渉に臨んだ．中国側は前年の柳原案と

の落差に驚き,柳原案に手を加えた「修好条規」草案を持ち出した.結局,この中国側草案をタタキ台として,交渉は中国側ペースで進められた.柳原案の存在が大きくものをいったわけだが,その柳原案も西洋諸国とは異なる日中関係という切り口で,中国側に訴えるものだったことを考えると,ここには東アジアという場の論理が依然生きており,それを意図的に使った中国側が交渉の主導権をとったのに対し,日本側もその論理には抗し切れなかったことがわかるだろう.

なお,これは「条約」とは異なる「条規」と名づけられていることにも注意する必要がある.草案をまとめた応宝時と陳欽によれば[5],「条規」は西洋諸国との「条約」とは異なり,それは両国の地理的な近さと歴史的な往来関係の存在によるという.ついでながら,日本と朝鮮との間に1876年結ばれたのも,「修好条規」である.

3. 「処分」か「処置」か——琉球帰属問題

そもそも明治政府の行った琉球併合が,なぜ「処分」とよばれたのか.そこには「両属」を不正常とする近代側からの意味付けがある.琉球が日中に「両属」することは,明治以前の日本においては周知のことだった.たとえば,京都の町医者 橘 南谿(たちばななんけい)は,1782年(天明2年)九州へ旅した折,鹿児島で「唐土」往来の体験を持つ琉球人と面談し,「琉球は,唐と日本に両属したる国なれば,両方商ひをして,金銀の自由よく,大いなる利徳を得て大富国也」と記しており[6],そこでは「両属」はけっして否定的意味で用いられてはいない.また,1719年(康熙58年)に琉球に派遣された徐葆光の旅行記『中山伝信録』が日本でも翻刻されるなど,清朝との冊封関係は広く知られていた.

19世紀に入り近代世界との接触が始まって以来,琉球の帰属が徐々に問題化していたが,明治初年,近代的な領土,国境をどう画定するかを考えるなかで,主権が排他的に行使される近代的な領土とは異なる,この両属も当然問題になったわけである.明治政府において,この問題が意識的に提起されたのは,史料1の大蔵大輔井上馨の壬申すなわち明治5年5月30日(1872年7月5日,明治6年より太陽暦)付の正院宛の建議と,それに対する正院の左院への諮問,

および左院の答弁である．そこからは，近代的な統治体制を構築しようとする井上らの立場と，東アジアという場の論理をふまえて，伝統的な領域観とも共存することをはかる左院の立場とが対立していたことがわかる．

■史料1：「井上大蔵大輔琉球国ノ版籍ヲ収メシムル儀ニ付建議，并正院ノ下問，左院ノ答議」（松田道之「琉球処分」第一冊，明治文化資料叢書刊行会編『明治文化資料叢書』第4巻「外交編」，風間書房，1972年，句読点を付した）

慶長年間，島津義久琉球ヲ征シ，中山王尚寧ヲ擒獲シ，皇国ニ服従セシメ候ヨリ以来，同国ノ義ハ薩摩ノ附庸ト看做シ，諸事同藩ニ致委任，延テ至今日候．……尤彼従前支那ノ正朔ヲ奉シ，封冊ヲ受候由相聞．我ヨリモ又其携弐ノ罪ヲ匡正セス，上下相蒙曖昧ヲ以，数百年打過，何[7]トモ不都合ノ至ニ候……百度維新ノ今日ニ至リテハ，到底御打捨被置候筋ニモ無之ニ付，従前曖昧ノ陋轍ヲ一掃シ，改テ皇国ノ規模御拡張ノ御措置有之度．去迚威力ヲ挟，侵奪ノ所為ニ出候テハ不可然．依テ彼ノ酋長ヲ近々闕下ニ招致シ，其不臣ノ罪ヲ譴責シ，……彼ヲ使テ悔過謝罪，茅土ノ不可私有ヲ了得セシメ，然後速ニ其版籍ヲ収メ，明ニ我所轄ニ帰シ，国郡置制，租税調貢等，悉皆内地一軌ノ制度ニ御引直相成，……

　　　　壬申五月三十日　　　　　　　　　　大蔵大輔　井上馨

琉球ノ義ハ，従来薩摩ニ附属シ，覲礼ヲ修メ，幣帛ヲ献セリ．而シテ彼又支那ノ正朔ヲ奉シ，冊封ヲ受ク．我亦其携弐ノ罪ヲ問ハス．因循数百年ノ久ヲ過シテ，今ヤ名義ヲ明ニシ，綱紀ヲ張ルノ時ニ方テ，如此曖昧ノ事，匡正セサルベカラズ．之ヲ処分スル，如何シテ可ナラン．宜シク審議上陳スベシ．　壬申六月二日　　　　　　　　　　　　　　　　　　正院

左院　琉球国使者接待併其国ヲ処置スルノ議
第一章　琉球国ノ我ト清トニ両属セシハ，従前ヨリ其国ノ形勢ニテ的然シ，更ニ論スルヲ竢タス．
第二章　琉球国ハ明ヨリ始マリ，清ニ至テモ其封冊ヲ受ケ，正朔ヲ奉ス．然ルニ，其名ハ封冊ヲ受ケ，正朔ヲ奉スレトモ，其実ハ島津氏累世之ヲ支配シ，士官ヲ遣シ，其国ヲ鎮撫ス．而已ナラス，使臣ヲ率テ来朝セシムルコト，旧幕府ヨリノ制タリ．由是観之ハ，琉球ノ我ニ依頼スルコト清ヨリ

勝レルハ，清ニハ名ヲ以テ服従シ，我ニハ実ヲ以テ服従スレハナリ．
第三章　琉球国ノ両属セルヲ以テ名義不正トナシ，今若シ之ヲ正シ，我カ一方ニ属セントスレハ，清ト争端ヲ闢クニ至ラン．縦令争端ヲ闢クニ至ラサルモ，其手数紛紜(ふんうん)ニシテ，無益ニ帰セン．何トナレハ，名ハ虚文ナリ，実ハ要務ナリ．清ノ封冊ヲ受ケ，正朔ヲ奉セシムルハ，虚文ノ名ニシテ，島津氏ノ士官ヲ遣シ，其国ヲ鎮撫スルハ要務ノ実ナリ．我其要務ノ実ヲ得タレハ，其虚文ノ名ハ之ヲ清ニ分チ与ヘ，必シモ，之ヲ正サゞルベシ．
……
第八章　右ノ如ク我ヨリ琉球王ニ封シタリトモ，更ニ清国ヨリモ王号ノ封冊ヲ受クルヲ許シ，分明ニ両属ト看做スヘシ．
……

　　　明治五年六月　　　　　　　　　　　　　　　　　　左院

　岩倉使節団の副使として外遊中だった大蔵卿大久保利通に代わり，大蔵省を担っていた井上の建議は，従来の「携弐」，すなわち両属を「罪」とし，「曖昧ノ陋轍ヲ一掃」して，近代国家の制度として，琉球も「内地一軌」すなわち全国均一の制度に取り込み，領土全域に均質な支配が貫徹することを志向するものであった．ただし，その具体的方法としては，武力によるのではなく，「罪ヲ譴責」し，「了得」すなわち理解させるという穏便な方法を提唱していた．清との関係については言及がなく，どこまで意識されていたのかは分からない．ともかくも国内問題としてあつかおうという趣旨だった．

　この建議を受けた正院とは，太政大臣・左大臣・右大臣・参議によって構成された政府の最高機関（1871年9月設置，77年1月廃止）であり，左院が立法機関，右院が各省の卿・大輔による行政の連絡機関だった．その正院も井上と同じ見地から，「曖昧ノ」状態を「匡正」すべきとし，その措置を「処分」と表現した．ここに「琉球処分」の表現が生まれたわけである．

　一方，諮問を受けた左院は別の応答をした．この時期，既に琉球使節の上京が日程に上っていたため，その接待方法についても同時に具申した答弁書は，「処分」の語を用いず，「処置」を用いてその表題としている．日清両属の現状は清にとっては名目だけの「虚文」であるのに対し，我国にとっては実質をと

もなう「要務」であるので，現状のままでよい．清の「虚文」まで排除しようとすると，「清ト争端ヲ闘ク」ことになりかねない．むしろ両属をきちんと再確認すべきであるとさえいう．

上京する琉球使節の接待については，1872年8月に外務省の扱いとされたが，これに対し井上は，「旧套ノ礼節ニ因依シ，殊域外賓ヲ以被為待候テハ，把持ノ国権ニ関シ不容易，御不都合」と，幕府時代に琉球使節を異国扱いしていた「旧套」による接待では「国権」に「不都合」と述べ，「接待ノ礼ハ大略版図内ト見做シ」，徐々に各地方官の朝廷への参集と同様の扱い，すなわち琉球を日本の一地方として扱っていくように上申した[8]．

1872年9月14日，琉球正使伊江王子らが参内した際，尚泰を琉球藩王に封じ華族に列する冊封詔書が授けられた．この措置は清朝には通告されず，内政問題として処理されたわけであるが，井上のいうように「内地一軌」とはならず，天皇と皇帝とそれぞれから冊封される両属状態は続いた．

しかし，左院の両属積極容認案が採用されたわけではない．政府は琉球藩の管轄を外務省から内務省へ移管し，台湾出兵の翌年，1875年には内務大丞松田道之を琉球に派遣し，「大ニ昔日ノ面目ヲ改メ，百事宇内ノ条理，万国ノ公法ニ照サ、ルヲ得ス」[9]と，清との冊封・朝貢関係の廃止や明治年号の使用，藩制改革などを要求した．ここで引用した史料「琉球処分」は，この松田道之が「伊藤（博文：引用者）内務卿ノ命ニ依リ，琉球処分ニ関スル事蹟ヲ編纂」したものである[10]．このように「万国公法」に準拠した近代国家の体裁を整えるため，歴史的に形成されていた東アジアという場の論理は，「昔日」のものとして否定し去られたのである．これによって井上が建議した「内地一軌」への道が確定した．この後，79年の琉球藩廃止＝沖縄県設置によって「処分」は，国内的には一応完成した．

当初，遠い海上の「区区たる小国」に積極的に関わることには否定的だった李鴻章をはじめとする清朝は，こうした明治政府の強硬措置や琉球から救援要請に渡清してきた士族の運動に刺激され，この問題に積極的に関与し始める[11]．清朝は，日清両属の原状回復，とくに皇帝による冊封の回復という，いわば左院のいう「虚文」にこだわる姿勢をとることとなった．折しも東アジア歴訪中だった前米国大統領グラントの仲介を経て，80年に北京で日清間の交渉が行わ

れた．宮古・八重山二島を中国領とし，代わりに日清修好条規を，日本の求める内地通商権を盛り込んだ内容に改めるという，いわゆる「分島改約」で交渉は一時まとまった．中国側は，獲得した二島を琉球人に返還して再び琉球王を冊封し，琉球王国を再興することを企図したが，救援要請に来ていた琉球士族の反対にも遭い，結局この「分島改約」案は調印されずに交渉は中断してしまった．以後，琉球帰属問題は，日清戦争によって台湾が日本に割譲されるまで，日中間で断続的に問題化されるなか，日本による既成事実化が進んでいった．

さて，琉球帰属問題は，中国史研究においては，洋務運動期の対外政策の一環としてあつかわれ，辺境喪失の一齣とされて批判的に検討されてきた．また，琉球との関係については，最近の沖縄県と中国，台湾との共同作業による史料発掘の成果を反映し，「処分」以前の中琉関係史に見るべき成果が多いように思われる．

日本史研究においては，「日本」という枠組みは自明の前提とされ，「琉球処分」は国民統合や国内統一，民族統一という視点から論じられる傾向が強かったように思われる．批判的視点をもった研究においても，「『琉球』人がもともと日本人と同種同文であって，いずれは近代的な民族一体化が避けられないとしても，また二百数十年実質的に薩摩藩の支配下にあったとしても，琉球王国は制度上に幕府の直接的な統制下にあって清国にも藩属していた独自の国家であった」（下線は引用者）[12]というように，この視点は共通するように思われる．そしてこれは，実は，両属を問題視した井上の建議，さらにはその後の明治政府の選択と同じ視点に立っていたともいえよう．

さらに，これを戦後日本の一国民主主義が支えていることも見逃せない．米軍占領下の沖縄の改革を，本土復帰という視点に一元化してしまった戦後日本の視点は，明治政府の日本への一元的帰属と，実はそう遠いところにはないということに思いをいたす必要があるだろう[13]．

4. 「伝統」の再定義と近代——中国・朝鮮宗属関係

琉球帰属問題からは，伝統的な地域秩序を否定して万国公法にもとづいた再編をする日本に対し，両属への原状回復を主張した中国という，中国＝伝統と

日本＝近代との対立の構図が見えてくる．たしかに日本は，当初は左院に見られたように両属の現状維持を求める意見もあったなかで，結局井上らの近代の基準が自覚的に選択されていった．中国の側でも，当初は重視されなかった「虚文」を重視し，琉球王の復封に転じたのは，これを座視すれば朝鮮との朝貢・冊封関係に波及しかねないという懸念からだった[14]．実はこれ自体，中国と各朝貢国との個別の一対一関係でしかなかったものが，対琉球関係が対朝鮮関係に連動するように，一対一関係が相互に連動しあう有機的なシステムとして朝貢関係を考える，新たな認識に変化したためであった．その意味で，中国側の対応も，旧態依然だったわけではない．このように，近代世界の論理と遭遇するなかで，中国側は従来の体制を近代のコンテクストのなかで再認識する必要に迫られ，「伝統」を再定義しながら，自らの利益を模索していった．

　以下に引用した史料2a，bを利用して，朝鮮との朝貢・冊封関係において，伝統がどのようにして再定義されたのか，そのうえで伝統的世界の論理と近代世界の論理とがどのようにあつかわれたのかについて考えたい．

■**史料2a：「日本公使森有礼（もりありのり）及び代理公使鄭永寧（ていえいねい）と李鴻章との会談」**（『李文忠公全集』訳署函稿巻4「日本使臣森有礼署使鄭永寧来署晤談節略」）

> 森「貴国と日本とはともにアジア州にありますが，残念ながら西洋に抑えられてしまっています．」
> 李「我々東方諸国は中国が最大で，日本がこれに次ぎます．その他各小国とは一致協力して局面を挽回しなければなりません．そうして初めてヨーロッパに対抗できるでしょう．」
> 森「私の見たところでは，和約（日清修好条規）は何の役にもたちません．」
> 李「両国の平和友好はすべて条約によります．どうして役に立たないといえましょうか．」
> 森「和約は通商のことを処理するために過ぎません．国家の大事はただどちらが強いかによるのみで，すべて条約によるというわけではありません．」
> 李「これは謬論です．力を恃んで条約を違えるのは，万国公法の許さざるところです．」
> 森「万国公法もまた無用です．」
> 李「条約に反し公法にそむくことは，万国に容認されないでしょう．」

1章　日中関係史の語り方　13

> ……
> 森「朝鮮とインドとはともにアジアにあり，中国の属国ではありません.」
> 李「朝鮮は正朔を奉じています．どうして属国ではないといえましょう.」
> 森「朝鮮は朝貢し冊封を受けているに過ぎず，中国はその税を収めておらず，その政治に関与していないので，属国とはいえないと各国はいっています.」
> 李「朝鮮が属国になって数千年，知らないものはいません．和約にいう「所属邦土」の，その「土」字は中国各直轄省を指し，これは内地であって内属です．税を徴収し政治を管轄しています．「邦」字は朝鮮など諸国を指し，これは外藩であって外属です．その徴税や政治については，かねてより自国の管轄とされています．歴代の王朝がこのようにしており，本朝（清朝）に始まったことではありません．どうして属国ではないといえましょう．
> ……朝鮮と日本とはともにアジア州に属します．もし開戦となれば，朝鮮は中国の属国であるので，貴方の方が明らかに条約に違背したのですから，中国がどのような措置に出るか明らかです．我々同じ州どうしで争うことになるのでは，ヨーロッパに笑われてしまうでしょう.」
> ……

■**史料2ｂ：「紀元二千五百三十六年一月廿四廿五日パオチン府ニ於テ日本国公使森ト総督李鴻章ト応接ノ記」**（『日本外交文書』巻9，45附記，句読点を付した）

> 森「貴政府曾テ明言シテ云フ，朝鮮ニハ自家ノ政府アリテ，随意ニ内外ノ事務ヲ整理ス．清国ハ毫モ之ニ干与スル事ナシト.」
> 李「実ニ貴説ノ如ク，朝鮮ハ独立ノ国ナリ．然リト雖トモ，其国王ハ現皇帝ノ命ニ依テ立ツ．是ヲ以テ清国ノ属隷トス.」
> 森「然ルカ如キハ単ニ貴邦ト朝鮮トノ交誼ニ関スル礼式ノミ．此類敬礼上ノ事，豈ニ朝鮮独立ノ論ニ関センヤ.」
> 李「朝鮮ハ実ニ清ノ属国ナリ．是旧来世人ノ能ク知ル所ナリ.」

　1875年の江華島事件後の朝鮮との条約締結を前に，その準備工作として中国に渡った北京公使・森有礼は，1876年1月，北京において総理衙門大臣の沈桂

芬と,保定(パオチン府)において北洋大臣の李鴻章と相次いで会談し,中国と朝鮮との宗属関係について問いただした.2aは,1月24日に行われた李鴻章との会談の中国側記録である.『日本外交文書』に収められた日本側の記録とはかなり異なる.日本側記録には2aの前半部分はなく,後半部分の,朝鮮が中国の属国であるか否かをめぐって交わされた議論に重なる部分として2bがある.

　朝鮮と中国との関係は朝貢冊封の儀礼に関する形式的な関係に過ぎず,これは属国ではないという森に対し,李鴻章は,儀礼的関係を有すが故に,属国であると述べている.中国は朝鮮の政治に関与しないという森の言を李が否定せず,朝鮮は中国の属国であると主張している点は,両記録とも違いはない.中国側記録には独立という字句が見られないのに対し,日本側記録からは,自主なら独立であるはずなのに,それを属国ということの不可解さが強調されているように読め,そこが日本側のこだわりだということがわかる.

　この直前,森は総理衙門での沈桂芬との会談において,「所謂属国トハ我カ所有ノ地ニアラスシテ,其ノ時ヲ以テ進貢シ,我封冊頒暦ヲ奉スルヲ以テ云フナリ」,「政教禁令ノ如キ,総テ彼ノ自カラ為スニ任ス」,「外国ト交ル如キモ彼ノ自由ニ任セテ,中国之ニ関セサルナリ」との答弁を得ていた[15].この会談に関する日本側記録を確認した際,中国側は「我カ所有ノ地ニアラスシテ」の箇所を否定する照会を森に発しているが[16],会談を報告する上奏において,「臣等の思いますに,朝鮮は中国の藩服に隷すといえども,その一切の政教禁令は,これまで該国によって自ら行なわれており,中国は関与してきませんでした.今日本は朝鮮と修好しようとしておりますが,これも朝鮮が自ら主持すべきでしょう」[17]と述べており,属国自主の線で対処しようとしていたことがわかる.

　この属国自主の議論は,それ以前にもなされており,日本に対しては1873年3月,同治帝の親政慶賀と日清修好条規批准のために派遣されてきた外務卿副島種臣の随員,柳原前光と鄭永寧に対して,総理衙門が,朝鮮との宗属関係に関して「属国ト称スルハ旧例ヲ循守シ,封冊献貢ノ典ヲ存スル而已」で,中国はその「内政教令」や「和戦権利」には関与しない,と回答していた[18].この会談については日中間で公式の文書は作成されていないが,1860年代以降,朝鮮との間に紛議を引き起こしたフランスとアメリカに対して,中国側はそれぞれ「朝鮮は中国に臣服しているが,その一切の政教禁令はすべて該国の主持により,

1章　日中関係史の語り方　15

中国は関与していない」[19]旨を通告しており，副島使節への回答もその延長線上にあったと考えられる．伝統的体制を確認する答弁に終始していたのは，朝鮮と欧米諸国との対立に巻き込まれたくないという，その時点での中国の意向が強く反映するものだったことは間違いない[20]．しかし，このような近代世界からの問いかけに答弁を繰り返していくなかで，中国と朝鮮との伝統的体制の内容が次第に確認され自覚されてゆき，その時点でのコンテクストに即して，意識するとしないとにかかわらず，一定の改変が加えられながら，具体的な輪郭をもって再定義されるようになっていった．その意味では，このような「属国自主」の伝統は，歴史的連続性を有する一方で，まぎれもなく近代の産物だった[21]．

　近代世界の属国を根拠として，中国−朝鮮宗属関係の矛盾を突こうとする森に対して，中国側は伝統的体制を根拠として，これに対峙した．たしかに当初は，伝統に依拠して積極的に対応したというよりは，朝鮮と他国との紛議に巻き込まれないようにするための便宜的な選択という意味もあっただろう．森と交渉した総理衙門の，日本との修好条約の締結は従来どおり朝鮮に自ら主持させるという対処にも，そのような便法の意味合いが多分にみられる．以後，伝統に由来する独自の優越性や属国自主を，時にこれを積極的に利用しながら，時にこれに縛られながら，中国は朝鮮との宗属関係の再編を模索していったわけである．

　また，日本側記録にはない史料2aの前半部分では，森が「国家の大事はただどちらが強いかによるのみ」，「万国公法もまた無用です」と，条約の有効性を否定して露骨な力の論理を主張すると，属国をめぐる議論では伝統に依拠していた李鴻章が，「これは謬論なり．力を恃み条約を違えるのは万国公法の許さざるところなり」と，今度は近代世界の万国公法を持ち出して牽制していることは興味深い．伝統を再定義して自らの根拠としつつ，一方で，このように，効果があるとみれば，必要に応じて万国公法＝近代というカードを持ち出し，たくみに使い分けていたことがわかる．このような李鴻章の態度からは伝統に拘泥する頑なさはみられない．むしろ，近代世界の万国公法の論理も取り入れることによって，交渉における選択肢の幅を広げているともいえるだろう．日本＝近代，中国＝伝統という単純な二項対立の図式には無理があることが理解できる．

なお，このやりとりは，日本側記録には記載されていないことも含め，議論のなかでどのような位置を占めるものだったかは，慎重に考える必要があるだろう．日本側では議論の本筋とは関係ない，末節の類と考えていたのかもしれないが，中国側ではこのやりとりに重要な意味を感じたのであろう．また，これを記録に残すことにより，この問題に関して，結果的に中国側は道義的優位を獲得することができた．この部分は，後世の人々には，日本史研究者においても，両国の記録の相違には言及されることなく，王芸生の日本語訳に依拠して引用され，その後の日本の大陸への力の政策と結び付けて読まれている[22]．

　こうしたやりとりを経て，2月末，日本と朝鮮との修好条規は結ばれた．その第1条は「朝鮮国ハ自主ノ邦ニシテ日本国ト平等ノ権ヲ保有セリ」と規定されている．日本は，これによって近代的な主権平等の独立国どうしの関係が規定され，朝鮮を中国との宗属関係から切り離したと考えたが，属国自主の原則からいえば，この規定によって宗属関係が否定されたとはいえず，朝鮮では，書契問題によって断絶していた徳川時代以来の交隣関係が修復されたという理解が一般的だった．今日，朝鮮近代史において，この条約をもって開国とされることが多いが，この評価も必ずしも同時代の認識ではなく，あくまでも後世からの評価だということには留意する必要があるだろう．

5. 地域構想の競い合い――「アジア」

〈1〉中国からの「アジア」――「朝鮮策略」

　日清修好条規の締結交渉では，西洋とは異なる近隣という柳原の「同心協力」論などが，中国側に一定の共感を得るとともに，中国側はそれに藉口するかたちで，日本を「西人の外府としない」外交戦略を練った．李鴻章と森有礼との会談においては，両者とも「アジア（亜細亜）」という地理概念をもちだし，これを，ヨーロッパの進出にさらされているアジア，一致協力して対抗すべきアジア（あるいは「東方」）という，単なる地理概念以上の政治概念，価値概念として用いている．会談では，とくに李鴻章は提携，融和を述べる際に意図的に使っているようにも思われる．

朝鮮問題や琉球問題で両国が真っ向から対立するなか，決定的対立にいたらなかったのも，その要因のひとつとして——あくまでも，ひとつであるが——このような共鳴の作用があったことは確かであろう．決裂させて共鳴それ自体を崩壊させてしまう不利益より，その共鳴を利用して，双方が自らの利益を追求しようとしたわけである．

　新疆のイリ問題をめぐりロシアとの緊張が高まった時期，中国ではロシアに対抗するため，当時，琉球帰属問題をめぐって対立していた日本との早期和解，さらには提携を主張する議論が浮上した．1871年の新疆ムスリムの反乱に乗じて，ロシアは新疆の要衝イリ盆地を占領していたが，この時期，反乱を制圧した清朝はロシアと，イリ地方の返還と中央アジアにおける国境画定をめぐって協議をしていた．最初，崇厚を全権として派遣して79年9月に結んだリヴァディア条約が清廷に批准を拒否され，駐英公使だった曾紀澤を派遣して再交渉させるという異例の事態となり，80年8月漸く再交渉が開始されたところであった．

　この時期，緊張した対ロシア防備について矢継ぎ早に上奏していた後の洋務大官，張　之洞は，「日本とは和を連ね，（日本と）ロシアとの交わりを伐つべし」[23)]と，日露連携を防ぐために日本との早期の和解を主張していたが，同じ頃，東京の駐日公使館においても，日本との連携が模索されていた．駐日公使館参贊黄　遵憲は，駐日公使何如璋の指示で「朝鮮策略」をまとめ，修信使として日本を訪れていた朝鮮の金弘集に，80年9月これを贈った．

■史料3：黄遵憲「朝鮮策略」(『修信使記録』韓国国史編纂委員会，1971年)

> 「朝鮮はアジアの要衝にあり，地理形勢上からみれば，必ず列強の争うところとなる．もし朝鮮に危機が起これば，中国東方の情勢は日々悪化する．ロシアが地を略取しようとする場合，必ず朝鮮からはじまる．ロシアは野心を持つ国であり，征服支配につとめ，すでに三百余年になる．その侵略は，ヨーロッパからはじまり，中央アジアへと進み，今日では東アジアに及んでおり，朝鮮はその真只中にある．朝鮮の今日の急務は，ロシアを防ぐより急なることはない．その方策は，すなわち中国に親しみ，日本と結び，アメリカと聯なることによって自強をはかることにつきる．……中国

> に親しむとはやや旧章を変更すること，日本と結ぶとはすみやかに条規を修めること，アメリカと聯なるとは急いで善約を結ぶことである．（朝鮮国王から中国）皇帝に奏請して北京に陪臣を常駐させたり，使節を東京とワシントンとに派遣，駐在させたりして情報を通ずる．鳳凰庁における（中国・朝鮮間の）貿易の拡大を奏請し，華商を釜山，元山，仁川各港に来航通商させて日本商人の専横を防ぐとともに，また朝鮮の民を長崎，横浜に派遣し，貿易を学ばせる．陸海軍が中国の龍旗を使用して全国の旗印とすることを奏請する．学生を北京の同文館に派遣して西洋語を学ばせたり，直隷の淮軍に派遣して軍事を学ばせたり，上海製造局に行って機器製造を学ばせたり，福州船政局に行って造船を学ばせたりする．日本の造船所，兵器廠，兵営についても学びに行かせるべきである．西洋の天文学，数学，化学，鉱山学，地理学も学びに行かせるべきである．あるいは釜山などに学校を開き，西洋人教師を招いて，広く武備を修めさせる．朝鮮自強の基礎は，これによる．」

ロシアをアジアの共通の脅威として，「親中国，結日本，聯美国（アメリカ）」へと政策転換し，それによって「自強」を図ることを朝鮮に勧告している．何如璋や黄遵憲ら日本公使館員は1877年末の着任以来，日清提携を志向する人々と密接に接触しており，ロシアを共通の脅威とする構想は，こうした雰囲気のなかで練り上げられたものと思われる．たとえば，黄遵憲は1879年3月2日，修史館書記官で，黄の日本認識に大きな影響を与えたとされ，翌年の興亜会設立に参画した宮島誠一郎[24]との筆談において，

> 黄：「我が政府が台湾の役を隠忍したのは，アジアの大局を維持するという見地からでした．近日，李鴻章が書を朝鮮（李裕元宛か）に致し，日本は親しむ可き，ロシアは恐れる可きと述べています．……」
> 宮島：「過日竊（ひそ）かに何（如璋）公使とアジアの大局について論じました．我国には頗る有益でした．貴国においても有益に違いないでしょう．今，ロシアは隠然としてアジア〔黄遵憲注：朝鮮もその中にあり〕を併呑しようとしています．貴国が危うければ我国も危うく，我国が危うければ貴国

も危うい．今日の情勢としては，唇歯が支えあってアジアを維持することです．このことをよくよく考えねばなりません．かの琉球小島の如きは，必ず双方にとってよい解決法があるでしょう．」[25]

と，ロシアの脅威に対して，日中協力してアジアの大局を維持することを確認している．「アジア（亜細亜）」という発想は「朝鮮策略」においても見られ，黄の構想において「アジア」は，ロシアの脅威に対して共同して守るべき地域としての意味をもっていることがわかる．

そこでは，中国と朝鮮との宗属関係にはやや変更を加え，中国との海路通商の開始，中国各地での洋務の学習，さらには朝鮮陸海軍に中国の龍旗を使用させるなど，より直接的な掌握が構想されており，これは従来の関係に比べ，かなり実質的支配に踏み込んだ，日本側のいうような「普通公法上」の属国に近いものに改変する内容であった．もちろん，朝鮮国王から中国皇帝への奏請という手続き，すなわち朝鮮の自主的判断というかたちをとることによって，属国自主の伝統との整合をはかることにも注意されていた．中国の宗主権を強化し，その宗主権の枠内において日本とアメリカを取り込む，すなわち中国の利益に即してアジアの提携を進めるという構想であり，以後日清戦争にいたる中国の朝鮮政策の基本に通ずるものだった．また，ロシアを主要敵とし，中国主導の下で朝鮮の防衛を図るというこの策は，当時の日本にとっても受け入れ可能な策だったといわれる[26]．結果としては，朝鮮はこのような働きかけもあって，1882年に中国の仲介のもとで，アメリカに開国することとなる．

〈2〉日本からの「アジア」──興亜と脱亜

この時期，日本では1880年の興亜会設立にみられるように，アジア振興の担い手として日本と中国が提携すべきとする論調も少なくなかった．興亜会は広くアジア諸民族の入会を意図し，積極的に働きかけを行っていた．何如璋ら日本公使館員も入会している．

とはいえ，興亜の構想は，その多くが「今ヤ我国ハ亜細亜諸国開化先進ノ国タルハ自ラ任ジ又他ノ許ス所ナルヲ以テ，諸邦ニ率先シテコノ東洋連衡ノ業ヲ担当スルハ我国ヲ棄テヽ誰カアル」[27]というように，日本を盟主とするものであ

った．これは，先述の「朝鮮策略」が，朝鮮への宗主権という枠組みに日本を組み込もうとする，中国の思惑による提携であったのと同様で，それぞれが連携を切り口にして自らの構想の実現をめざす動きだったといえるだろう．それぞれが自国の利益を模索しつつも，周辺諸国にも共有できるような，いかなる地域構想を提示できるか，日中両国が地域構想を競い合う状況だったわけである．その際，中国が朝鮮との宗属関係という伝統に主たる根拠を見出すのに対し，伝統によっては中華の存在を無視できない以上，日本が主導権をもつ根拠は，「亜細亜諸国開化先進ノ国」，すなわち近代であった．

　そして，近代を根拠として日本の優位を確保しようとする構想は，1884年夏，清仏戦争勃発以降，ますます明瞭になっていく．自由民権運動の指導者でもあった杉田定一は，清仏戦争時に中国を旅行した見聞にもとづき，「論者或ハ云フ，支那ハ唇歯輔車ノ国ナリ，宜シク親ムベシ，敵視スベカラズト．是レ其ノ一ヲ知リテ，二ヲ知ラザル者ナリ．論者ノ云フ如ク，其ノ地形ハ，唇歯輔車タルモ，其ノ人類ハ，頑迷執拗ニシテ，文明国ノ悪ム所ニシテ，固ヨリ親ムベカラザル者ナリ」[28]と，日清友好論を批判している．文明，開化の日本と頑迷，守旧の中国という図式が成立しつつあったことが看取できる．こうした論調を代表するものとして，あまりにも有名なのが次に引用する福沢諭吉「脱亜論」である．これによって「守旧の中国」と「開化の日本」という図式の定型化が促進される結果となった．こうして文明史，社会進化論が流布する19世紀後半のグローバルな言説空間において，東アジアの主導権を獲得しようとする言説競争を，日本は有利に進めることになった．それが前述の陸奥宗光の言を導き出すことになったわけである．

■**史料4：福沢諭吉「脱亜論」**『時事新報』1885年3月16日（『福沢諭吉選集』第7巻，岩波書店，1981年）

「世界交通の道，便にして，西洋文明の風，東に漸し，到る処，草も木も此風に靡かざるはなし．……文明は猶麻疹の流行の如し．……有害一偏の流行病にても尚且其勢には激す可らず．況や利害相伴ふて常に利益多き文明に於てをや．啻に之を防がざるのみならず，力めて其蔓延を助け，国民

をして早く其気風に浴せしむるは，智者の事なる可し．

　西洋近時の文明が我日本に入りたるは，嘉永の開国を発端として，国民漸く其採る可きを知り，漸次に活溌の気風を催ふしたれども，進歩の道に横はるに古風老大の政府なるものありて，之を如何ともす可らず．政府を保存せん歟，文明は決して入る可らず．如何となれば，近時の文明は日本の旧套と両立す可らずして，旧套を脱すれば同時に政府も亦廃滅す可ければなり．然ば則ち文明を防て其侵入を止めん歟，日本国は独立す可らず．如何となれば世界文明の喧嘩繁劇は，東洋孤島の独睡を許さゞればなり．

　是に於てか我日本の士人は，国を重しとし政府を軽しとするの大義に基き，又幸に帝室の神聖尊厳に依頼して，断じて旧政府を倒して新政府を立て，国中朝野の別なく，一切万事西洋近時の文明を採り，独り日本の旧套を脱したるのみならず，亜細亜全洲の中に在て新たに一機軸を出し，主義とする所は唯脱亜の二字に在るのみ．

　我日本の国土は亜細亜の東辺に在りと雖ども，其国民の精神は，既に亜細亜の固陋を脱して，西洋の文明に移りたり．然るに爰に不幸なるは，近隣に国あり，一を支那と云ひ，一を朝鮮と云ふ．……

　我輩を以て此二国を視れば，今の文明東漸の風潮に際し，迚も其独立を維持するの道ある可らず．幸にして其国中に志士の出現して，先づ国事開進の手始めとして，大に其政府を改革すること我維新の如き大挙を企て，先づ政治を改めて共に人心を一新するが如き活動あらば格別なれども，若しも然らざるに於ては，今より数年を出でずして亡国と為り，其国土は世界文明諸国の分割に帰す可きこと，一点の疑あることなし．如何となれば，麻疹に等しき文明開化の流行に遭ひながら，支韓両国は其伝染の天然に背き，無理に之を避けんとして一室内に閉居し，空気の流通を絶て窒塞するものなればなり．

　輔車唇歯とは隣国相助くるの喩なれども，今の支那朝鮮は，我日本国のために一毫の援助と為らざるのみならず，西洋文明人の眼を以てすれば，三国の地利相接するが為に，時に或は之を同一視し，支韓を評するの価を以て，我日本に命ずるの意味なきに非ず．例へば支那朝鮮の政府が古風の専制にして，法律の恃む可きものあらざれば，西洋の人は，日本も亦無法律の国かと疑ひ，支那朝鮮の士人が惑溺深くして，科学の何ものたるを知らざれば，西洋の学者は，日本も亦陰陽五行の国かと思ひ，

　……左れば今日の謀を為すに，我国は隣国の開明を待て共に亜細亜を興すの猶予ある可らず，寧ろ其伍を脱して西洋の文明国と進退を共にし，其

> 支那朝鮮に接するの法も，隣国なるが故にとて特別の会釈に及ばず，正に西洋人が之に接するの風に従て処分す可きのみ．悪友を親しむ者は，共に悪名を免かる可らず．我れは心に於て亜細亜東方の悪友を謝絶するものなり．」

　この「脱亜論」は，日中関係史を侵略と抵抗の枠組みによって遡って読み解いていくスタイルと同じように，その後の日本の大陸侵略の歴史にひきつけて読まれることが多かった．たしかに，末尾のきっぱりした口吻は印象的である．こうした断言が，「守旧の中国」と「開化の日本」の図式を定型化させるのに大いに寄与したであろうことも想像に難くない．あたかも福沢「脱亜論」の大号令のもと，一気に侵略へ突き進んだかのようである．

　しかし当時のコンテクストに照らして読んでみる必要があるだろう．これは，既に坂野潤治が指摘したように，前年末の甲申政変の失敗，朝鮮における日本の後退と中国優位の確立という事態の展開を受けて，福沢も熱心に支援した日韓共同近代化の敗北宣言であった[29]．そのきっぱりとした表現も，そのような政策に共鳴するであろう『時事新報』読者に向けて書かれたものである．それゆえ一層，強い口吻になっていると考えるのが自然のように思われる．そこには，日韓共同の近代化を放棄して，あえて脱亜の道を選択する，その選択にともないかなる困難も引き受けるという覚悟，あるいは彼のいわゆる「痩我慢（やせがまん）」を読み取るべきだろう．その点で，後世の，そして今日の日本にも散見される，日本の先進性を所与の前提としてアジアの後進性を語るような心地よさは，ここにはない．

　ところで，朝鮮近代化への支援を進めた福沢にとって，中国は一貫して否定の対象であって提携の余地はなかった．そこに，山田賢は「中国と中国に関わる一切が日本の文明を覆う暗雲に他ならなかった」と，自らのイメージする文明とは相容れない中国に対する，福沢の侮蔑と恐怖を見出し，前近代以来，中華世界の周辺において，中国との対抗関係において自己形成してきた日本の営みとの連続性を指摘している[30]．

　たしかに，「守旧の中国」を侮蔑する定型的な中国理解とはうらはらに，当時

の日本では，日本の台湾出兵を契機に建設された強大な北洋艦隊が大きな脅威となっていた．1886 年 8 月，北洋海軍の巨艦定遠以下 4 隻の長崎寄港によるデモンストレーションが，当時の日本の朝野に衝撃を与え，「強い中国」の印象を与えたことは，中国史ではあまり語られない．このとき長崎に上陸した水兵が酔って暴行し逮捕され，その翌々日には日本警官と水兵とが乱闘になり，双方に多数の死傷者を出した，いわゆる長崎事件が起こった．日本では中国の「傲慢無礼」を非難する論調が目立ったが，これは，甲申政変以後，朝鮮での主導権を完全に中国に奪われていた，当時の日本の鬱憤だったともいえよう．

　この時期になると，日本国内の議論では，たしかに開化／守旧，近代／伝統という図式が定型化しつつあったものの，それは国内のコンテクストに過ぎず，朝鮮では中国の優位を認めざるを得なかった．列強も朝鮮半島の安定を重視しており，中国の宗主権を容認する姿勢でいた．現実には「強い中国」も意識せざるを得ない．開花／守旧の図式に従えば，日本は文明である以上，守旧の中国より優位に立つはずである．しかし現実には，朝鮮の主導権は中国に奪われ，北洋艦隊は脅威である．日本はこのアンバランスに焦慮していたわけである．

おわりに

　いずれにせよ守旧と開化，伝統と近代，抵抗と侵略という二項対立では割り切れない，複雑な様相を呈しており，さまざまな可能性が存在したというのが，日清戦争前の日中関係であった．たしかに日清戦争にいたる過程で，宗属関係の属国規定をめぐって日本＝近代，中国＝伝統という対立があった．しかしそれは，「朝鮮策略」でみたように，歴史的連続性を有す中国が伝統を根拠にすることにより，朝鮮における優位を確保しようとしたのに対し，それを排除するには近代のグローバルな規範を持ち出すのが有効と日本が考えた，地域の歴史的な背景をふまえたかけひきの表現でもあった．そして，その勝利を，文明の野蛮に対する勝利と表現したわけである．

　日清戦争後，社会進化論が中国の思想界を席巻するにおよび，敗れた中国は進化において遅れているという見方が定着した．以後，中国は条約改正のためにも文明国標準を受け入れて，文明化に邁進するようになり，伝統／近代，守旧

/開化の図式は中国においても内面化されていった．さらには，日清戦争で台湾を獲得して植民地帝国となり，大陸侵略を始めた日本への抵抗が課題となっていく．

このように日清戦争後，両国関係が逆転し固定化することで，その多様な可能性が狭まっていくなか，その狭まった可能性によって過去を規定していく，つまりこのような二項対立の図式が明治初年までさかのぼって適用され，定型化していったと考えるのが適当だろう．また，こう考えることにより，定型化の進行した20世紀初めの歴史的意義も改めて明確になると思われる．

〈参考文献〉

岡本隆司『属国と自主のあいだ——近代清韓関係と東アジアの命運』名古屋大学出版会，2004年．
川島真『中国近代外交の形成』名古屋大学出版会，2004年．
佐々木揚『清末中国における日本観と西洋観』東京大学出版会，2000年．
芝原拓自『日本近代化の世界史的位置』岩波書店，1981年．
田保橋潔『近代日鮮関係の研究』朝鮮総督府中枢院，1940年（宗高書房，1972年復刻）．
西里喜行『清末中琉日関係史の研究』京都大学学術出版会，2005年．
藤村道生『日清戦争前後のアジア政策』岩波書店，1995年．
三谷博「『アジア』概念の受容と変容——地理学から地政学へ」（渡辺浩・朴忠錫編『韓国・日本・「西洋」』慶應義塾大学出版会，2005年）．
茂木敏夫『変容する近代東アジアの国際秩序』山川出版社，1997年．

1）『日本外交文書』巻3，89「対朝鮮政策三箇條伺ノ件」145頁．
2）『李文忠公全集』訳署函稿巻1「論天津教案」同治九年九月初九日．
3）森田吉彦「名倉信敦と日清『新関係』の模索——幕末維新期の華夷思想的日中提携論」『東アジア近代史』第4号，2001年．
4）注2に同じ．
5）『同治朝籌辦夷務始末』巻82「附件　応宝時陳欽覆日本副使函」1-6頁．
6）『東西遊記』2，平凡社東洋文庫，1974年，229頁．
7）安岡昭男『明治前期日清交渉史研究』（巌南堂，1995年）に従い，「行」を「何」に改めた．

8)「琉球処分」第1冊「琉球使臣入京接遇ノ事」(『明治文化全集』第4巻, 13頁).
9)「琉球処分」第2冊「松田大丞首里城ニ於テ, 藩王名代今帰仁王子ニ面会シ, 清国交通ノ禁止ヨリ藩制改革ニ至ル迄, 六ケ条ノ御達書読渡ノ顚末」(『明治文化全集』第4巻, 105頁).
10)「琉球処分」第1冊「例言」(『明治文化全集』第4巻, 3頁).
11) 清朝の琉球・朝鮮政策については, 拙稿「中華帝国の『近代』的再編と日本」(『近代日本と植民地』第1巻「植民地帝国日本」岩波書店, 1992年). また琉球帰属問題に関する包括的研究として, 西里喜行『清末中琉日関係史の研究』参照.
12) 芝原拓自『日本近代化の世界史的位置』413頁.「分島改約」交渉に関する往年の代表的研究である藤村道生「琉球分島交渉と対アジア政策の転換」(『歴史学研究』373号, 1971年) も同様である.
13) 小熊英二『〈日本人〉の境界——沖縄・アイヌ・台湾・朝鮮 植民地支配から復帰運動まで』新曜社, 1998年. また, 近代国家建設の過程で辺境を統合する際に生ずる問題の, 日中間の連鎖と共有については, 拙稿「国民国家の建設と内国植民地——中国辺疆の『解放』」(宮嶋博史ほか編『植民地近代の視座』岩波書店, 2004年) 参照.
14) 例えば, 何如璋「主持外交議」(『清季中日韓交渉史料』巻2, 342附件1).
15)『日本外交文書』巻9, 39「清国総理衙門諸大臣トノ晤談筆記送附ノ件」142-162頁. また,『清季中日韓交渉史料』巻2, 212「総署収日使森有礼照会」に大意が収録されている.
16)『清季中日韓交渉史料』巻2, 217「総署発日使森有礼照会」.
17)『清季中日韓交渉史料』巻2, 213「総署奏摺」.
18)『日本外交文書』巻6, 95附記「使清日記」177頁.
19)『同治朝籌辦夷務始末』巻80,「総理各国事務恭親王奏」13頁.
20) 岡本隆司『属国と自主のあいだ』.
21) 清末の内外政策における伝統の再定義については, 拙稿「中華帝国の解体と近代的再編成への道」(『講座東アジア近現代史』4「東アジア史像の新構築」青木書店, 2002年) 参照.
22) 例えば, 芝原拓自, 前掲書, 408頁.
23)「謹陳海防事宜」(『張之洞全集』第1冊, 河北人民出版社, 1998年, 51頁).
24) 蔣英豪『黄遵憲師友記』香港中文大学出版社, 2002年, 46-47頁.
25)「与宮島誠一郎等筆談」(『黄遵憲全集』上, 中華書局, 2005年, 734頁).
26) 三谷博『「アジア」概念の受容と変容』.
27) 草間時福「東洋連衡論」『郵便報知新聞』1879年11月19日 (『日本近代思想大系』12「対外観」岩波書店, 1988年).
28)「遊清余感」(前掲『日本近代思想大系』12).
29) 坂野潤治『近代日本の外交と政治』研文出版, 1985年.
30) 山田賢「『中国』という畏怖——近現代日本の中国認識をめぐって」中村正則ほか『歴史と真実——いま日本の歴史を考える』筑摩書房, 1997年.

19世紀後半–20世紀初頭の日中関係年表

1871年9月	日清修好条規が天津で締結される．
1894年8月	日清戦争が勃発．
1895年4月	下関条約を締結．清，台湾を日本に割譲．
1898年6月	戊戌変法始まる．
1900年	義和団事変．
1901年9月	辛丑和約（北京議定書）を締結，光緒新政の開始．
1904年2月	日露戦争が勃発．
1910年8月	日韓併合．
1911年10月	辛亥革命．
1912年1月	中華民国建国（翌13年，日本が政府承認）．
1915年1月	日本，中華民国に二十一カ条要求を提出．5月，受諾．

2章 関係緊密化と対立の原型
──日清戦争後から二十一カ条要求まで

川島真

はじめに

　1895年から1915年にいたる時期，すなわち日清戦争から二十一カ条要求とその受諾に至る時期は，1871年以来の条約上の平等が不平等に転じ，また相互認識上の不対等感が増大した時期である．この時期こそ，近代日中関係を考える上で，ターニングポイントともなる時期であるし，また現在の歴史研究においても，日中間で評価が異なる時代でもある．この時期を後の日中戦争に至る対立の出発点としてみなすか，それとも多様な選択肢が与えられていた時代と見るか，また対立形成期と見るにしても，日中対立の契機を日清戦争と見るか，それとも二十一カ条の問題性を強調するか，といった大問題が横たわっている．そして，歴史叙述においても政治外交面での非友好と，革命運動や文人交流などにおける友好という，「日中友好・非友好」という二分法での説明をどのように乗り越えるのかという課題もある．さらには，近代中国の形成に対する日本の影響をいかに見積もるかという論点もあろう．ここでは，日本があってこそ，中国の近代があったと見る立場と，日本こそが中国の近代の最大の妨害者だとする立場が交錯する．

　筆者自身は，この時期を下の三点に集約して位置づけられるものと考えている．

(1) 総体的な関係が緊密化していったにも関わらず，政治外交軍事的に関係が悪化した時期

(2) 日本が列強と共同して中国に関与していた状態から，次第に単独関与をしていった時期

(3) 日中関係の「特殊な敵対」側面が形成された時期

この時期の日本は，立憲君主制度，文明国標準を目指し，富国強兵・殖産興業を実践して，国際社会において認められる日本を具現化していく時期と見てよかろう．また，日清戦争，日露戦争，第一次世界大戦への参戦という過程は，まさに日本が三等国から二等国，ひいては一等国と自己認識していく過程でもあった．そして，同時に明治初年以来，条約上の平等とともに，認識の上でも対等にみなそうとしてきた中国に戦争で勝利して不平等条約を締結し，心理的にも中国を克服しようとし，対中蔑視，またはアジア主義的な思想が形成されてきた時期でもあった．

これに対して中国は，日本と同様に富国強兵・殖産興業を模索しながらも，少なくとも日清戦争以前に，国の方針として，国際的な標準に即した「文明国家」になろうとしたわけではなかった．そうした意味では，世界の二等国，三等国ということを意識したのは中国のほうが日本よりも遅かった（従って，不平等条約改正への動き，そのための法制の完備などは日本よりも遅れることになる）．だが，清朝という国家の土台，周辺国家との関係は日本以上に強固で複雑であり，「遅かった」ことが「早かった」ことよりも肯定的に評価されるべきかどうかは別問題であろう．この点について，なぜ日本が近代化に成功し，中国は失敗したのかという問題意識に基づく日中近代化比較論が，以前は大いに議論された．しかし，中国が急速なる経済発展を遂げている現在，かつてのような比較論では歴史を説明しきれないことは明らかである．現在は，発展の度合いや二元論ではない，多元的な視点から，冷静に歴史過程を見つめることが求められている．

この近代化比較論は，後世の議論としてだけでなく，同時代的にも意味をもっていた．特に，日本が文明国化を達成しようとする際に，中国を非文明国として位置づけ，否定的な意味での比較対象としてきたこと，中国を否定することで自らを肯定したこと，それが近代日本の対中イメージ＝「蔑視」形成へとつながることになったことは看過できない．これは，江戸時代以来の中国の文人文化への憧憬，古代中国への憧れの否定を伴ったわけではない．日本の独立性，自立性，文明国性を強調して同時代の中国を非文明国として否定しつつも，古代中国や中国文化には憧憬意識を持つというアンビバレントな中国観が日本で

形成され，否定すべき伝統イメージを清朝中国に帰し，自らを近代として肯定するとともに，輝かしい古代文明としての伝統は肯定し，その主たる復原者としての面では清朝を継承者とせず，日本こそ継承し得ると自認する面があるのだ．

　昨今の日本における対中意識の硬化は，この日本＝文明国，中国＝非文明国という意識的な対照が，中国の経済発展と国際社会における地位向上によって揺らいできているために，日本＝文明国という図式の反面教師を喪失するかもしれないという，日本のアイデンティティ・クライシスとして説明できるであろう．他方，中国から見れば，日本との緊密な関係を前提とし，たとえば清朝最後の10年に多くの留学生が日本に来たと言っても，それは，文明国化について日本を目標としつつも，日本そのものを学ぶのではなく，日本を通じて西洋を学ぶということであった．そして，日本が中国への侵略を開始し，強い蔑視意識を持つに至ると日本が警戒すべき対象として登場してくるのである．

　このほか留意すべき点として，国際法，条約の扱いがある．これは文明国化とも関わるのだが，日本では明治期から20世紀初頭にかけての琉球，朝鮮半島，中国，台湾への侵出について，それを国際法に適った行為，もしくは当時の国際政治からして容認される行為として位置づける傾向にある．従って，概説書や教科書でも，戦争の原因，宣戦布告，経緯，講和条約の内容などに多くのスペースが割かれる．しかし，中国史では，国際法的に，あるいは手続法的に「正しい」侵略行為というものを想定していない．たとえ国際法に適っていたとしても（多くの場合，違法性が強調されたり，無効だとされるが），侵略は侵略であり，中国の国土を割譲したものであっても，本来は中国のものであり，それが奪われたものであるから，最終的には「回帰」すべきだということになる[1]．「合法」であるかどうかについては，様々な立場や解釈がある．ただ，後世の者が留意すべきは同時代性である．当時の交渉の当事者それぞれの規範意識を解明する必要があろう．20世紀を通じて次第に実定法学が優勢になったからとは言え，その視線で過去を捉えて評価を下すことには慎重であっていいだろう．

　このような20世紀の日中政治外交関係の基層が形成されていったのが，本章で扱う時代である．従って，20世紀の日中それぞれの近代，また日中関係をいかに見るかということと，この時代の個々の事件や事象の位置づけは密接に関

わることになる．それだけに日中間で歴史の叙述における相違が多々見られ，日中がそれぞれ十分に交流しないまま別々に研究を積み重ねてきた部分がある．

本章では，冒頭に掲げた当該時期の三点の位置づけに基づいて時代背景を説明した上で，日中双方の研究史の相違点についても説明を加えていきたい．

1. 19世紀の日中関係

19世紀後半の日中関係についての説明は，日本と中国では大きく異なっている．興味深いのは，朝貢貿易システムや伝統的な朝貢システムと近代的な条約外交システムの相克，清が次第に国際社会に飲み込まれていくといった過程から説明する方式は，日米の研究者によるものであることが多く，中国では帝国主義的な侵略といったコンテキストとして説明されるものだったということである．従って，中華思想と言われるものと絡むような「伝統的な外交」を想定するのも，外国の研究者であることが多く，中国の研究者は浜下武志の議論などを通じて，最近になってこういった議論を吸収し始めたところである[2]．他方，日本では，1980年代から90年代にかけてポール・コーエンの議論などの影響もあって，相対主義的な中国論（アジアから考える，中国に即した中国論…）が盛んとなった[3]．これは同時に世界史に対する東アジア史の内在性重視の方向も志向するものであり，西洋からの衝撃に対するアジアからの衝撃論が強調され，構造・基盤の非連続よりも連続性の強調といった議論が頻繁に見られるようになった．こうした論調は，現在ではグローバル化の進展の中で，次第に国際標準や公共財に注目した研究に取って代わられつつあるが，一国主義史観，マルクス主義史観，革命史観に対するアンチテーゼとして大きな意味をもった．

こうした背景の下，日本の日中関係史研究は「アジアからの衝撃論」などの下に書き換えられてきた．江戸末からの開港は欧米商人のみならず，中国商人が日本の開港場に押し寄せることを意味しており，市場面でも日本の産品が上海市場にひきつけられることであったというのである．これにより従来長崎貿易などで管理されてきた北海道の海産物も，函館に押し寄せた中国商人により中国に運ばれるようになった．これに対抗しようとしたのが，幕末に日本から清に派遣された千歳丸，健順丸である．彼らは，日本の産品を直接上海に運び，

その活動を守るために領事館を上海に設置しようとした．この交渉は，基本的に日本側の要求どおりになろうとしていたが，明治維新になり，明治政府と清朝政府に交渉が引き継がれ，1871年に締結されたのが日清修好条規である．日本は四国（英米仏露）とも，また他の西欧，北欧諸国とも異なる待遇を与えられた．この条約は最恵国条款を認め合わない「平等条約」である．日清戦争は，この日清平等体制を覆すものであった[4]．

中国の中国史では，19世紀後半を帝国主義の侵略と清朝崩壊の過程から描いてきた．だが昨今は，近代化やナショナリズムから歴史を説明する傾向が生じており，近代化政策（洋務運動の評価の向上），法制整備など近代国家（ステイト）建設（戊戌変法，光緒新政への評価の向上）などへの成果と限界，「中国」という国家が形成されていく過程として描かれはじめている．ここにおける日本は新興の周辺国であるが，「明治維新」が近代化のひとつのモデルとなりながらも，朝鮮半島や沖縄などにおいて，その「侵略性」が示され始めた時代として位置づけられることになる．ここで重要なのは，中国から見て，日本の侵略性なるものが，明治以来の日本の近代が内包するものであり，また豊臣秀吉以来の民族性により説明されることが多いということである．

他方，日中関係史の分野でも，19世紀の後半における日本から清への漢籍の流れを追ったブックロードの研究，また黄遵憲らによる対日認識に関する研究も，浙江大学の研究グループなどにより急速に進められている．この研究は，さねとうけいしゅうらによって積み重ねられてきた，清国の駐日公使館周辺で行われてきた「文人交流研究」に新たな局面を切り開くことになった．従来は，戦争へと至る非友好の歴史と，人民の間で進められた友好の歴史という二分法で説明されてきたが，こうした枠組みを乗り越えた「交流史」が中国側から構築されようとしているのである[5]．19世紀後半も，基本的に日中戦争へと収斂する日本の侵略性と，あるべき友好の姿の双方を描くものとなっているのである．

2. 日清戦争

前述のように，日清戦争は日清修好条規以来の平等体制を，不平等体制に転換する契機となるとともに，認識における対中蔑視，対日警戒感が強まる契機

ともなった．日本は中国という舞台において，その不平等条約体制によって利権を享受する国のひとつとなった．この戦争をいかに位置づけるかをめぐっては，1995年の抗日戦勝利五十周年兼中日戦争（日清戦争）百周年における幾つかのシンポジウムで議論が交されている．総じていえることは，中国側は日本の侵略性が明確になった契機として，後の日中戦争の淵源として説明しようとするのに対して，日本側は近代国家，文明国家に至る過程のひとつとして位置づけ，日中戦争に連なる戦争への道程として単線的に描くことに躊躇があった[6]．戦争それ自体の背景説明についても，当時の日清双方の歴史を大きな枠組みとしていかにとらえるかということが重要なファクターとなる．清の近代国家化や朝鮮半島への関与の強化（朝貢体制の近代的再編）を強調すれば，日清が東アジアにおける新たな近代国家として朝鮮半島をめぐって争ったということになり，清を滅びゆく帝国と見れば，新興近代国家が老帝国の勢力圏を蚕食するというイメージができよう．さらには日本がその滅びゆく清から得た賠償金によって重工業化に弾みをつけたという位置づけも，日本側にとっては戦勝の正当な対価として認識されても，中国側には日本の近代化が中国を踏み台にしてなされたという見方が出てくることになろう（朝鮮そのもののコンテキストが看過されがちなのは日中双方に共通している）[7]．だが，一般的傾向とすれば，日本の研究者が前者の立場を採ることが多く，中国の研究者は後者の立場を採るが，昨今は清に対する再評価が進んでおり，今後は，日本の侵略性などは保留したかたちで，近代国家にならんとする両国の衝突という方向性がとられていくものと思われる[8]．

　こうした意味では，多くの朝貢国を喪失しながらも，中国が朝鮮半島への関与を強化したことにつき，袁世凱の対朝鮮外交，黄遵憲『朝鮮策略』，壬午・甲申事変における日清関係，天津条約などがあらためて検討すべき課題となろうし，洋務運動などの工業化や軍事力増強（北洋艦隊・南洋艦隊）による東洋最強の艦隊（日本への示威行動）なども軍事史的な観点から再検討されるべきことであろう．

　戦争の位置づけをめぐっては，「日清戦争で日本が得た成果・中国が失ったもの」を冷静に見つめる必要がある．(1)琉球問題，朝鮮半島問題に一応の決着を見たこと，(2)台湾・澎湖諸島の領有，遼東半島は三国干渉，(3)工場などの建設

が可能になったこと（東北部への侵出），(4)通商航海条約（治外法権，領事裁判権）により不平等条約体制が形成，(5)租界など開設（蘇州・杭州ほか）などがそうした要素になる．

　これによって日清修好条規体制が変容し，東アジアの（地域的）列強としての日本の登場が見られたことは疑いがないのだが，これによって日本の中国への侵略が一気呵成的に進展したわけではない．たとえば蘇州の租界設定などでは，黄遵憲らによって日本の専界租界が蘇州南の非商業地区に設定されたため，逆に日本商人が封じ込まれることにもなった．こういった条約文の結果一つ一つについての日中双方の視線からの詳細な検討もまた今後の課題となっている．

　他方，日清戦争の結果が日中関係に何をもたらしたのか，ということも大きな争点である．先に述べたように，平等体制から不平等体制へという転換はあるのだが，日本側にとっては，対イギリス治外法権撤廃交渉の成功にともなう「独立意識」が戦勝に絡むことにより，中国に対する優位意識が従前以上に高まったことは確かであろう．欧米諸国から平等条約を結び得る日本と，それができない中国という，欧米列強を鑑とした上下意識が強まったと想像される．

　日清戦争は，たしかに，日本における対中認識に大きな契機を与えた．だが，このような変容は中国においても見られたのであろうか．実際，中国では国民動員型の近代戦争が行われたわけではないので，戦争中に対日認識が変容したわけではなく，「敗戦」によって官僚や地域エリート層に衝撃があった程度だろう．こうした意味では，戦争の衝撃は勝った日本のほうが大きかったのかもしれない．だが，「眠れる獅子」と見なされた戦後の中国には租借地などが数多く設定され，「瓜分の危機」が増す中で変法が叫ばれることになる．しかし，敗戦後直ちに「日本に学ぶ」という方向性が見られるわけではない．戦争の行われていなかった1886-93年，1896-97年の国内情勢と変法は深く関わっていたし，対外関係面でも，1896年には李鴻章による露清密約が見られるなど，まだ微妙な情勢にあった．

　なお，日清戦争の結果として重要なことに台湾の帰趨がある．台湾は，17世紀までにオランダなどが拠点を形成していたが，鄭成功らが明末に拠り，1683年に清朝の版図に組み込まれ，福建省の一部とされ，台湾府が置かれた．19世紀末になり，いわゆる「台湾出兵」に際して，「化外の民」なる言質を清朝側か

ら引き出したとされることがあるが，発言したのは正式な担当官ではない一人の官僚に過ぎず，台湾を「無主」だと清が考えていたという認識は日中間では共有されていない．このような歴史認識が流布したのは国際法の執行者としての日本とその対照としての清という構図を，日本が殊更に内外に強調した結果であろう．1880年代半ば，清は台湾全島を「台湾省」とし，鉄道建設など，劉銘伝らによる近代化が図られた．そのほぼ10年後に，日本に割譲されたのである．戦後，清の在台官僚などを中心に台湾民主国が建てられたが，すぐに平定された．以後，51年間にわたり日本の植民地統治が行われるが，これは台湾が中国近代史を当事者の体感として共有しなかったことを意味しており，台湾史では清からの離脱が台湾アイデンティティの形成へのひとつの契機とされることもある．だが，中国史では，日本の台湾統治があったとしても，中国とは異なる台湾アイデンティティの形成がなされたという説明はなされず，台湾史は中国の地方史として位置づけられる．しかし，日本が台湾にアイデンティティと近代をもたらしたことを強調する議論も，植民地近代論では，批判的に検討されることになる．

　他方，中国では昨今，日清戦争後の台湾の動向に注目する動きが出てきており，歴史教科書でも大きく取り上げられる．そこでは当時の中国人民は清朝の売国政策に反対しており，台湾でも台湾割譲に反対する軍民の動きが起きて，日本軍に抵抗したことが紹介される．こうした行為は，高度な愛国主義精神とされ，日本の台湾統治51年においても台湾人民の祖国復帰のための闘争は止まることがなかったとされる．こうした論は，もちろん，現在の台湾における台湾史研究のそれとも異なるものである．

3. 戊戌変法

　日清戦争による清の敗北は，列強にとっては租借地の設定の契機となり，清では「瓜分の危機」が広まった[9]．そして，社会進化論の「強者必勝，劣者必敗」，「弱肉強食」の思想が広まり，救国運動が高まりを迎える．ここで，1880年代から蓄積されてきた社会改革論が急速に若手官僚を中心に浮上していくことになる．この現れが戊戌変法だと言えよう．そして，この変法は李鴻章らがロシア

と緊密な関係を築く中で，日本への強い関心に裏打ちされており，日本モデルの立憲君主国としての近代化を模索することになった．そうした中で黄遵憲『日本国志』などの日本紹介本が広く読まれた．近代化のモデルとしての日本，という位置づけが与えられたのである．これは以後も20世紀を通底する中国における日本観の一翼を形成することになる．

他方，日本では，日清戦争の賠償金による近代工業化，イギリス以外の諸国からも治外法権を回復するなど，近代国家としての体裁を整え，台湾の対岸の福建省を「勢力範囲」として設定することで東アジアの新興地域的列強として振る舞い始めていた．日中関係も，漢冶萍公司，八幡製鉄所などに見られるように，日本の経済発展にとって中国の存在が必要不可欠なものとなっていくことになる．こうした意味で，日中関係は社会経済面で急速に緊密化の路を歩んでいった．

1898年の戊戌変法は，すでに変法を数年にわたって唱えていた康有為らの若手官僚が，明治維新に見られる日本モデルを採用しながら，立憲君主制に基づく近代国家建設を志向した政治改革である．これは対外関係から見れば，李鴻章の親露路線を批判しようとするものであった．だが，袁世凱の動きもあり，この運動はわずか百日で頓挫（百日維新），首謀者の一部は死罪となり，また一部は日本に亡命した．日本は中国から追放された政治犯，反体制派の活動拠点となっていく．他方，中国では，変法の失敗にともない，保守的な傾向が復活することになる．翌年の1899年は19世紀後半にあった清朝が極めて保守化した1年であったとされる．

日本の学界では，この変法の理念が義和団戦争後の光緒新政や中華民国初期の政治外交に引き継がれていくことに注目する傾向にある．康有為や梁啓超は，政治の中枢を掌握できなかったものの，おそらくは1880年代以来の若手の洋務実務官僚により蓄積された議論の総体としての問題提起を行ったのであり，宮廷内部の政治闘争には敗れたが，戊戌変法は20世紀の第1四半世紀の中国政治を形づくる上で重要であったと認識される．中国では，帝国主義の強い影響を受けた光緒新政とは異なることなどから，戊戌変法を，日清戦争以後の「瓜分の危機」に対する「愛国救亡」運動としてその啓蒙性を高く評価しつつも，その限界を資産階級による改良運動であったことに求める傾向がある[10]．

他方，1890年代後半の国際情勢として特筆すべきは1898年の米西戦争でフィリピンを獲得したアメリカが本格的に東アジア市場に参画したことであろう．アメリカは，中国に植民地，勢力範囲を設定しなかった数少ない「列強」として，中国をめぐる国際政治に登場，義和団事件の連合軍の一つとなっていく．

4. 義和団事件と光緒新政

義和団事件は，中国にとっても日本にとっても重要な契機である．中国は，戊戌変法後の保守的傾向の中で列強に対して宣戦布告をした．このとき，中央政府は沿岸部の地方大官たちの宣戦に同調しない動き（東南互保）をコントロールできなかった．日本は，列強とともに中国に派兵し，戦後，1901年の辛丑和約（北京議定書）や一連の条約を通じて形成された国際的な中国保全の国際的枠組みに加わることになる．日本は，海底電線，航路など，中国との「交通・通信」インフラ整備を推進，中国との関係を緊密なものとしていく．

光緒新政は，近代主権国家形成を清朝自身が推進していこうとするものであった．そして，その近代国家建設の果実としての治外法権撤廃が約束されたのであったが，他方で北京での列強の駐兵権が認められ，北京公使団による対外政策および財政に関する影響の下で推進された改革であった．

ここでは，1890年代後半に見られた租借地設定などによる「中国分割」に歯止めがかけられることになる．日中関係について見ると，この新政においては，(1)日本が近代化のモデルとなり，(2)日本の知的情報が大量に流入し，(3)日本への留学ブームが発生した．ここでモデル化された日本は，いわゆる文明国標準に合わせる国としてのイメージであり，同時に「富国強兵」により国際的地位をあげていく国としてのイメージであったろう．具体的な政策は，官制面で総理衙門を廃止して外務部とすること，広東巡撫などの地方のポストの合理化，人事面では科挙における八股文の廃止，海外留学の促進とその成果による科挙合格資格認定，教育面では京師大学堂を頂点とする学校システムを形成，軍事制度面では緑営の廃止，武備学堂の設置が宣言された．

昨今の中国の学界では，かつての革命史観で重視された義和団事件，五四運動などは批判されはしないものの，称揚されることは減少した．それらが当時

の政府に対する反対運動であったからであるし，義和団の場合にはもともと批判的な研究もあったが，昨今では，宗教性から法輪功を想起させるということもあろう．それに対して，日本では革命史観への反省ということもあり，民衆運動，革命運動に対する関心が低調となっている[11]．

こうした背景もあってか，昨今は義和団事件それ自体における文明性や非文明性もさることながら，その結果結ばれた辛丑和約に基づく体制，光緒新政への関心が高まっている．清朝最後の10年は，まさに立憲君主制に基づく近代主権国家化を明確に志向した時期であり，各種の法典や政治制度も整備され，議会開設もレールに乗せられていた．こうした側面を積極的に評価する傾向は，日本でも中国でも共通であるが，日本では地域社会における地方エリートの変容過程，地域社会の秩序形成に関心が向かっているのに対して，中国では，現在の法制整備や制度改革を背景としつつ，清朝が「帝国主義」の「在華代理人」になったとの前提の下で，その法制整備などの制度設計やそこにおける限界などが研究の中心となっている．だが，かつてのように孫文の動きを歴史叙述の中心にすえたり，革命派と立憲派の日本での抗争を1900年代の最初の10年間の主たる歴史として語ることはまれになってきている．

5. 日露戦争

義和団事件を契機として形成された中国保全の枠組みに属さなかったのはロシアであった．ロシアは，義和団事件後も東北部を占領し続け，撤兵条件として七条を提起するまでにいたっていた．この背景には1901年に李鴻章が死に，露清密約の有効性が疑われたこともあった．一方，1902年に日英同盟が締結されたことについては，ロシアへの対抗上，中国での論調は総じて好意的に受け止められた．この段階では，日本の三国干渉に対する「臥薪嘗胆」と中国における「拒俄（ロシア）運動」が同調していた面がある．他方，このようなロシアの東北占領は中国ナショナリズムの萌芽にもつながったが，そうした運動を主導したのは在日中国人留学生たちであった．アジアの留学生の政治活動の拠点としての東京という側面がこのときには見られたのである．

こうした意味で，日清戦争で日本が勝利したということはあったにしても，

日露戦争の段階では日中間には全面的対立というよりも宥和的な傾向さえあった．だが，日本から見れば，中国は日本に従うはずの存在として映り，開戦後には日本に靡かない中国への苛立ちを募らせた．中国から見れば，共通の敵としてのロシアの存在があり，ある意味で親日的な中立政策を採用したが，それはあくまでも，日本を利用してロシアに占領された満洲の利権回復を企図したためであって，対日宥和それ自体が政策主眼ではなかった．従って，戦争が進む中で，日本を次第にロシアに代わる脅威として認識するようになるのである．こうした傾向は，日本が満洲利権を拡大するとともに強まっていく．これは，「巨大な犠牲を払って獲得した満洲利権／満鉄」という日本側の発想とは大きく異なる[12]．

　日露戦争を契機として，日中関係にいくつかの大きな変化が生じた．まず，日本は世界の一等国になったという自負心から，対中蔑視を強めていくことになる．これに対して，中国では，アメリカの移民政策に反発した対米ボイコットに見られるようにナショナリズムが強く現れ，鉄道利権，鉱山利権などの利権回収運動が見られるようになった．また，日露戦争以前からの傾向であるが，中国で憲法制定の準備，科挙の廃止に見られるように，急速に近代国家建設が進められ，東北部などで建省が行われるなど，主権国家化を強めていくことになった．

　日露戦争以後，中国は日本をロシアに代わる仮想敵とし，日本は満洲利権の獲得によって，大陸侵出という国是を以後40年にわたって行っていくことになる．また，国際社会でも1907年のハーグ平和会議で日本が中国を貶める外交を展開するなど，日本は中国を蔑視，中国はその日本に対抗する中で，近代国家を形成しようとした．

　このような日露戦争をめぐる日中関係では，日中間で大きな論点の違いがあるように思われる．日本には，日露戦争の勝利は「専制に対する立憲の勝利」，「白色人種に対する黄色人種の勝利」などとしてアジア諸民族からも歓迎され，各地のナショナリズム，立憲運動に影響を与えた，という見方がある．そして，これ以後進む立憲運動や孫文の大アジア主義講演に依拠して，日露戦争の影響があってこその立憲運動，革命運動という論調が取られる[13]．戦前期には，中国（清）が善意の中立をして，日本を支持したという論調も見られた．

しかし，中国側ではそういった理解はしていない．中国近現代史の教科書に日露戦争のことが掲載されていないなどということはないが，日露戦争は，あくまで中国の利権をめぐる帝国主義間戦争であり，中国は被害者だということである．日露戦争の結果，日本はいよいよ中国に対する領土的野心を露にし，南満洲利権を掌握していくことになると説明される．これは，ロシアの侵攻に対して日中共同で戦い，アジアの民族運動などに影響を与えたという論調とは大きく異なる．

このような日露戦争観の相違は，1930年代に既に存在していた．日中の歴史観の相違は昨今生み出されたものではなく，教科書問題はじめいわゆる歴史認識問題は戦前からあったのである．そのうち，特に有名なのは，1930年代のリットン調査団の調査内容をめぐる日中間のやりとりであった．リットン調査団による調査は，単なる事故調査ではなくて，日中間の近代における諸関係，また日貨ボイコット運動などの懸案についての日中双方の言い分を取り入れ，まとめたものであった．そうした意味では，外部者による日中の歴史認識の総括の最初の試みだといえる．その日露戦争部分を見てみよう．登場人物は，松岡洋右と顧維鈞であった．

■史料1：「国際連盟での松岡洋右と顧維鈞の応酬」（国際連盟事務局東京支局編纂『国際連盟に於ける日支問題議事録　後編』，1932年，42頁）

（松岡）日本は支那の統一を妨げたと云ふけれども，支那共和国を救ったのは日本である．（中略）日露戦争の結果，李鴻章は南満を日本に割譲する下関条約に調印すると共に他方，露仏独三国をして所謂三国干渉を行はしめ，戦争の結果を奪ひ去らしめた．而も翌年支那はロシアと攻守同盟の密約を結んだ．その為ロシアは南下し，南満は勿論，朝鮮国境にまで迫った．日本は余儀なく戦ひ，満洲の地を取り戻し，それを支那に返した．吾々は数十万の生霊を失ひ，二十億円の負債を残した．この犠牲に対して感謝の一言位あって然る可きである．この負債は未だに払い済みとなってゐない．日本はその為め今尚苦しんでゐる．日本国民は満洲問題について支那に対し如何なる感情を持ってゐるかを理解するにはこの歴史にまで戻らねばならぬ．右

　　　　　の密約はワシントン会議の時暴露された．然し日本は何も云はなかった．若し日本がかかる密約を知ってゐたならば日本は満洲全体の譲渡を支那に要求したに違ひない．そうしたならば，今日この満洲問題の如きは起こらなかったであろう．然るに吾々は満洲に何等の権利なき者の如く，又侵略者の如く取り扱はれた．張作霖は南京政府と協力して日本を満洲から駆逐せんとした．如何なる国でも日本と同様の立場に置かれたら，日本と同じ行動を執ったに違いない．
（顧維鈞）松岡氏は日本に大陸政策なるものなし，日本は如何なる国よりも平和を好む国民であり，取るよりも多くを與へてゐると断言されたが，琉球諸島，台湾，朝鮮及び今回の満洲，これ等は今日誰の手中に在るか松岡氏はこれを言わなかった．

　松岡は「感謝せよ」と言い，顧は日本が結局は領土を得ているとしている．戦後の日本では，さすがに日本が満洲を守ったなどという論調はないが，日露戦争の意義を中国にとっても肯定的であったはずのものとして描く傾向は続いている．

　他方，日露戦争により日本が「南満洲」という利権を手に入れたことは，この後の第一次世界大戦，日中戦争，第二次世界大戦など，あらゆる局面で日本の対外政策と深く関わることになった．日本は，第二回日英同盟，桂・タフト協定，日露協約，日仏協約などを相次いで締結し，南満利権とともに，すでに外交権を掌握していた朝鮮半島における権益の確保に地歩を固めた．南満利権については，ポーツマス条約でロシアから直接日本に委譲されるというよりも，中国と協議することが定められていたので，日本は中国側と協定を締結することによって，利権を継承，南満洲鉄道会社を創立した．

　中国側は，従来正式には「省」のなかった東北に建省して「東三省」を形成，近代化政策を実施した．これは，満洲王朝としての清朝の聖地としての満洲が中国東北部として位置づけられていくことを示し，以後，一層漢族の移民が活発化し，漢化していくことになった．中国東北部への朝鮮人の移住もまた盛んであったが，日本の中国東北部への侵出は，その対朝鮮政策と深く連関していた．周知のとおり，日本は1905年に朝鮮の外交権を接収，1910年に間島協約を

清と締結した上で,「日韓併合」を行った．これにより日中は国境を接することになり，中国東北部が日中露三国の国際政治の焦点として浮上することになる．だが，張作霖らの「軍閥」たちは，たとえ東北部の自立を唱えようとも，それは中央からの自立であり，中国の一部分を中国から分離して独立させようとはしなかったのである．

6. 日本における留学生の増加と友好論

　20世紀の最初の10年間は，日中友好のコンテキストでも強調される．そのポイントは第一に，数多くの留学生が日本を訪れたことである．数的には1905年に1万人前後であるから，現在には及ばない．留学生と日本人の交流は，魯迅と藤野先生の交流物語に見られるように，その後の日中友好論に多くの肯定的な材料を提供することになった．第二は，若者が集う場所となった日本が，革命運動，立憲運動などの政治運動の拠点となったことである．日本における政治運動家，活動家の邂逅が，孫文とその友人たちの逸話に見られるように様々な友好物語を創出するとともに，日本の大陸浪人醸成にも強い影響を与えることになった．

　日本では留学生の増加を，日露戦争における日本の勝利がもたらした「専制に対する立憲の勝利」や，「白色人種に対する黄色人種の勝利」と結びつけて理解しようとする傾向にある．また，これにより西洋文明が日本を経由して中国に伝えられたことも重視される．だが，中国では，日本からの西洋文明の移入については認めつつも，日露戦争との関連性については積極的な説明がなされることは稀である．たしかに，光緒新政下で留学生は増加し，日露戦争の起きた1904年から05年，そして06年にピークを迎えるのだが，これは第一に1905年の科挙制度の廃止の影響が大きく，第二に漢字を交えて法政を速習できる利便性（学習記録，学位などはそのまま中国での資格に結びついた），第三に銀の比価の関係から割高でない授業料や生活経費，第四に上記のような条件に下支えされた政治運動への寛容さなどに由来する．それだけに，1905年末の清国留学生取締規則発布，1907年の五校特約，1908年の官費留学生の理系限定などの一連の施策によって留学生は激減，1908年の第二辰丸事件に見られるように，

中国ナショナリズムが日本を標的にすることも見られるようになる．

　数多くの留学生が日本を訪れたこと，それは確かに重要なことであった．だが，多くの留学生が来たからといって，それがただちに日中関係の接近や良好化に結びつくわけではない．また，日本では，中国が日本から「近代」を摂取したことが強調されるが，以後留学生の多くは欧米を目指したので，日本の役割は限定的である．そして，政治運動と日本人との関わりも，そもそもそうした運動が強調されなくなっているし，叙述するとしても個人的な関係と位置づけられることが多い．

　今後の留学生史研究については，たとえば，日本に来た留学生が果たしてどれほど日本人とかかわったのか，留学生の生活はどのようなものであったか，帰国後の活動はどうであったか，また彼らは日本に来て，日本を学んだのか，それとも西洋を摂取したのか，あるいは日本から中国への留学生はどれほどいたのか，などといったことが，十分に解明されなければならないであろう．そして単なる友好論ではない，技術移転，アカデミズム・サークルの形成，労働力移動などを含めた幅広い視野からの研究，そして儒教の近代的な再定義や仏教の近代的展開，文学の越境など，思想・文化における東アジア的な視野からの研究が求められている[14]．

7. 辛亥革命と中華民国の成立

　1911年10月に発生した武昌蜂起を契機に清朝からの独立を唱える諸省が中南部を中心に増加し，1912年1月1日に孫文を臨時大総統とする中華民国臨時政府が臨時首都南京に発足した．翌月，清朝皇帝退位を条件として，袁世凱が大総統に就任，北京に首都が移された．

　この過程をいかに位置づけるのかということは，中国近代史，近代日中関係史にとっても大きな問題となっている．一般的には，義和団賠償金などにより財政破綻をしている状態で近代主権国家建設を行うことは極めて困難であった清が，結局は外債依存を高め，外資導入を前提にした鉄道の国有化が国内からの反発を招き，中央・地方の利害対立が先鋭化するかたちで辛亥革命が発生したと説明されることが多い．また，清朝という政治シンボルと，主権国家とし

ての中国というシンボルが乖離した結果だとも見ることができる．いずれにしても，以前のように立憲派と革命派の抗争という観点から説明されることは，あまり見られなくなってきている．

　日本では，「革命」それ自体への関心が低調になっていることもあり，また革命史観の克服といったことから，清末民初の連続性を強調する議論が多く見られる．これは光緒新政以来の預備立憲，責任内閣制度の制定，憲法の発布など，一連の法政改革，主権国家としての機構形成期を民国前期まで延長させる考え方である．また中央・地方関係についても，清末以来の問題と民国前期のいわゆる「軍閥」の形成への変移を，東南互保や地方エリートの観点から連続的に見出そうとするものも多い．これに対して中国では，連続する革命の成果とその限界というコントラストの下，辛亥革命を基本的に「ブルジョア民主主義革命」だと位置づける．それだけに，日清戦争から光緒新政期の工業発展，そこにおけるブルジョアエリート層の形成などが注目され，革命の成果としても封建制度の終了を示す皇帝制度の廃止，共和政の成立などが強調される．当然，そこでは不徹底性も指摘され，半封建半植民地体制が残されたとされる．その不徹底性をもたらした原因としては，袁世凱による簒奪，また軍閥割拠などがあげられるのだが，近年は中国でも単純に袁世凱を批判することは減少し，「軍閥」を単純に否定的に見ることも減少している．そうした意味では，中国でも辛亥革命前後の捉え方には多様性が見られてきているというところである．

　だが，ロシアを帝政から憲政に移行させた1905年の第一次ロシア革命と並ぶ，ユーラシアの帝国の変容過程を示すものとして世界史的に重視されるべきであることにかわりはないであろう．

　革命と日本との関わりについては，さまざまな角度から論じられる．日本では，立憲君主制度をはじめとする法政改革への留学生や日本の制度の影響が大きいことを強調する傾向がある．また，革命運動については，萱野長知ら，いわゆる「大陸浪人」といわれる孫文の友人たちの活躍などが研究されることが多い．日本あってこその中国の革命，近代化という議論である．

　中国においても研究レベルではこうした論点は共有されているが，教育ではあまり触れられない．日本と中国で大きな違いとなるのは，中華民国政府承認に至る過程および不平等条約改正をめぐる問題であろう[15]．中国では，南京臨時

政府が各国に対する「告各友邦書」の中で,「帝国主義の支持をとりつけるために」,清朝の締結した全ての不平等条約を継承したこと,借款団などを通じて中華民国政府をも清朝同様に「洋人の朝廷」にしようとしたことなどが強調される.日本では,財政基盤が脆弱な政権を列強と共同で支持しようとしたこと,政府承認については列強と共同歩調をとり,1913年の大総統就任を待って行ったことなどが述べられるが,そこでは革命性よりも中国の混乱性が強調される.また,天皇制との関係で,皇帝制の瓦解は特別な意味をもっていた.

1913年に中華民国が正式に国際社会の一員になってからも,革命と呼ばれる政治運動は連続して発生したが成果を挙げられず,また1916年には議会専制への対抗もあり,袁世凱が皇帝を称し帝政復活を唱えながら,失意のうちに5ヵ月で死去した.この過程で北京政府は次第に全国に対する統治能力を失っていった.

8. 第一次世界大戦,二十一ヵ条要求問題

袁世凱総統の下での中華民国では,臨時約法に基づく議会制民主主義と共和政体の形成については宋教仁暗殺などで頓挫しつつも,中央・地方ともに軍事力と官僚制を基盤にする政府によって近代化政策が実行されていた.中華民国政府が国際的な承認を受けた翌年の1914年,第一次世界大戦が発生した.この戦争は,国際的地位の向上と条約改正をねらう中華民国にとって千載一遇の機会であった.中華民国は1917年に大戦に参戦,シベリア出兵などを行い,パリ講和会議に戦勝国として参加,国際的地位の向上とともに,不平等条約の改正が期待された.しかし,戦勝国であったにもかかわらず,中華民国領土内の山東利権などはドイツから日本に引き継がれることになる.それに対する反発が五四運動である.だが,中国の国際的地位の向上の試みは,世界にも,中国の社会にも明確に知らしめられることになった.

1910年代のこの過程は,日中関係の敵対化をある意味で決定的にした.この時期にこそ,日中教科書問題,排日ボイコット問題など,後に「反日」「排日」の代名詞とされる問題や運動が起きてきているのである.日本は,まさに中国のこのような国際的地位の向上への試みに正面から敵対する存在として認知さ

れたのである．袁世凱政権には，有賀長雄をはじめ多くの日本人顧問がいたし，日本モデルの諸制度が導入された．しかし，1914年の大隈重信政権による対華二十一カ条要求は，これまで列強との協調の下に対華政策を展開するという原則に反していた面があるとともに，外交交渉で埒があかなければ軍事力を背景に調印を迫るといった交渉方法に対して中国内部から強い反発が提起されたように，中国への関わり方においても，当時においては類を見ない強硬さが中国の人々に印象づけられることになった．その結果，調印を迫られた5月7日が国恥記念日とされたように，中国のナショナリズムに強い反日感情を与え，締結した袁世凱，北京政府への批判が強まり，また日本留学経験者が危険視される雰囲気が生まれた．二十一カ条要求は，中国ナショナリズムに日本という「単独敵」を設定させるのに十分な外交政策であったのである．そして，清末に建省した東北部と異なり，古来中国の中心に位置してきた「山東」の主要地域を，（ドイツの利権の範囲を超えて）日本が占領したことは，二十一カ条とともに「山東問題」として日中関係に強いネガティブな影響を与えることになった．山東侵攻にあたっては，日本としてはドイツ租借地をドイツ領土と看做して，かつイギリスとともに攻撃したということもあり，国際法や国際政治にも配慮した形式を整えていたが，中国側には「日本」が最も身近かつ最大の敵として浮上したことになった．

　しかし，この時期の政権，すなわち段祺瑞政権は日本の西原借款などに支えられていたことも看過できない．こうした「親日」政権を成立させたことこそが，日本においては中国にも日本を歓迎する向きがあると信じさせ，他方，中国では反日と反政府運動を結びつけることにもつながっていった．

おわりに——「中国」形成期と「支那」呼称問題

　日清戦争から五四運動にかけての時期は，まさに近代的な意味での「中国」が形成された時期でもあった[16]．「中国」はアプリオリに「中国」であったわけではなく，王朝の連なりが，清末から民国の初期にかけて次第に主権国家，国民国家としての「中国」として形成，あるいは塑像として形づくられたのである．五族協和などの民族論，のちの中華民族論につながるような民族論や，い

わゆる中国ナショナリズムが都市部において表出したのもこの時期である．

　こうした中国の創出過程の中で，それまで列強と足なみを揃えて中国に関与していた日本が次第に中国への単独関与を強めていった．それこそが，日本が単独で「中国」史をはじめとする「中国」にまつわる政治符号の中でもっとも否定的に捉えられる根拠となっていく．

　日本は，こうした「中国」の形成を受け入れられたのであろうか．「清国」から「中華民国」への変容の中で，日本は中国を公式に「支那」と呼ぶことを選択する[17]．これは「中国」の形成それ自体に否定的なスタンスを取る日本の立場を示すものであったのかもしれない．だが，この中国の形成過程において，中国人が考えた「中国論」に，日本における中国研究が大きな影響を与えたことが昨今指摘され始めている．たとえば，中国を南北に分けて考える議論など，「支那」を「支那」としてみることにおいて中国より先行していた日本の「支那論」は中国自身の自画像に影響を与えたと考えられ始めているのである．

　19 世紀末から 20 世紀初頭を振り返れば，日本近代が自らを文明国と位置づけるために中国を野蛮国としてきたのと同様，中国もまた，1910 年以降，自らを文明国とする努力をし，その中で国際法を遵守せず，軍事力にのみ頼る日本という野蛮国を発見するに至る．中国ナショナリズムだけでなく，近代文明国家建設という面においても，日本は次第に反面教師として位置づけられることになっていくのである．関係の急速な緊密化，相互依存とともに，21 世紀にまで影響を与える強い敵対関係が形成されたのがこの時期であったと考えることができよう．

〈参考文献〉

大里浩秋・孫安石編『中国人日本留学史研究の現段階』お茶の水書房，2002 年．
川島真『中国近代外交の形成』名古屋大学出版会，2004 年．
小林道彦『日本の大陸政策　1895-1914──桂太郎と後藤新平』南窓社，1997 年．
佐藤公彦『義和団の起源とその運動──中国民衆ナショナリズムの誕生』研文出版，1999 年．

中央大学人文科学研究所編『五四運動史像の再検討』中央大学出版部，1986 年．
坂野正高『近代中国政治外交史』東京大学出版会，1973 年．

1）1997 年の香港返還に際して，中国が香港「返還」ではなく「回帰」という用語を使用したことは，こうした姿勢を如実に示している．すなわち，条約においては，香港島はアヘン戦争後の南京条約で，九龍半島はアロー戦争後の天津・北京条約で割譲していたのであり，その九龍に隣接する新界だけが，1898 年に清からイギリスに 99 年を期限に「租借」したものであった．租借地がどこの領土となるかについては議論があるが，中国の領土であったとしても，この新界だけが「回帰」すべき対象となるはずであった．香港島，九龍半島については，原則として，領有しているイギリスの判断で「返還」するかどうかが決められることになるが，本来の主人に「回帰」するという正当性は条約における契約という面では見出しにくい．しかし，条約がどうであれ，本来中国の領土であった土地を「奪った」とすれば，当然それは「回帰」されるべきものとなる．
2）浜下武志『近代中国の国際的契機』（東京大学出版会，1990 年），同『朝貢システムと近代アジア』（岩波書店，1997 年）など参照．なお，「中華思想」については，他の東アジア諸国にも見られた「華夷思想」と同義で用いられる場合もあるが，多くの場合，中国特有のものとされる．そうした中国特有のものとしての中華思想論は，学問的な議論がほとんど行われないままに，人口に膾炙してしまった用語である．この日本特有でありながら，日本で広汎に信じられている説明概念の形成過程こそが研究対象となろう．
3）ポール・コーエン著・佐藤慎一訳『知の帝国主義——オリエンタリズムと中国像』平凡社，1988 年．
4）「不平等条約」という用語も，後世に流布したものであり，治外法権，関税自主権についても同時代的考察が求められる．例えば，治外法権をとっても，海外渡航解禁以前（日本は 1866 年，中国は 1860 年の北京条約）であれば，それは排外運動が盛んな当時，むしろ自国民保護の論理となった．他方，条約の平等・不平等についても，たとえ額面が平等でも，一方の国が他国と不平等条約を結んでいれば，条約締結国同士が最恵国条款を相互に認めてしまうと，それは不平等条約となってしまうのである．
5）浙江大学日本文化研究所の王勇と日本の国際日本文化研究センターなどによって進められている共同研究では，近代中国における日本認識だけでなく，中国から日本へ，そして中国古典をよく保存した日本から中国へと流れた本の動きを追っている．単純な文化伝播論ではなく，相互交流を重視した点で，興味深い研究となっている．
6）現段階での日本の日清戦争研究の段階を示すものとして，東アジア近代史学会編『日清戦争と東アジア世界の変容』（上下巻，ゆまに書房，1997 年）がある．
7）清朝と朝鮮半島における宗藩関係，朝貢システムなるものの現実的な姿については，岡本隆司『属国と自主のあいだ——近代清韓関係と東アジアの命運』（名古屋大学出版会，2004 年）を参照．
8）この点，相次ぐ戦争と革命，そして近代化だけで 19 世紀後半を描くのでは看過されてし

まう時期，たとえば1886-1893年などが重要となろう．こうした時期の歴史を丁寧に紡ぐことで，新たな，過度に向目的的でない日中関係史が描かれることになろう．

9）だが，歴史教科書などで見られる「勢力範囲」を示す地図が当時の中国人にも共有されていたかというと疑問が残る．あのような地図は基本的に中国を侵略する側の視線で描かれているし，逆に中国側が用いるとしたら，列強の侵略の深さを示すためであったろう．他方，一定地域の利権を特定の相手に与えて借款を得ることは，管理上は中国にも容易であった．これは租界などでもいえることで，居住地域や活動地域を限定することは，相手国の権利を認めることでありながら，同時に制限することにもつながると考えられていた．

10）中国近代における愛国主義に新たな解釈を加えた研究として，吉澤誠一郎『愛国主義の創成──ナショナリズムから近代中国をみる』（岩波書店，2003年）がある．

11）そうした中で，義和団研究に一つの総括ともいえる区切りを示したものに，佐藤公彦『義和団の起源とその運動──中国民衆ナショナリズムの誕生』（研文出版，1999年）がある．

12）日露戦争をめぐる日中関係については，拙稿「日露戦争と中国の中立問題」（軍事史学会編『日露戦争（一）国際的文脈』錦正社，2004年），同「『日露戦争と中国』をめぐる議論の変容」（日露戦争研究会編『日露戦争の新視点』成文堂，2005年）などを参照．

13）孫文の大アジア主義講演は実際には1924年に行われており，孫文自身の日露戦争当時の反応も鈍かったし，その同講演においても，孫文は日露戦争に対する東アジアの反応は鈍かったと述べている．

14）日本における留日学生史研究の現段階を示すものとして，大里浩秋・孫安石編『中国人日本留学史研究の現段階』（御茶の水書房，2002年）がある．

15）拙著『中国近代外交の形成』（名古屋大学出版会，2004年）参照．

16）岸本美緒「中国とは何か」（尾形勇・岸本美緒編『中国史』山川出版社，1998年）を参照．

17）拙稿「『支那』『支那国』『支那共和国』：日本外務省の対中呼称政策」『中国研究月報』571号，1995年9月．

1930–32 年の日中関係年表

1930年5月	日華関税協定調印．日本，条件つきで中国の関税自主権を承認．
7月	長沙の日本領事館，中国軍に焼かれる．
9月	東北軍のリーダー張学良，和平統一と国民政府中央への服従を表明．
10月	日本の閣議，中国の正式呼称を「支那」から「中華民国」に変更することを決定．
1931年7月	2日，中国東北地方の万宝山で，朝鮮人農民と中国農民，官憲との間に衝突事件発生．その後，朝鮮各地で華僑に対する報復暴動多発．13日，上海の商工団体，反日援僑大会を開催し反日行動を呼びかける宣言文採択．
8月	中国東北地方視察中の中村大尉が中国兵に殺された事件（6月27日発生）公表．
9月	18日，関東軍参謀の謀略で，柳条湖の満鉄線路を爆破，満州事変勃発．26日，関東軍の満州侵攻に反対する抗日大集会，上海で開催．
10月	国際連盟理事会，日本への期限付満州撤兵勧告案を可決．
11月	蔣介石が指導する南京国民政府，抗日運動禁止令を公布．
1932年1月	18日，日本陸軍特務機関に教唆された中国人，上海で日本人僧侶を殺害．10日後日本の海軍陸戦隊，中国の第19路軍と開戦，上海事変の勃発．
3月	1日，満州国成立．

3章 「反日」・「反中」循環のなかの日中外交 ——満州事変前夜

劉傑

はじめに

　1919年の「五四運動」は中国のナショナリズムの台頭を象徴するできごとであった．この運動に触発され，20世紀20年代から30年代にかけて，中国における日本の権益を放棄させようと，インテリ層に指導される国権回復運動が繰り返された．国民革命が進展し，東北地方を含む中国の広大な地域で一応の統一を達成したころ，南京に首都を定めた国民政府は，19世紀中葉以降，中国に利権を追求し続けてきた諸国に対し，治外法権と租界の回収を求めて，積極的な外交を展開した．これに対し山東半島や東北地方に多大な利権を持っている日本が，その権益を守る名目のもと，中国に出兵した結果，例えば「済南事件」のような武力衝突事件が発生した．列強のなかで突出した存在になった日本は，国権回復運動の主たるターゲットに絞られていった．

　国民政府の外交姿勢は，広東政府（1917–27）の「革命外交」を継承したものと評されるが，列国との平和的な交渉による解決はもっともコストが低いことを，国力が虚弱な国民政府の指導者たちは心得ていたので，国民政府は外交手段による穏健な国権回復運動を構想していた．しかし，性急な国権回復を求めて台頭してきたナショナリズムを制御することは，容易なことではなかった．過激な「愛国運動」に自制を求めた政府の姿勢はしばしば「売国行為」と攻撃された．国民政府は，大衆の「愛国」の情熱を傷つけないで，大衆からの「売国」の誇りをかわしながら，特権を保有する列強，とりわけ日本との関係の悪化を避けようとした．苦難の末ようやく国家の一応の統一を達成した新生の国民政

府は対外的にも，対内的にも困難に満ちた舵取りを迫られたのである．

　一方，日本は中国の反日ナショナリズムを国民政府が進めた反日教育と反日政策の結果とみなした．個別の地域で発生した反日事件——なかには日本の軍人などの謀略によるものも少なくなかったが——が過大に報道され，日本人の間に対中「恐怖感」と嫌悪感が広がった．外交交渉を担当する外務官僚らは，中国政府が対日交渉を有利に進めるために「反日」を背後から操縦していると批判した．穏健派といわれた外交官も中国政府が反日運動に有効な対策を講じなかったことに憤りを感じた．既成の条約を無視する中国の過激なナショナリズムが戦争を誘発した原因であったと多くの日本人は思った．一部の外務官僚は，中国ナショナリズムのメカニズムを理解していながら，外交政策の策定段階や，外交交渉の場では事態を沈静化させるための対策を積極的に講じなかった．

　このように，日本と中国の外交は，繰り返される反日運動に対し，まったく無力であった．外交は日中両国の政治関係の改善に一時的に効果を発揮したこともあったが，国民感情の対立を和らげるのに，ほとんどと言っていいほど機能しなかった．戦前の日本の軍部と外務省の力関係を考えれば，外務省は戦争を阻止する力を持てなかったことは，多くの研究者が指摘した通りである．あるいは，外務省は軍部に妥協しつつ，軍部の暴走を牽制したという評価も事実の一面を語っているだろう．しかし，一部の研究者が指摘しているように，戦前における外務省の役割は決して低く評価することはできない[1]．

　不平等条約によって獲得した権益の合法性を主張し，大陸への膨張を志向する日本の対外政策と，国民国家として統一，独立，発展を求める中国の主権国家意識，いわゆるナショナリズムが衝突するなか，「外交」が依然として機能していたとするならば，その役割は如何に評価すべきか．結果的には「外交」が戦争を防止することができなかった理由は何か，これらの問題に対する回答は必ずしも得られていない．日中全面戦争は日本の大陸侵攻政策の必然的結果という単純化された歴史解釈によって，「外交交渉」という外交史の重要な構成部分を欠落させた．戦争が外交の失敗を意味するならば，失敗した「外交」の実態を解明することは重要である．

　中国の「反日運動」を如何に理解し，「反日運動」に如何に対処するかは戦前

の日中関係の代表的な争点の一つであった．1930年代の日中全面対決が始まる前の日中外交は「反日」と「反中」をめぐって展開された．本章は満州事変直前の反日運動をめぐる日中交渉にスポットを当て，戦争の危機を回避する外交の可能性を考えてみたい．この作業は，両国の論争が噛み合わなかった理由は何かという設問への回答にもつながるだろう．

1．「反日」事態の把握

　満州事変直前の1931年7月，大規模な排日ボイコットの嵐が大都市を中心に中国各地を吹き荒らした．中国における反日運動は1915年の対華二十一カ条要求以降，とりわけ第一次世界大戦終了後しばしば高まりを見せていたが，満州事変前の排日運動の直接のきっかけは，水田の商租をめぐる中国農民と朝鮮人農民との対立によって惹き起された万宝山事件と，その後朝鮮で発生した中国人居留民虐殺事件であった．一連の事件が伝わると，組織的な反日運動が瞬く間に中国各地に爆発したのは，中国のメディアや一般大衆が当初からこれらの事件を単なる局地的な偶発事件として認識していなかったことと深く関係していた．二十一カ条要求，山東出兵，とりわけ済南事件以降，日本の拡張的な大陸政策が中国人の対日認識に重大な影響を与え，日本への強い不信感と警戒心は青年学生に止まらず，政界，経済界，及びメディアにも広がっていた．

　現地外交官から外務省への報告によると，7月7日の晨報（新聞）は「万宝山事件ト排華暴動事件トハ同一事件ナルカ如キモ，実ハ別箇ノ問題ナリ．然レトモ，其原因ハ何レモ日本ノ植民政策ニアリ．即チ東三省ニ於ケル鮮農ハ，日本政府ノ後援ヲ頼ミ，遂ニ今次ノ万宝山事件ヲ惹起シ，又朝鮮ニ於ケル鮮人ハ由来華僑ヲ嫉視シ，政府亦種々過酷ナル条例ヲ定メ，又ハ居留手続ノ不備及租税滞納等ヲ口実ニ，華僑ヲ退去セシメ居リシ処，今次ノ万宝山事件ニ事ヲ寄セ，遂ニ華僑駆逐ノ目的ヲ達成シタルニ過キスシテ，本件ハ決シテ一時ノ突発事件ニ非ズ」と断定し，日本の拡張的な政策を止めさせなければ，事態は鎮定に向かわないと結論付けた[2]．同日のチャイナプレスは，「現在満洲ニ於ケル日支間緊張状態ノ根本的原因ハ日本ノ軍国主義ニ存スル次第ニテ，内田伯ノ満鉄総裁就任，朝鮮ノ師団増派，満洲駐屯軍ノ常駐決定等ハ悉ク中国識者ノ疑惑ヲ深メ

ツツアリ国民政府ハ満洲ニ於ケル中国国権侵害ヲ阻止スル為，十分警戒スヘシ」[3]と警告したという．

　新聞報道で情報が伝わると，中国各地では反日ムードが一気に高まった．国民党中央党部や国民政府が明確な対応策を打ち出す前に，早くも地方党部が反日の狼煙を上げた．7月6日，河北省の党務整理委員会が全国に通電を発し，国民に救国運動を展開するよう呼びかけた．北平，天津などの都市の党部は，中央政府に請願書を送り，日本政府に厳正なる交渉を断行するように促した．7月13日，上海の商工団体が「反日援僑大会」を開催し，具体的な反日行動を呼びかけた宣言文を採択した．宣言は，「朝鮮ニ於ケル激烈ナル排華運動ハ日本政府ノ積極的満蒙政策ノ表現」[4]と日本政府の大陸政策を激しく非難し，一連の事件は偶発的なものではないと強く示唆した．そして，「中華民国将来ノ生存ノ為，沈毅勇猛ノ精神ヲ以テ，永遠ニ対日経済絶交ヲ実行」することを呼びかけた．それを有効に実施するために，各界の代表39名から構成する「反日援僑委員会」を組織し，具体的な事項を決めることとした．また，中央党部に対し，「各地党部ニ命令ヲ発シ，民衆ヲシテ一致ノ行動ヲ執ル様指導アリタシ」と求めた．更に大会は，国民政府に対し，厳重なる対日抗議と，以下の項目を日本側に要求するように決議した．

　　「（イ）元凶ノ厳罰，遭難者ノ救恤及充分ナル賠償，（ロ）政府及国民ニ対スル鄭重ナル謝罪，（ハ）日本官吏軍警ノ懲戒，（ニ）華僑ニ対スル将来ノ安全保障，（ホ）在満鮮人ノ二重国籍取締，（ヘ）保僑通商条約ノ改定」[5]．

　このように，排日ボイコットの目的は事件の解決や善後処理に止まらず，将来の対中国政策の転換を日本に要求していくことを目標に掲げたのである．

　ここで注目したいことは，排日は当初から本格的な組織を有する運動ではあったが，国民党や国民政府の中央からの指示を受けての運動ではなかった点である．運動は地方党部及び経済界がその組織力を動員して始まったものであり，その目的は，中央党部と国民政府に対日強硬策を促すことであった．

　しかし，多数の中国世論が事件を一時的な突発事件ではなく，日本の侵略的な中国政策の結果と認識したのに対し，国民党中央党部や国民政府は国内向け

に，一連の事件は「局地的な事件」であり，日中関係の大局に影響を及ぼさないという見解を表明していた．中央政府は事件による日中関係の悪化を望んでいなかったのである．国民政府の王正廷外交部長は7月10日の記者会見で，万宝山事件は「地方的な事件」[6]と明言し，現地政府を中心に事件の解決に努める意思を確認した．また，国民党中央党部は全国の下級党部に対して，民衆運動の合法性を要求して，「日本人に危害を加える」行為を許さぬ指示を全国に通達した[7]．これに合わせて，外交部は日本側に国民政府の方針を伝えた．外交交渉において，村井倉松上海総領事から，7月13日の上海市商会の「反日援僑大会」について取り締まるよう要請されたことに対し，張群上海市長が「快諾」したことも，中国側の意図を反映したものである[8]．

　東北地方の実力者・張学良の動きも，中央政府の意思に沿うものであった．彼はこの時点では，日本との戦争を極力避けなければならないと判断した．張学良は1936年12月，蔣介石に抗日を促すために，蔣を監禁するクーデター事件，いわゆる「西安事変」を起こした人物である．父を関東軍の爆殺（1928年）で失った張学良は急進的な抗日派であったが，万宝山事件と中国人居留民虐殺事件の後，中国，とりわけ自らの勢力範囲である東北地方の状況に鑑み，国民党部に慎重な対応を求めた．7月6日，東北政務委員会に宛てた電報の中で張学良は，「時下日本と開戦すれば，我が国の敗戦は避けられない．戦争のあと，日本から土地の割譲や賠償金の支払いが求められるに違いない．そうなると，東北地方を取り戻すことは永久に不可能である．この際は極力武力衝突を避け，公理をもって日本と応酬すべきだ」[9]と述べ，外交による解決を強く主張した．7月7日，張学良は張作相吉林省主席と会談した際も，万宝山事件の「現地解決」を強く主張し，事件の拡大により日中両国が全面対決に突入することを警戒した．

　以上のような事件に対する中国側の対応と基本姿勢は在中国重光葵臨時代理公使に把握されていた．幣原喜重郎外務大臣宛の電文の中で，中国側の情勢を次のように報告している．

　　「民国側ハ政府党部ノ方面ニ於テハ此際徹底的ニ排日手段ヲ講スヘシトノ
　　　説ト，問題ノ拡大ヲ防キ，事態ヲ悪化セシメサル様スヘシトノ説トニ分レ
　　　居タル模様ニテ，大体八日ノ政治会議ニ於テ穏健派ノ説ニ従フコトトナリ

3章　「反日」・「反中」循環のなかの日中外交　57

タルカ如ク，右ノ結果ハ外交部長其他ノ態度ニモ反映シ居ルモノト思ハル」[10].

　つまり，中国の大勢は日中関係の悪化を防止する方向に動き出したと，重光が判断していたのである．他方で，「地方的ノ種々ノ団体言論機関等ハ尚宣伝的ノ決議，若ハ議論ヲナシ，其影響ノ及フ処鮮カラサルヘシ」[11]という判断も同時に示して，中央と地方との不一致が事態を悪化させる要因であることも理解していた．

　ところが，中国中央政府の事件に対する基本方針が日本側に十分に伝わっていたにもかかわらず，排日ボイコット取り締まり要求をめぐる日中交渉は順調に進まなかった．中国中央政府の立場が難しかったことは，交渉を難航させた一因であった．中国中央政府は法権，租界の回収と政治，社会の安定という二つの問題の間でバランスを取りながら，難しい舵取りを迫られていた．日本はその難しい立場を理解しながらも，執拗に対応の不十分さを批判し，取り締まりの強化を求めた．一方，中国は排日ボイコットという深刻な事態にもかかわらず，交渉のテーマを排日ボイコットから日本の在華特殊権益に移そうとした．双方が違うポイントに焦点を絞ったため，交渉が一向に噛み合わない状態が続いた．なぜ，このような状態が日本と中国との間に生じたのだろうか．次に外交交渉の具体的やり取りを紹介しながら，この問題を考えてみたい．

2.　中国の外交姿勢——対内と対外

　万宝山事件及びその後のセンセーショナルな報道により，朝鮮の各地では中国人虐殺事件が引き起され，これを契機に大規模な排日ボイコットが上海をはじめとする大都市で勃発した．複数の事件が連鎖反応の様相を呈していたため，両国が交渉に際して，それぞれどの問題に焦点を絞るかは，交渉の進展と妥結の方向性にとって決定的な意味を持った．交渉を更に複雑にしたのは，国民政府の判断であった．国民政府は世論の大勢を斟酌して，この連鎖反応の元を辿れば，そこには日本の在華権益に対する国民の不満があったことを強く意識し，これを前面に押し出した．つまり，日本の中国政策が中国大衆の間に強い対日不信感を誘発しているため，国民感情を緩和するには治外法権の完全なる撤廃

と租界や租借地を含めた特殊権益の放棄を要求することが必要とされた．そこで，王正廷外交部長は交渉にあたって，中国における日本の特殊権益を放棄させることに焦点を絞った．一方日本側は満蒙における多数の権益を国家の存亡に関わる生命線と位置づけ，また，このことについてほぼ国民的コンセンサスが形成されていることを理由に，日中対立の連鎖から満蒙問題を切り離し，もっぱら中国に排日ボイコットへの取り締まりを要求することにテーマを集中させた．このように，交渉にあたって両国はそれぞれ違う問題に照準を合わせたため，合意に至る土台は当初から存在しなかったのである．

　排日ボイコットが発生してからの日本との直接交渉のなかで，中国側から万宝山事件と朝鮮事件を直接取り上げたことはさほど多くない．中国側が日本側に伝えようとしたメッセージは，中国人の対日不信感の原因と，それを解消するため日本側のなすべきことであった．

　例えば，7月12日村井倉松上海総領事との会談のなかで，張群上海市長は，「朝鮮ニ於ケル警察ノ有能ナルハ周知ノ事実ナルニ拘ラス，斯カル大事ニ立至ラシメタルコトニ顧ミ，中国人中，右ハ官憲カ初メ故意ニ之ヲ放置セルモノナリト見ルモノ多ク，甚シキハ，之ヲ以テ，日本ノ軍閥乃至日本政府ノ計画的陰謀ナリト為スモノアリ」[12]と述べ，中国人の間にわだかまる深い対日不信感を伝えた．もちろん，日本の陸軍士官学校に留学する経験を持ち，知日派と自認する張群は同様に考えていたとは言い切れないが，済南事件以降，中国国内の対日感情が急速に悪化したことは，中国の日本通や対日外交担当者の発言権を急速に低下させていた．張群は村井総領事に，中国にある対日不信の声は，「日本政府ニトリ甚タ迷惑ノコトナルモ，日本トシテモ朝鮮警察ノ有能ナルコトヲ否認シ得サルヘケレハ，中国人ノ疑モ無理カラヌコトニテ，我々ノ貧弱ナル日本ニ関スル知識ニテハ弁明ニ窮スル次第ナリ，此疑ヲ解キ得ルヤ否ヤハ，一ニ懸ツテ今後ノ日本政府ノ善後措置ニアル次第ニシテ，其如何ニ依リテハ，報復的運動発生スルヤモ計ラレサル」[13]と語り，事態を好転させるためには，日本側の努力が不可欠との考えを明らかにし，日本政府の善処を求めた．ところが，中国側が求めた「善後措置」は，事件そのものに対する措置に止まらなかった．

　直接交渉のなかで，中国側が日本側に強調したのは，日本の対中政策を包括的に変更することこそ，排日の問題を解決する根本的な方法だ，ということ

である．つまり，万宝山事件や中国人虐殺事件は偶然に発生したものではなく，日本の侵略的な大陸政策の結果であると認識していた中国は，排日ボイコットを解消するための鍵は日本側にあるという見解であった．しかし，先に述べたように，万宝山事件や中国人虐殺事件に対する中国政府の国内向けの公式見解は，「局地的な問題」であり，「突発性の事件」であった．中国は日本との外交を進める上で，国内向けと日本向けという二つの対応の姿勢を持っていたのである．

7月16日の重光臨時代理公使との会談の席上，王正廷外交部長は「此際斯ノ如キ両国ノ神経ヲ刺戟スル問題ノミヲ双方ノ交渉ノ題目トスル場合ニハ，空気ノ緩和ニハ全ク貢献スルコトナカルヘキニ付キ，貴下ヨリ政府ニ対シ，例ヘハ法権問題，租界問題等ニ付交渉ヲ進捗セラレ，事態ノ緩和ニ貢献スル様斡旋セラレタシ」[14]と述べ，日中間に存在する法権と租界の二大問題を解決することによって，個別の事件も容易に解決されるという見解を示した．王正廷からみれば，中国側が強く求めている主権の回復を実現しなければ，排日ボイコットの根本的な原因は除去できないのである．

7月21日の重光・王正廷会談においても，重光が反日運動の取り締まりを強く求めたのに対し，王正廷は同じことを主張して次のように述べた．

> 「自分モ是迄トモ排日運動ノ抑制ヲ勧告シ居ル次第ナルカ，一方日本側ニ於テモ種々ノ問題ニ付，中国側ノ対日悪感情ヲ緩和スルノ措置ニ出テラレ度ク希望ニ堪ヘズ．英国ノ如キハ，両三年来民国ニ対シ種々好意ヲ示シ，租界問題，法権問題モ着々進行シ居ル為，民国ノ対英感情モ一変シツツアル次第ナリ．幣原男ノ民国ニ対スル同情ハ自分モ充分了解シ居ルモ，右ハ大体消極的ノコトニテ，未ダ積極的表示ナキコトハ遺憾ナリ」[15]．

国民感情の改善を反日運動阻止の前提とする王正廷の議論を，重光は「上海方面ニ於ケル排日計画ト日民両国間ノ各種交渉ハ理論的ニ無関係」[16]という論理を用いて退けた．つまり，中国側が一連の事件と同じ連鎖の上に日本の特殊権益を位置づけたことに反対した重光は，あくまでも排日ボイコットに対する取り締まりを中国政府に強く求めることに交渉のポイントを絞った．王正廷の主

張は，重光の目には「此空気ヲ利用シテ，法権問題等ニ関スル対日交渉ヲ有利ニ導カントスル」[17]外交策略として映った．確かに，王正廷ほどの外交官なら，重光が警戒した策略を働かしていたとしても無理はない．しかし，排日ナショナリズムが空前の高まりを見せていた当時の中国には，日本への不信感が充満していた．個別の突発問題を解決するだけで，対日感情の根本的改善は期待できないことを王正廷は十分に理解していた．彼は自らが進めていた国権回復外交に対する日本の理解と同調を求めたのである．すなわち，反日ナショナリズムが高まっているなかで，反日的国内世論のターゲットは「日本の特殊権益」，とりわけ日本の満蒙権益に絞られてきた．国民政府の外交が，この問題に対する何らかの回答を出さなければ，国内世論や，国内政治の安定を維持することも困難な状況であった．国内の統一を一応達成した国民政府にとって，日本の満蒙政策を変更させることは避けては通れない外交課題になったのである．

日本の満蒙における特殊権益は，日露戦争以降，日中間で締結された一連の条約に基礎を置くものであった．当初設定された特殊権益の代表的なものは関東州租借権及び借地行政権，南満州鉄道の経営権，同鉄道付属地の行政権，鉄道守備兵の駐屯権，満鉄並行線の禁止などであったが，二十一カ条要求以後，関東州租借権，満鉄・安奉線の経営権の延長，土地商租権がさらに求められた．しかし，第1次世界大戦後，中国のナショナリズムが台頭し，これらの特殊権益を否定する声がますます高くなり，王正廷外交部長時代（1928–31年）の南京政府はこれらの権益を含め，列強が中国全土に保持してきた権益を一括回収するプログラムを発表するに至った．その内容は，5期に分けて，第1期に関税自主権の回収，第2期には治外法権の撤廃，第3期には租界の回収，第4期には租借地の回収，第5期には鉄道利権，内河航行権，沿岸貿易権の回収などとなっていた．日本が重光臨時代理公使の情報で，中国が回収を要求している租借地のうち大連，旅順などの関東州も含まれることや，鉄道利権のうち満鉄も含まれることを確認したのは，1931年4月ごろのことであった．

満蒙権益の重要性を強調する重光は，国民政府側の権益回収要求を警戒していた．彼は「今日ノ如キ対日感情激昂ノ際ニ於テ，日本政府カ貴説ノ如ク法権問題等ノ交渉ヲ促進スルコトヲ希望スルヤ」という疑問を示し，「右ノ如キ大問題ノ交渉ハ，却テ感情ノ冷静トナルヲ待」ったほうが得策であるという見解を

示した[18]．しかし，双方が「冷静」になる時機について，重光はおぼろげな展望でも持っていたのだろうか．この時期の重光の報告書などを見る限り，彼は満蒙問題をめぐる日中両国の決定的な対決を想定して，その対策に全精力を投入したのである．日中関係改善の可能性について，中国が満蒙権益回復要求を放棄しない限りありえないと彼は判断していた．

　もちろん，重光にも中国に譲歩できない国内的理由があったのである．彼の分析によれば，今回の激烈な反日運動は済南事件後の事態とは根本的に違う．済南事件当時，日本の国論は必ずしも一本にまとまらなかったが，今回は，日本が日中両国の関係を善導するためにあらゆる努力をした．朝鮮での中国人虐殺事件が発生してから，日本政府と日本国民は遺憾の意を表明するとともに，日中両国の大局を考慮して，「万全ノ措置」を採った．全日本人がそのように認識しているし，世界も日本の努力を認めている．この点は日本各方面の一致した見解であると重光は強調している．要するに今回の対中国強硬姿勢は国内と国際世論の強い支持があるというのが重光の主張である．

　日本側に戸惑いを感じさせたのは，中国人居留民虐殺事件をめぐる直接交渉のなかで王正廷が問題の焦点を中国における日本の特殊権益に絞る一方，「公文」によるやり取りのなかで，事件における日本側の責任を激しく非難し，事件を解決するための具体的な要求と条件を日本側に提示していることだった．しかもこの「公文」は日本側に提示するだけで，中国国内向けに公表しないというのである．その結果，重光・王正廷による直接交渉という「対話チャンネル」と，文字によるやり取りという「公文チャンネル」という，2つのチャンネルが日中交渉に存在した．参考史料として1931年8月24日付王外交部長より重光公使（8月に臨時代理公使から公使に昇格した）宛の「公文」の抜粋を掲げておこう．以上紹介した重光・王正廷会談時のやり取りと如何に雰囲気が違うか，確認することができよう．

■史料1：「朝鮮事件の解決条件につき王外交部長より重光公使宛公文」抜粋
（1931年8月24日：『日本外交文書』昭和期Ⅰ，第1部第5巻，290–291頁）

人民ノ暴動ニ依ル外国人ノ損害ニ対スル国家ノ責任問題ニ関シ論センカ，

貴国ハ治安ノ維持完備セル国家ニシテ,朝鮮総督府ハ憲兵警察併用ノ下ニ完備セル組織ヲ有シ,平時言論及鮮人群集ノ行動ノ取締ニ絶対ニ権威ヲ有シ居リ,苟クモ予防鎮圧ニ付通常ノ処置ヲ講シ,或ハ相当ノ注意ヲ加ヘシナラハ,今次ノ如キ惨案ハ発生セサリシナランモ,各方面ヨリ実際ノ報告ニ依レハ,総督府カ新聞カ再三配付セル煽動ノ号外ヲ禁止セス,鮮民ノ集合動揺ヲ禁止セス,駐在領事及商民ノ請求アルモ適切有効ノ措置ヲ執ラサリシ為,惨禍拡大後始メテ武装警官ノ弾圧アリタルモ,華人ハ既ニ莫大損害ヲ蒙レリ.国際公法ヲ案スルニ国家ハ其領土内外国人ノ生命財産保護ノ義務ヲ有シ,此義務ヲ怠リ外国人ニ損害ヲ及ホシタル場合ハ国際責任ヲ免レサル所ナリ.

　然ルニ総督府及各地官庁ノ態度及行為ハ,前記ノ如ク本件前後ニ於テ充分其責任ヲ尽シ居ラサルコト明カニシテ,又貴官所説ノ一国ノ個人云々ニ付テ言フモ今回ノ鮮人暴動ハ群集数千ニ及ヒ,殆ト全鮮ニ亘リ隊伍ヲ整ヘ,刀,斧,棍棒ヲ以テ電線ヲ切断シ,放火ヲ為シ,警笛ヲ以テ指揮シ,専ラ華人ニ対シ暴行シタルモノニテ組織計画アル団体行動ニ類似シ,之ヲ個人ノ加害ト見ルヲ得サルヲ以テ,貴国政府カ完全ニ責任アルコト疑義無キ所ナリ.

　又日鮮人ノ中国ニ於テ蒙レル損害事件ニシテ未タ賠償ヲ得サルモノアルトノコトナルモ,右ハ各事件ノ性質上或ハ然ランモ,其何事件ナルヤヲ指摘シ居ラサルヲ以テ之ニ付詳述シ難シ.但シ茲ニ貴国側ノ注意ヲ喚起シタキハ,中国人民カ貴国官憲,軍隊或ハ人民ヨリ受ケタル身体及財産上ノ侵害ニシテ多年解決セサルモノ長沙六一事件,欧州大戦当時ニ於ケル山東人民ノ損害,東京地震ノ際ノ中国人惨殺,済南五三事件損失,民国十六年朝鮮暴動事件等枚挙ニ遑アラサルコトナリ.而シテ本国政府ハ貴国政府カ本件ニ対シ単ニ救恤ノミヲ固執スルコト無ク,終始公正ノ態度ヲ保持セラレンコトヲ切望ス.

　中国側はなぜこのような2つのチャンネルを用いたのだろうか.重光は,「王外交部長トノ会見ニ際シ,今日迄一度モ本件(朝鮮における中国人虐殺事件)ニ言及セルコトナ」[19]かったことについて,不思議に思ったが,この疑問に対する答えを見つけられなかった.一方,強硬な姿勢で「公文」を作成し,日本側に突きつけながら,中国国民に公表しないことについて,中国側は「朝鮮事件

ニ関スル民国政府ノ態度ハ，日本政府ニ対シテハ飽迄強硬ニ出ツヘキモ，民衆運動ハ努メテ之ヲ抑ヘルニ在リト認メラレ（中略），本件ニ関スル公文ハ民国側ノモノハ勿論，帝国側ノ回答モ随分強硬ナル主張ヲ抱キ居リ，之ヲ民国内ニテ発表スルニ於テハ，甚シク民心ヲ刺戟シ，面白カラサル結果ヲ来ス虞アリトシ，外交部ニ於テハ之ヲ発表セサルコトトシ」[20]た，と説明している．中国がとったこのような措置に対して重光も一定の理解を示したのである．

　確かに，主要都市を中心に反日ボイコットが広がるなかで，中央政府の強硬な対日政策が伝われば，反日運動は一層盛り上がる．1928年以降，中国の南方と北方に反蔣介石勢力が結集し，政局の不安定が顕著となる中，中央政府は国内の大衆運動による混乱をなんとしても避けたかったに違いない．また，王正廷外交部長は，治外法権を撤廃し，租界や租借地を回収することによって，中国の主権を回復する大事業を進めていた．この事業は列強との微妙な外交関係のなかで実現されるものであり，中央政府によるコントロールのもと，戦略的に展開しなければならなかった．

　つまり，完全なる主権の回復を目指していた中華民国は，領土と国民の保護という立場から，万宝山事件や中国人居留民虐殺事件に対し妥協することなく，明確な態度と立場を表明しなければならなかった．日本やその他の欧米列強に治外法権の撤廃及び租界の回収を要求してきた歴史的経緯からもこのような姿勢を示すことは不可欠であった．しかし，主権要求は，混乱した国内情勢のなかでは実現できない．強力な中央政府の指導のもと，できるだけ諸外国との良好な関係を維持しながら外交政策を組み立てる必要があった．中央政府による情報統制はこのような事情があったのだろう．

　王正廷は中華民国の統一が達成されるにともなって著しく台頭してきたナショナリズムがあることを，中国の政治家として，日本の外交官よりも深刻に受け止めていた．国権回復運動のなかで，中国に多数の利権を保持している日本の対中国外交姿勢が中国のナショナリズムを助長し，そのナショナリズムが反日感情を誘発した．したがって，王正廷は，中国における日本の特殊権益を放棄させることは，反日感情の緩和につながると考えた．彼は個別の現実的な問題を「公文チャンネル」に委ね，時間をかけて解決しなければならない原則的な問題は「対話チャンネル」を活用したのである．しかし，このような外交姿

勢は，排日ボイコットの取り締まりという現実的な問題への確実な対応を求める重光にとって歯痒いものであり，一種の「逃げ」であり，あるいは，老獪な外交策略であった．両国の外交交渉の焦点が当初からずれていたことは，交渉を難航させた主な原因だった．

　日本と中国との交渉が噛み合わないもう一つの原因は，茶話のように聞こえるかもしれないが，意外と重要である．直接交渉の場ではできるだけ友好なムードを演出し，雰囲気を害する話題を会談の場に持ち出さない．交渉の場に出なかったことをなぜ今になって言うのか，以前会談で約束したことをなぜ今文章で覆すのか，このような不満は両国の外交交渉の現場で良く聞かれる話である．当然そうだろうと認識したことは意外とそうではないのである．日中両国の外交交渉の場で良く見られたこの現象は，さまざまな誤解を生んだ．さらに，国権回復交渉を進めていた王正廷は，交渉をスムーズに進めるために日本の外交官と親密な関係を維持することも欠かさなかった．両国のナショナリズムが衝突していたときに，外交の裏側ではさまざまなドラマが繰り広げられていた．次に紹介する重光の回想録の一節は，張り詰めた両国関係の雰囲気と鮮明なコントラストをなしている．「外交」のいろいろな側面をここで確認していただきたい．とりわけ忘れてはいけないことは，異国文化への理解に基づく鋭敏な外交感覚，相手の立場や視点への寛容な理解がなければ，如何なる親善ムードも誤解の温床になり得るということである．

■**史料２：重光葵『外交回想録』**（日本図書センター，1997 年，抜粋）

> 　南京における外交団は極めて小さいものであり，日本のほかには英，米，仏，伊，独等が少数の館員を擁していただけであった．しかし小さいだけに，その間の往復も多く，親密でもあった．特に外交部と日本公使館員は，仕事の関係もあるが絶えず往復し，日シ関係悪化の兆をよそに王部長以下外交部の首脳部と日本公使館との間には極めて親密な交際が続けられていた．
> 　王正廷はスポーツが得意で，中国体育協会の会長をしていた．私は上海のある富豪のプールで王正廷と競泳をしたこともあるし，一緒に馬に乗ったこともある．ゴルフはあまり得意ではないらしかったが，テニスは特に

自慢で，その官邸には立派なテニスコートがあり，外交部の部員にもなかなか良いテニスプレーヤーがいて，日本公使館員ともよくテニス試合をやっていた．この夏のシーズンには，外交部を加えた外交団の間で，順々に国際試合をやろうという話が持ち上がり，その第一回にまず日本公使館と外交部が，日本公使館のテニスコートで試合をすることになった．

　日本側には，当時上村領事を初め相当のテニスプレーヤーがいて，非常に優勢だった．そこでシナ側はこの試合の条件として，外交部長と日本公使との間にシングルスの一騎打ちをやるということを持ち出した．他の試合で負けても，この部長対公使の取組みで勝とうというわけなのである．

　当時日シ関係は先鋭化しており，新聞は始終そういうニュースで賑わっていた．その際の試合であるから，双方とも非常な力の入れ方で，シナの新聞がその予報記事を書きたてるという有様であった．従来の成績からみて，どうも私に勝味がないというので，当時南京領事官邸に滞在していた私は，館員から猛練習をすることを要求され，昼食後はむりやりにコートに引っ張り出された．しかし仕事のほうも忙しく，なかなか思うように練習ができずに，上村領事や，林出書記官の気をもませたものであった．

　六月二十六日の当日になった．外交部の選手はもちろん，見物人が夫人同伴で続々日本領事館にくり込んで来る．シナの新聞記者もカメラを持ってやってくる．南京としてはたいへんな盛況だった．

　試合は互角の形勢で進んで行ったが，いよいよ当日の書き入れの日本公使と外交部長の一騎打ちの試合にはいることになった．南京でも稀なほどむし暑い日だったが，ちょうどまた午後の日盛りで，全くむし殺されるような暑さだった．王正廷は半ズボンだったが，黒いストッキングをはいていたのをいまでも覚えている．私は普通のテニスズボンだった．

　試合は初めから激戦だったが，第一セットの終わり頃になって，相手を見るとすっかり暑さに参ったのか，遠いところに球が行くと，もうあきらめて走らないほどになっていた．こうして第一セットは6-4で私の勝ちになった．ところが第二セットは私が暑さのために動けなくなり，2-6で負けてしまった．この頃になるとさすがスポーツマンの王正廷も疲労困憊の様子である．そこで私は，
「この試合は引分けということにして，この辺でやめたらどうだろうか」
というと，王正廷は，
「いやいやとんでもない．私は必ず勝ってみせる」
と頑張るので，また続けることになった．そして双方ともにクタクタにな

> りながらも，とうとう最後のセットは 6-4 で私が勝ってしまった．この試合がすむと，領事館でお茶の会を開き，選手や見物人やその夫人たちを歓待し，ダンスなどもやって交歓した．
>
> 　この国際試合は当時大きく新聞に伝えられて，悪化した日シの間に一つの清涼剤を投じた形になった．

3. 日本の外交姿勢——唯一の選択肢

　重光臨時代理公使は，万宝山事件後の排日ボイコットについて，中国政府が極力事態を悪化させないための対策を取っていたため，当面は，済南事件後の反日運動のように，大規模で熾烈なものにはならないだろうと観測していた．ところが，軍部を中心とする日本国内の強硬派の台頭，とりわけ，満蒙問題をめぐる一部の強硬意見，及びそれに影響されて蔣介石が絶えず対日政策を修正していることなどは，重光の状況判断と対中国政策の構想に重大な影響を及ぼした．軍部と外務省との力関係，日本国内の世論の趨勢などを考慮して，重光は強硬意見が政治や世論を主導するという前提に立って，対中政策を構想する道を選んだ．

　重光が把握していた，排日運動に対する蔣介石の態度はおよそ次の通りであった．

> 「此際排日運動ヲ起スコトハ，日本ニ口実ヲ與フルコトトナリ，適切ナラス．依テ此際ハ之ヲ厳重取締ルコトトシ，同時ニ日本側ノ不合理ナル態度ヲ広ク世界ニ闡明シ，其ノ同情ニ訴フルノ方法ニ出ツルコトトス．而シテ右ノ方法ニ依ルモ結局世界ノ同情ヲ贏チ得ス，反テ日本側ノ不合理カ是認セラルル様ノ事態トナルニ及ンテ，徹底的ニ排日手段ニ出ツルコトトス」[21]．

　要するに，日本に強硬な対中国政策を取るための口実を与えないために，排日運動を厳重に取り締まるが，国際社会の同情が得られず，日本の「不合理」が罷り通った場合，徹底的に抗日する道を選ぶしかない，という方針である．

蔣介石を強硬な対日政策に転向させた理由として，日本の上層部の軍人が中国政策をめぐって強硬な発言を繰り返していたこと，若槻礼次郎首相が府県会議員選挙の演説で，中国における既得権益の保持を強調したこと，上海在留の日本人，とりわけ陸軍武官室が満蒙併呑や日米の早期開戦などを主張していたことなどが考えられる．日本側の強硬な意見は，複数のルートを経由して蔣介石や国民政府側に伝わっていたことは，外務省も把握していた．また，中国在住の日本人から「日本に於ケル古手軍人連ノ無責任ナル言論及上海其他民国各地ニ於ケル前記暴論ヲ厳重取締ルコトハ，日民関係維持上甚タ必要」[22]という要望も外務省宛に出されたが，中国に対する強硬な意見や主張が勢いを増すなか，この流れにストップをかける力量は，外務省側にはほとんどなかった．
　したがって，外務省としては近い将来，日中両国の間に決定的な対立が生じた場合の対応策を用意する必要があると重光が認識していた．いわゆる決定的な対立とは，「満州問題の台頭」[23]に他ならない．
　重光は早い段階から満蒙問題をめぐる日中間の衝突を予想し，警戒していた．中国の一応の統一を達成した国民政府が，王正廷外交部長のもと国権の回収に乗り出したころ，張学良が蔣介石に従うことを表明した易幟事件が発生し，東北地方における反日の気運が一段と高まった．重光にとって，満鉄の平行線問題や，胡蘆島築港問題などは，満州における日本の権益の基底を覆すものであった．王正廷外交部長の時代，「満洲における日支間の空気は次第にかつ根本的に悪化していた」[24]と重光は認識していた．
　そして，日中関係の緊張は，中国のナショナリズムの台頭に伴う「革命外交」の強行に起因すると重光が判断し，王正廷の対日政策に強い不満を抱いていた．戦後執筆された回想録のなかで重光は次のように述べている．

　　「日支間の交渉には佐分利公使時代から，機微な満州問題には手を触れないという暗黙の了解があった．まず支那本土に対して不平等条約の改訂を実現して，その結果，日支の間に良好な空気を作った上で，その好転した関係を利用して，満州問題を取り上げて，解決を試みるようにしようという順序で進んできた．ところがこの王外交部長の革命外交実現プログラムの説明によれば，そのような暗黙の了解など顧みることなく，満州におけ

る日本の権益をも，他の地方における外国の権益と同様に，一律しかも短期間にこれを回収しようというものであることが明瞭になってきた．張学良が長く南京に滞在して，中央政府と打ち合わせをしたところからみると，張学良は既にその具体的方針を得て，それを満州で着々実行に移しつつあると見るよりほかはなかった．王外交部長のこの政策はおそらく不平等条約に関する英米との交渉がかなり進捗しているので，躊躇を見せている日本との交渉に見きりをつけて，全面的に日支関係をショウダウンに導こうとするものと認められた」[25].

中国の「革命外交」に伴う日中関係の急展開は，重光にとって「容易ならぬこと」であった．満蒙における日本の利権を守り抜くことは，軍部はもちろん，政府，メディアなどを含めて日本の至上命令であった．この点について国民の間では既にコンセンサスが形成されていたという理解は支配的であった．重光も日本の満蒙権益を強く主張した外務官僚の一人であった．満蒙問題をめぐる日中対立は避けられないと見ていた重光は，「協調外交」を唱える幣原外相の指導力に疑問を抱き，「満州におけるこのような形勢は日本の軍部はもちろん，国民一般をも非常に刺激し，議会では政友会の松岡洋右代議士を先頭として，幣原軟弱外交を攻撃することが急になってきた．軍部の強硬派はますます態度を強化してきた．枢府はいよいよ政治的に政府圧迫の方向に進んできた．幣原外交はどうにも積極的に進むことができないようになり，すっかりすくんでしまった」[26]と状況を分析し，中国との関係改善を訴えた幣原外交の限界を指摘した．それでは，危機の到来に備えて，日本はどのような外交方針を確立しなければならなかったのだろうか．

重光は「国際連盟の啓発」と英米などの主要国に対する日本の立場の説明を怠らずに行うことを日本外交の重要課題と考えた．万宝山事件後の排日ボイコットの嵐のなかで，重光はこの考え方を一層強くした．これは，済南事件以降，中国外交の重心が欧米主要国の同情と支援を獲得することに集中していたことへの対抗策としても理解できる．すなわち，重光は中国の外交政策に対抗して，国際世論を最大限に活用することによって国際社会における有利な立場を維持するための外交方針を確立しようとしたのである．彼は，万宝山事件以降新た

な高潮を迎えた反日運動を，中国が対日交渉を有利に進めるための道具として利用しているのではないかと判断し，積極的な対策を日本政府に提案した．

重光が警戒していたのは，近年の反日運動の背後には，なんらかの政治的意図があるのではないかということである．すなわち，重光の目には反日運動が中国政府の対日関係における「政治的な対抗策」に映ったのである．仮に反日運動自体が中央党部や中央政府の意図で発生したものではないにしても，中央党部が対日交渉の絶好のカードとしてこれを利用するのは，当然な政策選択であろうと彼は考えた．そこで重光は「将来必要ナル外交交渉ノ都度，同様ノ事態ヲ繰返シ，我方ニ於テハ常ニ其圧迫ヲ感セサルヲ得サル不利益ノ地位ニ置カルヘシ」[27]と推測した．このような不利益な地位を回避するために，当面日本が取り組まなければならないこととして，中国政府が「党部，商業団体及ビ民衆ノ組織的排日貨運動ヲ黙過シ，有効ナル取締ヲ為ササルハ，条約ノ精神ニ違反スルモノニシテ，且国際修交ノ精神ニ反スルモノナルコトヲ民国政府ニ通告シ，其不取締ノ結果ハ民国政府ノ責任ニ帰スルヲ言明シ（併セテ我方ノ此種「ボイコット」ニ対スル立場ヲ世界ニ向テ宣明シ，必要アラハ主要国又ハ国際連盟ニ通告ス），将来損害ヲ賠償セシムル等ノコトアルヘキ伏線トシ置クコト」[28]だ，と彼は主張した．

このような状況判断と対策の構想に基づいて，重光は正式の「公文」を民国政府に発送し，これを公開することを提案する．最悪の事態に備えて，言うべきことを主要国や国際連盟に向けて言っておくことによって，将来国際社会における日本の立場を確保するねらいであった．

■**史料3：「排日および日貨抵制問題に関する我が方の立場を闡明しておくため国民政府に申し入れに関し請訓」抜粋**（『日本外交文書』昭和期Ⅰ，第1部第5巻，742-744頁）

　一，今日ノ排日貨運動ハ国民政府ノ所在地ニ近キ上海ニ始マリ，首都南京及其他ノ各都市ニ及ヒタリ．上海ノ排貨運動ハ最モ露骨ニシテ，七月十五日ノ新聞ハ一斉ニ対日経済絶交ノ宣言ヲ掲ケ，七月十七日反日援僑委員会ハ，（イ）既約日貨ノ解約，（ロ）代価未払ノ在庫品日貨ノ引

受拒絶，（ハ）未到着日貨ノ輸入阻止，（ニ）排日取極違反者ニ対スル厳重ナル制裁等ノ排日貨実行方法ヲ決議セリ．右決議ニ基キ反日委員会ハ其検査員ヲシテ関北南市及浦東ニ於テ各商店ニ付日貨ノ検査ヲ為シツツアリタルカ，七月廿一日以後ニ至リテ不当ニモ日本人所有ノ荷物ヲ検査員ニ於テ恣ニ抑留シ，倉庫ニ強制的ニ保管スルノ暴挙ヲ為スルニ至リ．其件十数件ニ上リタリ．右抑留荷物ハ総領事ヨリ抗議ノ結果返還ヲ受ケタルモノアレトモ，返還ニ際シ高額ノ倉敷料ノ納付ヲ余儀ナクセシメラレタリ．

二，日貨抵制ハ名ヲ朝鮮事件ニ対スル報復ニ籍リ，何等右事件ニ対シ責任ナキ在民国日本人ヲ仇敵視シ，日貨ノ自由ナル流通ヲ阻止スルコトニ依リテ，日本人ニ損害ヲ加ヘントスルモノナリ．其実行方法ハ甚タ悪辣ニシテ又不法性ヲ帯ヒ居レリ．即チ日本人トノ既成契約ヲ廃棄スルカ如キハ明カニ民事上ノ不法行為タリ，又日本人所有ノ貨物ヲ恣ニ抑留シ之ヲ倉庫ニ保管シテ返還ヲ肯セサルハ刑事上ノ犯罪ニ外ナラス．又排日団体カ日貨抵制ノ取極ニ違反スルモノニ対シ厳重ナル処罰ヲ加ヘントスルハ，一ノ私刑ヲ定ムルモノニシテ，法治国家ニ於テ許スヘカラサル所ナリ．斯ノ如キ手段ニ依リテ日本商人及日本商品ノ受クル打撃ノ莫大ナルヘキハ想像ニ難カラサル次第ナリ．組織的排日貨運動ハ民国ニ於ケル日本人ノ自由ナル通商貿易ヲ阻害スル点ニ於テ通商条約ノ精神ニ反スルモノニシテ，且友好関係ニ在ル国家ニ間ニ行ハルル常軌ノ行動ニ非ス．右ノ如キ常軌ニ反スル行動ハ国民政府官憲ニ於テ厳重ニ取締ルノ義務ヲ有ス．然ルニ国民政府ハ排日ヲ目的トスル私的暴力団体ニ対シテ司法権ヲ発動セシメタル形跡モナク，又国民政府直接ノ統制下ニアル首都及上海ニ於テ日貨抵制ノ公然行ハルルヲ黙過シ居レリ．加之排日団体ニハ国民政府ト密接不離ノ関係ニ在ル．有力ナル実業家之ニ関与シ，又商会カ其ノ中心トナリ居ル外，国民政府ト密接不離ノ関係ニ在ル各地党部ニ於テ日貨抵制ヲ支持シ居ルカ如ク，而モ尚国民政府ニ於テ之ヲ取締ルコトヲ為ササルハ，国民政府カ人民ト一体トナリテ組織的ニ日貨抵制ヲ行フニ等シク，斯ノ如キハ前述ノ通リ友好ナル両国ノ関係ヲ破壊スルノ措置タルヲ免レス，帝国政府ハ国民政府カ本件ニ付切実ニ取締ノ責任ヲ尽サレンコトヲ要求スルト共ニ，国民政府ニ於テ取締ノ実ヲ挙ケサル結果ハ同政府ニ於テ其責ニ任スヘキモノナルコトヲ茲ニ声明ス．

このように，重光は満州問題をめぐる日中対決に備えて，日本の立場を明確にする必要を痛感していた．危機が到来した場合，外交的に如何に有利な立場を確保するかは彼の関心事であった．日本外交は，満蒙権益を守るために機能するものであり，これ以外の外交選択はあり得なかった．日中の外交交渉が噛み合わない日本側の原因は，このような国内の強硬な主張を外交という武器で援護した外務官僚の外交姿勢であったのである．外務官僚は，国内の強硬派が譲歩できない問題に対する外交政策をただ一つしか用意していなかった．それはこの強硬意見を外交的に支えることであった．

　ところが，一般的には，強硬で拡張的な軍部に対して，平和的で協調的という外務省のイメージが強い．外務省は軍部に対してときには妥協をしながら，軍部の行動を「善導」してきたという見方は事実の一面を語っているかもしれない．排日ボイコットをめぐる海軍と上海総領事館との間のやり取りはそのような事例の一つである．

　現地で，万宝山事件後の排日ボイコットに強硬な態度を示したのは上海付近に停泊していた第一遣外艦隊であった．塩沢幸一艦隊司令官は上海周辺の反日会検査隊が日本製品を没収する強硬な手段に出たことを受けて，8月3日「第一遣外艦隊命令」[29]を所属各部隊に発し，上海において日本の貨物が没収された場合には，「直ニ兵力ヲ派遣シテ，其ノ不法行為ヲ取締ル」ように命令した．発動の時機について，「領事館ヨリ依頼アリタル場合，又ハ被害関係者ヨリ直接依頼アリ，必要ト認メタル場合」という条件を設定したが，被害関係者より直接依頼があった場合でも発動できるとなっていたため，外務側が海軍の単独行動によって，事態が急速に悪化することに強い危機感を抱いた．

　村井上海総領事は「艦隊命令」が出された2日後の8月5日に，公使館附武官を通じて塩沢司令官に対し，「当地方ノ排貨風潮現在以上悪化ノ傾向アルニ於テハ，将来我方トシテ実力行使ニヨリ，直接防衛ノ態度ニ出テサル可ラサル場合発生スルニ至ルヤモ知レサレ共，目下ノ所，中国官憲カ取締ヲ明言シ居ル際ナルニモ顧ミ，未タ其時期ニ非スト認ム」[30]と申し入れた．とりわけ，被害関係者から直接依頼があり，艦隊側が必要と認めた場合，領事館側の了解がなくても海軍が直接行動をとることができるという規定に対し，村井総領事は，そのような場合も，「勿論海軍側ニテ一切ノ責任ヲ執ラルル次第ナルカ，当館トシテ

ハ，武装セル警備隊ヲ乗組マシメタル汽艇ニテ港内タル黄浦江上ヲ『パトロール』スル程度ナリトモ，尚其時期ニ達シ居ラストモ考ヘル」と反対の意思を表明した．

更に 8 月 8 日，村井総領事は塩沢司令官を旗艦安宅に往訪し，上海における排日ボイコット運動の模様を説明するとともに，張群上海市長は早い段階からこれらの不法行為を十分に取り締まるべきことを言明しており，上海市公安局も相当の誠意を示し，抑留された大部分の日本製品も数日後に取り戻されていることを紹介した．その上で，現在発生している日本製品の没収事件は多くの場合，中国商人の手に移されたあと，中国商人から没収を実施したものである．そうなると，「純然タル華商間ノ日貨排斥行為ハ，我軍隊ノ力ヲ以テ制止スル訳ニモ参ラサルヘシ」[31] という見解を伝えた．

これを受けて，塩沢司令官は「艦隊命令」を発令した意図について，「今直チニ実力ヲ用ヒントスル意思アルニアラス，右命令ハ艦隊ノ立場モアリ，豫メ準備方発令セルモノニシテ，但書ニモアル通リ，領事館ヨリ申出アリタル場合ニ発動スルヲ原則」とする，と説明する一方，「只，軍艦碇泊地付近ニ於テ，日貨抑留行為アリ，之ヲ目撃シナカラ彼等ノ暴行ニ委スルカ如キハ我カ権威ニ関スルニ付，斯ル際必要ト認メタルトキ，始メテ不法行為阻止ノ挙ニ出スルヲ意味スルモノ」[32] とも述べ，艦隊命令の発動には必ずしも外務省側との協議を必要としない考えをあらためて表明した．

村井総領事と塩沢総領事とのやり取りが示している通り，現地の外務官僚と海軍将校との間には重大な隔たりが存在していた．村井は中国政府や上海市当局が排日貨の取り締まりを強化しているときに，たとえ一部の反日団体が政府や当局の取り締まりに従わなくても，問題の処理を中国側に委ねるべきだという認識を持っていた．とりわけ反日団体が直接日本人の手から日貨を没収することを中止している現在，強硬な実力行使はなんとしても避けなければならない．仮に海軍が出動しても，無用の誤解を避けるために，「主眼ヲ貨物ノ奪回ニ置キ，出来得ル限リ検査員等ノ逮捕ハ為ササル様」[33] 海軍側に求めた．一方，塩沢司令官は反日団体による日貨抑留の「暴行」を看過することは，日本海軍の「権威」に関わる問題と認識し，実力行使も辞さない態度を繰り返し強調した．

現地海軍の強硬な姿勢には幣原外務大臣も不安を感じていた．重光公使宛の

訓令のなかで幣原は,「実力措置ハ緩急機宜ニ適シ,不必要ニ事端ヲ醸スカ如キコトアルヘカラサルハ勿論ノ義ニシテ,殊ニ海軍力使用ノ際ニハ外務,海軍間ニ豫メ充分ニ打合セヲナシ,苟モ支那側ヲシテ乗スルノ余地ナカラシムルヲ要ス」[34]と,海軍側の単独行動の危険性を指摘するとともに,「艦隊命令」が定めた発令の時機にも触れ,「被害関係者ヨリ直接ノ依頼アリタル際ニハ,外務側ト協議スルコトナクシテ実力行動ヲ執ルコトアルヘキヲ定メ居ル処,右ハ諸般ノ関係上,甚タ面白カラス」と述べ,海軍側の方針を批判した.

　ところが,この訓令のなかで幣原は「場合ニ依リ,我海軍力等ヲ以テ実力ニ依ル自衛措置ニ出ツルコトハ,我方カ日貨排斥運動ニ対シ強硬ナル態度ヲ持スルコトヲ示シ,以テ支那側ノ取締励行方ヲ刺戟スル上ニモ一方法ト思考ス」とも強調し,強硬な対応策の有効性を完全に否定したわけではない.とりわけ,軍部の強硬な意見が,中国が主張する「満蒙権益の回収」に向けられたとき,外務省と軍部の政策の間にはそれほど大きな違いを見出すことは難しい.

　以上述べてきたように,重光公使は1931年7月に発生した広範囲の排日ボイコットの原因は,万宝山事件及びその後朝鮮で発生した中国居留民虐殺事件にあると主張し,中国側に対し反日運動の取り締まり強化を繰り返し要求した.中国側は外交交渉の場で終始,事態悪化の防止,取り締まりの強化を日本側に約束した.外務省は中国のこのような姿勢を一応評価し,排日ボイコット運動への海軍の実力行使を牽制した.しかし,村井総領事が幣原外務大臣に「急速排日運動ノ終息ヲ見ルカ如キハ,南京政府ヨリ的確厳正ナル訓令無キ限リ到底望ナシ」[35]と報告したように,中国側の取り締まりは非常に限定的で,日本側にとって満足できるものではなかった.中国が反日運動を徹底的に取り締まることができない理由について,張群上海市長が重光公使に次のように弁解したことがある.

　　「排日会ナルモノカ各人ノ自由意思ニ依リ成立シ,規約ヲ設ケ,貨物ノ没収ヲ為スハ,元々自由意思ニ依リテ行ハルルモノニシテ,例ヘハ禁煙会又ハ禁酒会ナルモノカ成立シ,相当ノ制裁ヲ規約スルト何等異ナル所ナシ.特ニ支那ニ於テハ従来トモ各地ノ習慣ハ自然ニ法律化シ,団体ノ制裁力ハ強シ,(後略)」[36]

この弁解は，「斯ル中央政府ノ黙認ノ事実ハ，一般的ニ重大ナル対外的影響ヲ伴フヘシ，右ハ中央政府タル権力ノ否定ヲ意味スルモノ」[37]という重光公使の反論を持ち出すまでもなく，外交交渉での発言としては極めて拙劣であった．ただ，この発言から，排日ボイコットに対する中国側の基本姿勢を窺い知ることができる．中国政府が日本の外務当局に無責任と非難される態度を採った理由は，日本の中国政策，とりわけ満蒙特殊権益への固執に対する強い不満があったからである．

　もちろん，外務省も排日ボイコットの背後に，日本の満蒙権益に対する中国の強い不満があることを充分に認識していた．重光は早くから満蒙権益をめぐる日中対立の可能性を指摘していた．しかし，日中関係の危機を回避する道として重光が考案した対策はただ一つであった．それは主要国及び国際連盟に日本の主張の正当性を訴えることであった．重光は，国際社会の理解を集めることによって，中国の革命外交を孤立化させ，中国の譲歩を引き出し，満蒙特殊権益を維持するという構想を描いたが，彼にとって，これ以外に危機を回避する道は存在しなかった．この時期の日本外交の選択肢は極端に狭められていたのである．次に紹介する史料は，幣原外務大臣が説示した日本の対中外交方針である．公正でリベラルな対中国政策と強硬な満蒙権益への固執が並存しているこの文章から，やがて到来する日中の危機を充分に読み取れるだろう．

■史料4：「昭和六年七月二十八日幣原外務大臣の陳友仁氏に説示せる要領」前半（外務省『日本外交年表並主要文書』下，176-177頁）

　吾人ハ総テ我カ対支関係ハ「共存共栄」ノ主義ニ則ラントスルモノナルコトヲ各種ノ機会ニ反復言明シタリ．両国ハ互ニ好ムト好マサルトニ拘ハラス永久ニ隣邦タルノ関係ヲ免ルル能ハス，孰レノ一方モ他方ヲ併呑スルヲ得サルモノニシテ，若シ両国ニシテ相侵スカ如キコトアランカ，結局共倒レトナリ，徒ラニ無情ナル傍観者ヲ利スルニ終ルヘシ．両国ハソノ地理的隣邦タル関係カ絶対ニ変更シ得サルモノトセハ，更ニ一歩ヲ進メ友好互助ノ隣邦トシテ提携シ，平和ト協調トノ裡ニ「共ニ存シ共ニ栄ユル」ノ方法ヲ発見スルヲ得策トセサルカ，我カ対外方針ノ形成ニ付多少トモ責任ヲ有スル者ニシテ，中国領土ノ何レカノ部分ニ対シ何等侵略的計画ヲ夢想ス

ルカ如キモノナキハ，余ノ絶対ニ確信スル所ナリ．蓋シ斯ノ如キ計画ニシテ万一実現可許ナリトスルモ，其ノ我国自身ノ将来ニ及ホス害悪ハ之カ利益ヨリモ遥ニ大ナルモノアルヘシ．中国政界指導者中往々ニシテ吾人カ侵略主義或ハ帝国主義ヲ奉スルモノナルカノ如キ非難ヲ為スモノアルモ，苟モ吾人ノ行動ヲ精細ニ研究シ，且ツ充分ニ了解スルニ於テハ，必スヤ是等非難ノ荒唐無稽ナルヲ明瞭ニ看取スルナラム．他面，国家ノ生存権ハ中国カ之ヲ有スルト同様，日本亦之ヲ有ス．而シテ現ニ吾人カ満州地方ニ於テ享有スル権益ノ或ルモノハ，我カ国民的生活ト緊密不可離ノ関係ニ在リ，日本ノ政府トシテ如何ニ中国ニ対シ寛大ナル態度ヲ執ルトモ，是等権益ハ到底抛棄シ得ラルヘキモノニ非ス．将又吾人カ是等権益ヲ継続享有スルコトハ，毫モ中国存立又ハ繁栄ニ危険ヲ及ホササルノミナラス，中国ノ秩序アル発達及ビ物質的福祉ニ対シ現実ニ貢献シ来レリ．

　最近二十年間ニ於テ，満州ハ各般ノ建設事業共ニ急速ノ進歩ヲ示シ，全中国中最モ繁栄セル土地タルニ至レリ．今ヤ中国労働者ノ内乱ノ巷ヲ逃レ，生活ノ資ヲ求ムル為メ山東其他ヨリ同地方ニ移住スルモノ連年数十万ヲ以テ算ス．斯クノ如キ顕著ナル発達カ在満日本人ノ存在及活動ニ依ルモノ尠カラサルハ，公平ナル観察者ノ等シク認ムル所ナルヘシ．事態叙上ノ如クナルニ拘ラス，中国ノ或ル方面ニ於テハ満州ニ於ケル我カ既存権益ヲ根底ヨリ破壊セムトスル煽動的言動ニ耽リツツアルヤノ報道アリ，之カ為メ日本国民ノ感情興奮スルハ固ヨリ当然ノ事理ニシテ，苟クモ実際的政治眼ヲ以テスレハ，斯種策動ノ徒労ニ帰スヘキコト一見明瞭ナルヘシ．要スルニ日本国民ハ其ノ党派及主義ノ如何ヲ問ハス，自国生存権ノ必要条件ト認ムル権益ニ付テハ，現下如何ナル事情ニ迫ラルルトモ之ヲ抛棄セサル確定的決意ヲ有スルモノナリ．

4．幻の第二の選択肢

　さて，日中対立の危機を回避する第二の選択肢は全く存在しなかったわけではない．しかし，それは日本の外交政策のなかから生まれたものでなく，それを提供したのは，1931年5月成立した汪兆銘を主席とする広東「国民政府」であった．

　この政府に参加した孫科，唐紹儀，陳済棠，陳友仁等は1928年以来，蔣介石

の「独裁政治」に反対して中国各地の軍事力に呼びかけて結集したグループで，孫文の内外政策を継承した国民党の正統派と自認していた．彼らはかつて旧軍閥を倒す目的で行なった「北伐」に習って，蔣介石の南京国民政府を打倒する新「北伐」を計画し，7月21日「蔣介石討伐令」まで公布した．広東政府に集まった人々は国民党の錚々たるメンバーであり，中国の正統政府を目指していたため，日本はこの政権に対応する方針を決めなければならなかった．

一方，広東政府は政権の基盤を強化するため，日本との提携を構想していた．広東政府成立1ヵ月後の6月20日，汪兆銘は須磨弥吉郎広東総領事代理との会談の機会に，広東政府側の次の考えを日本政府に伝えるように依頼した．

> 「自分等孫文ノ信徒ハ，少クトモ孫文ノ主義ヲ了解シ，其大亜細亜主義ヲ遵奉スルノ者ニシテ，日華関係ハ枝葉末節ニ拘泥セス，根本問題ニ付隔意ナキ意見ヲ交換シ，互譲の精神ヲ以テ所謂共存共栄ノ目的ヲ達成シ，東亜ヲ代表スル完全ナル両独立国ヲ形成シテ，以テ欧米列国ト対抗セサルヘカラス．（中略）政府ノ承認不承認等形式的問題ハ別トシテ，精神的同情ヲ与ヘラルル様致シタシ」[38]．

広東政府は，日本が同政府を正式承認する意思の有無を確認するために，陳友仁外交部長を同政府の代表として東京に派遣することを日本に伝えた．幣原外相は「帝国政府ニ於テハ，広東政府ヲ承認シ居ラサル関係上，右代表者ヲ正式ニ接受シ得サルヘキハ勿論ナルモ，若シ広東側ニ於テモ強ヒテ之カ派遣ヲ希望スルナラバ，其ノ本邦渡来ニ対シ別段異存ナシ」[39]という方針を固め，南京国民政府の度重なる反対を押し切って，陳友仁の訪日を受け入れた．南京政府が陳友仁の訪日に反対した理由は，日本が国家の分裂を企てる「売国奴」を受け入れることで，「民国側ノ感情ハ総テノ方面ニ於テ著シク害セラレ，排日運動ニ油ヲ注ク」[40]結果を招いたからである．一方，幣原外相が「広東政府ノ地位逆睹シ難キ此ノ際，同政府トノ間ニ将来ノ問題ヲ議スル如キハ，其ノ時機ニ非ルコト」[41]を認めながらも訪日を受け入れた理由の一つは，「広東政府ニハ国民党ノ有力者ヲ集メ」[42]たこともあり，将来南京政府に代わる中央政府に成長する可能性を完全に否定できなかったことである．

さて，日本からの支援を獲得するために，広東政府が持ちかけた交換条件は日本の満蒙権益の維持であった．東京を訪れた陳友仁外交部長が幣原外相に表明した広東政府の満蒙問題に対する考えは以下の内容であった．

「満州問題ノ如キニ付テモ，日本ノ同地方併合ト云ウカ如キハ承認シ得サルコトハ勿論ナルモ，併合ニ至ラサル範囲ニテ日本カ同地方ニ存在スルコトハ，現実ノ問題トシテ認メサルヘカラサルヘク，今日之カ善悪乃至適法不適法ヲ論スル如キハソノ時期ニ非ス」[43]．

しかし，満蒙権益を「自国生存権の必要条件」と定義し，これを放棄する意思のないことを表明した日本は，蒋介石の南京政府を中国の正統なる政府として承認している現在，広東政府の提案を日中関係の将来を構想する根拠にすることはできない．地方政権が絶えることなく乱立する歴史は中国にあったにせよ，また，南京政府が中国における日本の権益を放棄させる攻勢を緩めないにせよ，強大な支配力を確立しつつある蒋介石の国民政府を否定する方針に切り替えることは現実的な外交選択ではない．したがって，日本は新たに成立した広東政府を原則的一地方政権として扱わなければならない．次の資料は幣原外相が陳友仁広東政府代表に対して表明した「中国和平統一」に対する見解である．満蒙権益の維持を主張する幣原外相は，広東政府に期待せず，むしろ蒋介石の国民政府に対日政策の転換を迫ったのである．

■**史料5：「昭和六年七月二十八日幣原外務大臣の陳友仁氏に説示せる要領」後半**（外務省『日本外交年表並主要文書』下，177-178頁）

> 吾人ハ従来多大ノ関心ヲ以テ中国和平統一ノ確立ヲ翹望シ来レリ．蓋シ同国ニ於ケル内乱ノ頻発カ我カ対支貿易ノ正常ナル発達ヲ麻痺セシメタルハ勿論，殊ニ吾人ノ憂慮スル所ハ，凡ソ中国内ニ於テ日本ノ承認セル政府ト相拮抗シ，該政府ノ権力ヲ絶対的ニ否認スル強大ナル反対勢力存在スル限リ，両国関係上永続的重要性アル建設的政策ヲ実行スルニ重大ナル困難ヲ免レサルコトナリ．吾人ノ新ニ執ラントスル行動ハ，如何ニ善意ニ出テ

タルモノト雖モ，動モスレハ何等カ中国ノ内政ヲ左右セムトスル企画ナル
　　ヤニ誤解セラレ，吾人ノ態度ハ如何ニ公平ナリト雖モ，中国政局ニ於テ相
　　抗争セル二派ノ孰レカ一方ヨリ攻撃的トセラルルコトヲ例トス.
　　　吾人ハ既ニ中国ニ対スル我方ノ意向ヲ明確ニ天下ニ宣明シ来レリ．即チ
　　不侵略，相互的権利尊重共同利益ノ増進．即チ一言ニシテ之ヲ蔽ヘハ「共
　　存共栄」コソ我カ対支関係調整上終始一貫吾人ノ念頭ニ存スル指導ノ方針
　　ナリ．然レ共国際親善ハ相互的ナルヲ要件トス．一方ヨリ友情ノ手ヲ差シ
　　延フルモ，他方カ之ニ応シ欣然其ノ手ヲ執ルニ非サレハ何等親善ニ資スル
　　モノニ非ス．近年行ハレタル日支間重要交渉ハ多クハ中国ニ於ケル日本ノ
　　既得地位ヲ抛棄スルノ問題ニ関スルモノニシテ，就中山東問題並中国関税
　　及治外法権問題ノ商議ニ於テ然リ．是等総テノ機会ニ於テ吾人ノ公正且友
　　好的ナル対支政策ハ充分明瞭トナリタルモノト信ス，中国ニ於テハ吾人ノ
　　政策ヲ以テ何等カ我弱点ヲ示スモノト解スルヤ，余ハ中国国民カ能ク事ノ
　　真相ヲ洞察セムコトヲ望ム．

　幣原外務大臣は欧米諸国との協調外交を進めるなかで，主要国と外交関係を結んでいる南京政府を中国の正統な中央政府として承認する立場を変更する意思はなかった．しかし，広東政府が日本の満蒙権益への承認の立場を表明している関係上，外務省の中には広東政府との関係を重要視する主張が根強く存在していたことも事実であった．

　少し後の話になるが，広東政府との交渉を担当した須磨弥吉郎広東総領事代理が満州事変勃発後の 1931 年 11 月に『満州時局対策要綱』を執筆し，そのなかで，広東政府のことを次のように評価した．

　　「広東政府ト雖モ謂ハバ一個ノ支那政府ナリ，国民党ヲ根基トスル政府ナ
　　リ．勿論遽カニ其ノ主張スル所ヲ其ノ儘ハ信ズベカラザルモ，成立以来先
　　ヅ故孫文ノ遺訓ニ基キ特ニ日本トノ提携ヲ高唱シ，終ニ陳友仁ヲ渡日セシ
　　メテ満州問題ニ対スル根本事実ニ関シ幣原外相トノ間ニ隔意ナキ意見ノ交
　　換ヲ遂ゲシメ，其ノ後満州事件生起スルモ右ノ主張ヲ変ヘズ，更ニ南京ト
　　ノ和平ヲ商議スルニ当リテモ特ニ其ノ主張ヲ固持セリ，(中略) 殊ニ満州事

件ナル絶大ノショックニ遭フモ，依然其ノ日華提携論ヲ以テ終始シ居リ，現ニ一層強ク之ヲ高唱セン為改メテ反蔣ノ気勢ヲ挙ゲントシツツアルノ真摯ナル態度ハ之ヲ認メザルベカラズ」[44]．

　この「要綱」が執筆されたころ，広東と南京の南北政権はすでに統一の交渉を始めており，満州事変の勃発により，中華民国政府は蔣介石と汪兆銘との合作の時代を迎えたが，この合作の時代の対日政策は概ね妥協的であった．ちなみに，外交史料で確認した限りでは，陳友仁訪日の実現は，須磨総領事代理が現地から積極的に推進した結果でもあったのである．

　幣原外相が陳友仁の日本訪問要請を受け入れたことは，須磨をはじめとする現地外交官僚の意見を配慮した結果でもある．幣原は広東政府が示した満州権益承認の方針にいささかの魅力を感じたのかもしれない．しかし，広東政府が提示した日中対立を回避する第二の道は，広東政府が南京政府に代わって中央政府の地位を獲得することを前提にしていたため，外務省はその現実性を疑わざるを得なかった．結局，日本側は重光が構想した対策以外に，日中全面対決の危機回避の道を模索できないまま，満州事変と日中全面戦争を迎えたのである．

おわりに

　確かに，国権回復要求も排日ボイコットも，満州地域を含む日本の特殊権益の回収を目指していた．しかし，国権回復外交を政策的に進めていた国民政府と排日ボイコットという大衆運動との間に歴然とした違いがあった．国民政府はときに強硬な声明を発表したものの，外交的には諸外国との良好な関係を維持しながら目的の達成を目指していた．過激な排日運動は，計画的に法権と租界の回収を目指す国民政府にとって，必ずしも建設的に働かなかったのである．特に政治と社会の安定を渇望する政府にとって，過激な排日運動は外交方針を遂行する足かせにもなりかねない．問題は，国民政府が排日運動に対する奨励と禁止のどちらの政策をとっても，政治と外交の混乱を誘発する可能性があった．国民政府は対内向けと対外向けの二つの政策を策定して難局を乗り越える

しかなかった．外交交渉の場で日本の対中国協調外交を強く希望したのはこのためであった．

ところが，重光公使は国民政府の難しい舵取りへの認識を持ちながらも，法権と租界の回収を目指す国民政府の外交方針への反感から，排日ボイコットへの国民政府の対応を，対日交渉を有利に進めるための策略とみなした．中国が回収を求めた租借地などの権益のなかには旅順，大連，及び満鉄付属地なども含まれることを確認した重光は，この認識を一層深めた．日本は中国の一方的な国権回復運動を「条約の精神」と「国際修交の精神」に相反すると国際社会に訴えた．一方，中国は不平等条約によって侵害された中国の主権を回復することの正義性を主張し，強硬派は革命的な外交手段も辞さない姿勢を見せた．両国の外交交渉の歯車がますます嚙み合わなくなり，外交の持つ可能性は狭められていった．中国政策の策定に多大な影響力を持つ重光公使は，日中対決の危機を予測できていながら，危機の防止策を講じるのではなく，危機発生後に日本が如何に有利な立場を確立するかに力を集中した．もはや戦争を回避する外交の可能性を認めていなかったのである．

満州事変は関東軍が反日政策への懲罰という「正当性」を訴えて始めたものである．外務省は反日運動のメカニズムと，反日運動の拡大を望まない国民政府の方針を理解しながらも，利権回収を背景とする排日ボイコットの脅威を繰り返し強調した．軍部をはじめとする強硬派の満蒙領有論には同調しなかったが，満蒙における特殊権益の維持は国民の意思と理解した外務省は，軍部の膨張政策を牽制する勢力にはなりえなかったのも当然である．広東政府が示した「善意」に乗じなかった幣原外相の判断は，中国の統一と内政を干渉しない外交姿勢を立証したものであるが，幣原外交も越えることができなかった限界はやはり満蒙権益であった．

〈参考文献〉

小池聖一『満州事変と対中国政策』吉川弘文館，2003 年．
鹿　錫俊『中国国民政府の対日政策——1931-1933』東京大学出版会，2001 年．

服部龍二『東アジア国際環境の変動と日本外交　1918-1931』有斐閣，2001年．
戸部良一『日本陸軍と中国——「支那通」にみる夢と蹉跌』講談社，1999年．
臼井勝美『満州事変——戦争と外交と』中公新書，1992年．
C. Thorne, *The Limits of Foreign Policy*, London, 1972（市川洋一訳『満州事変とは何だったのか』草思社，1994年）．

1）臼井勝美は1930年代の外務省について「独自の政治的判断と現象感覚をもち，軍部の構想・運動と時に撞着し時に補足しあいながらも，満州事変から太平洋戦争にかけての日本の国策の基準の形成に重要な役割を果たしてきた」と論じている（臼井勝美『中国をめぐる近代日本の外交』筑摩書房，1983年，155頁）．
2）在上海村井総領事発幣原外務大臣宛電報，7月7日，第299号．外務省記録「万宝山農場事件・排日関係」（以下「排日関係」と略記する）所収．
3）同前．
4）在上海村井総領事発幣原外務大臣宛電報，7月14日，第317号（「排日関係」）．
5）同前．
6）韓信夫，姜克夫編『中華民国大事記』第三冊，中国文史出版社，1997年，211頁．
7）日本国際政治学会，太平洋戦争原因研究部編『太平洋戦争への道　1　満州事変前夜』朝日新聞社，1963年，355頁．
8）在上海村井総領事発幣原外務大臣宛電報，7月13日，第314号（「排日関係」）．
9）前掲，『中華民国大事記』第三冊，210頁．
10）在中国重光臨時代理公使発幣原外務大臣宛電報，7月11日，第621号（「排日関係」）．
11）同前．
12）前掲，在上海村井総領事発幣原外務大臣宛電報，7月13日，第314号．
13）同前．
14）在中国重光臨時代理公使発幣原外務大臣宛電報，7月16日，第641号（「排日関係」）．
15）在中国重光臨時代理公使発幣原外務大臣宛電報，7月22日，第667号（「排日関係」）．
16）同前．
17）同前．
18）同前．
19）在中国重光公使発幣原外務大臣宛電報，8月31日，電信第840号（暗）（「排日関係」）．
20）同前．
21）在中国重光臨時代理公使発幣原外務大臣宛電報，8月4日，機密公第328号（「排日関係」）．
22）同前．
23）在中国重光臨時代理公使発幣原外務大臣宛電報，7月27日，第696号（「排日関係」）．
24）重光葵『外交回想録』日本図書センター，1997年，102-103頁．
25）同前，104-105頁．
26）同前，103頁．

27）在中国重光臨時代理公使発幣原外務大臣宛電報，7月27日，第696号（「排日関係」）．
28）同前．
29）機密第一遣外艦隊命令第18号（外務省編『日本外交文書』昭和期Ⅰ，第1部第5巻，746-747頁）．
30）在上海村井総領事発幣原外務大臣宛電報，8月5日，機密第949号（「排日関係」）．
31）在上海村井総領事発幣原外務大臣宛電報，8月10日，機密第966号（「排日関係」）．
32）同前．
33）在上海村井総領事発幣原外務大臣宛電報，8月17日，第415号（「排日関係」）．
34）幣原外務大臣より在中国重光公使宛電報，8月13日，第295号（暗，至急）（「排日関係」）．
35）在上海村井総領事発幣原外務大臣宛電報，8月17日，第415号（「排日関係」）．
36）在中国重光公使発幣原外務大臣宛電報，8月10日，第738号（「排日関係」）．
37）同前．
38）外務省記録「支那内乱関係一件・昭和六年反蔣運動関係・広東政府ニ対スル帝国及各国ノ態度（陳友仁来朝を含む）」（松本記録．以下「内乱関係」と略記する.）
39）幣原外務大臣発在広東須磨総領事宛電報，7月2日，第37号（「内乱関係」）．
40）在中国重光臨時代理公使発幣原外務大臣宛電報，7月23日，第677号（「排日関係」）．
41）幣原外務大臣発在広東須磨総領事宛電報，7月2日，第37号（「内乱関係」）．
42）同前．
43）幣原大臣陳友仁会談録（第1回）（外務省『日本外交年表並主要文書』下，172頁）．
44）須磨末千秋編『須磨弥吉郎外交秘録』創元社，1988年，145頁．

「田中上奏文」関連年表

1927年6,7月	田中義一内閣のもと，東京で東方会議が開催される．
1929年夏ごろから	「田中上奏文」が中国各地に小冊子で流布される．
1929年秋ごろ	「田中上奏文」がアメリカに流入．
1929年12月	南京の『時事月報』第1巻第2号が「田中上奏文」を掲載．
1930年4月	駐華日本公使館が中華民国外交部に抗議．
1930年6月	日華倶楽部編訳『支那人の観た日本の満蒙政策』刊行．
1932年11月	国際連盟にて，松岡洋右と顧維鈞が論争．
1934年	エドガー・スノーが『極東戦線』で「田中上奏文」に言及．
1940年	トロツキーが未定稿で，「田中上奏文」の信憑性を強く主張．
1944年	フランク・キャプラがプロパガンダ映画で「田中上奏文」を使用．
1950年代	蔡智堪が台湾の各紙で談話を発表．
1960年	王家楨「日本両機密文件中訳本的来歴」が雑誌に掲載．

4章 「田中上奏文」をめぐる論争
——実存説と偽造説の間

服部龍二

はじめに

　昭和初期に，田中義一首相が昭和天皇にあてた上奏文とされるものがある．一般に「田中上奏文」と呼ばれるものであり，その内容は中国に対する侵略計画であった．日中関係史上おそらく最も著名な怪文書といってよい．戦前より日本では，その文書が偽造であることは自明とされてきた．そのため現在では，おおむね解決済みの問題と見なされている．だが，「田中上奏文」を知ることには，2つの意義があるだろう．

　第1に，「田中上奏文」は現実の日中関係史で争点となってきた．その典型は，国際連盟における松岡洋右と顧維鈞の論争であろう．顧維鈞は中国の著名な外交官である．そのほか，中国における中央－地方関係や宣伝外交，世論形成という意味でも，重要な課題となり得る．

　第2に，「田中上奏文」は，各国の歴史認識を比較する手掛かりでもある．というのも，中国や台湾，ロシアなどでは少なからず実存が信じられている．したがって，諸外国の対日観に影響してきた．偽造説の立場から「田中上奏文」を捨象しても，問題の解明にはならない．中国などで本物と見なされがちなことには，それ相応の背景があるはずであろう．とすれば，この点を検討せねばならない．しばしば指摘されるのは，「田中上奏文」の内容がその後の展開に酷似したことである．だが，より根本的には，中国の歴史観とも深くかかわるのではなかろうか．日本側の発想と比較しながら検討すべき点である．

　そのうち第1の課題，すなわち日中関係史における「田中上奏文」については，すでに論文を公表してある．ここでは第2の課題，すなわち歴史認識の問

題として「田中上奏文」を考察してみたい[1]．いうまでもないが，本章で「田中上奏文」が偽造とされたからといって，侵略の史実を否定するものではない．

1. 問題の所在

そもそも「田中上奏文」とはいかなる文書であろうか．ここでいう「田中」とは，田中義一を指す．もともと田中義一は長州閥の陸軍軍人であった．「田中上奏文」当時の1927年7月には首相兼外相となっていた．また，「上奏文」とは，昭和天皇に上奏されたことを意味する．したがって，田中首相が昭和天皇に上奏した文書とされるのである．「田中上奏文」の内容は，東方会議に依拠した中国への侵略計画である．この東方会議とは，成立直後の田中内閣が1927年6月から7月に開催したものであった．会議では，対中政策が包括的に論じられていた[2]．

もちろん，いつの時代にも怪文書や宣伝文書の類は存在する．それでも，「田中上奏文」ほどに広く知られ，影響力を保ち続けたものはない．日中間において，歴史認識の乖離を象徴する文書でもある．なかでも著名なのは，「支那を征服せんと欲せば，先づ満蒙を征せざるべからず．世界を征服せんと欲せば，必ず先づ支那を征服せざるべからず．……之れ乃ち明治大帝の遺策にして，亦我が日本帝国の存立上必要事たるなり」という文言である．

とはいえ，その全文となると，まれにしか通読されてこなかったに違いない．なにしろ，「田中上奏文」は長文である．中国語で約2万6千字もある．邦訳では約3万4千字となっている．上奏文とは到底思えないほどに字数が多い．「満蒙に対する積極政策」から「病院，学校の独立経営と満蒙文化の充実」まで，21項目にも及ぶ．

■史料１：「田中上奏文」の項目（日華倶楽部編訳『支那人の観た日本の満蒙政策』日華倶楽部，1930年）

　　満蒙に対する積極政策
　　満蒙は支那の領土にあらず

>
> 内外蒙古に対する積極政策
> 朝鮮移民の奨励および保護政策
> 新大陸の開拓と満蒙鉄道
> 通遼熱河間鉄道
> 洮南より索倫に至る鉄道
> 長洮鉄道の一部鉄道
> 吉会鉄道
> 吉会線および日本海を中心とする国策
> 吉会線工事の天然利益と付帯利益
> 琿春から海林に至る鉄道
> 対満蒙貿易主義
> 大連を中心として大汽船会社を建設し東亜海運交通を把握すること
> 金本位の実施
> 第3国の満蒙に対する投資を歓迎すること
> 満鉄経営方針変更の必要
> 拓殖省設立の必要
> 京奉線沿線の大凌河流域
> 支那移民侵入の防御
> 病院,学校の独立経営と満蒙文化の充実

ほかにも形式的な特徴はある.「田中上奏文」には「付属文書」として,1927(昭和2)年7月25日付けの田中「書翰」が添えられていた.この「書翰」には,東方会議における「対満蒙積極政策」の経緯が記されている.不可解にも,田中から一木喜徳郎宮内大臣にあてられていた[3].

■**史料2**:「田中上奏文」の「付属文書」(日華倶楽部編訳『支那人の観た日本の満蒙政策』日華倶楽部,1930年)

>
> 田中義一が宮内大臣一木喜徳郎に対し積極政策の代奏を請へる書翰
> 　　　昭和2年7月25日
> 　　　　　　　　　　　　　　　内閣総理大臣　田中義一（署名）

4章　「田中上奏文」をめぐる論争　87

>   　　　　　　　　　　　外　務　大　臣　田中義一（副署）
>   　　　　　　　　　　　鉄　道　大　臣　（ママ）（副署）
>   　　　　　　　　　　　大　蔵　大　臣　（ママ）（副署）
> 宮内大臣　一木喜徳郎殿
> 　　　　対満蒙積極政策執奏の件
> 　欧洲戦後我が大日本帝国の政治及経済は孰れも莫大の不安を蒙りたるが其の原因を察するに我が満蒙に対する特権及既得の実益を振起すること能はざるに基くものにして是が為めに頗る陛下の聖慮を煩はし其の罪逃るるに由なき処なり而も臣大命拝受の際特に支那及満蒙に対する行動は須らく我が国の権利を確保し以て進展の機会を策すべしとの勅諭を賜ふ聖旨のある所臣等感泣の至に勝へす而して臣在野当時満蒙に対する積極政策を主張し速に之が実現を希望せるものなるを以て茲に東方の新局面を開拓し我が国の新大陸を形成し昭和の新政を発揚せんが為に6月27日より7月7日に至る11日間満蒙関係の文武百官を招集して東方会議を開き満蒙に対する積極政策の議定を為せり
> 右御執奏相成度候　　　　　　　　　敬　具

　この「書翰」が不可解なのは，実際に上奏を管轄していたのが宮内大臣ではなく内大臣だからである．こうした不備については，戦前より指摘されていた．にもかかわらず，「田中上奏文」は中国の内外に浸透した．そのことを日本の当事者たちは，どのように評したであろうか．

　いささか長文となるが，重光葵の回顧録をみておきたい．当時の重光は駐華公使として，「田中上奏文」の流通を抑制するよう，国民政府外交部に求めていた．その重光がこう回想している．

> 　　東方会議の前後から，支那新聞に田中上奏文なるものが掲載され始め，これが日本の最高政策に関する機密文書田中覚書として広く世界に宣伝せられた．田中大将が，日本の対外政策に関する意見を上奏した形式のものとして流布せられたのである．その内容は，日本が満洲を占領し，北支より更に東亜全域にわたつて軍事行動を起し，遂に世界を征服する計画を，具体的に順序を立てて立案記述したもので，日本文として一応体をなした

文書であつた．ただ数ヶ所にわたつて事実を誤つた所がある．

　日本においては，かかる公文書の実在せぬことを疑ふものはなく，単に悪意の宣伝として顧るものはなかつたが，外国においては，支那を初めとして，これが日本の真の企図を記述した文書であると信ぜられた．記者（重光を指す—引用者注）は当時外務本省にあつて，この文書の出所若しくはこれに類似するものの存否について，かなり調査を進めたが，何等の手掛りになるものを見出すことは，出来なかつたのみならず，かかる文書が存在せず，またその内容は田中大将自身の意見でもない，ことを確め得た．然し恐らく，日本軍部の極端論者の中には，これに類似した計画を蔵したものがあつて，これら無責任なるものの意見書なるものが何人かの手に渡り，この種文書として書き変へられ，宣伝に利用せられたもの，と思はれる．要するに田中覚書なるものは，左右両極端分子の合作になつたものと見て差支へはない．而して，その後に発生した東亜の事態と，これに伴ふ日本の行動とは，恰かも田中覚書を教科書として進められたやうな状態となつたので，この文書に対する外国の疑惑は拭ひ去ることが困難となつた[4]．

　こうした重光の追想には，「田中上奏文」をめぐる主要な論点が出そろっている．すなわち，「田中上奏文」を偽造とする論拠，真の作成者，流布の経路，日本外務省の対応，中国の宣伝外交などである．換言するなら，「田中上奏文」に不備があり偽造であることは，論点の1つにすぎない．

　したがって，仮に「田中上奏文」の誤謬だけを示しても，この問題を十分に解明したことにはならない．それほどに「田中上奏文」問題は複雑である．しかも，その影響力は現在にまで及ぶ．加えて，重光の述懐には重要な指摘がある．太平洋戦争に至る経緯が「田中上奏文」と符合していたため，諸外国の疑念をぬぐえなかったという点である．実際のところ，日本の侵略過程が「田中上奏文」に酷似しているというのは，しばしば中国側にみられる論法であった．

2. 各国の「田中上奏文」観 （1）――アメリカとロシア

〈1〉アメリカ

　この「田中上奏文」に関して，中国や台湾では本物と見なす傾向にある．中国語では一般に，「田中奏摺」と表記される．留意すべきことに，中国語圏以外でも本物とされることはある．まずは英語圏をみておこう．英文で「田中上奏文」は，多くの場合に「田中メモリアル」と称される．「田中メモランダム」とも呼ばれるが，内容的には変わらない．「田中上奏文」がアメリカに流入したのは1929年の秋頃であった．その出所は，太平洋問題調査会の京都会議に中国側の代表が持ち込んだものであった．こうして，英語版の「田中メモリアル」はアメリカでも流通していく．もっとも，アメリカで「田中上奏文」が周知となったのは満州事変の後である．

　「田中上奏文」を一躍有名にしたのは，ジャーナリストのエドガー・スノー（Edgar Snow）であろうか．スノーは1934年に処女作『極東戦線』を刊行した．同書は「田中上奏文」を詳細に紹介している．それによると，「田中上奏文」は日本外務省の事務官から流出し，諸外国の大使館や新聞に伝わったという．真偽については論争があるとしながらも，「田中上奏文」は日本帝国主義の手引き書になったともいう[5]．スノーは真珠湾攻撃の数カ月前にも，『アジアの戦争』を発表した．その冒頭では，「田中上奏文」が次のように引用されている．

> *In order to conquer the world we must first conquer China.*
>
> 　　　　　　　　　　　　　　　　　　　Tanaka Memorial

　また同書は，南京虐殺事件をも伝えている．そのため，日中戦争の描写と折り重なり，「田中上奏文」は多くのアメリカ人に記憶されたであろう[6]．

　この間，1940年4月の下院海軍委員会では，退役軍人が「田中上奏文」を本物と主張した．米海軍省はこれに関知せずとしたが，日本大使館は少なくとも6つの誤謬があると反駁している[7]．太平洋戦争中には，アメリカ映画にも「田中上奏文」が登場した．これについては，ジョン・ダワー（John W. Dower）の研究があ

る．すなわち，陸軍参謀総長のジョージ・マーシャル（George C. Marshall）は，フランク・キャプラ（Frank Capra）にプロパガンダ映画の作成を依頼した．キャプラはハリウッドの映画監督である[8]．そこでキャプラは，「なぜ戦うのか」（Why We Fight）と題された一連の作品を制作した．なかでも，1944年の『中国の戦い』（The Battle of China）に注目したい．ここには，世界制覇の青写真として，「田中上奏文」が何度も出てくる．また，キャプラは終戦の直前にも，『汝の敵を知れ——日本』（Know Your Enemy—Japan）を公開した．それによると，「田中上奏文」は「日本版『我が闘争』」であり，八紘一宇の実践計画だという[9]．

しかし，現在のアメリカでは偽造説が定着している．その傾向を決定的にしたのは，ジョン・ステファン（John J. Stephan）である．ステファンは1973年の論文で英語，日本語，中国語，ロシア語の文献を参照した上で，「田中上奏文」を偽造と結論づけた．その論拠は，形式や内容の不備である[10]．ほかにも英文による田中外交の研究として，ウィリアム・F・モートン（William Fitch Morton）の著作を挙げられる．そこでもやはり，「田中上奏文」は捏造と解釈された[11]．アメリカの百科事典でも，「田中上奏文」の存在は極めて疑わしいとされる[12]．近年では，アイリス・チャン（Iris Chang）が「田中上奏文」に論及している．それによれば，一般に「田中上奏文」は創作とされるものの，中国の歴史家は本物と見なすという[13]．なおイギリスでは，戦前より偽造と理解されていた[14]．

〈2〉ロシア

アメリカに比べると，ロシアでは「田中上奏文」を本物と解釈する傾向にある[15]．戦前の代表格はトロツキー（Leon Trotsky）であろう．トロツキーは1940年の未定稿で「田中上奏文」の信憑性を強く主張した．このトロツキー論文によると，ソ連は諜報活動により「田中上奏文」を東京で写真撮影したという．トロツキー自身も，モスクワに送られてきた写しを閲覧したともいう．諜報を指揮したのは，GPU長官のジェルジンスキー（Felix E. Dzerzhinskiy）だとされる．しかし，「田中上奏文」を1923年に入手したとするなど，トロツキー説には疑問点が多い．それでも同稿は，翌年の『第四インターナショナル』誌に寄せられたという[16]．

戦後になっても，ソ連では「田中上奏文」が信じられていた．まずは，ソヴィエト科学アカデミー東洋学研究所の責任編集による国際政治史の通史をみておこう．同書によると，「田中上奏文」は日本帝国主義の計画をまとめ上げたものであり，中国への侵略と対ソ戦の準備を掲げたという[17]．この点では，ソ連時代の百科事典も同様であった．それによると，「田中上奏文」は田中義一の作成した秘密文書とされ，日本帝国主義の侵略計画を定式化したという[18]．

　フルシチョフ（Nikita S. Khrushchev）首相も「田中上奏文」に論及している．というのも，フルシチョフは1960年2月にインドネシアを訪れ議会で演説した．ここでフルシチョフは日米安保の改定を非難し，日本は再び「田中上奏文」を実行するのかと発言した．これには，岸信介首相や藤山愛一郎外相も理不尽な内政干渉と反発している[19]．また，元駐日大使館参事官のクタコフ（Leonid Nikolaevich Kutakov）による日ソ外交史の概説書も，「田中上奏文」を対ソ作戦の文脈に位置づけた[20]．

　1970年代で注目すべきは，スミルノーフ（Lev Nikolaevich Smirnov）の見解である．スミルノーフは，東京裁判のソ連次席検察官であった．それによると，「田中上奏文」が侵略の第一歩を満州に求めたのは，満州がソ連領に食い込んでおり，対ソ戦略の中心的位置を占めるからだという[21]．「田中上奏文」を本物と見なす点では，旧ソ連の代表的な外交通史も同様であった．1986年に刊行された同書には，「日本帝国主義の侵略——極東における平和と安全を求めるソ連の闘争」という項目がある．そこには，以下のように記されている．

　　資本主義の全般的危機が深化した末に世界恐慌が到来した結果，帝国主義列国の世界再分割闘争が激化した．最初にそれは極東に現れたのであり，そこでは日本が1931年秋以降，すでに1927年の田中上奏文に論じられていた侵略計画の実現に着手した．1931年9月18日に日本軍は中国に侵攻し，北東地域（満州——原注）の占領に着手したのである．

　その注にも，解説が加えられている．注によると，「田中メモランダムとは日本の対外政策問題に関する秘密文書であり，1927年に首相の田中大将が日本の天皇に提出した．中国などのアジア各国に対する日本の広範な膨張を規定して

おり，対ソ戦争にかかわる露骨な指令を含んでいた」という[22]．

　日本研究者であり，『プラウダ』東京支局長まで務めたラティシェフ（I. A. Lat'shev）の解釈もこれに近い．すなわち，積極政策を標榜する田中内閣はワシントン会議の合意を見直して，長文の上奏文を立案したというのである[23]．こうした状況は，現在でも大きく変わっていない．ソ連崩壊後の最有力な日露関係史研究者は，ボリス・スラヴィンスキー（Boris N. Slavinsky）であっただろう．そのスラヴィンスキーも「田中上奏文」を本物と考えていた[24]．

〈3〉モンゴル，インド，韓国，北朝鮮

　中国語圏以外で「田中上奏文」を本物と見なすのは，なにもロシアに限られない．モンゴルでも，「田中上奏文」の存在はかなり信じられている[25]．それでは，インドはどうであろうか．ここでは，堀田善衞『インドで考えたこと』に触れておきたい．同書では，無名なインドの老人が堀田に語りかけてくる．この老人によると，日本は「英国がインドに要求したと同じような，タナカ・メモリアル（対支二十一カ条要求のこと―原注）を中国につきつけた」という[26]．もっとも，ここには初歩的な誤りが含まれている．「田中上奏文」と二十一カ条要求は無関係だからである．ともあれ，インド人にまで「田中上奏文」が記憶されていたのは興味深い．

　韓国では，あまり「田中上奏文」は知られていない．百科事典に「田中義一」の項目はあるが，そこに「田中上奏文」は出てこない．中学や高校の歴史教科書にも，そのような記述はない．しかし，北朝鮮の百科事典には「田中上奏文」の項目がある．それによると，「田中上奏文」は段階的な侵略計画であり，後の大東亜共栄圏で具体化されたという[27]．

3. 各国の「田中上奏文」観 （2）
　　——1970年代までの日本，中国，台湾

〈1〉日本

　以上で，アメリカやロシアなどの「田中上奏文」観をみてきた．それでもや

はり，この論争で軸となるのは日本，中国，台湾であろう．ここでは，日中台における研究動向や史料状況を跡づけたい．年代については差し当たり，1970年代までとする．

日本では戦前より，偽造説が唱えられてきた．論者の多くは外交官であった．前出の重光に加えて，松岡洋右や森島守人，有田八郎，石射猪太郎などである．とりわけ松岡は，この問題に最も踏み込んで発言した．松岡は1931年7月刊の『動く満蒙』においてこう述べている[28]．

> 満蒙政策に就き，陛下に故田中総理大臣が奉呈した上奏文なるものを，一昨年来盛んに支那で流布して居るのであるが，これはその内容を一読しただけで，形式から言つても，真赤な贋物であつて，第一かくの如き形式の上奏なぞは，日本ではあり得ない事であると云ふことは，苟くも日本の国情を少しでも知つて居る者には，説明する迄もなく明かな事である．この上奏文なるものゝ原本は，北京に居住してゐる某国人（わざとその国名はさしひかへる）が，偽造したもので，確実なる証拠さへあると言はれて居るが，私を以つて見れば，或は日本人の或者が金儲の為に偽造して，これを支那人に相当の高い値段で売付けたのであつて，これを買ひ取つた支那人は，真物と信じて居り又その人が，今日その虚偽なることを悟つても，自らその虚偽なることを告白し得ない破目に陥つてゐるのではあるまいかと想像せられる節がないでもない．

特に著名なのは，満州事変後の国際連盟における松岡と顧維鈞の論争であろう．そのほかに報知新聞記者の河上清，外交史家の清沢洌，政治評論家の岩淵辰雄も偽造と断定していた．とりわけ，河上の *Japan Speaks on the Sino-Japanese Crisis* は，1932年にニューヨークで刊行されている．しかも同書には，犬養毅首相が序文を寄せた．犬養によると，「田中上奏文」には「いくつもの非常識な記述」が含まれるという．さらに河上は，ワシントン条約の締結時に，すでに山県有朋が他界していたことなどを指摘した[29]．

戦後の学界で「田中上奏文」が検討され始めるのは，1953年の歴史学研究会編『太平洋戦争史　1　満州事変』においてであった．もっとも同書は，真偽を

断定していない．同書によれば，「文中の細かい記述について事実の間違(ママ)があり，そのまま信用できないが，先の森の談話と併せ考える時『東方会議』の決議の基本的方向を示すものとして屢々引合に出されるのも無理からぬことと言えよう」という．その上で巻末には「資料」として「田中上奏文」が掲載された[30]．ただし，1971年の歴史学研究会編『太平洋戦争史　1　満州事変』は偽造説に傾き，「細かい記述について事実の間違いが多くあり，形式的にいっても上奏文にふさわしくなく，なにものかがつくりあげた偽書であると考えられる」と分析する[31]．

「田中上奏文」の本格的な研究としては，稲生典太郎の論文が嚆矢となる．稲生は1964年の論考で，流布の経路や「田中上奏文」の誤謬を整理した．その上で，次のように結論づけている[32]．

> 結局，奉天の遼寧国民外交会などとも関係のある，日本留学生出身のような，一応の日本通が，昭和四年夏，その頃入手した東方会議の時の配布文書とおぼしき一括資料（5万円で買収？）を種本として，これに生可通の日本知識を加味して，デッチ上げた排日文書があって，たまたま太平洋会議の中国側代表によって，日本非難の絶好の責め道具として取り上げられたものが，即ちこの「上奏文」であった，と言うことにもなろうか．

この稲生論文は，長らく学界の標準とされていく[33]．ただし，稲生自身も指摘しているように，「田中上奏文」関係の外務省記録が消失しているため，研究はあまり進展しなかった[34]．

大衆に「田中上奏文」を知らしめたのは，作家の松本清張であろう．松本は「昭和史発掘」を『週刊文春』に連載していた．「田中上奏文」については，「東方会議の決定にもとづいて田中首相は上奏文を書いたといわれるが，これがのち中国側の手によって暴露され，世に『田中メモランダム』といわれてきたものだ」と記した．その上で，「田中上奏文」の内容を要約し，「虚実いずれとも決めがたい」と論じている[35]．

同じ頃に，「田中上奏文」を積極的に採り上げた雑誌があった．竹内好編集の雑誌『中国』である．同誌は1965年に「田中上奏文」の全文を掲載した．その

原典は，日華倶楽部『支那人の観た日本の満蒙政策』であった[36]．これに橋川文三が解題を付し，偽造説の立場から「日本軍人グループの起案ともつとも濃密な関連がある」と推定したのである[37]．

次いで雑誌『中国』では，高倉徹一がインタビューされている．高倉はジャーナリストであり，『田中義一伝記』の著者でもあった．その高倉は重光葵『昭和の動乱』に依拠し，「中国側によって多少手が加えられたところがあるにしても，その骨子は日本人の手になったものであると思う」と答えた[38]．さらに同誌は，蔡智堪について紹介した．蔡智堪とは，「田中上奏文」を自ら入手したという台湾人である．そのほかに今井清一，藤原彰，橋川文三による鼎談もなされている[39]．一方で山口一郎は，抗日戦期の中国における対日観という視点から「田中上奏文」を位置づけた．すなわち，日本の侵略計画を体現するものとして「田中上奏文」が中国に浸透し，蒋介石や顧維鈞，張群らに援用される経緯を明らかにしたのである[40]．

その後の研究に方向性を与えたのが江口圭一であった．江口は「田中上奏文そのものは偽物」として，「議論はむしろ，偽物であることを前提としたうえで，その真の制作者は誰であるかという問題に移行している」と指摘した．同稿では，稲生論文が批判の対象となっており，「田中上奏文が偽物であるからといって，それを日本通の中国人が『デッチ上げた』ものであるということができるであろうか」という．また，江口によると，「稲生の上奏文の評価は田中外交の評価と密接に結びついている」．さらに，「田中上奏文を否定した稲生は田中外交の侵略性を否定する．田中上奏文を偽物であるとすることによって田中義一に免罪符を与える」という[41]．1970年代に入ると，中国における現地取材が行われるようになった．本多勝一は，『瀋陽日報』の編集者が「日本軍国主義による中国侵略史」を語るなかで，「田中上奏文」に論及したと記している[42]．

〈2〉 中国と台湾

この間に台湾では重要な動きがみられた．「田中上奏文」を自ら入手したと称する蔡智堪が，1950年代に各紙で談話を発表したのである．これによって蔡は一躍有名となった．もともと蔡は台湾出身の商人であった．蔡は早稲田大学で学んでおり，「田中上奏文」問題が顕在化した頃には日本にいた．また蔡は，香

港の新聞『自由人』にも寄稿している[43].

　王正廷も回顧録のなかで,「田中上奏文」を「日本による世界制覇計画の青写真」としたためた.また,数カ国語に翻訳して,諸外国の大使館に警告したともいう[44].この問題が表面化した1920年代末に,王は外交部長であった.ただし,当時の外交部は王を含めて,「田中上奏文」が偽造であると知っていたはずである.この点については,本章の最後で再説したい.

　さらに中国では1960年に,王家楨「日本両機密文件中訳本的来歴」が『文史資料選輯』に掲載された.王家楨は黒龍江省に生まれ,慶応義塾大学に学んだ.そして,「田中上奏文」の顕在化した当時には,張学良のもとで東北保安総司令部外交秘書辦公室主任を務めていた.さらには,国民政府外交部政務次長ともなっている.王家楨の回想録によれば,台湾人の東京駐在員が友人を介して東方会議の資料を「某政党幹事長」宅で入手し送ってきた.そこで王家楨は訳出し,1929年春に張学良の許可のもとで東北官憲や南京国民政府に送付したところ,広まっていったという[45].

　この王家楨回想録に着目したのが,中国の章伯鋒であった.章はまた,日本の学界動向を検討し,「田中上奏文」に不備のあることを確認している.それでも章は王回想録を重視し,田中自身によるものかはともかく,東方会議と無関係ではないと主張した[46].台湾でも,1970年代頃まで実存は疑われなかったようである.一例として,趙自修は幣原外交と田中外交を両極と見なし,「田中上奏文」を侵略計画として引用した[47].ただし,やがて台湾の学界は偽造説に傾いていく.これについては,後述としたい.

4.　各国の「田中上奏文」観（3）
　　　──1980年代以降の日本,中国,台湾

〈1〉日本

　こうした状況下で1984年には,注目すべき論考が発表された.秦郁彦である.秦郁彦は1984年の『サンケイ新聞』紙上で,王家楨回想録を紹介した.その上で,「台湾の友人」と「某政党の幹事長」を,それぞれ蔡智堪と床次竹二郎と判

断している[48]．次いで秦は，偽造者を割り出そうとした．まずは，「日本関係の情報の蒐集掛りであった龔徳伯とか王芃生らに訊ねれば，真相は案外容易に明らかになるかも知れない」という稲生論文の指摘を検証する．その結果として，龔徳伯と王芃生は，ともに留日組であるが，張学良政権で働いたことはなく「2人ともヌレギヌらしいと判った」という．

さらに秦は，「そこで逆に昭和4年夏前後における奉天の張学良政権のスタッフを当たってみると，外交を担当する政務処（処長は孔昭炎）の人名一覧が見つかった．奉天領事だった森島守人氏が『学良の日本関係秘書には陶尚銘と王家楨の2人，陶は礼儀，王は政治問題を担当して学良の信任厚く』と特筆した2人の名前も入っている」ともいう．その上で秦は，偽造の過程を再現しようとする．史料的な根拠は，前述の王家楨回想録や『蔣介石秘録』であった．すなわち，「台湾の友人」こと蔡智堪が「某政党の幹事長」こと床次竹二郎宅で東方会議や大連会議に関連した浪人の意見書を筆写し，十数回にわたって奉天に送った．王家楨は雑多な文書を整合性のある文章に書き改め，上奏文に合成したと解釈される．しかし，王家楨は偽造の仕上がりに自信がなく，政府機関だけに配布を限定していたところ，心ならずも宣伝文書として利用されたという[49]．

その後に，日本の学界で際立った研究はなされていない．したがって，解決済みとされた感がある．北岡伸一は，近年を代表する通史叢書のなかで次のように述べている．すなわち，「これが偽書であることは，一見ただちに明らかであって，これまで真偽が問題になったこと自体がおかしい．第1に上奏された文書としては，スタイルがまったく違う．第2に，内容に基本的な間違いが多すぎる．第3に，日本語の正文が出てこないのである．……こんなもので大騒ぎしたことが，まことに不見識なことであった」という[50]．近年では『産経新聞』が，「田中上奏文」をソ連側の偽造とする説を紹介している．また，産経新聞「ルーズベルト秘録」取材班は，ローズヴェルト大統領に対する「田中上奏文」の影響を強調した．ただし，史料的な根拠は不詳である[51]．

〈2〉中国

このように，日本では解決済みとされがちな「田中上奏文」である．それでも中国や台湾では，実存を主張する説が根強い．そこでの研究や史料状況を一

瞥すれば，未解決の論点に気づかされるであろう．もっとも，中国の学界とて一枚岩ではない．中国にも偽造説はある．その代表格は鄒有恒であろう．鄒は多くの日本語文献を参照した上で「田中上奏文」の誤りを指摘し，偽造と結論づける．俞辛焞も，東方会議で「田中上奏文」のようには審議されなかったと分析する[52]．

だが，そのような解釈は，中国では一般的ではない．総じて中国では，蔡智堪や王家楨の証言に依拠し，実存を主張する傾向にある[53]．そのため一見すると，偽造説をとる日本の学界とは逆の意味で解決済みとされたかにみえる．しかしながら，蔡や王の回想に依拠した実存説には重大な問題点があった．そのことに注意深い論者は気づいている．代表的な研究者は沈予や高殿芳であろう．

というのも，沈予が指摘するように，当事者とされる蔡智堪と王家楨の回想は少なからず矛盾していた．すなわち，蔡は皇居で「田中上奏文」を入手し，自ら奉天に赴いて王に手交したと論じた．しかし，王によれば，蔡と目される「台湾の友人」が知人を介して「某政党幹事長宅」で筆写し，約2週間ごとに十数回に分けて郵送してきたという．ただし沈は，こうした矛盾点にもかかわらず，「田中上奏文」の信憑性を否定するわけではない[54]．

史料面では，王家楨の文書が近年刊行されている．その王家楨文書を編纂したのが高殿芳であった．高は王にインタビューしてもいる．「田中上奏文」や床次の関与について，高は基本的に王の回想を受け入れていた．ただし高殿芳は，王家楨と蔡智堪の主張が抵触するところでは蔡の主張を採り入れてもいる．とりわけ，後述する程玉鳳の研究や遼寧省档案館の史料を参照し，蔡が自ら奉天に赴き「田中上奏文」を王に手交したと解釈する．高によれば，蔡と王の証言には矛盾するところもあるが，「田中上奏文」の存在には疑いがないという[55]．

満州事変を論じる際にも，「田中上奏文」は援用されがちである．一例を挙げると，易顕石らは蔡智堪と王家楨の回想録に依拠しつつ，偽造説は成立し難いと分析する[56]．同様に日中戦争，とりわけ盧溝橋事件の研究でも，しばしば「田中上奏文」は引き合いに出される[57]．

中国の歴史教科書についても付言しておきたい．最も採用されているのは，人民教育出版社の教科書である．管見の限り現在の中学では，中国史や世界史の教科書に「田中上奏文」の記述はない．しかし中国の高校では，中国近現代

史や世界近現代史の教科書に「田中上奏文」が登場してくる．そこでは，「支那を征服せんと欲せば……」などの一節が紹介される．脚注で真偽論争が言及されることもあるにせよ，総じて本物と印象づけられる[58]．大学で編集された通史にも「田中上奏文」は出てくる．一例として，浙江大学日本文化研究所の日本通史をみておきたい．それによると，日本の学界では真偽論争があるものの，中国の学界は偽造説の根拠を薄弱と見なすという[59]．「田中上奏文」に言及した一般書も多い[60]．

〈3〉台湾

一方の台湾では，概して蔡智堪が愛国の志士として賞賛される[61]．「田中上奏文」は国民党の史料集『革命文献』にも掲載された[62]．なかでも注目すべきは，程玉鳳の研究であろう．程は蔡智堪文書を活用して，蔡の詳伝を1981年に刊行した．1996年の論文でも，程は「田中上奏文」の実存を主張している．ただし，程は「田中上奏文」に誤りのあることも認めてもおり，蔡が皇居で「田中上奏文」を速記したところ復元の際に誤謬が混入したと解釈された[63]．

もっとも，台湾では偽造説が少なくない．陳在俊は田中義一の小伝で，侵華政策を批判しつつも「田中上奏文」自体の存在を否定した．半賓は，宇垣一成や鈴木貞一，および日本側の少壮軍人が関与したものと推定している[64]．1991年7月の『歴史月報』は，「田中上奏文」を特集した．ここでは，陳豊祥や陳鵬仁，林明徳が意見を述べている．陳豊祥は「田中上奏文」の真偽を不明としており，その著作でも「田中上奏文」を実存するとはみていない[65]．

また，陳鵬仁によると，蔡智堪の証言には虚偽が多く含まれており，その行為は愛国的であるが，「田中上奏文」は偽造だという[66]．林明徳は「田中上奏文」の底本は森恪や将校の秘密計画草案であり，中国人がこれを寄せ集めて作文したと推量する[67]．さらに近年の台湾では，「田中上奏文」関係の論文集が出版された．蔡智堪と王家楨の回想をはじめとして，章伯鋒や俞辛焞，沈予，高殿芳，江口圭一，程玉鳳，林明徳などの論文が収録されている[68]．「田中上奏文」関連の外交部档案も刊行された[69]．

結びに代えて

　以上を要するに，「田中上奏文」の真偽については 3 つの立場があった．いわば本物説，実存説，偽造説と呼ぶべきものである．本物説では「田中上奏文」が真正とされる．中国語圏やロシアで一般に流布している説といえよう．だが，専門家の多くは本物説を採らない．「田中上奏文」に決定的な誤りが含まれることは否定できないからである．そこで，「田中上奏文」を検討したことのある者であれば，実存説ないし偽造説を採ることになる．

　実存説とは，普及している「田中上奏文」に間違いが含まれると認める一方で，どこかに原本が存在するはずだと解釈するものである．つまり，中国に渡って翻訳され流通していく過程で，部分的に不備が生じたと見なすのである．蔡智堪と王家楨の証言に相違があることも確認された．これに対して偽造説とは，「田中上奏文」に誤謬があることはもちろんのこと，そもそも「田中上奏文」自体が創作だと理解するものである．この論者の多くは偽造者の割り出しや，日本側の関与を解明しようとしてきた．

　国別の傾向でいえば，ロシアの学界は本物説といえるだろう．中国では本物説も少なくないが，研究者の多くは実存説を採用する．日本とアメリカは偽造説である．その意味では，日中間における歴史観の溝は深い．ただし，台湾の学界動向は注目に値する．台湾の専門家は，実存説と偽造説に分かれる．1970 年代までは，ほとんどが本物説や実存説であっただけに，偽造説に傾きつつあるといえよう．

　また，実存説と偽造説には共通するところもある．原本の存在を想定するか否かを度外視するなら，流通している「田中上奏文」自体には欠陥を認めることである．部分的にせよ，そこに誤りがあることは実存説によっても否定し得ない．その限りでは，実存説と偽造説の間は意外に近いともいえようか．この傾向が顕著なのは，日本の文献を参照している中国語圏の実存説においてである．

　それにしても日中間の溝は，やはり深いといわねばならない．両国の歴史観は，なぜ離反したのだろうか．日本では「田中上奏文」に含まれる細かな誤謬について，戦前から指摘されてきた．いわば微視的な視点である．偽造であることは，およそ議論の前提となる．むしろ論点は真の作成者や流通経路であっ

た．もちろん中国にも詳細な研究はある．回想録やインタビューに依拠してもいる．だが，そうした論考ですら，偽造説は少数派である．「田中上奏文」が信じられやすい背景には何があるのか．2点を指摘したい．

第1に，中国では「田中上奏文」だけを論じるというよりも，多くは満州事変や日中戦争などの文脈で言及される．日本よりも，はるかに巨視的な視点といってよい．かくして現実の侵略過程と「田中上奏文」が暗合することもあり，偽物ではないとされがちになる．その根底にあるのは，侵略の計画性や一貫性を強調する歴史観であろう．その際に「田中上奏文」は格好の材料となってしまう．なぜなら「田中上奏文」は首相が起筆し，天皇も知っていたというものである．侵略の青写真として，これ以上のものはない．このため，流布された「田中上奏文」に誤りを認めたとしても，どこかに原文書は存在するはずだとされがちである．

第2に，「田中上奏文」が中国で浸透した背景には，田中内閣に対するイメージがあるだろう．というのも総じて中国では，石原莞爾よりも田中義一の方が知られている．換言するなら，満州事変から対中侵略が始まったというのは日本の見方にすぎない．中国からすれば，遅くとも田中内閣からということになる．満州事変は出先の暴発であるが，田中内閣は自ら3度の山東出兵を行った．しかも，国民革命軍と衝突し，済南事件を引き起こしている．田中義一には「田中上奏文」のイメージが当てはまってしまう．

もっとも，「田中上奏文」の真偽は論点の1つにすぎない．冒頭でも触れたように，「田中上奏文」の誤謬だけを論じても，この問題の全体像を示したことにはならない．真の作成者や流通経路，日本外務省の対応，中国の宣伝外交といった観点を踏まえて包括的に論ずべき課題である．このことは，稲生論文など初期の研究では意識されていた．だが，近年では蔡智堪や王家楨に注目するあまり，ほかの側面は等閑に付されがちである．そこで最後に自説を述べておきたい．筆者は，中国外交部や遼寧省档案館，関東庁警務局の史料などを用いて，以下のように論じたことがある．

第1に，「田中上奏文」の発端である．蔡智堪は自ら皇居で「田中上奏文」を筆写したと語るものの，その回顧談は国民政府外交部にも信用されていない．また，床次竹二郎や牧野伸顕も，本件には直接関与しなかったようである．蔡

智堪が中国東北に伝えた情報は，それほど機密性の高いものではない．王家楨へのインタビューが暗示するように，どうやら王家楨は蔡智堪の創作に立腹していたようである．そもそも「田中上奏文」は，東方会議の内容と大きく離反している．吉敦線の記述などを勘案するなら，「田中上奏文」は1929年の上半期に中国東北の主導で作成された可能性が高い．おそらく真の作成者は王家楨の周辺か，東北学会ないし新東北学会のいずれかであろう．

　第2に，流通経路についてである．この点では，太平洋問題調査会の中国側代表や遼寧省国民外交協会などに加えて，新東北学会に注目すべきであろう．こうした中国側の動向については，関東庁警務局が丹念に調査していた．また，アメリカの国務省では，国務省知日派のバランタイン（Joseph W. Ballantine）やドゥーマン（Eugene H. Dooman）は，「田中メモリアル」の実在に否定的であった．

　第3に，日本外務省の対応である．日本外務省の亜細亜局と情報部は，太平洋問題調査会の中国側代表による「田中上奏文」の朗読を封じ込めた．在外公館においても，駐華日本公使館や各総領事館が「田中上奏文」の取り締まりを要請していた．その際には「田中上奏文」の根本的な誤りについても十分に主張されている．

　第4に国民政府，とりわけ外交部の立場である．遅くとも1930年4月に重光からの抗議を受けた時点で，外交部は「田中上奏文」が偽書であると知った．さらに「田中上奏文」の誤りは，『中央日報』によって公表された．つまり，満州事変までの外交部は，取り締まりの要請に応じていたのである．そのほか遼寧交渉署も，林久治郎駐奉天総領事に協力的であった．もっとも，外交部によって中国外交が一元化されていたわけではない．複雑な中央－地方関係に加えて，地方の内部では政策的に分裂していた側面もあった．遼寧省政府が「田中上奏文」の取り締まりを訓令したにもかかわらず，遼寧省国民外交協会や地方紙は「田中上奏文」を存分に利用したのである[70]．

〈参考文献〉

(日本)

稲生典太郎『条約改正論の歴史的展開』小峯書店，1976 年．

稲生典太郎『東アジアにおける不平等条約体制と近代日本』岩田書院，1995 年．

江口圭一『日本帝国主義史論』青木書店，1975 年．

秦郁彦『昭和史の謎を追う』上巻，文藝春秋，1993 年．

服部龍二「『田中上奏文』と日中関係」中央大学人文科学研究所編『民国後期中国国民党政権の研究』中央大学出版部，2005 年．

山口一郎『近代中国対日観の研究』アジア経済研究所，1970 年．

(中国)

高殿芳主編『愛国人士王家楨──「田中奏摺」的歴史見証人』北京：団結出版社，1997 年．

李玉，夏応元，湯重南主編『中国的中日関係史研究』北京：世界知識出版社，2000 年．

沈予「日本東方会議和田中義一内閣対華政策」『近代史研究』1981 年第 1 期．

同「関于『田中奏摺』若干問題的再探討」『歴史研究』1995 年第 2 期．

同「関于『田中奏摺』抄取人蔡智堪及其自述的評価問題」『近代史研究』1996 年第 3 期．

王家楨「日本両機密文件中訳本的来歴」『文史資料選輯』第 11 輯，1960 年．

王俊彦『浪人与「田中奏摺」』北京：中華華僑出版社，1994 年．

章伯鋒「『田中奏摺』的真偽問題」『歴史研究』1979 年第 2 期．

(台湾)

半賓「出兵山東和『田中奏摺』──簡談日本侵華外交之 2」『歴史月報』第 19 号，1989 年．

程玉鳳『台湾志士蔡智堪伝』新店：統帥出版社，1981 年．

陳豊祥「田中奏摺的形成背景」『歴史月報』第 42 号，1991 年．

陳鵬仁口述「従蔡智堪与『田中奏摺』談起」『歴史月報』第 42 号，1991 年．

林明德口述「『田中奏摺』的骨血来自何処？」『歴史月報』第 42 号，1991 年．

高殿芳，劉建業編『蔡智堪與田中奏摺』台北：海峡学術出版社，2003 年．

(アメリカ)

John W. Dower, *War without Mercy : Race and Power in the Pacific War*, New York : Pantheon Books, 1986. ジョン・W・ダワー（斎藤元一訳）『人種偏見──太平洋戦

争に見る日米摩擦の底流』TBS ブリタニカ，1987 年．
Edgar Snow, *Far Eastern Front*, London : Jarrolds, 1934．エドガー・スノー（梶谷善久訳）『極東戦線　1931～34』筑摩書房，1987 年．
John J. Stephan, "The Tanaka Memorial (1927) : Authentic or Spurious?" *Modern Asian Studies* vol. 7, no. 4, 1973.
William Fitch Morton, *Tanaka Giichi and Japan's China Policy*, Folkestone : Dawson, 1980.

---

1) 拙稿「『田中上奏文』と日中関係」中央大学人文科学研究所編『民国後期中国国民党政権の研究』中央大学出版部，2005 年，455-493 頁．ただし，同稿の対象は，満州事変までにすぎない．また，歴史認識の問題としては，劉傑『中国人の歴史観』（文春新書，1999 年），65-70 頁などが参考になる．
2) 田中内閣の対中政策全般については，佐藤元英『昭和初期対中国政策の研究――田中内閣の対満蒙政策』（原書房，1992 年），拙著『東アジア国際環境の変動と日本外交 1918-1931』（有斐閣，2001 年，191-251 頁）などがある．
3) 特件「驚心動魄之日本満蒙積極政策――田中義一上日皇之奏章」『時事月報』第 1 巻第 2 号（1929 年，1-20 頁），日華倶楽部編訳『支那人の観た日本の満蒙政策』日華倶楽部，1930 年 19-70 頁．なお，後者からの引用に際しては句読点を補った．
4) 重光葵『昭和の動乱』上巻，中央公論社，1952 年，33 頁．
5) Edgar Snow, *Far Eastern Front* (London : Jarrolds, 1934), pp. 53-54．邦訳は，エドガー・スノー（梶谷善久訳）『極東戦線　1931～34』筑摩書房，1987 年，35-37 頁．
6) Edgar Snow, *The Battle for Asia* (New York : Random House, 1941), p. 3．邦訳は，エドガー・スノー（森谷巌訳）『アジアの戦争』みすず書房，1956 年，2 頁．
7) Robert Aura Smith, *Our Future in Asia* (New York : Viking Press, 1940), p. 248.
8) John W. Dower, *War without Mercy : Race and Power in the Pacific War* (New York : Pantheon Books, 1986), pp. 15-23．邦訳は，ジョン・W・ダワー（斎藤元一訳）『人種偏見――太平洋戦争に見る日米摩擦の底流』TBS ブリタニカ，1987 年，19-29 頁．
9) *The Battle of China*, directed by Frank Capra, produced by the Signal Corps Army Service Forces, the War Department, 1944 ; *Know Your Enemy―Japan*, directed by Frank Capra, produced by the Army Service Forces, the Information and Education Division, the War Department, 1945．前者は，ビデオ『日中戦争』大陸書房，1991 年，として刊行されている．
10) John J. Stephan, "The Tanaka Memorial (1927) : Authentic or Spurious?" *Modern Asian Studies*, vol. 7, no. 4 (1973) : pp. 733-745 ; Youli Sun, *China and the Origins of the Pacific War, 1931-1941* (New York : St. Martin's Press, 1993), p. 165.
11) William Fitch Morton, *Tanaka Giichi and Japan's China Policy* (Folkestone : Dawson, 1980), pp. 109-110, 205-214, 284-288.

12) *The Encyclopedia America* vol. 26, (Danbury, 1984), p. 254, s. v. "Tanaka Giichi."; the Encyclopaedia Britannica (Chicago, 1997), CD-ROM, s. v. "Tanaka Giichi, baron."
13) Iris Chang, *The Rape of Nanking : The Forgotten Holocaust of the World War II* (London : Penguin Book Ltd., 1998), pp. 177-178.
14) Charles Kingsley Webster, "Japan and China," *Contemporary Review*, no. 822 (1934): pp. 650-656.
15) John J. Stephan, "The Tanaka Memorial (1927): Authentic or Spurious?" p. 734.
16) T 4815, 4843, Leon Trotsky Papers, Houghton Library, Harvard University. これについては、Naomi Allen and George Breitman, eds., *Writings of Leon Trotsky, 1939-1940* (New York : Pathfinder Press, 1973), pp. 168-180, 392; 薬師寺亘訳『トロツキー著作集 1939-1940』下巻, 柘植書房, 1971年, 148-165頁, が参考になるものの誤訳もみられる。
17) Evgeniy Mikhailovich Zhukov ed., *Mezhdunarodnye otnosheniya na Dal'nem Vostoke, 1840-1949* (Moscow : Gosudarstvennoe Izdatel' stovo Politicheskoy Literatyry, 1956), pp. 408-409. 邦訳は、E・M・ジューコフ編（江口朴郎、野原四郎監訳）『極東国際政治史』下巻, 平凡社, 1957年, 31, 49頁。
18) *Bol' shaya sovetskaya entsiklopediya*, vol. 41 (Moscow, 1956), p. 586, s. v. "Tanaka Memorandum."
19) 『朝日新聞』1960年2月27日、28日。
20) Leonid Nikolaevich Kutakov, *Istoriya sovetsko-yaponskikh diplomaticheskikh otnosheniy* (Moscow : Izdatel' stvo Instituta mezhdunarodnykh otnosheniy, 1962), p. 79. 邦訳は、L・N・クタコフ（ソビエト外交研究会訳）『日ソ外交関係史』第1巻, 刀江書院, 1965年, 124-125頁。
21) L. N. Smirnov, E. B. Zaytsev, *Sud v Tokio* (Moscow : Voennoe izdatel' stvo Ministerstva oborony SSSR, 1978), pp. 8-11. 邦訳として、レフ・ニコラーエヴィチ・スミルノフ, エヴゲーニー・ボリーソヴィチ・ザイツェフ（川上洸、直野敦訳、粟屋憲太郎解説）『東京裁判』大月書店, 1980年, 8-11, 496頁も参照。
22) Anatoliy Andreevich Gromyko and Boris Nikolaevich Ponomarev eds., *Istoriya vneshnei politiki SSSR, 1917-1985* vol. 1, (Moscow : Nauka, 1986), p. 264.
23) I. A. Lat'shev, *SSSR i Yaponiya* (Moscow : Glavnaya redaktsiya vostochnoy literatuy, 1987), p. 90.
24) Boris N. Slavinsky, *SSSR i Yaponiya—na puti k voyne : diplomaticheskaya istoriya, 1937-1945 gg.* (Moscow : ZAO, 1999), p. 49. 邦訳は、ボリス・スラヴィンスキー（加藤幸廣訳）『日ソ戦争への道——ノモンハンから千島占領まで』共同通信社, 1999年, 47-48頁。
25) 岡田和行「亡霊はよみがえるのか？——あるモンゴル人学者の記事をめぐって」『亜細亜大学アジア研究所所報』第74号、1994年、6-7頁。
26) 堀田善衛『インドで考えたこと』岩波新書、1957年、56頁。
27) 斗山東亜百科事典研究所編『두산세계대백과사전(斗山世界大百科事典)』第6巻ソウル：斗山東亜、1996年、602頁、編者不明『조선대백과사전(朝鮮大百科事典)』第5巻平壌：백과사전출판사〈百科事典出版社〉〉587頁。

28) 松岡洋右『動く満蒙』先進社，1931年，35-36頁，森島守人『陰謀・暗殺・軍刀――一外交官の回想』岩波新書，1950年，7-9頁，有田八郎『馬鹿八と人は言う――外交官の回想』光和堂，1959年，40-41頁，石射猪太郎『外交官の一生』中公文庫，1986年，156-158頁．
29) Kiyoshi Karl Kawakami, *Japan Speaks on the Sino-Japanese Crisis* (New York : Macmillan Company, 1932), pp. xi-xii, 30, 145-146；清沢洌『現代日本文明史 3 外交史』東洋経済新報社，1941年，482，489-490頁，同『日本外交史』下巻，東洋経済新報社，1942年，482，489-490頁，岩淵辰雄『対支外交史論』高山書院，1946年，109-117頁．
30) 歴史学研究会編『太平洋戦争史 1 満州事変』東洋経済新報社，1953年，72，250-258頁．
31) 歴史学研究会編『太平洋戦争史 1 満州事変』青木書店，1971年，139頁．
32) 稲生典太郎「『田中上奏文』をめぐる23の問題」『国際政治』第26号，1964年，72-87頁．同稿は，稲生典太郎『条約改正論の歴史的展開』小峯書店，1976年，689-713頁に収録された．
33) 衛藤瀋吉「京奉線遮断問題の外交過程――田中外交とその背景」篠原一・三谷太一郎編『近代日本の政治指導――政治家研究Ⅱ』東京大学出版会，1965年，422，424頁．同稿は，衛藤瀋吉『東アジア政治史研究』東京大学出版会，1968年，177-238頁に収録された．また，稲生論文に直接言及してはいないが，中村菊男『満洲事変』日本教文社，1965年，40-43頁も「田中上奏文」を偽造とする．
34) 稲生典太郎「『田中上奏文』その後」『中央史学』第1号，1977年，77-78頁．同稿は，稲生典太郎『東アジアにおける不平等条約体制と近代日本』岩田書院，1995年，211-216頁に収録された．外務省外交史料館編『外交史料館所蔵 外務省記録総目録 戦前期』別冊，原書房，1993年，83頁によっても，「排日関係 田中内閣満蒙積極政策上奏文関係」(A.1.1.0) は消失記録となっている．
35) 松本清張「昭和史発掘『満洲某重大事件』2『田中メモランダム』」『週刊文春』1965年5月17日，56頁．同稿は，松本清張『昭和史発掘』第3巻，文春文庫，1978年，18-29頁に収録された．
36) 「特集 田中メモランダム」『中国』第14号，1965年，2-36頁．
37) 橋川文三「田中上奏文の周辺」『中国』第15号，1965年，4-14頁．同稿は，橋川文三『順逆の思想――脱亜論以後』勁草書房，1973年，275-291頁に収録された．
38) 編集部「田中義一の対中国政策――高倉徹一氏に聞く」『中国』第18号，1965年，6-12頁．
39) 蔡智堪（今村与志雄訳）「田中上奏文の顛末」『中国』第29，32号，1966年，6-15頁，23-29頁，今井清一，藤原彰，橋川文三「『田中上奏文入手の顛末』――その真偽をめぐって」『中国』第32号，1966年，8-23頁．前者は，趙尺子「田中奏摺与蔡智堪」『伝記文学』第7巻第4号（1965年）の全訳である．
40) 山口一郎『近代中国対日観の研究』アジア経済研究所，1970年，76，113-126，158頁．山口一郎「文献解題『田中上奏文』その他」『中国』第62号，1969年，38-49頁も参照．
41) 江口圭一「田中上奏文の真偽」『日本史研究』第80号，1965年，60-65頁．同稿は，江

口圭一『日本帝国主義史論』青木書店，1975年，297-301頁に収録された．同氏は『史学雑誌　1964年の歴史学界——回顧と展望』第74編第5号，1965年，171-172頁でも，稲生論文を批判していた．そのほか江口圭一「田中メモははたして偽物か」『人物往来』第14巻第5号，1965年，33-41頁もある．
42) 本多勝一『中国の旅』朝日新聞社，1972年，12-13頁．
43)『聯合版』1953年9月2日，9月7日，9月12日，『聯合報』1953年11月18日，『自由人』1954年8月7日，8月28日，10月9日．
44) Autobiography by Wang entitled "Looking Back and Looking Forward," 1956, Folder: C. T. Wang, Wang Cheng-ting, Box 7, Academia Sinica Miscellaneous Related Manuscripts, Chinese Oral History Collections, Rare Book and Manuscript Library, Columbia University.
45) 王家楨「日本両機密文件中訳本的来歴」『文史資料選輯』第11輯，1960年，127-131頁．
46) 章伯鋒「『田中奏摺』的真偽問題」『歴史研究』1979年第2期，78-82頁．
47) 趙自修「日本対華政策的両大極端　従幣原外交到田中奏摺」『春秋』第15巻第6期，1971年，7-16頁．
48)『サンケイ新聞』1984年8月15日．
49) 秦郁彦「昭和史の謎を追って　2　田中上奏文から天皇の陰謀まで」『円卓会議』第1巻第3号，1984年，226-237頁．同稿は，秦郁彦『昭和史の謎を追う』上巻，文藝春秋，1993年，9-24頁に収録された．サンケイ新聞社『蔣介石秘録』第7巻，サンケイ新聞社，1976年，167-171頁も参照．
50) 北岡伸一『日本の近代　5　政党から軍部へ　1924〜1941』中央公論新社，1999年，71-72頁．そのほか浦野起央『日・中・韓の歴史認識』南窓社，2002年，223-227頁，同「中日の歴史認識」李玉，浦野起央主編『中日相互認識論集』香港：香港社会科学出版社，2004年，282-286頁も簡単な学説整理にとどまっている．
51)『産経新聞』1999年9月7日，産経新聞「ルーズベルト秘録」取材班『ルーズベルト秘録』上巻，サンケイ新聞社，2000年，254-262，264-265，280，308頁，および下巻，22，50-54，270，304，349，352頁．
52) 鄒有恒「《田中奏摺》真偽論」『外国問題研究』1994年第1期，1-16頁，同「如何看待中日関係史上的這椿公案——再論《田中奏摺》之真偽」『外国問題研究』1995年第2期，1-18頁，俞辛焞「中国における日本外交史研究」『愛知大学国際問題研究所紀要』第73号，1983年，177頁．
53) 李玉，夏応元，湯重南主編『中国的中日関係史研究』北京：世界知識出版社，2000年，214-227頁．
54) 沈予「日本東方会議和田中義一内閣対華政策——評《田中奏摺》偽造説」『近代史研究』1981年第1期，273-291頁，同「関于《田中奏摺》若干問題的再探討」『歴史研究』1995年第2期，82-94頁，同「関于《田中奏摺》抄取人蔡智堪及其自述的評価問題」『近代史研究』1996年第3期，282-301頁．
55) 高殿芳「王家楨与《田中奏摺》——三訪王家楨紀実」『東方世界』1988年第3期，2-6頁．同稿は加筆の上で，高殿芳主編『愛国人士王家楨——「田中奏摺」的歴史見証人』北京：

56) 易顕石，張徳良，陳崇橋，李鴻鈞『9・18事変史』瀋陽：遼寧人民出版社，1982年，77頁．その後に台湾で刊行された易顕石，張徳良，陳崇橋，李鴻鈞『918事変史』中和：谷風出版社，1987年，86頁も同様である．同書の和訳として，易顕石，張徳良，陳崇橋，李鴻鈞（早川正訳）『9・18事変史──中国側から見た「満州事変」』新時代社，1986年，119-123頁を参照．易顕石『日本の大陸政策と中国東北』六興出版，1989年，220-221頁も同趣旨となっている．

57) 榮維木『炮火下的覚醒──盧溝橋事変』桂林：広西師範大学出版社，1992年，15頁，曲家源，白照芹『盧溝橋事変史論』北京：人民出版社，1997年，25，90頁，李恵蘭，明道廣主編『77事変的前前後後』天津：天津人民出版社，1997年，3頁，唐培吉主編『抗戦時期的対外関係』北京：北京燕山出版社，1997年，2-3頁．

58) 人民教育出版社歴史室編『高級中学課本　世界近代現代史』下巻，北京：人民教育出版社，1996年，30頁，同編『高級中学課本　世界近代現代史』下巻，北京：人民教育出版社，2003年，26-27頁，同編『高級中学課本　中国近代現代史』下巻，北京：人民教育出版社，2003年，13頁．

59) 浙江大学日本文化研究所編著『日本歴史』北京：高等教育出版社，2003年，245頁．

60) 王芸生編『60年来中国与日本』第8巻，北京：生活・読書・新知三聯書店，1982年，137，375-381頁，王俊彦『浪人与《田中奏摺》』北京：中華華僑出版社，1994年，黄尊厳，馮瑞雲『日本皇宮100年内幕』済南：山東人民出版社，2000年，153-161頁，など．

61) 蔡智堪については，王天従「台湾愛国奇人蔡智堪伝」『芸文誌』第80，81，82，83号，1972年，9-14，23-27，30-36，39-42頁，高純淑「蔡智堪」『近代中国』第57号，1987年，203頁，邱奕松「台湾人物伝略──呉湯興，林祖密，姜紹組，胡嘉猷，蔡智堪」『史連雑誌』第14号，1989年，50-58頁，などがある．

62) 中国国民党中央委員会党史史料編纂委員会編『革命文献』第32輯，台北：中央文物供応社，出版年不詳，408-442頁．

63) 程玉鳳『台湾志士蔡智堪伝』新店：統帥出版社，1981年，同「論田中奏摺之真偽──台湾志士蔡智堪先生逝世30周年記念」『中華雑誌』第271号，1986年，13-17頁，同「蔡智堪与『田中奏摺』──再論奏摺的真偽」『世界新聞伝播学院学報』第6号，1996年，281-309頁．

64) 陳在俊「『東洋唐吉訶徳』──田中義一，永田鉄山，石原莞爾」上，『近代中国』第47号，1985年，67-75頁，半賓「出兵山東和『田中奏摺』──簡談日本侵華外交之2」『歴史月報』第19号，1989年，87-90頁．

65) 陳豊祥「田中奏摺的形成背景」『歴史月報』第42号，1991年，38-42頁，同『近代日本的大陸政策』台北：金禾出版社，1992年，314-315頁．

66) 陳鵬仁口述「従蔡智堪与『田中奏摺』談起」『歴史月報』第42号，1991年，58-59頁．なお，陳鵬仁『従甲午戦争到中日戦争』台北：国史館，1997年，38頁でも同様の主張が繰り返されている．前述の稲生論文を中文訳したのも陳鵬仁であった．陳鵬仁訳「田中奏摺的幾個問題」『歴史月報』第42号，1991年，43-53頁．

67) 林明徳口述「『田中奏摺』的骨血来自何処？」『歴史月報』第42号，1991年，60-61頁．

68）高殿芳，劉建業編『蔡智堪與田中奏摺』台北：海峡学術出版社，2003 年．同書は，中国人民抗日戦争紀年館所編『田中奏摺探隠集』北京：北京出版社，1993 年に程玉鳳論文を加えたものである．
69）中華民国外交部編『外交部档案叢書――界務類　第 1 冊　東北巻』台北：中華民国外交部，2001 年，120-137，236，238 頁．
70）拙稿「『田中上奏文』と日中関係」455-493 頁．

満州国　関連年表

1931 年 9 月	関東軍が中国奉天市で満州事変の発端となる柳条湖事件を起こす．
1932 年 3 月	満州国，建国宣言を発表．
1932 年 3 月	満州国政府組織法が制定され，旧清朝皇帝溥儀が執政に就任．溥儀が関東軍司令官本庄繁宛書翰のなかで，国防，鉄道・港湾の経営，日本人官吏の選任などを依頼．
同 9 月	日満議定書が締結され，本庄宛溥儀書翰の内容が日満両国政府間で正式に確認される．
1934 年 3 月	満州国が政体を帝制に移行，溥儀が皇帝となる．
1936 年 6 月	日満両国間に「満州国に於ける日本国臣民の居住及満州国の課税等に関する条約」（第1次治外法権撤廃条約）が締結される．
1937 年 11 月	日満両国間に「満州国に於ける治外法権の撤廃及南満州鉄道付属地行政権の委譲に関する条約」（第2次治外法権撤廃条約）が締結される．
1945 年 8 月	9日，ソ連軍が満州国に侵攻．同18日，満州国消滅．

5章 満州国史の争点
———同時代と後世の視角

樋口秀実

はじめに

　満州国は，満州事変の結果，1932年3月1日に中国東北地方（以下，満州地方ともいう）で誕生した．満州事変前から満州占領計画を立てていた日本の関東軍は，1931年9月18日に奉天郊外で南満州鉄道を爆破する柳条湖（りゅうじょうこ）事件を起こし，これを中国軍のしわざとして軍事行動を開始した．そして，翌1932年になると，軍は満州の主要地域を占領し，清朝最後の皇帝である宣統帝溥儀（ふぎ）を国家元首として満州国の建国を宣言させたのであった．

　この満州国がどのような性格の国家であるかについては，日中両国の歴史学者の間で，他章にみられるような認識の差はない[1]．両国の学者とも，満州国は日本の傀儡（かいらい）国家であるとの点で意見が一致している．ここでいう「傀儡」とは，「あやつり人形」の意味である．満州国は，溥儀を元首として中華民国からの独立を宣言し，形式的には独立国家の外見を装っていた．しかし，建国までの経緯からわかるように，それをつくりあげたのは日本人，とくに関東軍であり，満州国政府の政策を決定するにあたっても溥儀やその他の中国人官吏に実権はなく，関東軍や日本人官吏が実権を握っていた，というのである．

　それでも，あえて日中両国の違いを指摘すると，中国側が，満州国自体はもちろん，同国の組織や官職，法令など満州国に関連するあらゆるものに対して「偽」という冠をかぶせて呼称することだろう．中国の歴史書などには，偽満州国，偽国務院，偽立法院長，偽政府組織法というように表記されることが多いのである．この「偽」という字は，日本人にはなじみの薄いものである．というのも，満州国が日本の傀儡国家であるのは認められるとしても，第二次世界

大戦前の一時期に満州国は厳然として存在し，その実体がなかったわけではないからである．しかし，この「偽」という字に「にせもの」「存在しない」という意味はない．むしろ「非合法の」「正統性のない」という意味で使われている．満州国政府やその背後にある日本が独立国家の形式のもとに満州国の政体や法令，組織をどれだけ整えようとも，それは結局，日本による植民地支配を覆い隠そうとするものにすぎず，中国の人民からは決して承認されることのない，非合法の政権だった，というのである．要するに，中国側は「偽」という字をつけることで満州国の傀儡性をいっそう強調しているのであり，その点では，日本側との間に大きな認識の差はないといってよいだろう．

それでは，日中両国に，満州国＝傀儡国家とする歴史認識しかないかといえば，実はそうではない．日本国内の一部には，これとは正反対の認識が存在する．それは，満州国を傀儡国家ではなく，満州地方で民族（五族）協和の実現をめざした理想国家だとするものである．ただし，こうした見解を示しているのは，現代の日本の歴史学者ではない．むしろ関東軍の軍人や日本人官吏などとして満州国にかかわった日本人関係者が第２次世界大戦後になって主張している意見である．

彼らの認識は，満洲国史編纂刊行会が1971年に発行した『満洲国史』（「総論」と「各論」の全２冊）のなかで発表されている．ちなみに，この刊行会は，平嶋敏夫（元満州国協和会総務部長）を会長とし，古海忠之（元国務院総務庁次長）を副会長とする満蒙同胞援護会内に設けられた組織であり，大橋忠一（元満州国外交部次長），岸信介（元総務庁次長兼産業部次長），星野直樹（元総務長官），山崎元幹（元満鉄総裁）らの旧満州国関係者も顧問として名を連ねている．彼らの認識を代表するものとして，会長の平嶋が『満州国史』の冒頭によせた「刊行のことば」に注目してみよう．平嶋によると，「戦後公刊された満蒙関係書を見て遺憾に思うことは，満州建国を，日清・日露両戦役以来大東亜戦争に至る日本資本主義の帝国主義的侵略の一過程」にすぎないとする点である．こうした評価は，「満州国を西欧植民地主義のそれと同質に見ており，また第二次世界大戦における戦勝国側の一方的視角と資料に依拠することころが多いためであって，日本人自体による正しい史料の乏しいこと」に起因している．『満州国史』はこれに対し，「日本民族が大陸アジアの一角に，世界史上初の民族協

和の理想郷実現のため，挺身赴難，満州国の国造りにたずさわった十有五年の過程を，体系的に編述したもの」である．

以上のように，満州国をめぐる歴史認識の差はたしかに存在する．だが，それは，現代の日中両国の歴史学者の間というより，現代の学者と過去に歴史の当事者だった人々との間に横たわるものである．歴史研究の第一歩は，歴史の当事者の思想や行動を正確に復元することにある．正確に復元してこそ，その功罪や是非など，正当な評価を下すこともできる．だが，満州国にかぎっては，当事者と学者との間にこそ，認識の差があるのである．

では，この差は何に由来するのか．われわれ現代人が当事者の思想や行動を誤って理解しているのか．それとも当事者の主張は，彼らの行った中国への侵略行為を正当化する弁明にすぎないのか．そもそも，それぞれの認識は何を根拠に語られているのか．さらにいえば，どちらの認識のほうが満州国の実際の姿を正確に反映しているのか．本章は，これらの疑問を明らかにすることで，満州国の実態に少しでも迫ろうとするものである．

1. 満州国＝傀儡国家という認識

先述した満州国をめぐる2つの歴史認識のうち，われわれ現代人にとっては，満州国を傀儡国家とする認識のほうがなじみの深いものである．そこで，まず本節では，この認識が何を根拠にしているのかという点からみていこう．

満州国を傀儡国家とする根拠は，まず何よりも，その建国の最大の担い手となったのが関東軍であることだろう．しかし，建国をしたからといって，日本人による統治が満州社会やそこに居住する中国人の間に即座に浸透するわけではない．ましてや，統治の永続性が建国とともに約束されるわけでもない．そこを継続的に統治するにあたっては，権力を行使するための制度や組織が必要となる．また，諸外国から独立国家として認められるためにも機構の整備は不可欠である．それゆえ，満州国の傀儡性を明らかにするうえでも，同国の統治機構がどんなものなのか，それを利用して関東軍や満州国の日本人官吏はどのように支配を行っていたのか，という点をみることはきわめて重要である．

最初に中央官制から説明していこう．満州国の中央官制は，地方官制ともど

も，数度の改正で建国時と末期とでは異なる点が多い．したがって，煩雑さを避けるため，建国後数年間の官制を中心にみていきたい．

建国時の中央官制は，1932年3月9日に制定された政府組織法によれば，立法院（立法），国務院（行政），法院（司法），監察院（監察）の四権分立制であった．このほか，執政（のちに皇帝）の諮詢機関として，日本の枢密院に相当する参議府があった．この4院のなかで最も規模が大きいのは，国務院である．国務院は建国時，民政，外交，軍政，財政，実業，交通，司法の7部を管轄下におき，各部にはそれぞれ総長（のちに大臣と改称）が任命された．政府機構の頂点にたつ国務総理はこれらの総長のほか，各省長を指揮・監督する強大な権限を制度上では持っていた．ちなみに，満州国が消滅するまでに総理に就任したのは，鄭孝胥(ていこうしょ)と張景恵の二人だけである．一方，満州国では最後まで議会が設けられず，国務院提出の法案や予算案の審決は参議府で行われるだけであった．また，立法院も院長が任命されただけで，開院されなかった．

このように，満州国の統治機構の特徴は，行政部門である国務院の規模が突出して大きいことである．ところが，その国務院のなかでもさらに権限の集中する部署があった．それが，総務庁である．総務庁は元来，総理が「直宰」する国務院各部内の機密，主計，人事，需用を処理するために置かれた総理直轄の機関である．だが，満州国では，各部総長の権限が日本の各省大臣に比べて弱かったため，総務庁に権限が集中した．近代日本の内閣制度では，大臣の独立性が高く，内閣総理大臣は「同輩中の主席」「閣議の議長」にすぎなかった．各省大臣は各々の主管事項について天皇に対して単独で責任を負ったのである．一方，満州国では，執政を輔弼するのは国務総理のみで，各部総長は総理の指揮・監督をうけながら主管事務を行なうだけだった．いいかえると，満州国で法令を発布するさいに副署が必要とされたのは総理だけで，各部総長の署名は不要だった．このため，国政上の主要事項は総務庁，とくにその長である総務長官（総務庁長と呼称した時期もある）の手に委ねられ，あまり重要ではない行政機能だけを各部が担当した．たとえば，総務庁には秘書処，人事処，主計処，需用処の4処があったが，日本であれば大蔵省が行なうはずの予算編成を，満州国では財政部ではなく，主計処が行なった．また官吏の任免や賞罰・給与の決定なども各部がそれぞれに行なうのではなく，人事処が官吏制度全体を管

理した．

■史料1：満州国政府組織表（1932 年 3 月：『満洲国史　各論』満洲国史編纂刊行会，13 頁）

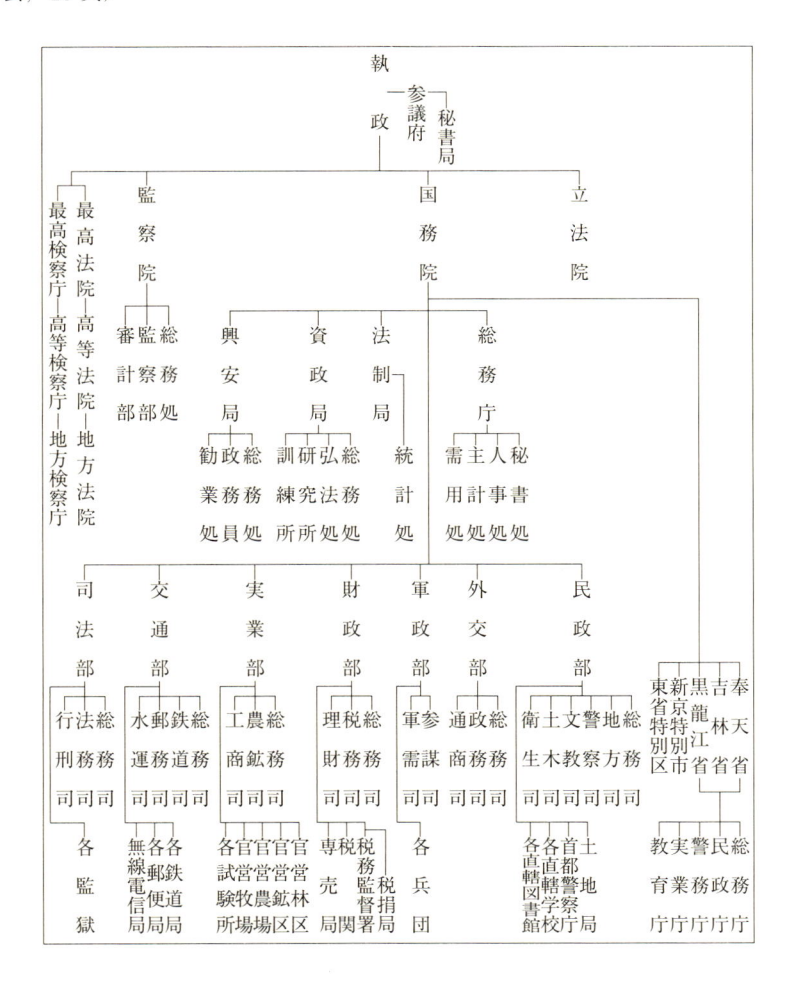

```
                           執政
                ┌──────────┼──────────┐
              参議府      秘書局
        ┌────────┬────────┼────────┬────────┐
      監察院              国務院              立法院
   ┌────┴────┐     ┌──────┼──────┐
最高法院  最高検察庁   審計部 監察処 総務処
高等法院  高等検察庁
地方法院  地方検察庁
```

国務院：興安局／資政局／法制局／総務庁
　興安局―勧業務処
　資政局―訓練所員／研究所
　法制局―弘法処／総務処
　総務庁―統計処／需用処／主計処／人事処／秘書処

各部：
- 司法部：行刑司・法務司・総務司／各監獄
- 交通部：水運司・郵務司・鉄道司・総務司／無線電信局・各郵便局・各鉄道局
- 実業部：工商司・農鉱司・総務司／各試験所・官営牧場・官営農場・官営営区・官営林区
- 財政部：理財司・税務司・総務司／専売・税務監督署・税捐局
- 軍政部：軍需司・参謀司／各兵団
- 外交部：通商司・政務司・総務司
- 民政部：衛生司・土木司・文教司・警察司・地方司・総務司／各直轄図書館・各直轄学校・首都警察庁・土地方・教育庁・実業庁・警務庁・民政庁・総務庁

地方：奉天省・吉林省・黒龍江省・新京特別市・東省特別区

かくして，満州国の国政は総務庁を中心に運営された．日本の歴史学者は，これを「総務庁中心主義」と通称している．しかし，そうした制度があっただ

5 章　満州国史の争点　117

けで満州国を傀儡国家と断定するのは早計だろう．というのも，制度や組織はヒトによる活用があってこそ，はじめて意味をもつからである．満州国には中国人官吏も存在しており，関東軍や日本人官吏が上記の制度をいかに利用して政策決定を行っていたかをみなければ，傀儡国家としての満州国の性格も十分には理解できないだろう．

では，そもそも満州国における日中両国人の官吏の内訳はどうなっていたのか．溥儀は1932年3月10日に関東軍司令官本庄繁に宛てた書簡のなかで，「貴国［日本―カッコ内は引用者注記］人ニシテ達識名望アル者ヲ弊国参議ニ任シ其ノ他中央及地方各官署ニ貴国人ヲ任用スヘク其ノ選任ハ貴軍司令官ノ推薦ニ依リ其ノ解職ハ同司令官ノ同意ヲ要件トス」[2]と約束した．つまり，満州国の日本人官吏の任免権は関東軍が握っていたのである．しかし，関東軍が日本人だけを登用するよう満州国政府に強制したかといえば，そうではない．むしろ軍は独立国家としての満州国の体裁を保ちつつ，中国人に対して速やかに支配を浸透させるためにも，「日満定位」「日満比率」という人事上の規律を設けていた．

日満定位とは，中央・地方の各機関官庁の科長以上の職位について日系，または満系（満＝中国）がつくべきポストを規定したものである．中央では国務総理や各部総長，立法院長，監察院長，参議府議長などのほか，民政，軍政，財政，文教各部の次長が満系定位とされた．また地方でも省長と県長が満系定位だった．つまり，各機関官庁の長官の地位は中国人が占めていたのである．しかし，満州国の傀儡性を問題とするうえで見逃せないのは，満州国政府のなかでも権限が集中していた総務庁の長官以下，次長，処長，科長がすべて日系定位とされた点である．また，上記の4部以外の各部次長や各部の主管事務を行ううえでもっとも大きな役割をはたす総務司長の地位も日系定位だった．なお，地方については各省次長（1937年6月に設職．それ以前は各省総務庁長），副県長が日系定位である．

一方，日満比率とは，各機関官庁を通じて日・中両国人官吏が占めるべき割合を示している．ただし，これは，全体を通じて同一の比率が定められていたわけではなく，各部で異なっていた．たとえば，財政・実業両部は日5対満5，司法部は日4対満6だった．だが，ここでも看過できないのは，総務庁の日満

比率である．つまり，総務庁は建前上の比率でさえ日7対満3であるばかりか，実際の日系占有率も8割を超えていた．要するに，満州国が傀儡国家といわれる理由のひとつは，「総務庁中心主義」といわれる中央官制上の特徴に加え，日本人官吏がそこに極端に集中している状況が存在することであった．

さて，では，こうした制度を利用して満州国の国政運営はどのように行われていたのか．やはり，ここでも日本人官吏が主体となって政策が決められていたのか．満州国で総務長官などを歴任した前出の星野直樹の回想[3]をもとに，以下，この点をみてみよう．

星野によれば，ある1つの案件が満州国政府の正式決定となるまでには次のようなプロセスを経なければならなかった．

満州国の政治の中心は国務院会議である．この会議は総理をはじめ，各部総長，総務長官を構成員とする．このほか，総務庁次長，国務院法制局の局長も常時出席して議案の説明や会議運営の補助にあたった．あらゆる政府の仕事は，その種類や大小を問わず，国務院会議で決められてはじめて動きだす仕組みになっていたのである．さらに国務院を通過した案件のなかで法律や予算などの重要事項は参議府の議を経ることになっていた．この参議府会議には議長，副議長，各参議はもちろん，総理，総長，総務長官も出席して議案の説明を行った．ただし，総理以下の国務院に属する官吏は参議府での議決権がなかった．ちなみに，通常は毎週月曜日に国務院会議が，火曜日に参議府会議が開かれていた．

このようなプロセスをみるかぎり，中国人官吏が政策決定にきちんと関与しており，満州国＝傀儡国家という図式は成立しないようにもみえる．しかし，ここで問題となるのが，そもそも国務院会議に提出する議案は誰が，どうやって決めるのかという点である．

実は，これは総務長官が決定する．つまり，国務院文書取扱暫行章程によれば，各主管官署庁内で起案され，決済を受けた文書は総務庁秘書処に送られた後，同処から庁内の各担当処長を経て総務長官に提出される．長官はこれらの案件をさらに総理に提出する．いいかえれば，総務庁は国務院会議にかけられる議案を事前にチェックするのである．また，総務長官はそうした法的手続きのほかに，国務院会議に提出する議案の下審議のため，法律上の根拠がないに

もかかわらず，総務庁次長，法制局長，各部の日本人次長や総務司長などからなる予備会議を毎週水曜日に慣例として開いていた．満州国の政府関係者の間で「水曜会」「水曜会議」[4]と呼びならわされていたこの会議は，日本の次官会議に相当するものである．しかし，日本の会議が閣議に提出する議案の下審議をしないのに対し，満州国の予備会議はそれを行った．さらに，この予備会議には関東軍の参謀も出席し，軍側の意見を伝達した．要するに，ある案件が国務院会議に上程される以前の段階で関東軍と日本人官吏との間にコンセンサスができあがっており，総理以下の国務院会議の中国人メンバーがこれに異を唱えることは非常に難しかったのである．

以上が満州国の統治機構とその内部で行われていた政策決定のプロセスである．これをみるだけでも，満州国での日本人官吏の発言力が中国人官吏に比べて格段に大きいことがわかろう．さらに満州国の傀儡性をめぐって注目すべきなのは，日本人官吏による法的根拠に基づいた上記のような国政運営のほかに，そういった根拠のない，関東軍の「内面指導」という外側からの干渉行為が満州国政府に向かって行われていた点である．

では，具体的にどのような経路を通じて関東軍の意思が伝えられていたのだろうか．

実は，この点は法的根拠がないだけに，時期や担当者によって指導の実態も変化した．それでも，さきに述べた関東軍参謀が水曜会議に出席することのほかに，満州国の存続期間を通じて常時行われていたものとして次の2つがあげられる．第1に，人事である．上述のように，関東軍は1932年3月の本庄宛溥儀書簡のなかで日本人官吏の任免権を認めさせていた．これを背景として軍は，総務庁人事処が官吏を採用するにあたって事前に軍の承諾を得るよう求めていた．第2に，溥儀，または国務総理と関東軍司令官との定例会見である．皇帝の「師傅」[5]を自任する関東軍司令官は軍としての意思を伝達するため，溥儀や総理と定期的に会談を行った．回数は時期により異なるが，たとえば武藤信義司令官時代（1932年8月〜33年7月）は毎月1日，11日，21日を溥儀との会見日と定めていた．また総理も毎週1回，関東軍司令官の官邸を訪れた．これらの会談では，満州国の最高機密に関わる事柄——たとえば，国務総理の鄭から張への交代や溥儀の訪日など——が総理への事前の相談もなく，溥儀に対して

軍の意思として一方的に伝えられることもあった．

■**史料2：関東軍参謀長橋本虎之助「満洲国指導要領（案）」**（1932年6月：小林龍夫・島田俊彦・稲葉正夫編『現代史資料11　続・満洲事変』みすず書房，1965年，640-642頁）

　　満州国は旧軍閥の覆滅に伴ひ独立国家として現出せるも其の将来帝国との相互関係に就ては人々見る所を異にし，為に対策往々齟齬を生ずることなしとせず依て茲に根本方針を確立し以て指導竝施設の円滑を期せむとす
　　　　方　　　針
　　満州国は我国策に順応すべき独立国家として支持発展せしむ
　　　　要　　　領
一，満州国に対する帝国国策の遂行は特に文治機関を設けて之を行はしむることなく専ら関東軍をして之に任ぜしめ其の実行は新国家が独立国たるの対面保持上努めて満州国の名に於てし日系官吏特に総務長官を通じて之が実現を期す
　　之が為満州国承認前に在りては我在満政治機関協力の下に軍中心を以て満州国に指導交渉に任じ承認後に在りては在来の我行政官庁を改廃し駐満政治指導機関は軍司令部内に設け以て軍司令官をして満州国政府の指導に任ぜしめ別に外交手続に関しては軍司令官をして駐満全権を兼ねしめ其許に領事等を付属し渉外事務を管掌せしむ
　　満州国日系高級人事の決定権は依然軍司令官に於て之を保留す
二，満州国には帝国軍隊を常置し将来我方との防禦同盟に依り合法的に国防の大部を担任す其の時機迄は治安維持援助の形式に於て実質上帝国自ら国防を掌る
　　満州国軍隊は国内の治安維持に任ずるを本則とし漸を逐うて必要の最小限に裁兵す
三，帝国政府の満州国承認は速かなるを可とし承認と共に満鉄付属地の行政権を満州国に引渡さしめ更に将来某条件の下に関東州をも交付せしめ且成るべく速に治外法権を撤廃す
　　　　……（四～六　略）……
七，以上実施の為
　1，帝国政府より満州国政府に対する要望事項は総て軍司令官（駐満全権）

を通じて之を満州国に移し実行せしむ
2，軍と満州国政府との接衝に当り重要事項は軍司令官の名を以て執政若くは国務総理に其他の事項は軍参謀長の名を以て総務長官に対して行ふ
3，満州国より帝国政府に対する接衝並事務系亦右に準ず
4，満州国政府の行はんとする重要政務をして我企図外に脱逸せしめざらむが為国務院会議に於ける決定事項は参議府会議提出前に於て必ず総務長官より軍参謀長に通報せしめ軍に於て妥当と認め難き事項ある時は参議府会議に於て之を修正せしむ
　参議府会議開始前にありては右案件は閣議提出前同一手続を行はしむ
5，日本人参議は常に軍司令官の意図を体し参議府会議に臨む如く指導す

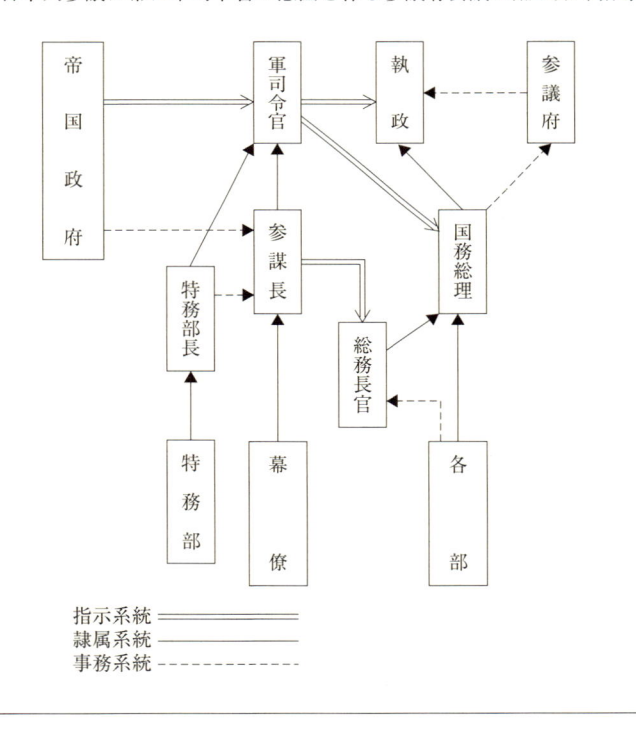

```
指示系統 ━━━
隷属系統 ───
事務系統 ---
```

（組織図：帝国政府―軍司令官―執政／参議府／国務総理／総務長官／参謀長／特務部長／特務部／幕僚／各部）

　なお，地方官制と地方官吏の状況にふれておくと，満州国は建国時，張作霖・学良父子を最高指導者とする東三省政権時代からの奉天・吉林・黒龍江のいわゆる東三省に，新設の興安省を加えた4省制でスタートした．そして，奉天省

長の臧式毅,吉林省長の熙洽に代表されるように,東三省政権時代から満州で活躍していた在地有力者を省長にあてた.これは,満州社会となんの接点もない関東軍が在地有力者の協力をとりつけることで,建国にともなう混乱を避けようとしたものである.しかし,そうした地域社会の自立性を温存したままでは政府権力の地方への浸透も制限された.それゆえに1934年になると,有力者の勢力を削減して中央集権化をはかるため,省区画の細分化を行った.これは,日本の明治時代の廃藩置県に相当する措置である.その結果,従来の4省制が14省制に変更された.また,省官吏全体に占める日本人の比率も時代とともに大きくなり,1934年には全官吏中の29％にすぎなかったのに対し,1940年になると,その比率が65％に上昇した.

　こうして各省公署に大量の日本人を送りこむことで省行政への支配を強めた満州国政府も,一段階下の県行政の把握には苦労した.たとえば,奉天省全58県のうち満州事変前後で県長が交代したのは,ちょうど半数の29人にすぎなかった.さらに副県長は日系定位の職位であったが,中国語や満州独特の農業習慣などが理解できないために,県下で実際に起こっている問題を把握し,解決することができないという例も少なくなかった.

2. 満州国＝理想国家という認識

　以上のように,満州国では,関東軍や日本人官吏が政策決定の主導権を握り,その統治機構や法令も日本人が権力を行使しやすいようにつくられていた.これこそが,満州国を傀儡国家とするゆえんである.それにもかかわらず,満州国の日本人関係者たちは,なぜ同国を理想国家だと主張するのだろうか.しかも,かれらは実際に関東軍の軍人や日本人官吏として満州国を統治していた人々である.上記の事実を知らないわけではないだろう.

　この疑問をとく鍵は,彼らの主観にある.つまり,満州国を理想国家だとする主張を理解するためには,統治機構や政策決定過程のような外見から客観的に判断できるものに注目するのでなく,彼らの内面に入りこんで,その意識を探らねばならないのである.

　では,そもそも参謀の石原莞爾や高級参謀の板垣征四郎をはじめとする関東

軍が満州国を建国した動機はどこにあるのか．彼らの意識に注目するのであれば，満州国をつくらねばならないと彼らが考えるにいたった発端の部分にまずは光をあてる必要があろう．

これは，1つには，石原の提唱する「世界最終戦論」にみられるように，将来の日米・日ソ戦争に備え，満州地方を日本の国防のために必要となる資源・食糧の獲得，あるいは作戦上の基地とすることであった．

しかし，本章で着目したいのはもう1つの動機である．それは，当時の中国情勢と関わっている．つまり，石原らは中華民国時代の政治的混乱を目の当たりにし，自分たちをかつての元代のモンゴル族や清代の女真（満州）族になぞらえ，北方異民族である日本人が中国を統治したほうが社会の安定や民衆の幸福が得られると真剣に信じていたのである．

この点は，もう少し詳しい説明が必要だろう．われわれ現代人は，中華民国時代の中国で，日本の侵略を背景として国民党や共産党のもとに民衆が結集し，やがては抗日民族統一戦線がつくられ，全国的な抗日運動が展開されたとの歴史的経緯を知っている．しかし，このような事実は，後世に生きるわれわれだからこそ〈結果〉として知りうるものである．中華民国時代と同時代に生を受けた石原や板垣は，そうした立場にいるわけではなかった．満州事変が起こった1931年以後の時間は，彼らにとって〈未来〉なのである．それゆえ，彼らが事変を起こすにあたって判断材料とした中国情勢は，当時の彼らの目に映った同時代の中国の姿に基づき，彼らが予測したものである．それは当然，われわれ現代人が現在からさかのぼって知るところの歴史としての中国の姿とは異なっている．

では，当時の中国は，石原や板垣の目にどう映っていたのか．それは，現在のわれわれの知識とは異なり，中国は辛亥革命以降，分裂の方向に向かっているとの観察だった．とくに満州事変が発生する直前の中国情勢は，もしや統一が達成されるのではないかという石原らが事変前に抱いていた期待を裏切るものとなった．つまり，彼らのみるところでは，1928年6月の北伐の完成により，中国大陸は蒋介石のもとにいったん統一したかにみえた．しかし，北伐完成まで張作霖を共通の敵として蒋のもとにまとまっていた国民革命軍は，爆殺事件で張が死亡し，なおかつ北伐という目標を失うと，今度は内部分裂を起こし

はじめた．国民革命軍は蔣のように孫文生前から国民党に身を投じていたものもいれば，華南地方の李宗仁や華北地方の閻錫山・馮玉祥のように，北伐の過程で国民革命軍に編入された軍閥将領もいた．彼らは国民党の党籍を有するものの，蔣に心服しているわけではなく，利害得失から国民革命軍に加わっている傾向が強かった．したがって，北伐完成後，蔣が国民政府の安定のために軍閥軍の裁兵（軍縮）を断行しようとすると，蔣と将領たちとの対立は深まった．その結果，1930年には，蔣と李・閻・馮との間で中華民国期に起こった最大の内戦である中原大戦が発生した．さらに翌31年5月には，李以下の3人に，蔣と並んで国民党最高幹部のひとりであった汪兆銘を加えた反蔣グループにより，蔣を指導者とする南京国民政府とは別個の広東国民政府が設立されたのであった．

これとともに関東軍に脅威を感じさせたのは，中原大戦で張学良が蔣に味方した点である．大戦は結局，蔣の勝利に帰したが，その結果，張は閻・馮にかわって華北の統治を任されることになった．このため，国民政府が国権回復をめざして進めていた「革命外交」の風潮が日本の在中権益の集中する満州に及ぶおそれが出てきた．さらに，そればかりでなく，張と東北軍の主力が華北に移駐したことで，その費用をまかなうための東北政権の財政負担は増大した．これは，満州経済を混乱させ，東北民衆を疲弊させるものであった．

こうした情勢を軍閥政治の再来だと認識した石原らは，中国人には結局，統一国家・近代国家を建設する能力がないのではないかと疑った．しかし，中国が分裂したままでは，それに乗じて欧米列強が勢力範囲を拡大しかねない．もしそうなれば，列国の軍事・経済的拠点が中国に築かれ，日本に脅威を与える．それを防ぐには，日本が中国を統治して政治的安定をもたらすしか方法がない．それによって中国から軍閥政治が一掃されれば，中国の民衆にも幸福をもたらせるだろう．しかし，日本人が直ちに中国全土を統治するといっても，全国の民衆の理解を得られるはずはない．そこで，日本ともっとも因縁の深い満州に日中両国人が共存共栄する理想郷――いいかえるなら，民族協和に基づいた王道楽土――をつくりあげることで，中国全土に模範を示す必要がある．そして，日本の実力がやがて全国の民衆に認められるときがくれば，満州を拠点として中国全土に統治区域を拡大できるだろう，と考えていた．

■**史料3:板垣征四郎「満蒙問題ニ就テ」**(1931年5月29日:稲葉正夫・小林龍夫・島田俊彦・角田順編『太平洋戦争への道』別巻・資料編,朝日新聞社,1988年新装版,101-107頁)

　一　満蒙問題ノ概念（略）
　二　満蒙ト帝国ノ国防竝生存トノ関係（略）
　三　満蒙問題ト支那トノ関係
　　支那ノ現状ヲ観察スルニ辛亥革命以来二十有余年内乱ニ次ク内乱ヲ以テシ国内統一ノ問題ノ如キハ前途遼遠テアリマス　近時国民政府ノ樹立以来統一建設ニ向テ進ミツツアルカ如キ外観ヲ呈シテ居リマスカ国民党ノ指導原理タル三民主義ノ如キモ外来思想ノ焼キ直シニ過キス内容空虚ニシテ人心ヲ繋クニ足リマセン　目下国民政府ハ諸外国ノ不統一ニ乗シテ外交方面ニ於テ若干ノ成功ヲ収メテ居リマスケレトモ内政方面ニ於テハ依然トシテ軍閥ノ権力争奪ノ時代テアリマシテ何等民主的革命ノ実　即チ人民ノ幸福ヲ認ムルコトカ出来マセン　現ニ国民会議ノ開催ニ伴ヒ反蒋運動各地ニ起コリツツアル有様テアリマス　支那四千年ノ歴史ヲ通観致シマスルニ易姓革命相次キ殆ント戦乱ノ歴史テアリマシテ全ク域内何レノ地域モ戦争ノナカツタノハ累計僅ニ数百年ニ過キナカツタノテアリマス　然シテラ漢民族ノ社会組織ハ累次ノ戦乱ニ刺激セラレ自然ノ必要ニ迫ラレ特殊ノ自治制度即チ部落単位ノ経済組織同郷人同業者ヲ中心トスル経済組織ノ発達ヲ促シ民衆ノ経済生活ハ国家ノ軍事竝政治ト分離スルニ至リマシタ　従テ支那民衆ノ心理カラ申セハ安楽居業カ理想テアリマシテ政治トカ軍事トカ言フモノハ支配階級ノ一種ノ職業ニ過キマセン　政治竝軍事ニ於テ民衆トノ交渉ヲ持ツノハ税金ト治安維持ノミテアリマス　即チ一般民衆ハ治安維持代トシテ税金ヲ収メ彼等ノ自治郷ニ於テ所有経済行為ヲ実行シ安居楽業ノ理想郷ヲ経営シテ居ルノテアリマス　従テ近代国家トハ余程趣ヲ異ニスルモノテアリマシテ畢竟此ノ如キ自治部落ヲ包含スル地域ニ国家ト言フ名称ヲ付ケタニ過キマセン　故ニ一般民衆ノ民族発展ノ真精神カラ申シマシタナラハ国家意識ノ希薄ナルハ当然テアリマシテ何人カ政権ヲ執リ何人カ軍権ヲ執リ治安ノ維持ヲ担任シタトテ別ニ何等差支ナイノテアリマス…（中略）…従テ真ニ支那民衆ノ幸福ヲ図ル為ニハ支那古来ノ民族精神ヲ把握シテ真ニ民衆ヲ指導シ得ル英雄カ現レテ徹底的ニ武力ヲ以テ職業軍権者職業政治家ヲ一掃スル以外ニ於テハ治安維持ヲ適当ナル外国ニ托スル外ニ民衆ノ幸

> 福ヲ求ムル道カ無イト言フ結論ニ到着セサルヲ得ナイノテアリマス　果シテ然ラハ支那ノ国家トシテノ将来ハ遺憾乍ラ悲観セサルヲ得ナイノテアリマス…（中略）…我国トシテハ好ムト好マサルトニ係ラス東洋平和ノ全責任ヲ単独テ背負ハナケレハナラヌ運命テ在ルノテアリマスカラ支那カ反省セヌ限リ武力的強制ニ依リテモ速カニ満蒙問題ヲ解決シ支那ニ対シテ指導ノ位置ニ立ツコトカ必要テアリマス　然シテ満蒙ニ於ケル日本ノ政治ノ方式ハ上来説ク所ニ依リ専ラ治安維持ニ任スル外支那民衆ノ利益ヲ尊重シ安居楽業ノ理想ヲ実現セシメ以テ満蒙ノ開発ニ貢献セシムルコトカ必要テアリマス…（中略）…
> 　四　満蒙問題ト国際関係　（略）
> 　五　満蒙問題解決ノ手段方法ニ就テ　（略）

　以上のように，石原・板垣をはじめとする関東軍は，軍閥政治の横行で中国大陸が分裂の方向に向かっている，それならば古の北方異民族のように日本が中国を統治したほうが社会の安定や民衆の幸福が得られる，その手始めとして満州を支配し，日本人でも中国を支配しうるとの実例を中国全土に示す，という意気込みから満州国を建国した．こうした意識は，結果を知るわれわれ現代人からみれば笑うべきところがある．しかし，彼らがその当時に抱いていた主観によるかぎり，日本人が満州を支配することで中国に被害をもたらそう，中国人を不幸にしようとの気持ちから満州国を建国したわけではない．むしろ日本人が満州を統治するほうが中国の政治家がそれを行うよりも中国の大衆にとって幸福だ，と彼らは本気で信じこんでいた．いいかえると，彼らは悪意をもって満州を支配したわけではなく，あくまでも彼らが考えるところの善意──それが，現代のわれわれの価値基準から判断して非常におかしいものであっても──にもとづいて統治を行った．だからこそ，政策決定過程での日本人の発言力がどれほど大きかろうと，統治機構が日本人にどれほど有利につくられていようと，彼らは満州国を理想国家とみなすのである．

　しかし，現代のわれわれから見て疑問に思うのは，満州国建国の動機が彼らのいうところの善意にもとづいていたとしても，日本の侵略の深まりとともに中国の民族主義も高まりゆくなかで，日中両民族の共存や協和は実現の可能性

があったのかという点である．あるいは，少なくとも関東軍や満州国の日本人官吏は，民族協和を実現できると本当に信じていたのか，そうであるならば，どんな方法をとればよいと考えていたのか．なお，民族協和とは，関東軍や日本人官吏の認識によると，中国の民族主義に対抗するための理念ではなく，「日本人が満州において民族主義を強調することなく，各民族間の民族主義の対立から来る矛盾を捨象しようとした」[6]ものであり，民族主義とは次元を異にするのだという．つまり，各民族がそれぞれにもつ異質の民族主義を一時的に妥協させるのではなく，各民族主義を調整かつ止揚することから生まれる理想の状態を，民族協和と呼ぶのである．

　実をいうと，関東軍や日本人官吏は，これもまた可能だとみていた．ただ，彼らとしても，日本人が満州国の支配者として被支配者である中国人の上にたつならば，民族協和の実現は無理だと予想していた．むしろ，それとは逆に——満州国で実際に起こっていた日中両国人間の俸給や就業機会の格差などの現実問題は別にして——満州国では理論上，「日支人ハ全ク平等ノ地位ニ立ツモノ」とし，さらに「日本人ニシテ満州国ノ官吏タラントスルモノハ……自ラ満州国民タラントスルモノニ限ル」[7]と考えていた．つまり，関東軍や日本人官吏たちは，満州国に居住する日本人はあくまでも満州国に「帰化」する必要があり，そのようにしてこそ，中国人の理解を得られ，民族協和も可能になるとしたのである．いいかえるなら，満州国は中華民国から独立するのはもちろん，日本からも独立した，まったく別の国家だとの認識を抱いていた．これは，満州国は日本の事実上の領土（植民地）であるとみなしがちであった東京の日本政府や陸軍中央部の認識とは大きく異なっていた．

■史料4：木戸幸一日記，1932年1月11日（木戸日記研究会編『木戸幸一日記』上巻，東京大学出版会，1966年，128-129頁）

　　一月十一日（月）晴
　　午前十時半より御進講，御用掛控室に於て，関東軍先任参謀板垣大佐の満蒙に於ける兵匪討伐の状況，新国家建設の事情等の講話あり．［昭和天皇の］側近奉仕者に対してなり．余［木戸幸一．当時，内大臣秘書官長］も

> 聴講す．新国家組織に就ては大総統に宣統帝を戴き，国防は我国の軍隊に任すると云ふ案にて新国家を作る計画なるものの如く，且つ其要路には邦人を参加せしむべく，それらの邦人は新国家に帰化すると云ふ建前にて，目下帰化法，二重国籍法の研究中なり等の話あり．かなり吾々の頭と隔たりのあるには驚きたり．
>
> 　正午，東京倶楽部にて近衛，岡部，原田，高木，酒井の諸君と会食，時事を談ず．

　満州国を独立国家とする以上のような認識は，単なる机上の論理にとどまらず，満州国政府の実際の政策にも反映した．その好例といえるのが，1936年から37年にかけて行われた満州国における日本の治外法権撤廃，ならびに南満州鉄道（以下，満鉄）の付属地行政権の日本から満州国への返還に関する問題である．すなわち，満州国が独立国家である以上，日本人が満州国内で治外法権の特権をもつことは民族協和の趣旨に反するし，満鉄のような外国企業が満州国内にあることもおかしいという論理である．しかも，この1936-37年の時点では，欧米諸国が中華民国の領土内で依然として治外法権をもっていた．それゆえ，日満両国間での治外法権の撤廃は，国民政府の達成できない中華民族の悲願を満州国がさきに実現したとの事実を内外に示し，満州国の存在意義をアピールする狙いがあった．ちなみに，満鉄付属地とは大連－新京間，奉天－安東間など満鉄の線路1129 kmの両側62 m程度の範囲と若干の市街用地のことをさし，もともとは日露戦争の講和条約として1905年に結ばれたポーツマス条約においてロシアから日本に譲渡された権益である．この満鉄付属地においては，遼東半島先端部にある日本の租借地・関東州を管轄していた関東局（旧関東庁）が警察行政を担当し，それ以外の土木・教育・衛生などに関する諸般の行政については満鉄が行っていた．さらに満鉄は，それらの業務を行ううえで必要となる経費を得るために付属地内で課金を徴収する権利も認められていた．

　関東軍は元来，前出の史料2「満州国指導要領（案）」の「三」にみられるように，満州国の建国直後から，同国を独立国家として健全に発展させるためにも治外法権の撤廃や満鉄付属地の返還が必要であると考えていた．しかし，そのような措置をとることは，一方において，日露戦争以来認められてきた日本

の在満権益が消滅することも意味していた．それだけに，満鉄や関東局といった日本の在満諸機関，さらには，それらの機関の監督責任を有する日本の省庁のなかでも異論を唱えるものが少なくなかった．たとえば，その当時，関東局司政部長を務めていた武部六蔵は付属地行政権の返還について，「国家の利益を考へず，日満の不可分関係を忘れて，単に独立国と云ふ観念のみから出発して居るので，全くなつて居らんと思ふ」（『武部六蔵日記』1935年5月13日条）との消極論を展開している．

　満州国での治外法権撤廃や満鉄付属地行政権の返還は，日本側のこうした反対を押しきって満州国政府とその背後にある関東軍が実現したものである．日満両政府の間では，1936年6月10日に「満州国に於ける日本国臣民の居住及満州国の課税等に関する条約」（通称，第1次撤廃条約）が，翌37年11月5日には「満州国に於ける治外法権の撤廃及南満州鉄道付属地行政権の委譲に関する条約」（第2次撤廃条約）がそれぞれ調印された．その結果，第2次条約の締結をもって治外法権が完全に撤廃され，警察や課税などの業務を含めた満鉄付属地の行政権も満州国に返還された．なお，第1次条約は，第2次条約を結ぶまでの過渡的措置として，条約締結前に差のあった付属地の内側と外側の税負担を平均化して実際の委譲のさいに日本側から反論の出ないよう日満両国で調整を進めながら，付属地内の警察や課税の業務は引きつづいて関東局が担当するとの内容である．満州国政府は，この2つの条約によって満州国が「始めて法治国家としてその独立性を完成」したと，その成果を誇った．五族協和を建国精神とする満州国で，ある民族が他の民族と異なる待遇をもつことは，民族協和に大きな障害となる．その障害というべき治外法権が撤廃され，付属地行政権が委譲されたことは建国の本義にかなうものだ，というのである．

■史料5：「満州国に於ける治外法権の撤廃及南満州鉄道付属地行政権の委譲に関する日本国満州国間条約」（第2次撤廃条約，1937年11月5日署名：外務省編『日本外交年表竝主要文書』下巻，原書房，1965年，375-376頁）

　　昭和十二年（一九三七年）一一月五日新京ニ於テ署名
　　昭和十二年（一九三七年）一一月九日公布

昭和十二年（一九三七年）一二月一日ヨリ実施

大日本帝国政府ハ昭和十一年六月十日即チ康徳三年六月十日調印ノ満州国ニ於ケル日本国臣民ノ居住及満州国ノ課税等ニ関スル日本国満州国間条約前文ノ趣旨ニ拠リ且該条約実施ノ成績並ニ満州国ノ法令及諸制度ノ整備ノ状況ニ鑑ミ日本国カ現ニ満州国ニ於テ有スル治外法権ヲ完全ニ撤廃シ且南満州鉄道付属地行政権ヲ全般的ニ委譲スルコトニ決シタルニ因リ

満州帝国政府ハ右日本国政府ノ決定ニ対応シテ其ノ建国ノ本旨ニ従ヒ満州国ニ於ケル日本国臣民ノ安住発展ヲ一層確保増進スル為必要ナル一切ノ保障ヲ与ヘ得ルコトト為リタルニ因リ

両国政府ハ日本国カ現ニ満州国ニ於テ有スル治外法権ノ撤廃及南満州鉄道付属地行政権ノ委譲ニ関シ両国間ノ関係ヲ規律センカ為左ノ通協定セリ

第一条　日本国政府ハ現ニ日本国カ満州国ニ於テ有スル治外法権ヲ本条約付属協定（略）ノ定ムル所ニ従ヒ撤廃スヘシ

第二条　日本国政府ハ南満州鉄道付属地行政権ヲ本条約付属協定ノ定ムル所ニ従ヒ満州国政府ニ委譲スヘシ

第三条　日本国臣民ハ満州国ノ領域内ニ於テ本条約付属協定ノ定ムル所ニ従ヒ同国ノ法令ニ服スヘシ

前項ノ規定ノ適用ニ関シ日本国臣民ハ如何ナル場合ニ於テモ満州国人民ニ比シ不利益ナル待遇ヲ受クルコトナカルヘシ

前二項ノ規定ハ之ヲ法人ニ適用シ得ル限リ日本国法人ニ適用スルモノトス

第四条　日本国法令ニ依リ成立シタル会社其ノ他ノ法人ニシテ本条約実施当時満州国ノ領域内ニ本店又ハ主タル事務所ヲ有スルモノハ本条約実施ト同時ニ満州国法令ニ依リ成立スル同種ノ会社其ノ他ノ法人又ハ最之ニ類似スル法人ト認メラルヘシ

満州国政府ハ日本国法令ニ依リ成立シタル会社其ノ他ノ法人ニシテ本条約実施当時満州国ノ領域内ニ本店又ハ主タル事務所ヲ有スルモノノ成立ヲ承認ス

第五条　本条約ノ規定ハ日満間両国ノ特別ノ約定ニ基ク特定ノ日本国ノ臣民又ハ法人ノ権利, 特権, 特典及免除ニ影響ヲ及ホササルモノトス

第六条　本条約ハ昭和十二年十二月一日即チ康徳四年十二月一日ヨリ実施セラルヘシ

第七条　本条約ノ正文ハ日本文及漢文トシ日本文本文ト漢文本文トノ間ノ解釈ヲ異ニスルトキハ日本文正文ニ依リ之ヲ決ス

> 右証拠トシテ下名ハ各本国政府ヨリ正当ノ委任ヲ受ケ本条約ニ署名調印セリ
> 昭和十二年十一月五日即チ康徳四年十一月五日新京ニ於テ本書二通ヲ作成ス
> 　　　　　満州帝国駐劄大日本帝国特命全権大使
> 　　　　　　　　　　　　　　　　植　田　謙　吉（印）
> 　　　　　満州帝国国務総理大臣
> 　　　　　　　　　　　　　　　　張　　　景　　　恵（印）

　このように，関東軍や満州国の日本人官吏の認識では，満州国はあくまでも独立国家であった．それは，中華民国からの独立はもちろん，日本からの独立も意味していた．さらに，満州国の日本人官吏や満州国に居住する日本人も，関東軍や日本人官吏の意識のなかでは，日本国民ではなく，満州国民だった．満州国に居住する他の民族が満州国の領域内にいる以上は満州国民であると考えられていたのと同じように，日本人もまた，日本民族という民族としてのルーツは同じだったとしても，満州国に住むからには満州国民とみなされたのである．したがって，関東軍や満州国の日本人官吏のみるところでは，満州国は日本とはまったく別の存在であり，それを傀儡国家と考えるのはおかしいということになる．彼らのこうした認識も，満州国を理想国家と主張する根拠になっていると思われる．

おわりに

　ここまで，満州国を傀儡国家とする認識とそれを理想国家とする認識とがそれぞれ何を根拠に論じられているのかという問題についてみてきた．前者では，満州国政府の政策決定過程において関東軍の軍人や日本人官吏の発言力が中国人官吏に比べて格段に大きいこと，満州国の統治機構や法律も日本人官吏に有利につくられていることがその論拠となっていた．一方，満州国を理想国家とする認識は，前者が同国の統治機構など外見から客観的に判断しうるものを論拠とするのに対し，むしろ関東軍の軍人や日本人官吏の内面にある主観的意識

に基づいている．つまり，満州国建国の元来の動機は中国東北地方に不幸をもたらすことにあるのではなく，そこに王道楽土の理想郷を建設しようとした点にあること，満州国は中華民国からの独立はもちろん，日本からも独立した存在であること，満州国に居住する日本人はあくまでも満州国民であることなどが後者の主張の根拠となっている．

　ただ，この後者の認識に関しては，現代のわれわれからみて疑問に思う点もある．というのは，民族協和などのスローガンを理想として掲げたとはいえ，実際の政策として実現できなかったもの，または政策として実行する段階で立案した当初には予期していなかった問題が発生した例があるからである．実際，満州国の日本人官吏のなかには第2次大戦後，自分たちの行った政策を回顧し，「善意の悪政」に終わってしまったと反省するものがいる．政策を立案する段階ではたしかに善意をもっていたかもしれないが，それが実行に移された結果，かえって中国人に被害を与えたというのである．前出の元総務庁次長古海忠之は，『満州国史』（各論）によせた「あとがき」のなかで次のように述べている．五族協和は結局「実験模索の域」を出ず，ともすれば「抽象論」に終わった．機械的平等論が横行し，真の協和方式の確立，その核心をなす各民族性の研究，お互いに尊重すべき各民族の特徴を認めあうまでにはいたらなかった．さらに，「元来単一民族より成る日本，したがって日本人は，他民族に対して融和性に乏しく……民族協和に対して大きな努力をしながら，日本民族特有の焦慮や潔癖から，日本的意識ないし方式で処理した反民族協和的独善的なことが少なく［なく］，善意がかえって理解されず実を結ばなかった」．

　では，前者の認識を全面的に肯定できるのかといえば，これに関してもひとつの疑問が生ずる．満州国に傀儡国家としての性格がなかったというのではない．むしろ，前者の認識と後者の認識とを比較かつ総合してみた場合，両者ともが満州国という全体のなかのある一部分だけを強調して性格付けを行っているのではないか，と筆者は思うのである．その点を，満州国政府の政策決定過程という問題をふたたび例にとって説明してみたい．

　この政策決定のプロセス全体を見通すためには，その決定がなされるまえに最初に行われる政策の立案とその立案者の意図という問題をまずは考えるべきである．ついで，それがいかなる議論や手続きを経て政府の最高方針となり，

それを実施した結果，どんな影響を社会に与えたかについて考える必要がある．だが，上述の2つの認識は，どちらの立場をとるにせよ，この一連のプロセスのなかの特定の部分だけに光をあてがちである．満州国を傀儡国家とする側は，政策決定過程での日本人の発言力の大きさなどには注目するが，ある政策がなぜ立案されたのかという原因の部分を軽視する．逆に，それを理想国家とする側は，さきに述べたように，立案の動機となった民族協和などのスローガンばかりを理想視し，それが政府の方針となるまでに中国人官吏に政治参加の機会がほとんど与えられなかったこと，その政策が実行に移された結果，当初の動機に反して中国社会に被害が生じたことには目をつぶる．だが，結局，この2つの立場の違いは，満州国という同一の事物をみるうえで，政策の意図という原因の面に重きをおくか，政策を実施したあとの結果の面に重きをおくかにあるのではないか．いいかえると，満州国は傀儡国家としての側面も，理想国家としての側面も，両方持ちあわせていた，と筆者は考えるのである．

　このような点を踏まえ，最近10年ほどの間に日中両国の歴史学者の間で浮上してきたのが，満州国をめぐる第3の歴史認識ともいうべき新たな視点である．それは，満州国が傀儡国家か，理想国家かという二者択一の問題を重要視していない．むしろ満州国の性格はどのようであったのかという問題は別にして，満州国が誕生したことや満州国政府が行った政策のために中国東北社会はその誕生前と比べてどのように変化したのかという点に注目している．言葉をかえると，この新しい視点は，政策の発信源である満州国政府とそれを受けとめた中国東北社会との間の相互関係を検証しようとするものなのである．

　日本において，この第3の認識を代表する歴史学者の塚瀬進氏は，今までの二者択一的な認識をあらためて，新たな角度から満州国をみなおすことの必要性を次のように訴えている．満州国とは傀儡国家なのか，それとも理想国家なのかを問題とする従来の歴史認識は「総じて日本が満州国に対して何をしたのか」との点に注目している．したがって「満州国を分析対象としながらも，それがいかなる地域に存在し，どのような人々が，どんな生活をしていたのかなどの疑問には答えてくれない．満州国は誰を支配し，どんな社会を統治していたのか，支配を受けた側の様相がイメージできないのである．……しかしながら，日本は『無垢のキャンパス』に設計図を描いて，設計図どおりに満州国の

建設を行っていたのではない．国家建設の過程で生じた問題は，もちろん日本にも原因はあったが，満州という地域の特性に起因した問題もあったはずである」．それゆえに「満州国に日本がかかわった部分を切り出して満州国の歴史を構成するのではなく，満州という地域の歴史的な推移のなかから満州国の姿を描こう」とするべきだ，と（塚瀬『満洲国』3-4 頁）．

　かくして，満州国をめぐる第 3 の歴史認識が登場して以降，現時点までに，日本や満州国の支配に対して中国人や中国社会は受身一辺倒だったわけではない，との事実がわかってきた．むしろ，日本や満州国政府のとった政策は中国の伝統や慣習に制限されて思惑通りの成果をあげられなかった例が多い，というのである．一例をあげると，人口の圧倒的多数が農民であった満州国にとって農業政策は重要な意味をもっていた．そこで，満州国は流通機構を掌握し，農産物の適正価格での売買を行うために交易市場を設立した．しかし，満州では，建国前から存在する糧 桟（りょうさん）という穀物問屋が交易市場設置後も流通機構のなかで根強い力を保っていた．糧桟の多くは地主や金融業をかねていたので，農民としては糧桟に農産物を売却せざるをえなかったのである．これに対して満州国政府は 1935 年，官商筋糧桟（1920 年代以降，東三省政権の政府系銀行から融資を受けて大豆買付けを行った糧桟）の廃止を決定した．しかし，糧桟を全廃するまでにはいたらなかった．というのも，糧桟に代わる流通機構の整備が進んでいないなかでこれを全廃すると，農産物が出回らなくなるからである．また，交易市場の側にも手数料の高率や手続きの煩雑さなどの問題があったために，これを避けて糧桟との取引を行う農民も決して少なくなかった．

　このように，今後も満州国をめぐる新たな事実が第 3 の歴史認識のもとで徐々に判明することだろう．これから満州国の歴史を学ぼうとするものは，それが傀儡国家であるのか，それとも理想国家であるのかという日本を中心とした認識に縛られる必要はない．それよりも，そこに居住する中国人，東北地方という場所の地域的特質，中国社会の特性なども考慮に入れながら，満州国の歴史を多角的に検証する態度が求められるはずである．

〈参考文献〉

田浦雅徳・古川隆久・武部健一編『武部六蔵日記』芙蓉書房出版，1999 年．

塚瀬進『満洲国――「民族協和」の実像』吉川弘文館，1998 年．

浜口裕子『日本統治と東アジア社会』勁草書房，1996 年．

山本有造編『「満洲国」の研究』緑蔭書房，1995 年．

山室信一『キメラ――満洲国の肖像』中公新書，1993 年．

---

1) 満州国に関する従来の研究や関連史料については，以下の著作に網羅的に紹介されている．山根幸夫他編『増補　近代日中関係史研究入門』研文出版，1996 年，229-275，497-503 頁．山根幸夫編『中国史研究入門　増補改訂版』研文出版，1995 年，433-441，612-615 頁．塚瀬進「中国における満州国史研究の現状――1990 年代を中心に」東洋文庫編『近代中国研究彙報』第 21 号，1999 年．

2) 外務省編『日本外交年表竝主要文書』下巻，原書房，1965 年，215-223 頁．

3) 星野直樹『見果てぬ夢　満州国外史』ダイヤモンド社，1963 年，44-47 頁．

4) この予備会議について星野以外の満州国政府関係者のなかには，会議の開催日は火曜日であり，通称も「火曜会議」だったと回想するものがいる（たとえば，1954 年 6 月 8 日「古海忠之筆供」中央档案館・中国第二歴史档案館・吉林省社会科学院合編『日本帝国主義侵華档案資料選編　偽満傀儡政権』中華書局，1994 年，330-335 頁）．これは，山室信一「「満洲国」統治過程論」（山本有造編『「満洲国」の研究』所収）によると，予備会議が 1941 年頃から何らかの理由で火曜日に開かれるようになったためだという．ただし，本章では，満州国の建国直後の時期に焦点をあてて記述を進めているので，星野の回想にもとづき，そのまま「水曜会議」と呼称している．

5) 1937 年 4 月 22 日，関東軍司令部「満州国の内面指導に付て」臼井勝美・稲葉正夫編『現代史資料 9　日中戦争 2』みすず書房，1964 年，745-747 頁．

6) 藤川宥二『実録・満洲国県参事官』大湊書店，1981 年，174-176 頁．

7) 1932 年 1 月 25 日，石原莞爾「新国家内ニ於ケル日支人ノ地位ニ就テ」稲葉正夫ほか編『太平洋戦争への道』別巻，朝日新聞社，177 頁．1932 年 8 月 12 日「板垣少将ニ後事ヲ托スル石原大佐ノ手記」（同上）184 頁．

南京事件　関係年表

1937年7月	盧溝橋事件勃発，日中戦争始まる．
8月	上海派遣軍の編組．
11月	中支那方面軍の編成．大本営設置．
12月	1日，大本営が南京攻略を命令．7日，蔣介石夫妻が南京を脱出．10日，南京総攻撃を開始．13日，南京陥落．17日，南京入城式．
1938年1月	1日，南京市自治委員会成立．26日，日本軍将校がアメリカ大使館員・アリソンを殴打，外交問題になる（アリソン事件）．
2月	松井石根司令官を解任．
3月	南京に中華民国維新政府成立．

6章 南京アトロシティズ
──建設的な対話は可能なのか

楊大慶

はじめに

　1937年12月13日，中支那方面軍が孤立した中国軍の最後の抵抗を打ち破り，南京市内に突入した．数日後，早くも南京陥落の惨状が外国の新聞記者によって報道された．数週間後，目撃者の証言は南京に留まっていた数人の外国人の手で編集され，ひそかに上海の外国租界や国外に持ち出され，発表された．これらの情報によって，日々拡大していった日本軍の非道徳的で残虐な行為──強姦，殺人および略奪──などが暴露された．日本政府はこれらの報道を否定したが，外務省の官僚を含めた正義感に満ちた一部の日本人は報道に強い衝撃を受け，政府に緊急な対応を要請した．当然ながら中国は，国際社会の同情を喚起するためにこれらの情報を積極的に公表した．

　年が変わって，1938年に入ってから，外国の外交官たちが徐々に南京に戻ってきた．彼らは本国に送ったレポートの中で，南京にある外国人所有の財産が大量に，かつ広範囲にわたって日本人に破壊された様子を報告した．日本人が起こした残虐行為に関する報道は，ほかの日本の戦争行為に関する報道とともに，世界における日本人の印象を一層悪くし，日本は国際社会の法と秩序を踏みにじったと非難されるにいたった．

　1945年8月に日本が降伏すると，この残虐行為は「南京の虐殺」（中国人にとっては「南京大屠殺」）として初めて日本で公表された．数名の日本軍の将校がこの事件との関連で，東京（1946年5月-1948年11月）と南京（1946年2月-1947年12月）で軍事裁判にかけられた．彼らは無罪を主張したが，結果的には全員が有罪と認定され，死刑の判決を受けた．南京では，第六師団長・谷寿夫

139

陸軍中将と数名の青年将校が，日本刀を使って多数の中国人を殺害したと報道されたため，1946年に処刑された．中支那方面軍司令官の松井石根陸軍大将と南京事件当時の外務大臣・広田弘毅は1948年に東京で絞首刑に処された．裁判所は目撃者の証言や埋葬記録などを証拠に用いたが，これらの証拠は最初から公的歴史記録と認定された．

1970年代の初め頃から，日本では南京大虐殺のことが一般的に知られるようになり，公の場で論争のテーマとなった．1980年代の初頭になると，歴史教科書論争をきっかけに中国で「南京大屠殺」の歴史が蘇った．1985年には，南京に中国人被害者の記念館が初めて建てられた．1996年に中国人10万人を対象に行われた世論調査によると，84％に近い人が「日本」という言葉を聞くだけで「南京大屠殺」を連想すると答えた．この答えはほかのすべての答えを上回った[1]．1990年代後半以降，このテーマは世界の注目を集め続けてきた．アジア現代史上の出来事として，論争的であり，広く注目される事件はほかにないと言っても決して過言ではない．

南京アトロシティズ（残虐行為）は，なぜこれほどまでに感情を駆り立て，さまざまな論争や対立を引き起こしてきたのか．歴史学者を含む多くの人々は長年の努力を経て，新しい証拠を発見してきたが，それらによって，そのとき南京で何が起こったかについて，新しい結論を得たのだろうか．それとも，南京の真実は永遠に明らかにされないのだろうか．中国人と日本人はこの事件について共通の理解を得ることができるのだろうか．これらは南京アトロシティズに関する疑問であると同時に，歴史研究の本質にかかわる疑問でもある．これらの問題への答えを探ることが本章のテーマである．

1. なぜ「日中最大の争点」になったのか

〈1〉政治的シンボルとしての相克

多くの人々は，南京アトロシティズに関する論争の激烈化と長期化は政治的な理由によるものだと理解している．実際のところ，この事件は，まず何よりも政治的なシンボルとされる．南京アトロシティズが体現するものには，いく

つかの側面と種類がある．

　戦中戦後にわたり，南京アトロシティズは常に日本軍国主義のシンボルとなってきた．戦後，南京と東京に設けられた軍事裁判所はこの見解を正式に採用した．中国共産党は現在もこの考えを維持している．これによって，日本国民と軍国主義者を区別し，日本の国民は被害者に分類された．しかしながら，中国の一般国民の間では特別に区別することなく，南京アトロシティズは単純に「日本人」の残忍さのシンボルと理解されている．この認識は伝統的な「階級闘争」の歴史観の崩壊にともなって，ますます強くなる傾向にある．

　加害者となった日本人の対極にいるのは，被害を受けた中国の国民である．首都・南京で中国人の命が大量に奪われたことは，蔣介石率いる国民軍の無能によるものだとされた時期もあったが，この認識も今は変化し，日中戦争のなかで中国が耐えてきた計り知れない苦しみのシンボルとなっている．中国人にとって南京アトロシティズは，戦争中の日本の長いアトロシティ・リストの中の一項目にすぎない．リストには労働者の強制連行，従軍慰安婦，残酷な「三光」作戦，そして，化学兵器，細菌兵器の人体実験とその使用なども含まれるが，その中でももっとも広く知られている「南京大屠殺」は，中華民族最大の屈辱として，愛国教育の基本的な材料となっているのだ．南京アトロシティズが提起されるたびに，それは中国国民の共同の苦難と民族団結のシンボルとして強調される．

　一方，戦後の日本では，南京アトロシティズは，しばしばこれと相反する政治的なシンボルとなり，国内論争の的になってきた．このことは，日本人の間で過去の戦争に対する認識についてコンセンサスが形成されていないことを物語っている．南京アトロシティズを日本軍国主義や天皇制と結びつけて考える人もいれば，一部の旧軍人のように，戦争に付随する必然的な事象としてみる人もいるのだ．戦争犯罪への裁判に異議を唱える人は，南京アトロシティズを「勝者の裁き」のシンボルとみなした．あるいは戦争中のメディア・プロパガンダだと見なし，「南京大虐殺は20世紀最大の嘘」と書きたてる人さえいる．また近年は，「日中両国ナショナリズムの相克を表す最も端的な形」という主張も見られる．

　そもそも，あらゆる総合的なシンボルは一定の信念とイデオロギーによって

支えられている．現実の政治によって強化され，短期的にはなかなか変化しない．民族，国家，ナショナリズムが存在する限り，政治的シンボルは今までどおり私たちの世界の一部として存在し続けるのだ．

　1980年代，ドイツの「歴史家の論争」(Historikerstreit) を分析した，ハーバード大学の歴史家チャールズ・メイヤー（Charles Maier）は，政治の問題は歴史研究の範囲外の要素ではなく，歴史研究に内在する要素だと指摘した．彼は，「歴史にかかわる解釈とは，権力がどのように機能し，どのように他者をしりぞけるかについての一定の信念を支持するものであるから，同時にそれは，政治にかかわる解釈にならざるを得ない．しかし，政治色を帯びた解釈である必要はない．その時その時のイデオロギー上の闘争のために製造武器である必要はないのである」[2]と述べている．この視点は南京アトロシティズ論争にも当てはまる．

〈2〉史実，記憶と真実

　政治的な解釈がいかに有意義なものであっても，それだけでは南京アトロシティズに対する意見の相克を完全に解明することはできない．今も続いているこの論争は，単に相争う政治的見解の反映だけではないのである．

　論争は，歴史研究の本質は何か，あるいは，究極的には「歴史事実」とは何か，ということとの関連のなかで理解されなければならない．日本人や中国人による南京アトロシティズに関する多数の文献を見るだけでも，これらの中に「歴史事実」や「真相」といった表現が如何に頻繁に使われているかがわかる．E. H. カー（E. H. Carr）が語ったように「正気の歴史家なら『経験の全体像』を包み込もうなどという空想的なことをやろうとは言わないでしょう．彼は，自分が選んだ歴史のある部分や側面についてさえ，事実の小さな破片しか包み込むことは出来ないのです．科学者の世界も同じことですが，歴史家の世界は写真にとったものではなく，むしろ，有効性の差こそあれ，歴史家をして現実の世界を理解させ征服させる作業上のモデルなのであります」．そして「歴史家は過去の経験から，それも，彼の手の届く限りの過去の経験から，合理的な説明や解釈の手に負えると認めた部分を取り出し，そこから行為の指針として役立つような結論を導き出すのです」[3]．

多くの人間が南京のあの冬を経験した．そのなかには何十万人の中国人，何万人の日本人，そして何十人の西洋人も含まれていた．多数の人々にとってこの経験は死を意味した．したがって，もはや彼らの声を聞くことはできない．事件のあと生き残った人々に自らの体験を語る機会が与えられた時は，事件後すでに8年に近い歳月が経過していた．ほとんどの人はようやく最近になって，証言や以前は発表されていなかった日記などの形で，集団的記憶の中に自分の声を溶け込ませている．

■史料1：『南京市臨時参議会関於協助調査南京屠殺案経過概述』(1946年11月，日本語訳)

　　本協会の南京大虐殺事件調査経過の概要：
　　本会の陳裕光議長，陳耀東副議長，蕭若虚秘書長が六月十一日主席に拝謁した際，本会の成立と第一次大会の開催並びに重要なる決議案について報告したあと，主席から南京大虐殺事件の調査に協力するよう命じられた．これは本会が調査に協力した始まりである．
　　命令に接した後，本会は数回にわたって常駐委員会，参議員の全体談話会，及び社書（筆者注：租税や土地を管理する地方官）の座談会を開催し，広く提言を集め，本事件に関する調査に資した．以上の座談会を経て，本会の下部組織として，大虐殺事件調査委員会を設置した．
　　本調査委員会のメンバーは以下の通りである．
　　(1) 本会の全参議員
　　(2) 関係機関の機関長と責任者
　　(3) 民国二十六年十二月十三日南京陥落当時，国際的な救済と慈善事業に従事し，最後まで裏切らなかった人士

　　次に，調査の要点について述べる．
　　ロンドン犯罪調査委員会が公表した調査表では，暴行の種類を三十三項目に分けている．羅列方式を採用しているため，一般的な個人の自由を脅かす罪や，文明を妨害する罪も漏れなく詳細に記載されている．この調査表は本事件の調査に適さないことは明らかである．そのため，大虐殺を対象とする調査表を作成し，虐殺の手段について細目を建て，調査員の仕事

に便宜を図るとともに，市内と郊外の市民が事件を思い出すための参考とした．この試みの結果，仕事上便利になっただけでなく，目的と任務の性格から考えても，連合国が戦争犯罪に対する厳格な定義にも相応しい．敵が我が南京市民に実施した大虐殺は，戦争犯罪の定義で定められた「人道に反する罪」を犯している．これはすなわち「平和を破壊する罪」と「人道に反する罪」を犯していることになる．これは本会が時間を惜しまず，調査表を新たに作成した理由である．

　　さて，調査方法は以下の通りである．
　本件について，かつて幾つの機関が調査を行なったことがあるが，事件からすでに八年間の歳月が経過し，被害者の死亡や移動により，訴えを代理する人もいなくなった．あるいは，時間が経つに連れて怒りも徐々に薄くなり，旧い傷跡を触りたくなくなった．代表的な事例は，女性が敵に強姦された後，殺されてしまうケースである．また，加害の部隊の番号を知らないとか，調査に協力しても苦しい生活の改善につながらないとかを理由に，関心を示さず，調査員の訪問を無視するケースもある．（以下略）

　このような過去の経験は歴史的証言として用いられるようになった．しかし，終戦直後に行われた戦争犯罪裁判の時代から今日に至るまでに，長い年月がたった．その間，数多くの新証言が脚光を浴びた．これまでに日本，中国，更にアメリカでもいくつかの証言集が出版されている．
　中国で公開された最初の新証言は，南京防衛に参加した国民政府軍の将校たちの回想であった．これらはまず1960年代の初めに発表され，1980年代に再版された[4]．1984年には被害者や事件の生存者に対する組織的な調査が行われた．その後，1,756人の生存者が見つかり，その中の600人以上の証言が発表された．1980年代以来，中国は南京防衛にかかわった部隊の戦闘記録を公開し，戦後裁判関係の資料も公開した[5]．
　近年の新しい現象は，第三者の記録も入手できるようになったことである．当時のドイツ外交官たちによって書かれた南京の状況などを含む公式記録が古い公文書群の中から発見された．その中でも，西洋人が残した記録として最も豊富な情報が含まれているのは，イェール大学神学院に保管されているアメリ

カ人伝道師の論文であろう．さらに最近になって，南京難民区国際委員長を務めたドイツ人ジョン・ラーベ（John Rabe）の日記が発見された．この発見によって，南京市にいた第三国の国民による中国人避難者への救援活動を知ることができるようになった[6]．

なんと言っても，日本に存在する情報は最も重要なものである．ただ，数多くの軍事記録が1945年8月15日の敗戦直後に計画的に処分されたことはよく知られている[7]．軍事記録に詳しい日本の歴史家・藤原彰によると，南京戦に関わった57個の歩兵連隊のうち，戦闘詳報や陣中日記の類の公式資料は，全体の3分の1の連隊からしか見つかっていない[8]．その代わりに，将校や兵士たちの個人的な記録がこの空白を埋めている．たとえば松井石根大将，中島今朝吾中将ら高級将校たちの戦時日記が刊行された．また小野賢二という普通の工場労働者の努力のおかげで，約1万5,000人の捕虜を虐殺したとされる山田支隊（上海派遣軍第13師団歩兵第65連隊）に属していた兵士の十数冊の戦時日記も知れわたるようになった．さらに，退役軍人のグループと数名の日本人が，当時南京に滞在していた日本人たちの証言を集めた[9]．

いままでは，歴史研究は「過去に何が起こったか」を単純に再現することだけと理解されてきたが，今は歴史文献や資料から過去の出来事をどのように再構築するかが重要だ，と認識されている．歴史家がすべての証拠を集め，それを整理し，合理的な推断を行うのは理想型だが，現実には，情報源の面で歴史家たちは不完全な状況の下で仕事をしなければならない．一部の証拠，特に罪につながるようなものは隠されたままになっていたとしても不思議ではない．それらの証拠は，永遠に隠されるかもしれない．言うまでもなく，すべての証言は人間によって作られたもので，そこにはさまざまな可能性や問題点が含まれている．歴史家は証言を使用する時，慎重に取捨選択をしなければならない．故意的か否かは別として，内容の省略や曲解のため，歴史文献は決して歴史事実を写しだす写真にはなり得ない．

とりわけ難題となるのは，どのように人間の記憶を歴史学的に信憑性のある証言として評価するかである．このことは南京アトロシティズをめぐる論争に影を落としたように，ほかの忘れがたいことを体験した被害者の記憶も危うい状態にある．

その中で，李秀英のように有力な証言を残してくれた人もいる．1937 年当時，妊娠していた李は日本軍による強姦に抵抗した．そのため彼女は日本軍に刺され，多数の傷を負った．彼女の姿は南京にいた一人のアメリカ人伝道師によってフィルムに撮影された．そして彼女は奇跡的に生き残ったばかりでなく，最も有力な南京大虐殺の目撃者となった．ところが，彼女でさえ自分の体験について虚偽の証言をしていると疑う人もいる．

■史料2：「決死の格闘」（南京市文史資料研究会編，加々美光行・姫田光義訳『証言・南京大虐殺』青木書店，1984 年，88-92 頁）．

　　わたしは李秀英といいます．1937 年 12 月初め，日寇の飛行機が毎日南京を爆撃し，家屋は倒壊し，民衆は死傷して，人心は恐れおののいていた！12 月 13 日午後，日本兵は光華門と中華門から城内に討ち入った．鬼ども［日本兵］はひとたび入城するや，人と見れば殺し，家を焼き，物品を略奪し，路上の人はほとんど皆，殺し尽くされた．わたしの夫と弟はすでに江北の田舎に逃げて避難していたが，わたしは 7 ヵ月の身重で，行動が不便であったので，父とともに城内にとどまってまだ逃げずにいた．日本の鬼が入城したのち，わたしたちと何人かの難民仲間は，五台山にある米国人経営の小学校の地下室に身を隠した．この地下室は狭いうえに潮の湿気があり，20 人あまりが肩を寄せ合っていて，昼間は様子をさぐりに出ることもせず，中でじっとうずくまっていたため，息苦しくもあり，いらだちもした．
　　12 月 19 日，一つの災難が降りかかった．その日は霧雨が降っていて，西北の風が強く吹いていた．わたしたちは地下室に身を隠していて寒さに震えていた．およそ午前 9 時頃，6 人の日本兵が，手に銃を持って地下室にかけ下りて来て，10 人あまりの年若い婦人を連れ去った．わたしもそのうちの一人であった．その時，わたしは考えた．たとえ死すとも辱しめは受けない，死ぬことによって抵抗すると心に定めたのである．わたしは頭をガツンとばかり壁にぶつけた．額が割れて血が流れ，わたしは地面に昏倒した．やがて徐々に気がついてみると，日本の鬼どもは去ったあとで，父と難民仲間がわたしを地下室に担ぎ込み，帆布［もめんの堅く厚い布］張りのベッドに寝かせていた．（中略）この日の昼 11 時，またもや 3 人の日本兵

がやってきて地下室に残っていたもののうち7，8人についてはすべて外に追い立てようとし，また他に6，7人の婦人については2人の日本の鬼が別の部屋2つに追い立てて犯そうとしていた．わたしは帆布張りのベッドに横たわったまま動かず，鬼がどう出てくるか見守った．一人の鬼が銃を持ってやって来て，「中国人の娘さん，怖がることはないよ」などと言う．この時わたしは怒りの炎が燃え上がり心頭に達した．当時わたしはワンピースの中国服を着ていたが，この鬼はわたしの服のボタンを外そうとした．わたしは鬼の腰にナイフが1本差してあるのを見てとった．この種のナイフは以前，わたしの叔父が差しているのを見たことがあるが，ナイフはサックの中に収められていて，一般には簡単には抜けない．わたしはこの点を少しのみ込んでいたので，サックの鎖ボタンを素早く外し，刀の柄をしっかり握ってベッドから一気に飛び起きて，ナイフを抜いて鬼と格闘しようとした！ 鬼はこの様子に大いに驚き，わたしがしっかり握っている刀の柄の手を解こうとし，同時にわたしにナイフを抜かせまいと手を押さえにかかって，わたしと刀の柄の奪い合いになった．ここに決死の格闘がくり広げられた．この時，わたしはとっくに生死を度外視していて，足でけっとばし，頭突きをくらわせ，歯でかみついた．鬼は噛まれた痛さでワーと叫び声を上げた．隣の部屋にいた2人の鬼がこの叫び声を聞きつけて，すぐ飛んで来たが，おかげで捕らえられていた6，7人の婦人は機に乗じて逃走したのである．わたしは1人で3人の鬼と相対し，生死をかけてナイフの柄を握りしめていたが，相手の鬼も必死にこのナイフを奪おうとし，わたしたちは地面をゴロゴロころがりながら格闘した．他の2人の鬼は刀で，わたしの身体にめちゃくちゃに刺したり斬りつけたりしてきて，わたしの足は何ヵ所も刺され，鮮血が流れ出たが，わたしは少しも痛さを感じなかった．顔面にも何ヵ所か刺され，鮮血が噴き出し，衣服は朱に染まったが，わたしはなおも必死に格闘した．最後に1人の鬼のナイフがわたしの腹を刺した．わたしの腹はうしろのほうにひと縮みし，ガーンと一瞬感じただけで，眼の前に火花が散って，すぐ昏倒した．その後の事は何もわからなかった．

　鬼はわたしがすでに死んだものと見て，去った．鬼が去ったのち，父は戻ってきてわたしがすでに「死」んでいるのを見て，悲しみを倍加させ，白昼は埋葬に出てゆく気にならず，夕方になって鬼が兵をひくのを待って，父と難民仲間は五台山の傍らに泥穴を一つ掘り，わたしをそこに埋葬しようとした．かれらがわたしを扉板の上に乗せてかつぎながら歩みを進めて

> いると，扉板が揺れ動いたのと外の冷たい風が刺激になったのとで，わたしは段々気がついた．（中略）
> 　父はわたしを救うため方法を講じて鼓楼医院にわたしを送り込んだ．翌日，わたしは身籠っていた7ヵ月の胎児をついに流産した．わたしは身体中傷だらけであり，腫れも痛みもあり，満身に紫あざがあって，頭髪は毛根が血のりで固まってしまっていた．医師はわたしの頭髪を坊主刈りにした．そのとき顔は腫れ上がって血の盆のようになっていた．医師の検査では，わたしの身体は37ヵ所刺されており，唇も，鼻も，まぶたも刺されて破れていた．御飯を食べるのに口から入れると，鼻から出て来るという具合であった．のち医師はわたしを助けて一つ一つ糸で縫ってくれた．7ヵ月余りの治療ののち，やっとわたしは健康を回復した．しかし日本の鬼がわたしを殺そうとしたことの罪状証拠は，今でもわたしの身体からたくさん探し当てることができる．
>
> 　　　　　　　　　　　（李秀英が口述し，彭如清が整理した）

　李の事例は，多数の証言や史料（史料4参照）によってその信憑性が証明された稀なケースである．それでも一部の人々によって捏造と言われた．証言や史料を伴わない他の多くの事例に対する，否定派の評価というものは，推して知るべしである．このような個人的な回想録が事実と矛盾するとか，辻褄が合わないということを理由に認めないのではなく，ジェームス E. ヤング（James E. Young）が呼びかけたように，「歴史学者が語る実際に発生した真実と，被害者の記憶に基づく真実の両方とも深みがあり共通性があるから，両方を統合」する必要があるのではないか[10]．

2. 南京アトロシティズの捉え方

〈1〉 全体像から始める

　この数十年間の間，新しい証拠に基づいた歴史学者の努力の結果，南京アトロシティズについての私たちの知識と，事件発生の原因に対する認識は大幅に

向上された．しかし，疑問の多いこの出来事について，いったい私たちは何を知っているのだろうか．未だに解決されていない課題や，しばしば論争になってしまう問題として，何が残されているのだろうか？

　外国人による当初のニュースリポートで伝えられた，日本人による中国人捕虜の処刑は大きな衝撃を与えた．当時，外国人の新聞記者や安全区にいた外国人が得られた情報はほんのわずかであった．最近明らかになった日本人の記録によれば，南京で数万人に上る降参した中国人兵士が，日本軍あるいは地方部隊の命令により，南京陥落の数日の間に大量に処刑された．その後数週間にわたって，安全区では中国人軍人の捜索も行われた．罪のない一般市民も多数の兵士とともに処刑された．一般市民が街路や自宅で理由もなく射殺された事例も数多くあった．中国で使われている「南京大屠殺」という表現は，終戦直後に集めたられた証拠資料の影響と，法律に基づいて起訴するプロセスのなかで生まれたものであろう．

■史料3：中島今朝吾日記（第16師団長・陸軍中将．『南京戦史資料集Ⅰ』偕行社，219頁-220頁）

　　十二月十三日　　天気晴朗

　　（中略）
　　◎捕虜掃蕩
　一，十二日夜仙鶴門堯化門付近ノ砲兵及騎兵ヲ夜襲シテ甚大ノ損害ヲ与ヘタル頃ハ敵モ亦相当ノ戦意ヲ有シタルガ如キモ其後漸次戦意ヲ失ヒ投降スルニ至レリ
　一，十二日夜湯水鎮附近ニモ敗残兵ノ衝突アリタリトテ軍司令部衛兵，警備中隊ガ戦闘シタリトテ師団輜重ノ通行中，弾薬補給ヲ要求セラレタリト云フ
　一，宮殿下ノ御身辺ヲ警護スルノ必要ヲ感ジタルヲ以テ参謀長ハ一ー二中隊ヲ増派セントシテ之ヲ軍参謀長ニ打合セシメタルニ既ニ第九師団ヨリ歩兵一コ聯隊ヲ出シタリト云フコトヲ聞ケリ
　己レノ作戦地境内ニアラズ又第九ノ隊ハ第十六ノ隊ヨリ近キニアラズ敗残
　　兵ニ対スル目的ヲ以テ歩兵一コ聯隊ヲ派遣シタル人ノ心ノ底ハ真ニ同情

ニ値スルモノアリ依リテ我方ハ手ヲ引キタリ
一，此日城内ノ掃蕩ハ大体佐々木部隊ヲ以テ作戦地境内ノ城門ヲ監守セシメ草場部隊ノ二大隊ヲ以テ南京旧市ヨリ下関ニ向カツテ一方的圧迫ヲ以テ掃蕩セシムコトトセリ
一，然ルニ城内ニハ殆ンド敵兵ヲ見ズ唯第九師団ノ区域内ニ避難所ナルモノアリ老幼婦女多キモ此内ニ便衣ニナリタル敗兵多キコトハ想察スルニ難カラズ
一，中央大学，外交部及陸軍部ノ建築内ニハ支那軍ノ病院様ノモノアリ支那人ハ軍医モ看病人モ全部逃ゲタラシキモ一部ノ外国人ガ居リテ辛フジテ面倒ヲ見アリ
　　出入禁止シアル為物資ニ欠乏シアルガ如ク何レ兵ハ自然ニ死シテ往クナラン
　　此建築ヲ利用セルハ恐クハ外人（数人アリ）ト支那中央部要人トノ談合ノ結果ナルベシ
　　依リテ師団ハ使用ノ目的アレバ何レヘナリト立退クコトヲ要求セリ
　　又日本軍ガ手当テスルコトハ自軍ノ傷者多キ為手ガマワリ兼ヌルトシテ断リタリ
一，斯クテ敗走スル敵ハ大部分第十六師団ノ作戦地境内ノ森林村落地帯ニ出テ又一方鎮江要塞ヨリ逃ゲ来ルモノアリテ至ル処ニ捕虜ヲ見，到底其始末ニ堪ヘザル程ナリ
一，大体捕虜ハセヌ方針ナレバ片端ヨリ之ヲ片付クルコトトナシタルモ千五千一万ノ群衆トナレバ之ガ武装ヲ解除スルコトスラ出来ズ唯彼等ガ全ク戦意ヲ失イゾロゾロツイテ来ルカラ安全ナルモノノ之ガ一旦騒擾セバ始末ニ困ルノデ　部隊ヲトラックニテ増派シテ監視ト誘導ニ任ジ
　　十三日夕ハトラックノ大活動ヲ要シタリ乍併戦勝直後ノコトナレバ中々実行ハ敏速ニハ出来ズ　斯ル処置ハ当初ヨリ予想ダニセザリシ処ナレバ参謀部ハ大多忙ヲ極メタリ
一，後ニ至リテ知ル処ニ拠リテ佐々木部隊丈ニテ処理セシモノ約一万五千，太平門ニ於ケル守備ノ一中隊長ガ処理セシモノ約一三〇〇其仙鶴門附近ニ集結シタルモノ約七八千人アリ尚続々投降シ来ル
一，此七八千人，之ヲ片付クルニハ相当大ナル壕ヲ要シ中々見当ラズ一案トシテハ百二百二分割シタル後適当ノカ処ニ誘キテ処理スル予定ナリ
一，此敗残兵ノ後始末ガ概シテ第十六師団方面ニ多ク，従ツテ師団ハ入城ダ投宿ダナド云ウ暇ナクシテ東奔西走シツツアリ

> 一，兵ヲ掃蕩スルト共ニ一方ニ危険ナル地雷ヲ発見シ処理シ又残棄兵器ノ
> 収集モ之ヲ為サザルベカラズ．兵器弾薬ノ如キ相当額ノモノアルラシ
> 　之ガ整理ノ為ニハ爾後数日ヲ要スルナラン

　強姦も日本人による南京アトロシティズのもう一つの重要な部分であったことは，早くから知られていた．著作の題名にも使われたように，西洋では「レイプ・オブ・ナンキン」として知られている[11]．その証拠は主に陥落した南京市に留まっていた西洋人によってもたらされたものである．有能なドイツ人の同僚は2万人が被害にあったと推定したと，ジョン・ラーベは述べている．ただし，国民政府が南京で行った戦後調査では，表に出た強姦の事例は驚くほどに少数であった．ほとんどの被害者は自ら進んで証人になろうとしなかった．日本の情報源からも役に立つ情報は得られなかった．日本軍兵士は殺人やほかの残虐行為を認めても，強姦を認めることはないだろうという指摘もある．

　では，真相についてはどのように確かめられるだろうか．勝利者として日本軍が入城した後，強姦が頂点に達し，その後も長く続いたという事実は，何によって示すことができるだろうか．中国人被害者の多くは，日本兵のグループに集団強姦されていた．その上，被害者は行為の後たいてい殺害され，死体は切断されていたのだ．

■**史料4：マッカラム日記**（洞富雄・日中戦争史資料編集委員会『日中戦争史資料8　南京事件1』河出書房，1973年，117-119頁）

> 12月29日
> （前略）
> 私ハ毎日若（シク）ハ隔日ニ我々教会所属ノ財産調査ニ外出シマシタ．私ハ出掛ケル度ニ北夏路ニアル私共ノ家ニハ訪問客ガ居リマシタ．外国人ノ家ハ皆一目ニ見エマス――デ日本軍ガ到着スル迄ハ触レテ居リマセン．其後ハ触レヌモノハ何モアリマセンデシタ．総テノ錠ハ破壊サレ総テノ「トランク」ハアサリ捜サレマシタ．日本軍ハ金銭ヤ貴重品等ヲ捜シ遂ニハ煙

道ヤ「ピアノ」ノ内部迄捜査シマシタ．私共ノ蓄音機ノ音盤ハ全部破壊サレテ居リマス．皿ハ掠奪ノ後投ゲ棄テラレタ他物ト共ニ床ニ破壊サレテ積ミ重ッテ居リマス．「ピアノ」ノ前部ハ取除カレ，又，総テノ琴槌ハ重量ノアル何物カデ叩カレテアッタ．私共ノ家ハ安全地帯ノ外部ニアリマシタノデ，コレハ期待シテ居リマシタガ，此ノ地帯内ノ家屋モ同ジ運命ニ遭ヒマシタ．私共ノ男ノ子供ノ学校ノ建物ノ二ツハ放火サレ，一ツハ完全ナ損害デアリマス．南京ハ今物淋シイ様相ヲ呈シテ居リマス．日本軍ガ南京市ニ入城シタ時ハ建物等ニハ余リ損害ガ無カッタノデスガ，入城後店舗ハ商品ヲ奪ハレ，其ノ多クハ焼カレテ了ヒマシタ．太平・中華，事実上市中ノ総テノ他ノ主要商業道路ハ廃墟ノ堆積デス．南部市内ノ主要街路ノ後方地帯ノ大部分モ亦焼カレマシタ．私共ハ毎日新シイ火事ヲ見マス．ソシテ何時ニナッタラ漸ンナ残忍ナ破壊ガ終熄スルダラウト疑フノデス．然シ民衆ニ対シテモット悪イコトガ起ッテ居リマシタ．彼等ハ恐怖ノ中ニ在リマシタ．コレモ不思議デハアリマセン．彼等ノ多クノ者ハ現在彼等ノ肩ノ周囲ニ纏フタッタ一枚ノ着物シカ残サレテアリマセン．身寄リナク武器ノナイ彼等ハ兵士ノ為スガ儘ニナッテ居リマシタ．而シテ兵士達ハ好キナ処ニ自由ニ徘徊スルコトヲ許可サレテ居リマシタ．何ラノ規律モ無ク兵士達ノ多クノ者ハ酒ニ酔ッテ居リマシタ．日中彼等ハ好マシイ婦女ヲ捜シニ私共ノ安全地帯地区ニ在ル建物内ニ入ッテ来テ，夜ニナルト婦女ヲ連レニ帰ッテ来マス．若シ婦女ガ隠レテ居ラナイト責任アル者ハ現場デ銃剣デ殺サレマス．十一，二歳ノ少女ト五十歳ノ婦人達ハ逃ゲラレマセンデシタ．抵抗スルト生命ニ関シマス．最悪ナ事ガ病院ニヤッテ来マス．抵抗シタ妊婦六箇月ノ婦人ガ顔面ヤ身体二十六箇所ノ「ナイフ」創ト，腹部ニ一箇所ノ突傷ヲ受ケテ，私共ノ所ニ参リマシタ．彼女ハ赤子ヲ亡クシマシタガ，彼女ノ生命ハ助カルデセウ．

生命ヲ助ケテヤルカラト約束シテ日本軍ニ身ヲ任セタ沢山ノ人々ノ中ノ一人（此等ノ人々中帰ッタ者ハ極ク少数デシタ）ガ生命永ラヘテ仲間ノ運命ヲ語リマシタ．彼ハ日本軍ガ彼等ノ頭上ニ石油ヲ注イデ，ソレカラ放火シマシタト公言シテオリマス．此ノ男ハ他ニ何ラノ負傷モシテヲリマセンデシタガ，頸部ヤ頭部ノ周囲ガ恐ロシイ程火傷シテ居リマシタノデ，トテモ此ノ世ノ人トハ思ハレマセンデシタ．同日ニ身体ガ半分火傷シタ他ノ一人ガ病院ニ入ッテ来マシタ．此ノ男ハ又銃デ射タレタ．多分全ク彼等ノ群ハ機銃射撃サレ身体ヲ積ミ上ゲラレ焼カレタノデアリマセウ．　私共ハ詳

> 報ヲ得ルコトハ出来マセンデシタガ, 此ノ男ハ明ラカニ匐ヒ出テドウヤラ救助ヲ求メニ病院ヘ来マシタノデセウ. 此等ノ者ハ二人共死亡シマシタ. 此ノ故ニ私ハ諸君ガ数日間食慾ヲ失フ様ナコンナ恐ロシイ物語ヲ話スコトガ出来マシタ. ソレハ全然信ゼラレヌコトデアリマスガ, 然シ数千(ノ)人々ガ残忍ニモ屠殺サレマシタ. ――幾人アルカ想像スルモ困難デス.――其ノ数ガ一〇, ○○○人ニ近イダラウト信ジテ居ル人々モ有リマス.
>
> 礼儀正シク, 而モ尊敬シテ, 私共ヲ処遇シテ呉レマシタ, 若干ノ大変愉快ナ日本人ガアリマシタ. 他ノ者ハ非常ニ残忍デ, 私共ヲ脅迫シ殴打シタリ, 平手打等ヲヤリマシタ.「リィグス」氏ハ最モヒドク平手打ヲサレマシタ. 私ハ時々, 一日本兵ガ, 若干ノ支那人ヲ助ケタリ, 又, 遊ブ為ニ支那人ノ赤子ヲ拾ヒ上ゲテ居ルノヲ目撃シマシタ. 日本兵ガ一人ナラズ, 戦争ハ嫌ダ本国ニ帰還シタイト私共ニ語リマシタ. 日本大使館員ガ親切デ, 私共ヲ救ヒ出サウトシマシタガ, 彼等ハ無力デアリマシタ. 而シテ良心的ナ日本兵ハ極ク少ク, 全然有ルカ無イカデス. サテ病院ヲ巡視スル時間デス. 職員ガ百人モ居リマス. 私共ガ水ト燈火ヲ再ビ得ルナラバ, 仕事ハ非常ニ容易ニナルデセウ. 其ノ訳ハ探シ出ス燈火ト汲ミ出ス水ガアレバ, 毎日, 私共ノ仕事ハカナリ増加サレマスカラ.

一方, 財産の略奪や放火のような犯罪も多数欧米人によって記録された. 略奪の対象となったのは, 生活必需品や軍隊にとって価値のあるもの, 例えば食料品や車などであったが, ピアノ, ペンそして腕時計などの贅沢品も略奪を免れることはなかった. 略奪は兵士個人の意志で行われただけではなく, 将校や民間記者なども参加した. 放火もいろいろな目的のために為された. 暖を取ったり, 略奪の証拠を消したりするためのものもあれば, 単に楽しむためのものもあった.

実際のところ, 南京が受けた生命や財産の被害は必ずしも100パーセント日本人の手によって加えられたものではなかった. 南京陥落直前の大混乱のなかで, 中国の兵隊たちが日本軍に住むところを残すまいとビルを壊した事例や, 中国人兵士による略奪の実例も外国人目撃者によって記録されていた. 逃亡を防ぐために中国軍に射殺されたか, 或いは逃亡中に殺された中国人犠牲者も少

なくなかった．

　これらの出来事をも念頭においた上で，量と質の両方から全体像を観察した結果，現段階で，多数の歴史家が合意できる「南京アトロシティズ」とは，1937年12月の南京陥落から約2ヵ月間，南京及びその周辺地域で日本軍によって組織的に行われた，大規模な中国人捕虜に対する集団虐殺，相当期間にわたる多数の一般市民に対する強姦，殺害と略奪，及びその他の破壊行為の総称である．少なくとも数万人以上の中国人が殺害され，千人以上の女性が強姦されたほか，多数のその他の被害者もあった．

　残念ながら，このような総括的な定義は次第に忘れ去られた．なぜならば，当事国で持続的に使われてきた特定的な表現——例えば日本では（従って中国でも）「大虐殺派」や「まぼろし派」といった表現——に印象付けられてきたからである．しかし，このような表現は単に中国人の死者数に対する推定の違いに基づいているに過ぎないのである．

〈2〉 数字統計の視点

　南京で日本軍に殺された中国人被害者の数は最大の争点であり，今なお決着が付けられていない．中国政府と学界は1980年代以来，南京での軍事裁判で使われた30万人という結論を一貫して堅持してきた．一方で中国以外，特に日本の歴史研究者の間では，少なくとも数万人から10万人以上の中国人が日本軍に殺害されたという説の方が主流である．

　この問題が論点として長期にわたって注目されている最も重要な理由は，これが総合的シンボリズムに貢献し，論争の主役たちにとって論敵に反撃するのに役に立つからである．一部の日本人は，30万人という数は典型的な「中国的誇張」であり，中国人による神話形成の結果で，プロパガンダであると批判する．そして，「東京裁判史観」のシンボルでもあると指摘する．しかし，圧倒的大多数の中国人にとっては，30万人という数は南京での軍事裁判のなかで下された日本の中国侵略に対する正義の歴史的判決である．一部の日本人は，連合国側によって行われた軍事裁判を全面的に否定しようと試みてきた．これに対して，中国側は南京大虐殺記念館に刻み込んだこの数字を守る価値を再確認することになった．激しい論争が継続する以上，数字の問題は常に注目されるの

である.

　しかし，犠牲者の人数は論争の焦点であっても，事件そのものの核心ではない．なぜなら，死者の数の問題は南京アトロシティズのなかの一部分に過ぎない．日本人作家の堀田善衞は 1953 年に発表した小説「時間」の中で意義深い指摘を行っている．すなわち，全体的な数に目を奪われると，一人一人の人間の死を見逃すことになる．全体の数字を強調しすぎると，抽象的な数になってしまい，人間の苦しみを無意味に順位付けることにつながる，と．

　たとえ虐殺だけを取り上げても，数と質，つまり規模と性格のことを考える必要がある．戦争犯罪を含むあらゆる歴史的事象は，規模が違えば，性格も変わる場合が多い．南京の場合，歴史学者の合意できる範囲内においても，その「虐殺」的性格は認められるはずである．要するに，南京とその周辺における日本軍の犯罪は，第二次世界大戦の陸戦のなかで，捕虜及び民間人に対する，屈指の，典型的な残虐事件であることは疑いの余地もない．

　しかし，歴史研究者は，好むと好まざるとにかかわらず，数字統計のことを完全に回避することはできない．ここでは「空間/時間」（継続期間，ロケーション）の定義，および「被害者」の定義がもっとも重要な要素である．南京アトロシティズのような出来事の継続時間やロケーションに対する定義は，必然的に多くの主観的な要素が含まれている．まず，日本軍による南京地域での虐殺行為の開始時期は，東京裁判で示された時期よりはるかに早かった．虐殺行為のパターン（捕虜の殺害，強姦そして一般市民の殺害）も，その前の上海戦の時点ですでに見られていた．南京アトロシティズが一つの大事件として明確になってきたのは，おそらく南京攻略戦が開始された 1937 年 12 月の前半，具体的には，12 月 10 日からの南京市に対する最終攻撃の時点であった．その終了日を画定するのは難しい．大規模な虐殺は 12 月末，大部分の日本軍が南京を離れた時点で終了したが，強姦と略奪はさらに長く続いた．38 年 1 月の末か 2 月の初めごろまでその勢いは弱まらなかった[12]．

　南京市の範囲も論争となり得るであろう．行政上の南京自治市は，1937 年当時，南京城壁に囲まれた 8 つの区域とその周辺の 3 つの区域が含まれていた．そして，南京市に付属した 6 つの県もあった．その中の一つは揚子江の北岸に位置する．南京市の範囲に対する定義が違えば，被害の規模と犠牲者数の推定

値も変わる．今，日本人による残虐行為が，すでに確認されている地域よりももっと広範囲にわたって行われたことが解明されてきている．しかし，南京市の東北に位置する棲霞山地域やもう一つの避難地域についての統計資料は依然として入手できない[13]．金陵大学社会学教授 Lewis S. C. Smythe（ルイス・スマイス）が 1938 年 3 月に行った有名な実地調査によって，郊外地域の一般住民が受けた被害は，南京城壁に囲まれた南京市内よりも大きいことが明らかになってはいる．

南京には死体が何体あったか．これに対する答えも簡単に出ないだろう．日本と中国の両方の情報源で明らかになっているのは，数多くの中国人の死体が揚子江に投げ捨てられたことである．その数は誰も推定することができていない．ただ，中国の同胞団体によって提供された埋葬統計には疑問が提起されている．たとえば，慈善団体の崇善堂が 11 万体に近い死体を埋葬したと証言したが，その信憑性は疑われている．中国の研究者はこの記録を否定したわけではないが，彼らはその記録が違うものを組み合わせた可能性があることを認めている[14]．

たとえ正確な死者の数が算出されても，いったい誰を被害者として認定するかという問題は依然として残る．最近まで，中国人は戦闘時の死者と非戦闘時の死者を区別する必要がないと考えてきた．これらを一括して日本人の残忍さによる被害者だと考えた．しかし，この考え方はすでに変わろうとしている．一方，日本人研究者の間では，誰を被害者として認定するかという問題をめぐって解釈の違いが発生している．投降した中国人兵士については比較的議論が少なかったが，降参する前に殺された中国人兵士については，戦闘の延長とみて虐殺から除外すべきだと強く主張する研究者もいる．最も論争の激しいテーマは敗残兵であった．彼らは一般庶民の服装に着替え，なかには負傷した兵士も多かった．しかし彼らのことを「便衣兵」（ゲリラ兵）に分類し，捕虜のカテゴリーに入れてはいけないと主張する人もいる．この「グレーゾーン」について，論争はさらに続くだろう．

概して言えば，現在の証拠——埋葬記録，裁判での証言，日本人による記録，実地調査——では，まったく論争する余地のない推定値を出すことは困難である．諸説にはそれぞれの長所と限界がある．

誰よりも死者数の研究に時間をかけたのは歴史研究者の秦郁彦であろう．彼は一般市民と兵隊の死者の数を合わせて4万人という数字を提示する一方，新しい証拠が発見されればこの数字は更に膨らむだろうとも指摘した．秦の推定が期間，地域の定義の面でかなり限定的なものだと思われているのに対し，笠原十九司の推定は包括的だが，曖昧な一面がある．彼は近年の著作で，「10万人以上，或いは20万人近く，或いはもっとたくさんの中国人兵士と一般市民が南京事件の被害者となった」と述べている[15]．もっと限られた狭い定義を用いて，「非常に少ない」，から「数千人」という説もある．

　中国の歴史研究者は30万人という数字を守ってきた．しかし，中国人歴史研究者の犠牲者数に対する考え方は徐々に変化の兆しを見せている．例えばこのテーマで中国人歴史研究者のリーダー的な存在として知られる孫宅巍は最近，中国人研究者がついつい求めてしまう3つの目標の危うさを指摘した．すなわち，永遠不変の数字，より精確な数字，より多い数字である．彼が主張したように，日本軍が南京で広い範囲にわたって残虐行為を起こしたという事実さえ認めれば，死者数については今後も検討する余地のあるテーマだろう．孫は，「日本侵略者が中国人を気まぐれに大規模に殺害したという歴史事実を認めさえすれば」，南京での中国人の死者数に修正を要するか否かという敏感なテーマについても議論してよいと指摘している[16]．ここには，歴史学と記憶の間によくある矛盾が存在する．つまり，「歴史学」が新しい解釈を求めるのに対し，記憶は揺ぎ無いシンボルを追求するのである．ただし，これは南京アトロシティ特有のものではない．

〈3〉 事件の状況を理解する

　もし，私たちが「何が本当に発生したか」だけではなく，「なぜ発生したか」をも含めて「南京の事実」を理解しようとすれば，歴史研究者は解釈を提供するという主観的な仕事を避けることができないだろう．歴史家は一連の直接的な因果関係を再構築することだけではなく，現存する情報だけでは簡単に理解できないもっと深い原因を抉り出さなければならない．南京アトロシティズに対する歴史的解釈は，確かにいくつか異なった仮説に頼らざるを得ない．しかし，この悲惨なできごとの原因についての理解は歴史研究のダイナミックな特

質によって深められてきた．

　現地の状況に焦点を合わせて歴史解釈を行うのは，ひとつの例である．たとえば，戦場特有の心理状態は，日本兵だけでなく他国の兵士にとっても，彼らの行動に影響を与えた非常に重要な要素である．最近公開された日本人兵士の日記からは，このような見方を裏付ける数多くの証言を見つけ出すことができる．南京への道が血に染まったのは，それらの地方を反日感情のもっとも強い中心地だと日本軍が思ったからである．上海地域で起こった特に残酷な戦いのなかで，日本軍は予想をはるかに超えた損害を受けた．そのため，日本軍兵士は失った仲間のために復讐しようと決意を強めた．旅団長・佐々木到一少将は戦後，日本軍兵士が上官の制止にもかかわらず，降参しようとしていた多くの中国人兵士を射殺したことを記述している[17]．戦場におけるこうした心理状態が，一部の日本軍人の精神構造を崩壊させたと強調する人もいる．南京虐殺事件を発生させた最も重要な原因でもある，と．

　さらに，比較的短い期間で行われた日本軍の急激な増員は，新兵の質の低下という問題を引き起こした．日本陸軍の数は1931年の27万8千人から1937年には一気に59万3千人に増員された．日本の侵略戦争に批判的な論文を数多く書いた歴史研究者の藤原彰は，近年の研究の中で，1937年に中国に送られた兵士の大半は予備兵であり，彼らは臨時に動員されて任務に就いたと指摘した[18]．日本軍部隊の人員不足を補うために中国に派遣された増援兵は，部隊間の結合力を弱め，その結果，規律と秩序を崩壊させた[19]．

　日本軍による向こう見ずな南京攻撃は適切で合理的な準備もなく，戦場の司令官たちによって推し進められたものであった．これは兵士たちの精神的，肉体的状態を一層悪化させたばかりではなく，現地徴発への要請をも増やした．その結果，広い範囲での略奪や残虐行為につながった．兵士たちは村民の家に入り，食品など生活必需品を捜し求めた時，多くの場合は暴力を振るった．これに対し，恐れずに抵抗した中国人もいたが，たいていは射殺された．日本兵は孤独無援の女性たちを見つけ，強姦した．

　最初の数日間，南京市周辺の地域は無秩序に陥った．そのため，戦死者と虐殺による死者との峻別は難しくなった．孤立した中国人敗残兵のいくつかの小さいグループが，時折南京周辺で日本軍と交戦した例もあったが，ほとんど全

滅させられた．中国軍の抵抗の規模がどんなに小さくても，日本軍に南京市内とその周辺で残虐な「掃討」作戦を実施する口実を与えることになった．この掃討作戦のなかで，疑いをかけられた数多くの一般市民が国際安全区から連れ出され，大勢の人が殺害された．日本軍の持っていた必需品が不十分になった時，大量の中国人捕虜を抱えている不都合が，日本人指揮官に「中国人捕虜の処分」命令を発行させた一因となった――正当性は全くないが――と言われている．

〈4〉 構造的な要因を理解する

戦後明らかになった多数の証拠が示しているように，残虐行為は 1937 年 12 月初めに開始した南京攻撃戦の前にすでに日本軍の中に現れていた．例えば，日本軍の記録の中に上海近くで中国人捕虜を処刑した事例が記録されている．また，日本兵士の日記によれば，中国の一般市民に対する強姦とその他の残虐行為は上海から南京に至る行軍のなか随所で行われた．したがって，歴史学者は南京戦以外にも視野を広げることが求められている．

明治時代から日本軍が誇っていた良好な規律と秩序は，徐々に，しかし深刻に腐食されていた．そのことに，松井石根大将のような軍人や政府官僚を含めた大勢の同時代の人々も気づいていた[20]．複雑な原因があったが，日中戦争の時点で，日本軍の規律と秩序が一層悪化したことは誰の目にも明らかになっていた．日本軍の指揮官たちは規律と秩序を回復するために，日本皇軍の子孫としての自覚を持つよう軍人たちに教育を施し，軍令への絶対的服従を強要したが，それでも退廃を食い止めることはできなかった．それどころか，組織的な変化を示すもう一つの深刻な問題は，下級士官と中級士官のなかに過激派が増加したことである．彼らのほとんどは若い時に軍事学校で教育を受けており，民間人に対する人格の尊重を知らず，国際感覚にも乏しかった[21]．

南京アトロシティズに直結した最も重要な要因の一つは恐らく，日本軍の捕虜の扱い方ではないか．明治時代，日本軍は捕まえた敵の兵士たちには「文明的な扱い方」で対応した．しかしその後，主に欧州人の捕虜に対する虐待が，南京事件よりかなり以前から始まって，長い戦争の年月を通して繰り返されていた．第二次世界大戦中，敵の捕虜に対する虐待は連合軍側にも見られたが，

日本軍はこのような虐待をなかば制度的に行っていた．たとえば1930年代，日本の兵士にとって，敵の捕虜になることは国に対する恥であった．そのため南京にいた第13師団は，多数の捕虜を捕まえたときの扱い方について，独自の指令を作った．この指令が，捕虜の人数が少なかった場合，必要な尋問を行った後，最終的に彼らを殺害する根拠になっていたのではないかと，一部の歴史学者は推測した．第13師団に属した歩兵第116連隊はその戦闘詳報に捕虜に対する処刑を記録していた．これは，同じ対応が軍全体のなかで一般的に行われていたことを示している[22]．

■史料5：部隊記録・第114師団　第66連隊　第一大隊戦闘詳報（南京戦史編集委員会『南京戦史資料集 Ⅰ』偕行社，1993年増補改訂版，567-568頁）

〔12月12日午後七時ごろ〕
　　最初ノ捕虜ヲ得タル際，隊長ハ其ノ三名ヲ伝令トシテ抵抗断念シテ投降セバ，助命スル旨ヲ含メテ派遣スルニ，ソノ効果大ニシテ其ノ結果，我ガ軍ノ犠牲ヲ少ナカラシメタルモノナリ．捕虜ハ鉄道線路上ニ集結セシメ，服装検査ヲナシ負傷者ハ労ハリ，マタ日本軍ノ寛大ナル処置ヲ一般ニ目撃セシメ，更ニ伝令ヲ派シテ残敵ノ投降ヲ勧告セシメタリ．

〔12日夜〕
　　捕虜は第四中隊　警備地区内洋館内ニ収容シ，周囲ニ警戒兵ヲ配備シ，其ノ食事ハ捕虜二十名ヲ使役シ，徴発米ヲ炊爨セシメテ支給セリ．食事ヲ支給セルハ午後十時頃ニシテ，食ニ飢エタル彼ラハ争ッテ貪食セリ．

〔13日午後2時〕
　　聯隊長ヨリ左ノ命令ヲ受ク．旅団命令ニヨリ捕虜ハ全部殺スベシ．其ノ方法ハ十数名ヲ捕縛シ逐次銃殺シテハ如何．

〔13日夕方〕
　　各中隊長ヲ集メ捕虜ノ処分ニツキ意見ノ交換ヲナサシメタル結果，各中隊ニ等分ニ分配シ，監禁室ヨリ五十名宛連レダシ，第一中隊ハ路営地南方谷地，第三中隊ハ路営地西南方凹地，第四中隊ハ路営地東南方谷地付近ニ

> オイテ刺殺セシムルコトトセリ．各隊トモニ午後五時準備終ワリ刺殺ヲ開始シ，オオムネ午後七時三十分刺殺ヲ終ワリ，連隊モ報告ス．第一中隊ハ当初ノ予定ヲ変更シテ一気ニ監禁シ焼カントシテ失敗セリ．
>
> 捕虜ハ観念シ恐レズ軍刀ノ前ニ首ヲサシ伸ブルモノ，銃剣ノ前ニ乗リ出シ従容トシ居ルモノアリタルモ，中ニハ泣キ喚キ救助ヲ嘆願セルモノアリ．特ニ隊長巡視ノサイハ各所ニソノ声起レリ．

　さらに戦前の日本において，日本軍は恐らくどの組織よりも，中国やほかのアジアの国々を軽蔑し，大和民族としての優越感をもっていた．このような精神構造の影響で，南京で中国人に対する虐殺と残虐行為を行ったとき，軍人たちの間には精神的な抵抗が少なかったのではないか[23]．1933年に行われた陸軍歩兵学校での調査を見ると，中国には厳格な戸籍制度がないため，中国人捕虜を殺しても，あるいはほかのところへ連れて行ってそこで釈放しても，何の問題にもならないという考え方が垣間見える[24]．このように中国人の命を軽視する意識があったため，中国との戦いの中で規則作りが疎かにされ，結果として，日中戦争の宣戦布告の欠如にもつながった．もちろん，これらは非常に極端な事例かもしれない．すべての日本軍の将校と兵士がこのような態度で行動をとったとは思わないが，日本軍の中に民族的優越感が広がっていたことは事実である．

　このような構造的な原因は戦後の新しい証拠の発見にともなって，改めて注目されるようになった．それは日本軍国主義や抽象的な文化に対する全般的な解釈という意味ではなく，もっと具体的な意味においてである．言うまでもなく，構造的な問題は，南京陥落前の日本軍による広範囲の残虐行為の原因だけでなく，ほとんど戦争の全過程を通して根強く存在していた．例えば，捕虜に対する傲慢な態度は太平洋戦争中にも数多くの不名誉な残虐行為を引き起こした．具体的にはバターン死の行進（フィリピン），泰緬鉄道での連合軍捕虜と原住民労務者に対する虐待などがあった．その他にも，苛酷な労働キャンプ（捕虜収容所）もあった．また部隊の補給を軽視したことも南京アトロシティズにつながった一つの要因であり，太平洋戦争での大勢の日本軍の餓死の原因にもなった．

〈5〉人間としての責任を理解する

　戦場は非日常的な場所である．指揮官が正しい命令を下し，兵士たちが狂乱状態にならないように制御する必要がある．松井石根大将自身は軍司令官の間接的な責任を認め，中島今朝吾中将もその点で怠慢を認めている．日本軍の規律と秩序を保つために南京に派遣された憲兵はわずか17人であった．これは少なくとも指揮官の落ち度と言わなければならない[25]．実際に，日本軍が軍の規定に違反し，一般市民への対応のなかで，規律を無視したという意味で，軍規の乱れがあったことは否定できない．記録によれば，ごく少数の日本軍兵士だけがこのような違反を理由に軍法会議にかけられた[26]．しかし，軍全体には，残虐行為は必要悪という暗黙の了解があったのである．

　多くの場合，指揮官の責任は消極的な傍観者より重い．多くの殺害は「不意の侵害」と呼ばれたが，殺害の実行にあたって，指揮官が下級に自らの意図を間接的に伝えただけで，実行の細部について関心を示さなかったので，指揮官自身は直接の責任を取らなくて済んだ．一方，兵士にとって上級の意図はすでにはっきりしていたため，もはや説明を必要としなかった．結局，殺害は意図的な行為ではなく，戦術の問題，あるいは状況への対応として理解されたのである．

　中国人捕虜全員を処刑するという命令は，上海派遣軍の参謀・長勇中佐の責任だと一部の日本人研究者は主張している[27]．上海派遣軍にいたこの強硬な参謀が命令を下したと伝えられたが，その後，このことについて彼自身が戦争中にもう一人の将校に自慢話として語ったと言われる．しかし，新しく発表された戦時記録を詳しく読んでみると，中国人捕虜の処刑はただ一人の将校の仕業ではなかったことが理解できる．たとえ長中佐がこの命令を下したとしても，彼の直接の上司に当たる飯沼守少将（上海派遣軍参謀長）と上村利道大佐（上海派遣軍参謀副長）の二人は，多数の中国人捕虜が処刑されたことについて，山田支隊が「下手ナコトヲヤッタ」と不安を漏らした以外は，なんら特別な対応もしなかった．このことは，たとえ彼らが直接命令を下さなかったとしても，長の要請を黙認した可能性が大きいことを暗示している．更に，現存の記録によると，第10軍に属する部隊は長と山田支隊のどちらにもかかわりがなく，柳

川平助中将の指揮下に置かれていたが，彼らも命令により処刑を実施したという．歩兵第66連隊はこの部隊に所属していた．確認できるのは，具体的な措置はほかの将校たちによって提案されたとしても，師団レベルとそれ以上の指揮官たちは降参した多数の中国人兵士を処分する方法として，大規模な処刑を承認したことである[28]．煙が立っている銃のような確かな証拠——ここでは紙に書かれた命令書になろうが——が見つからなかったため，徹底的な実証主義者は，したがって虐殺はこの人たちによって命令されたのではないと強く主張するだろう．

　個人の責任の判定は簡単なことではない．歴史と道徳の問題があるからだ．軍司令部から捕虜処刑の命令を受けた山田栴二少将のケースを分析する場合，かつて丸山真男が指摘した「無責任の体系」という視点が役にたつ．もし山田が上官の命令でやったと主張したら，南京における残虐行為の最終的な責任者は天皇になってしまうかもしれない．確かに，大日本帝国の『軍人勅諭』に「下級のものは上官の命を承ること，実は直に朕が命を承る義なりと」と書かれていた．しかし，命令への不服従は可能であったのか．将校ではなく，捕虜殺害を命令された一般の兵士についてはどう考えるべきか．このことについて，国際法学者の大沼保昭氏が提起した個人としての「違法な国家命令への抗命」と言う概念が有益であろう．彼によると，一般の兵士が上官の不法な命令に服従しないという英雄的な行為を期待するのは不適切である．すべての軍隊は戦場において彼等に命令への絶対的な服従を規定しているからだ．また，大沼が指摘したように，個人の責任問題は，不法な国家意思への不服従を許さない社会から切り離して議論することはできない[29]．

　他方，中国人と第三者によって近年発表された証拠は，中国側に関する新しい情報も提供した．当初，一部の中国人は自分たち自身だけではなく，南京の全住民を犠牲にする考えを持っていた．ラーベによれば，南京市内に閉じ込められたある中国人将校もこのように考えていた[30]．南京で急速に崩れていった中国人の抵抗は，日中双方の指揮者たちが予想できなかった状況を現出させた．絶望のなか，数多くの中国人将校と兵士たちは国際安全区に雪崩れ込んだ．その中にはまだ武器を持っていた人々もいた．特に指揮官を含めた何人かの中国人将校が兵士を捨て国際安全区に隠れた事実は，道徳上の問題として問われる．

大多数の中国の歴史学者は撤退に失敗した唐生智将軍の責任を認めた．しかし，これによって南京虐殺事件という日本軍が起こした残虐行為の事実を弱めることはできない．上海付近に上陸した日本軍による中国人捕虜に対する処刑をはじめとする破壊や残虐行為の数々を見れば，たとえ中国軍が抵抗しないまま南京から去ったとしても，必ずしもこのような残虐行為は避けられたとは言えないだろう．

3. 相違の認識から共同研究へ

　最近の研究の中で，東アジア歴史研究家のポール・A・コーエン（Paul A. Cohen）は歴史を三つの角度から見るべきだと提案した．すなわち，出来事，体験，そして神話である．コーエンが指摘しているように，「学問的に明らかになった」出来事も，常にほかの要素と複雑に絡み合っているのである．コーエンは「確かに過去の事実の観念そのものが——歴史家が求めているもの——人々の過去の真実だと信じようとする神話にすぎないものよりもっと必然的に始終優れた価値を持っている」と認識している．しかし，彼も指摘したように，出来事というものがいくつかの価値観——倫理道徳的，知的，感情的——を包含している以上，一つの角度がほかの角度より絶対的に価値があると評価することは不可能である[31]．

　政治的な影響により，南京アトロシティズをめぐる論争は恐らくこれからも対立していくだろう．歴史研究の政治性や倫理性を認め，被害者の気持ちと記憶への尊重を一つの重要な前提としながら，歴史研究のレベルで議論を進めていく必要があろう．主観的な意識が不可避的に働くという歴史研究の性質と，現存しているさまざまな証拠や証言の性質を勘案するなら，南京アトロシティズの解釈をめぐる対立が近い将来に解消されることはないだろう．いや，永遠に解消されないかもしれない．歴史学者はそれぞれ異なった価値観や物事の見方を持っている．彼らは異なった時代に同じ事件を観察しているため，同じ証拠から異なった結論に辿り着くのも自然な成り行きであろう．従って，「南京大虐殺」の名で知られているこの事件は，あらゆる論争を越えて，いくつかの「事実」の塊に凝縮することはできないだろう．

以上を要するに，南京アトロシティズの犠牲者数について，日本人の間でまだ結論に至っていない．日本で主張されている数字は，戦後の軍事裁判で下された結論とも違うし，大多数の中国人が信じている公式の数字とも違う．数字をめぐって諸論があるにせよ，南京で日本軍が大量の虐殺と各種の非人道的な事件を起こしたことは，動かぬ事実である．事件発生の原因について，中国側は，日本人の残虐行為は侵略戦争の必然的な結果だと強調し，捕虜に対する処刑についても計画的な犯行と主張する傾向がある．一方，日本では，「戦争に残虐行為はつきもの」と思っている人が多い．大多数の歴史学者は短期的な要因と長期的な要因の両方に注目している．そして中国側の防御上の失敗も指摘している．しかし，この失敗と南京アトロシティズとの関係をめぐっては見解が分かれている．

　では，意見の対立を縮小することはできるだろうか．南京アトロシティズのような戦争犯罪であっても，歴史学的に理解を共有することは確かに可能である．単一の統一した見解を各国の人々に押し付けるという意味ではなく，歴史研究のための建設的な枠組みを構築することである．ここには歴史的な意味合い――実証主義的であると同時に倫理道徳的でもある――と，政治的な意味合いが含まれる．南京アトロシティズは日本の中国に対する侵略戦争のなかで起こった事件であると同時に，人類の歴史上発生したすべての戦争や組織的な暴力と犯罪に共通する性質を持っていることをまず認識すべきである．ここで重要なのは，南京アトロシティズのような戦争犯罪は，戦争と暴力の普遍性と特殊性の両方から考える必要があるということだ．つまり，南京アトロシティズに代表される，中国における日本の戦争犯罪の加害責任を十分に認識しながら，単に「中国対日本」の視点だけではなく，もっと広い視野で人間と戦争と暴力のレベルで考える必要がある．要するに，国と国の間の歴史認識の共有は，人道主義に基づく価値観の共有に繋がるだろう．

　そして，その事件がどのような名称で呼ばれようと，日本軍が南京で起こしたさまざまな形式の大規模な残虐行為であったことを認識しなければならない（組織的か否かは別として）．このような認識は，現在日本と諸外国の権威ある学問によって認められている．このような「暫定的な事実」を受け入れることは，新しい証拠の探索，及び現存の証拠（公式の記録と口頭の証言を含む）を

批判的に評価することと矛盾しない．また，この事実をいましばらく受け入れることは，以前の解釈に対する責任のある再評価や，南京の真実を探求する努力を放棄することも意味しないのである．このような姿勢で研究に臨むことによって，中国人歴史学者が既定の結論を修正することに対する「心理的障害」を克服することを助け，国境を越えた歴史学者の真の対話が実現するだろう．

　歴史解釈の真価について真剣な検討も必要であろう．議論の進展は歴史学者の間に存在するギャップを埋める効果がある．

　第一に，南京アトロシティズ関係の証拠を継続的に発掘し，公開することはもっとも重要なことであろう．歴史学者が同じ史料を使用し，特にジョン・ラーベの日記のような，第三者の証言を活用することによって，バランスの取れた研究成果が期待されるだろう．被害者，関係者のオーラル・ヒストリーを今後十数年の間に行わなければ，永遠に失われてしまう．

　第二に，戦争犯罪研究の国際化を進めることも有益だろう．南京アトロシティズに関する研究は長い間，主として日本と中国にいた人々によって行われてきた．第三国の歴史学者も研究成果を発表してきたが，一部の解釈は単純で政治的だと評価され，相手にされなかった．しかし，今後は学問的な視点からもう一度これらの成果を考察しなければならない．こうした努力によって，歴史学者は論争に終止符を打つことができなくても，議論の空間としてより建設的な環境を整備することができよう．言うまでもなく，歴史家同士の間に共通の歴史認識が形成されても，両国の「集団的記憶」にまで発展させるのは一層の努力が必要である．

〈参考文献〉

(入門書)
秦郁彦『南京事件』中公新書，1986 年．
笠原十九司『南京事件』岩波新書，1997 年．

(史料集)
南京事件調査会『南京事件資料集(1)アメリカ関係資料編』・『南京事件資料集(2)中国関係資料編』青木書店，1992 年．

南京戦史編集委員会『南京戦史資料集　Ⅰ・Ⅱ』(増補改訂版) 偕行社, 1993 年.

小野賢二・藤原彰・本田勝一編『南京大虐殺を記録した皇軍兵士たち』大月書店, 1996 年.

ミニー・ヴォートリン (岡田良之助・伊原陽子訳)『南京事件の日々——ミニー・ヴォートリンの日記』大月書店, 1999 年.

ジョン・ラーベ (エルヴィン・ヴィッケルト編, 平野卿子訳)『南京の真実』講談社, 1997 年 (講談社文庫, 2001 年).

石田勇治編訳『資料　ドイツ外交官の見た南京事件』大月書店, 2001 年.

張憲文主編『南京大屠殺史料集』全 28 巻, 南京：江蘇人民出版社, 2005 年.

---

1) 朝日新聞, 1997 年 2 月 17 日夕刊.

2) Charles Maier, *The Unmasterable Past: History, Holocaust, and German National Identiy*, Harvard University Press, 1988, p. 32.

3) E. H. Carr, *What is history?* Revised Edition, Palgrave Macmillan, 2001, p. 136. (清水幾太郎訳『歴史とは何か』岩波新書, 1962 年).

4) 中国人民政治協議会国家委員会等『南京保衛戦』北京：中国文史出版社.

5) 「南京大虐殺」資料編集委員会・南京図書館『侵華日軍南京大虐殺資料』南京：江蘇古籍出版社, 1985 年, pp. 399-487; 朱成山編『侵華日軍南京大虐殺幸存者証言集』南京：南京大学出版社; 中国第二史料館中国第二歴史档案館等『侵華日軍南京大虐殺』; 中国第二史料館中国第二歴史档案館等『抗日戦争正面戦場』南京：江蘇古籍出版社, 1987 年; 中国中央史料館等中国第一歴史档案館『南京大屠殺』北京：中華書局, 1995 年. これらの史料は 2005 年末に刊行された『南京大屠殺史料集』(全 28 巻, 南京：江蘇人民出版社) に再録されている.

6) 石田勇治編『資料　ドイツ外交官の見た南京事件』大月書店, 2001 年. 少量の実例が Martha Lund Smalley ed., *American Missionary Eyewitnesses to the Nanjing Massacre*, (New Haven: Yale Divinity School Library, 1997) として出版された. ジョン・ラーベ (John Rabe)『ラーベ日記』(南京：江蘇人民出版社, 江蘇教育出版社, 1997 年) も参照 (日本語訳は『南京の真実』講談社, 1997 年/講談社文庫, 2001 年).

7) 吉田裕「敗戦前後に於ける公文書の消却と隠滅」『現代歴史学と戦争責任』青木書店, 1997 年, 127-141 頁; 原剛「歴史手帖　陸海軍文書の消却と残存」『日本歴史』通号 598, 1998 年 3 月, 56-58 頁.

8) 藤原彰「南京攻略戦の展開」『南京大虐殺の研究』晩聲社, 1992 年, 87 頁; 秦郁彦『南京事件』中公新書, 1986 年; 笠原十九司『南京事件』岩波新書, 1997 年, 218-219 頁.

9) 南京事件調査研究会『南京事件資料集(1)アメリカ関係資料編』および『南京事件資料集(2)中国関係資料編』青木書店, 1992 年; 南京戦史編集委員会『南京戦史資料集』(1)(2), 偕行社, 1993 年; 小野賢二・藤原彰・本多勝一編『南京大虐殺を記録した皇軍兵士たち』大

月書店，1996 年．
10) James Young, "Toward a received History of the Holocaust," *History and Theory*, 35. 4（March 1997），p. 39.
11) 英語の rape には「略奪」という意味もある．
12) 本多勝一『南京への道』朝日新聞社，1987 年．
13) 簡単な参考として，『ラーベ日記』1938 年 2 月 3 日を参照．
14) 孫宅巍『澄清歴史―南京大屠殺研究与思考』南京：江蘇人民出版社，2005 年，248-252 頁．
15) 秦の前掲書，笠原の前掲書を参照．
16) 孫宅巍，前掲書，273-276 頁．
17) 佐々木到一『ある軍人の自伝』勁草書房，1967 年．
18) 藤原彰『南京の日本軍』大月書店，1997 年．しかしながら，洞富雄が指摘したように，虐殺行為は若い将校たちや士官志願者などによっても為された．
19) 秦，前掲書，65-66 頁．
20) 日本軍の外国への初期的出兵についての記録は，断じて完璧なものだとは言えない．日本軍は日清戦争（1894-1895 年）の期間中，旅順で中国人捕虜を虐殺した．シベリア遠征中でも残虐行為を為した．
21) 吉田裕『天皇の軍隊と南京事件――もうひとつの日中戦争史』青木書店，1998 年，198，204 頁．
22) 秦，前掲書，68-69 頁．
23) 吉田，前掲書，189 頁．
24) 「対支那軍戦闘法の研究」（1933 年）．藤原の前掲書，33-34 頁に引用された．
25) 『日本憲兵外史』研究書院，1976 年．秦，前掲書，195 頁．吉田の前掲書に引用された．
26) 臼井勝美編『現代史資料：日中戦争』みすず書房，1962 年．高橋正衛編『続・現代史資料 6：軍事警察』みすず書房，1982 年．
27) 秦郁彦『昭和史の軍人たち』文藝春秋社，1982 年，119 頁．
28) 『ラーベ日記』，『南京戦史資料集 Ⅰ』（「飯沼日記」「上村日記」）を参照．
29) 大沼保昭『東京裁判から戦後責任の思想へ』有信堂，1985 年，175-178 頁．
30) John Rabe, *The Good Man of Nanking : The Diary of John Rabe*, Erwin Wickert ed., New York : Knopf, 1998.
31) Paul A. Cohen, *History in Three Keys : The Boxers as Event, Experience, and Myth*, New York : Columbia University Press, 1997, pp. xiv, 295.

「南京国民政府」 関連年表

1937年7月	北京郊外の盧溝橋で日中両軍衝突，日中全面戦争勃発．
11月	蔣介石，中華民国政府の重慶などへの遷都を宣言．
12月	日本軍，南京を占領．
1938年1月	日本政府，「国民政府を対手とせず」との対華声明を発表．
1938年3月	漢口で国民党臨時全国代表大会開催，蔣介石が党総裁，汪兆銘が副総裁に就任．
12月	汪兆銘，重慶を脱出してハノイ着．
1939年11月	日本側代表と汪兆銘グループとの間に，日華国交調整に関する協議会を開催，12月30日，日華協議書類が成立．
1940年3月	汪兆銘を首班とする「南京国民政府」成立．
11月	日本政府と「南京国民政府」，日華基本条約に調印．
1942年12月	御前会議，「大東亜戦争完遂のための対支処理根本方針」を決定，「南京国民政府」対英米参戦へ．
1943年11月	大東亜会議開催，汪兆銘，「南京国民政府」代表として参加．
1944年11月	汪兆銘，名古屋で死去．陳公博，「南京国民政府」主席代理に就任．
1945年9月	中国国民参政会，「処置漢奸案件条例草案」を可決，戦争中の対日協力者を対象とした漢奸裁判開始．

7章 汪兆銘と「南京国民政府」
──協力と抵抗の間

劉傑

はじめに

　日中戦争中の1940年3月30日，日本軍占領下の南京に汪兆銘（精衛）を首班とする「中華民国国民政府」が成立した．中国全土の統一を目的とした北伐（各地の軍閥を討伐する内戦）が一応の勝利を収めた1927年以降，中華民国は事実上の中央政府を南京に置き，その名称も「国民政府」であった．江蘇省の南西部に位置する南京は中国七大古都の一つに数えられ，中国屈指の経済都市上海にも程近い．1927年ころ国民政府がここに首都を置いて，本格的に近代国家の建設に乗り出した．しかし，1940年の時点というのは，日中戦争も3年近く経過しており，中華民国の政府機能はすでに内陸部の重慶に移転し，南京は日本軍の占領下に置かれていたのである．

　盧溝橋事件で始まった日中全面戦争は1937年8月，上海を中心とする華中地域に拡大した．日本の上海派遣軍と中国の国民政府軍が激戦を交えた末，国際都市上海が日本軍に占領された．勢いに乗じた中支那方面軍は12月，司令官松井石根大将のもと，南京攻略戦を敢行した．一方，蔣介石は対日戦で巨大な損失を出した中国の実情に鑑み，国を挙げての日本軍との正面衝突を回避するため，早くも11月に，内陸部の武漢と重慶への遷都を決断していた．

　首都を失った国民政府がもはや中国をコントロールする能力を喪失したと判断した日本政府は，38年1月16日に早々と「爾後国民政府を対手とせず」と声明を発表し，「新興支那中央政権」と日中全面的関係の調整に政策を転換した．7月ころには中国の「現中央政府」が日本に屈服したとき，「之ヲ友好一政権トシテ認メ，既成新興支那中央政権ノ傘下ニ合流セシムルカ，又ハ既存ノ親日諸

政権ト協力シテ，新ニ中央政権ヲ樹立セシム」という方針も策定した．現存の国民政府を「新興支那中央政権」の枠組み内で認めるために日本側が示した条件は，「合流若クハ新中央政権樹立ニ参加スルコト」「旧国民政府ノ改称及改組」「抗日容共政策ノ放棄及親日満防共政策ノ採用」「蔣介石ノ下野」などであった[1]．要するに当時の日本では，重慶に逃げ込んだ蔣介石政府は一地方政権に転落したため，もはや中国全体を統治する能力がなく，中国の再建や日本との関係の改善は，「新中央政府」に期待するしかないという判断が支配的であった．

　一方，南京を放棄し，重慶に移転した国民政府は，トップの蔣介石と実力ナンバー2の汪兆銘を国防最高会議の主席と副主席に選出し，日本との持久戦に備えていた．しかし，日本の対中国政策の転換は国民政府内に少なからぬ動揺をもたらした．蔣介石の徹底抗戦の方針に異議を抱く人々が戦争以外の手段で日中関係の打開策を本格的に模索し始めた．彼らは日本人「工作者」と水面下の交渉を繰り返した．その結果，1938年12月，汪兆銘は突如重慶を離れ，蔣介石の対日抗戦路線に決別を宣言した．汪兆銘の重慶脱出までの，日本政府や軍部の関係者及びジャーナリストなどの民間人が，高宗武・国民政府外交部アジア局長など汪兆銘側の人間と精力的に接触を重ねた経緯は，一般的には「汪兆銘工作」という．その実態は近年の一連の研究[2]によって明らかにされているので，ここでは詳しく言及しない．重慶を脱出した後，雲南省の昆明を経てハノイに一時滞在した汪兆銘は，翌39年5月上海にたどりつき，10ヵ月後に南京に新政府を設立して蔣介石と対抗した．ここに二つの国民政府が並立するという事態が現出したのである．

　中国の歴史上，二つ以上の王朝や政権が並存することは決して珍しくない．後から作られた政権も自分こそ正統なる政権と言い張り，従来の政権を「偽政権」と称して認めようとしない．汪兆銘も同様，自らの政府こそ中国を代表し，中国に平和と統一をもたらす合法政府だと主張し，対内的には中国国民に，対外的には国際社会に訴えつづけた．しかし，南京政府には決定的な弱点があった．それは日本の占領地で，日本の軍事力の庇護を背景に樹立された政府であったことである．中華民国の中央政府が対日抗戦を計画し，指導するさなか，汪兆銘が日本との講和を模索して重慶政府から離脱し，日本の支配地域に政権を樹立したことで，南京政府は成立当初から「偽政権」と呼ばれ，重慶政府の

みならず，当時の国際社会にもほとんど承認されなかった．65 年が経過した現在も，中国や台湾では，歴史用語として「汪偽政権」を使用するのが一般的である．

　1930 年代以降，中国には日本の軍事力を背景に作られた「偽政権」が数多く存在した．その中でもっとも代表的なものは「偽満州国」である．中国の権威ある百科事典の一つ『辞海』(1999 年版) によると，漢字「偽」には，現代日本語にも通用する「偽物」という意味以外に，「非法的，非正統的，承認されない」などの意味も含まれている．歴史上，非正統の王朝のことを「偽朝」と呼んだケースも見受けられる．40 年に成立した「南京政府」は，32 年に建国した満州国と並んで，当時の重慶政府にとってはもちろんのこと，現在の中国共産党政府にとっても，20 世紀 90 年代まで台湾に存続した国民党政府にとっても，正統性や合法性が認められない「偽政権」なのである．

　「偽」という用語には価値判断が含まれていることもあり，日本の学界では，中国の研究状況を紹介する場合を除けば，ほとんど使われない．というより，汪兆銘政権に「偽」を付ける中国の歴史学界の姿勢に疑問を抱く人の方がむしろ多い．歴史研究者は主観的な価値判断を排除するべきだ，という考え方以外に，汪兆銘政権の持っている複雑な多面性を解明することが先決だという意見も根強い．確かに人間汪兆銘及び汪兆銘政権を研究することは，日本においても，中国においてもつい最近までタブーとされた．中国では，「敏感な問題」に分類され，研究者はこの問題を取り上げる環境に恵まれなかった．日本の研究者のうち，「漢奸」という中国の汪兆銘評価に同調しない人も，「20 世紀の日本の汚点」として，意図的にこの問題を避けてきた．また，蒋介石の対日抗戦路線に抵抗した汪兆銘こそ「日中提携」を理念に掲げた真の愛国者だと考える人もいるだろう．しかし，このような意見は日本の中国大陸への侵略というあまりにも明確な歴史事実の前では，なかなか市民権は得られない．

　この 20 年来の新しい動向として注目すべきことは，「思想解放」を基調とする現代中国の歴史学界で，汪兆銘研究がもはやタブーではなくなり，汪兆銘の人間像及び汪兆銘政権の実態についての研究が盛んになってきたことである．日本と中国で，この問題をテーマにした国際シンポジウムも頻繁に開催されるようになった．しかし，中国の学者と日本の学者がこの問題について議論する

と，表面に出すか出さないかはともかく，底辺にある争点は，汪兆銘は「漢奸」であるかどうか，汪兆銘政権は「傀儡政権」であるかどうかということに帰着する．もちろん，日本にも中国の学者と同じ意見を持つ研究者は大勢いる．この問題を中国側との争点にしているのは，むしろ近代史全体について，中国側と違う見解を持っている研究者のほうである．したがって，ここでは，主として中国側の見解に異議を唱える研究者の見解を対象として議論を進めていきたい．

見解の違いを引き起こした原因の一つは，革命家としての汪兆銘の輝かしい経歴である．1883年広東省に生まれた汪兆銘は日本の法政大学に留学中，孫文が清王朝を倒す目的で創設した団体中国革命同盟会に参加し，革命派のリーダーになった．1911年には決死の意志で清朝摂政王の暗殺を企てたが，失敗．死刑の宣告まで受けた．辛亥革命の勃発により釈放された汪兆銘は急進的な民族主義者として，孫文ら国民党の左派と共に，反帝国主義運動と中国の完全なる独立のために戦った．少なくとも1927年の国共対立までの汪兆銘の経歴は，このようなイメージで記憶されている．すなわち，己の命を度外視した「革命家」と日本侵略者の「傀儡」という二つのイメージを同じ汪兆銘に当てはめることの難しさに人々は惑わされるのである．多くの研究者はこの疑問に答える努力をしてきたが，納得できる説明がなされているとは思えない．

疑問点を列挙してみると，次の諸点になろう．蒋介石に次ぐ国民政府のナンバー2で，「孫文直系の弟子」と自他とも認める汪兆銘が，首都を重慶に移した国民政府が日本軍との持久戦を展開するなか，日本の占領地と化した南京に政権を作ったのは如何なる動機によるのか．同じ問題を日本側の視点で捉えてみると，日本が汪兆銘を擁立して如何なる目的を達成しようとしたのか．この政権は終戦の1945年8月まで存続したが，政権と日本との関係はいかなるものだったのか，支配地域の中国人にとってこの政権は如何なる存在だったのか．これらの疑問に必ずしも明確な答えが用意されていない現時点において，汪兆銘政権の評価をめぐっては，日本と中国との間に大きな認識のずれがあり，近代日中関係史を語るとき，しばしば重大な争点として浮上する．近年，そもそもこの政権の実態はどのようなものだったのか，という議論の前提がようやく日中両国の研究者に注目されるようになり，新たな研究成果も公表されている．

しかし，汪兆銘政権に関する公刊史料が限られているため，論争にある程度の結論を下すのはまだまだ先のことだろうと思われる．これらの問題は，汪兆銘という歴史人物を如何に評価するかという問いかけに止まらず，日中戦争下の国際関係，日中戦争の性格といった重要な問題にも直接影響するため，日中双方の論点を整理し，議論を進めるための環境を整備しておくことは極めて重要である．本章はそのための一試みである．

1. 「漢奸」か「愛国者」か——汪兆銘論をめぐって

〈1〉日本における汪兆銘のイメージ

汪兆銘政権の実態を検証するにあたって，まず直面する大きな問題は汪兆銘という人物を如何に評価するかということである．

1990年代以降，日本では汪兆銘への関心が高く，歴史学者に限らず，数名の作家も汪兆銘の伝記を世に送り出し，静かなブームとでも言うべきものを呼び起こしている[3]．上坂冬子は日本人の汪兆銘に対する見方を次のようにまとめた．

> 「汪兆銘に関して，いまも日本には二つの見方がある．一つは汪兆銘が蔣介石と合意の上で別行動をとり，蔣介石が抗日戦をつづける一方で汪兆銘が和平工作にはげみながら，オルターナティブ（二者択一）路線で日中戦争終結を望んだという説だ．もう一つは抗日一点張りの蔣介石に業を煮やした汪兆銘が，重慶の蔣介石と決別して南京に日本の傀儡政権を誕生させたという説であり，このほうが一般的に定着している．つまり，汪兆銘は戦時下に敵国日本の側に身を寄せて祖国を裏切った漢奸というわけである」

「漢奸」説が定着しているという判断は，かならずしも実態を反映していない．汪兆銘の名前を知っている日本人のほとんどはむしろ蔣介石との対比のなかで彼のイメージを描いている．それはつまり，「蔣は，あくまで冷徹な合理的な軍事力中心の現実主義者であるが，汪は，情熱的な理想主義の政治家であった．同じ中国の統一と独立を目指しながら，その方法論として，蔣は軍事力を背景

とした独裁主義を心ひそかに考えていたのに反し，汪は，思想と行動において共和民主主義者として反独裁に終始した．一見，蔣は中国統一のため一貫して献身したようであるが，自己中心的な自信過剰を思わせるような政治行動にしばしばでた．汪は再度ならず，反蔣的政治行動に出て，政治的操守が疑わしいという批判をする人もあるが，それは，あまりに酷ではないか．汪は，反独裁という立場だけは貫いた政治家で」[4]あった，というような汪兆銘像が一般的に強く残っている．どちらかといえば，抗日を高唱する蔣介石と違い，汪兆銘は日本人の心情に近い「親日・愛国」のイメージが強い．

　高橋久志は杉森久英著『人われを漢奸と呼ぶ――汪兆銘伝』に対する「解説」[5]のなかで，「汪兆銘は果して漢奸であったか」という問いかけに対し，汪の妻の陳璧君が戦後，江蘇高等法院で開かれた漢奸裁判の被告席で，「南京政府は和平反共の原則に基づいて，中国を日本の侵略から守るために努力した．もしも太平洋戦争が起っていなかったら，われわれは中国を救っていたであろう」と述べたことを引用して，間接ながら，一応の答えを出した．さらに，高橋久志は陳璧君の発言に対し次のような解説を加えた．

　　「この簡潔にして明快なその政治的信条こそ，汪がまさしく中国国民に最も訴えたかったことであり，汪自身もその遺書とされている『最後之心情』で南京政府が連合軍に宣戦布告し日本と同盟関係に入ったのは，『南京政府が日本の占領下にあるため，日本と物資を争うための手段にほかならない』と，そのナショナリストとしての真骨頂を明らかにしている」

　ここにあるのは，日本の侵略から中国の国益を守ろうとして行動した愛国者汪兆銘のイメージである．
　また，最近では小林英夫のように，汪兆銘と行動をともにした中国の政治家や官僚のうち，「たしかに日本留学組が多かったことは事実だが，さりとて彼らがすべて親日であったとはいえない．リーダーの汪兆銘自身が，日本留学の知日派であったかもしれないが，親日派であったとはいえない」と親日派としての汪兆銘像を払拭し，「運命の転換点となった日中戦争にアジアの協調を謳い文句に日本側の陣営に立ち，日本占領地の運営に協力した集団が汪兆銘をリーダ

ーとする面々だった」[6]という見解を示している．ここには，単なる傀儡とか，漢奸のイメージではなく，「アジアの協調」を目指す汪兆銘像が新たに浮上してきたのである．

〈2〉中国における汪兆銘評価

一方，中国では汪兆銘を愛国者として賞賛する見解はほとんど見当たらない．汪兆銘に対する認識をめぐって，中国と日本との間にかなりの隔たりがみられる．この隔たりはどのように発生したのだろうか．

日本における汪兆銘のイメージの多様化は，中国近代史や日中関係史に対する解釈の多様化をも意味するものである．日本人は，事実上の戦争にもかかわらず，日中戦争のことを「支那事変」と呼称した．日本人にとって「支那事変」は，1941年からの太平洋戦争ほどインパクトがない．太平洋戦争は日本の国運を左右した歴史事象であり，近代史上もっとも重大なできごとであった．一方，日中戦争を，中国を滅ぼすための戦争として認識する日本人は何人いるだろうか．結果的には中国に計り知れないほどの損害と災難をもたらしたという理解があっても，日本は中国を滅ぼすという目的を持って戦争を推進したという認識は，一般的に共有されていない．これと対照的に，中国人にとって日中戦争こそ「亡国」の危機にさらされた未曾有の災難であった．中国人の日中戦争観が，汪兆銘評価を左右するもっとも重要な原因と考えられる．つまり，亡国の危機のなかでの対日協力者であったため，汪兆銘の評価は推して知るべきである．

試しに『辞海』を繙いて見ると，汪兆銘の項目のトップに躍り出る表現は「漢奸」の二文字である．中国における漢奸の一般的解釈は，「漢民族の裏切者，侵略者に協力し祖国の利益を敵に売り渡すもの」というものになる．『広辞苑』でも「中国で，敵に通じる者，裏切者，売国奴」と説明している．要するに，「裏切者」の中国式の表現が「漢奸」である．一部の中国の学者が「漢奸現象」「漢奸文化」という言葉を使っているくらい，中国における裏切者の歴史は想像以上に中国人の歴史観に重い影を落としている．ある中国の歴史学者が指摘しているように，「漢奸は中国の歴史のなかで，如何なる国，如何なる民族の裏切者よりも重大な被害をもたらした．歴史は彼らによって書き換えられたと言って

も決して過言ではない．漢奸が中国社会と中国人にもたらした悪影響は言葉では言い尽くせない」[7]．

「漢奸」の歴史は「英雄」の歴史とともに，中国の歴史書を構成する重要な部分であり，漢奸の歴史がなければ英雄の歴史も成り立たないくらい，漢奸は歴史書の不可欠な要素である．もちろん，このような重みを持つ「漢奸文化」の歴史は後世の史家が意図的に作り上げたものではなく，一種の歴史現象として中国の歴史上に顕著に存在するものである．金との講和を主張する秦檜，清軍の水先案内人となった呉三桂など，中国の歴史上漢奸と称される人物は枚挙にいとまがない．南京大学の張生は歴史上「漢奸」が後を絶たない原因について次のように分析している[8]．

> 統治者の残酷な政治が「漢奸」を生み出した土壌である．中国は輝かしい古代文明を作り上げたが，歴代統治者の酷さも世界に例を見ない．秦の始皇帝，漢の武帝，明の太祖など有名な「暴君」の名前を挙げるまでもなく，中国史上，為政者が施した残酷政治は絶えることはなかった．科挙に合格して官僚になることは裕福になる唯一の道であったが，官僚になったからといって安心して日々の生活を営むことが保障されるわけでもない．中国語には「伴君如伴虎」（君子に仕えることは虎に伴うのと同じ）という表現があるくらい，官僚になって君子に仕えるほど危険なことはない．しかし，中国の伝統文化からこのような残酷な政治に反抗する道徳観を生み出すことはなく，人々は保身の術を身につけ，強権に迎合する生き方を選択する．王朝が変われば，前王朝の官僚が一転して新王朝の謳歌者になり，変節者の生き方は中国社会を生き抜くための技術なのである．「漢奸」が絶えず再生産されるのは，残酷な政治によって作り出された環境のなかで，官僚たちは読書人の持つべき独立した人格や理性を失い，保身と昇進だけを考えるようになったからである．これが「漢奸現象」ないし「漢奸文化」が歴史に蓄積した理由である．20世紀30年代，中国は日本との全面戦争のなかで，亡国の危機にさらされていた．その状況のなかで，近い将来日本が中国を支配する主になると判断した旧官僚が日本の傘下に入り，日本軍に協力する「漢奸」に成り下がったのである．

以上は「漢奸文化」が中国に根強く残っていることに対する中国人の一般的解釈と理解である．さきに，汪兆銘が「革命家」と「日本の傀儡」という二つの顔を持っているから，後世の評価を難しくしていると書いた．「革命家」から「漢奸」に成り下がった理由について，中国ではどのように説明されているのかというと，一つは中国の抗戦能力に対する消極的な判断，もう一つは，「漢奸」とみなされた人物の行動は，国家や民族に有益なものではなく，私利私欲を満たすためのものと理解される．このような説明はちょうど張生の指摘と一致するものである．

　さて，中国大陸と国民党政権時代の台湾とでは，近代史に対する解釈をめぐって多くの点で対立したが，汪兆銘に対する評価ではほぼ一致している．汪兆銘こそ中国近代史上最大の「漢奸」という認識は大陸も台湾も共通している．

　中国大陸では汪兆銘像を「革命家」と「漢奸」の二つのイメージで描くようになったのは，比較的最近のことである．かつては「漢奸」として全面的に否定された汪兆銘であったが，最近はその前半生を積極的に評価する研究が主流になっている．蔡徳金，黄美真をはじめとする研究者等の一連の研究[9]によってこの流れが定着したのは1980年代後半以降である．北京師範大学の張静如が蔡徳金の『汪精衛評伝』に寄せた序文のなかで，「汪精衛が漢奸であり，民族の裏切者だからと言って，辛亥革命から第一次国共合作までの思想や行動および彼の社会的役割を否定し，その悪さは生まれつきのものと言ってはいけない．この時期の汪精衛の歴史については事実通りに客観的に記述しなければならない」と述べている．このことは，中国における歴史人物の評価方法はすでに20年前から大きな変化が起こっていることを示している．

　中国大陸の研究は，第一次国共合作までの汪兆銘を肯定的に評価する一方，1927年以降反共政策を遂行した汪兆銘を否定的に評価している．この点は台湾側の汪兆銘評価と違うところである．台湾側が汪兆銘を「漢奸」として否定的な評価を下しているのは，日中戦争勃発後の1938年に汪が重慶政府を離脱し，日本軍の占領地に蒋介石を首班とする国民政府に対抗したためである．この点では台湾と中国大陸は共通しているが，中国大陸にとって汪兆銘のもう一つの罪名は「反共」である．1927年5月，コミンテルンが中国労農運動の強化を趣旨とする決議を採択したことを受けて，汪兆銘は中国共産党に対する警戒を強

め，同年7月に武漢政府内の共産党勢力を一掃する「分共」を実施し，それまで堅持してきた共産党との協力政策を突如放棄した．汪兆銘が共産党と決別したことは，中国近代史における汪兆銘の評価を変える決定的な出来事である．これ以降の汪兆銘は基本的に「反面人物」(評価しない人物) として歴史書に登場することになる．

しかし，1927年を境に汪兆銘が反共に転換した背景や理由などについて必ずしも十分な研究がなされているわけではない．蔡徳金の『汪兆銘評伝』も「汪精衛は1905年から孫文に従い革命同盟会に参加し，清王朝と北洋軍閥に反対する革命闘争に身を投じた．彼は孫文の国民党改組政策や，連蘇，連共，農工扶助の三大政策にも賛同し，革命家としての道を歩んだ．しかし，1926年から27年の初めにかけて，国民党と共産党による統一戦線の指導の下，中国革命が新しい高まりを見せると，(中略) 汪精衛は蔣介石の跡についで反共，反人民の政策を実施し，完全に孫文を裏切り，自らの歴史も否定した．これにより，汪精衛は革命者から反革命者に変身したのである」[10]と述べただけであった．1927年以前の汪兆銘に関する研究は依然として多くの課題が残されている．

多数派ではないが，海外にいる一部の中国大陸や台湾出身の学者が新しい汪兆銘像を描いている．例えば王克文は，「汪兆銘が中国の戦時政府内の高い地位に居たので，一般的にいう裏切者と違う」[11]と言い切った．王克文の一連の研究は，「汪兆銘は本当に漢奸だったのか，漢奸の二文字で汪兆銘の一生を総括するのは公平なのだろうか」[12]という疑問から出発していると言っても過言ではない．しかし，日中戦争が中国歴史に刻んだ記録の悲壮さ，中国歴史から切り離すことのできない「漢奸現象」の根深さ，それゆえ中国人の「漢奸」に対する憎悪の執念深さなどを考えると，王克文の議論が中国で市民権を得ることは，およそ考えられない．

汪兆銘の長男汪文嬰が語った次のことは，中国人がおそらく，これからも汪兆銘を「漢奸」と呼び続ける理由を考えるための一つのヒントになろう．

　　私の父，汪兆銘は清廉潔白な紳士であり優れた文人ではあったが，政治家としては失敗者だと私は思っている．政治というものは結果がすべてなのだ．志が良かろうが状況が悪かろうが，そんなものは一切評価の対象か

らはずされて，結果として何を成しえたかだけが問われる世界だと私は考える．その意味で汪兆銘は何も成しておらず，何も成さなかった人間を私は政治家として認めたり評価したりするわけにはいかない．

　汪兆銘は国民党の中ではっきり権力の座についたときが二度ある．一度は孫文の死後，1925年に広州で中華民国国民政府初代主席になったとき，もう一度は1940年に日本との和平交渉にあたるため，還都した南京政府の主席となったときだ．いわばあの時期が父にとって男の花道だったろう．

　しかし彼は常に非情な決断力に欠け，蛮勇をふるうことのできない人間であった．政治とは汚いもので，今日いったことを明日覆すなどというのは朝飯前というタイプでないとつとまらないと思うが，汪兆銘は現実問題の処理にあたってそのようなことのできる人間ではない．現実問題に直面した汪兆銘は，長年の論調の実践として日本との和平を夢見たが，私は当初から「一面抵抗　一面交渉」など夢に過ぎないと思っていた．

　考えてもみるがいい．そもそも哈爾浜から北京，上海，南京，広東など主要都市を日本に侵略された中国が，日本と対等に和平交渉を交わせるはずがないではないか．結局，主要都市は最後まで日本に占領されたままだったあの状況の，どこが和平の名に値するというのか[13]．

　さて，汪兆銘の思想と行動を考える材料として，ここで二つの史料を紹介する．史料1「最後関頭」は日中戦争勃発直後の1937年7月29日に汪兆銘が行ったラジオ演説である．演説は対日抗戦の強い決意を表明したもので，特に「死んでも傀儡にならない」という決意は，己を犠牲にして清朝の摂政王の暗殺計画を断行した青年時代の汪兆銘を連想させるものである．史料2「華僑某君に復する書」は重慶脱出後の1939年3月30日に発表された公開書簡である．日本と講和することの意味を強調し，抗戦路線と決別した自らの行動の合理性を主張し，自己弁護したものである．

■**史料1：汪兆銘「最後関頭」(抜粋)**（原文は黄美真・張雲編『汪精衛集団投敵』上海人民出版社，1984年所収．日本語訳は松本重治『上海時代』中央公論社，1977年から引用した）

　　日本の中国に対する侵略は已むところを知らず，九・一八以来一歩一歩侵略し，中国は一歩一歩退却せり．何故に中国は退却せるか？
　　けだし，中国はその進歩において，日本より六，七十年遅れ，中国の国力をもってしては，日本の侵略を防遏し得なかったためである．日本の侵略に対しては，ただ何らかの方法によって，これを遅延せしめることにより，中国の退却を遅延せしめるほかはなかった．そこに見出された時間を利用して，吾人は種々の準備をなし，抵抗力を強化することこそが，九・一八以来の中国の対日外交方針であった．
　　惟うに，九・一八事件が発生するや，中国は国際連盟に提訴したが，些細の道義的制裁を除き，経済的武力的制裁のごときは，いささかも実現化されなかったのである．したがって，日本の侵略は一歩一歩進められ，東三省は遂次淪落した．当時，吾人は全国民に対し，精誠団結，ともに国難に赴かんとのスローガンを掲げたが，たいして成功しなかった．さらに一・二八事件に進んだ．淞滬（上海）停戦協定の締結は，もとよりわが方にとって重大な損失であったが，この協定により，吾人は，日本の侵略を幾分緩和することにより，火急に江西の『剿匪』を実行せしめ，東南各省の公路網を完成せしめ得たが，これが損失を償い得たものであったかどうかは，後世の公論に俟つ．
　　淞滬停戦協定後，一年を経ずして，熱河・長城の戦争となり，日本の侵略は，さらに，緊迫を加えた．わが軍が敗戦し，守りを失するに及んで，塘沽停戦協定を結んだが，これはさらに，大なる損失であった．しかし同協定もまた，日本の侵略を緩めて，精神的，物質的両方面の準備をなさんがためであって，国防設備，経済建設にまた数歩を加え，また一方精神的方面においてもなすところがあった．統一事業はいまだ完成せりとはいいがたいが，進歩なしともまたいい得ない．得るところが失うところを償い得たかどうかは，これまた後世の公論に俟つ．
　　塘沽停戦協定によって発生せる通車・通郵問題は，吾人は満州国不承認の建前から，これらを解決したが，航空連絡については，なお堅持して譲らなかった．民国二十四年（一九三五年—松本注）六月に至って，日本の侵略が加わり，吾人は六月十二日の最後通牒期限の満了するとともに，執

らるべき（日本軍側の）自由行動を前にして，種々の緊急処分をやったが，その重大損失たるや，実に認ばんとするも忍ぶべからず，譲らんとするも譲るべからざるものであった．しかしながら，あえてこれを忍び，あえてこれを譲った所以は，これによって，日本の侵略の緩和を期待し，この機に乗じて，物質，精神両方面の準備を整えんがためであった．その間，われわれは『剿匪』の完成と両広の統一を成就し得た．失うところに対し，得るところがこれを償ったかどうかは，これまた同じく後世の公論に俟つ．

かくのごとく，忍びまた忍び，譲りまた譲ること，ここに六年．かくのごとく一歩一歩退却して止まるところを知らない．吾人はもはやこのうえ一歩も退き得ない最後の関頭に立たざる得ない．

すでに最後の関頭に到れば，絶大の決心と勇気をもって犠牲をなすべきである．……犠牲の二字は厳酷である．吾人が自己を犠牲に供するのみならず，全国同胞を一斉に犠牲に供することを意味する．吾人は弱国の民であるから，吾人のいわゆる抵抗は，犠牲あるのみである．吾人は，中国人の一人をも，一塊の土をも，灰燼に帰せしめて，敵の手に渡さぬ決意である．この意味において犠牲は，まことに厳酷である．しかし，かくのごとく犠牲せざれば，さらに厳酷な事実が，これにつづくこととなる．換言すれば，吾人が犠牲せざれば，ただ傀儡たらざるを得ないからである．

中国の歴史上，外敵の侵略により，半ば亡びた事例が数回あり，完全に亡びた例が二回あった．この中国滅亡の事例においても，侵略者は，われわれ四億の民を殺し尽くしたり，百余万方里の領土を略取し尽くしたりしたことはなかった．幾人かの勇気ある人が死を捧げたのち，大多数の勇気なき人々は，自己の身体と土地を侵略者に貢いだのであった．吾人は，今日にいたって傀儡たらんと欲するか？傀儡たらざらんと欲すれば，ただ犠牲あるのみである．同胞に傀儡の種を留めてはならぬ．大小都市の論なく，これを灰燼に帰せしめねばならぬ．吾人は敵の侵略を防遏し得ぬかも知れないが，敵の侵略の跡に，一物をも得させてはならない．

吾人は数年来苦心の結果，団結を説き，統一を講じ，組織訓練を行ってきたが，（今日）最後の関頭に立ちて，全国全民族が，その精神的力量を発動せしめ，日に積み月に重ねてきた物質的建設をもって，全国全民族こぞって侵略者に抵抗すれば，天下にすでに弱者もなく強者もないことになるであろう．そうなれば吾人の犠牲は，ここに完成し，抵抗の目的は達成せられるのである．吾人はここに，高く，最後の関頭の一句を叫び，さらに高く，犠牲の一句を叫ぶものである．

■**史料2：「華僑某君に復する書」**（『汪主席和平建国言論集』所収）

　　三月十四日付貴簡を拝読して感激の極まりです．貴簡の大意は，私の志に十分に信じますが，私の決断には疑念を持っているということですね．あなたの信頼に感謝し，あなたの疑念についてはっきり弁明したいと思います．
　　もし日本が本気に中国を滅亡しようとしているのなら，われわれは戦いを続ける以外に選択はありません．今日本は和平条件を提示してきました．これらの条件は亡国の条件ではないなら，和平を主張するのはどうしていけないか．われわれの古い友人陳嘉庚が「和平を主張する人は漢奸だ」と言っていますが，どうして和平を言っただけで漢奸になるのですか．憲法は国家に講和の大権を与えているが，これは国家が漢奸になる大権を与えたことになりましょうか．「忠孝仁愛信義和平」の横額は「忠孝仁愛信義漢奸」と解釈されるとでもいうのでしょうか．（中略）
　　あなたは「抗戦の情勢がますますよくなっている」と書きましたが，根拠は何ですか．抗戦開始以来，人民が金と力を出し合い，苦難に耐えながら，不平不満何一つ言いません．軍人は犠牲を怖がらず，前進あるのみ．これこそ中華民国の生命力で，中華民国が独立して生存する所以です．日本が和平条件を提示したのも，中国は滅亡できないと理解したからではありませんか．今度の和平運動が成功できれば，抗戦の民衆と軍人に感謝しなければなりません．しかし，しっかり認識しなければならないことは，抗戦の能力と結果を低く評価できないが，高く評価してもいけません．高く評価しすぎると，今までの努力を台無しにしてしまいます．正直なことを言えば，抗戦がますます難しくなったのは実状です．（中略）
　　もし抗戦以外に和の道があれば，講和の条件が亡国の条件でなければ，われわれは抗戦と同等の決心と勇気を出して講和をしなければならない．（中略）
　　戦の最中にあり，人々は和の字を聞きたくありません．講和の結果よりも征服の結果のほうがすがすがしいのです．人々は日本が憎いので，日本を滅亡させて，いい気持ちになりたい．講和を聞くだけで不愉快になってしまいます．一般の人々がこのように考えるのも理解できるが，政府の意思は一般の人々の感覚で決めるわけにはいけない．（中略）政府は細心の注意を払って国のために生きる道を見つけ出すべきです．しかし今，政府は一般の人々以上に高調を唱えている．政府が良心を隠して強硬なことを言

> うのなら，一般の人は何も馬鹿正直する必要はありません．しかも，ちょっと発言しただけで，漢奸と言われてしまいます．そうすると一般の人々は，亡国はみんなのことですから怖くない．何も自分だけが漢奸と言われることはないと考えるようになります．その結果，人々はますます真実を語らなくなりました．無責任とはこのことであり，亡国とはこのことである．
>
> ご存知のとおり，重慶にいたときの私は住宅があり，数十人の護衛兵に囲まれ，安全はまったく問題ありません．敵の空爆機が来たら地下室に入り，重慶が南京や武漢と同じ目にあったら，政府と共に移転できます．私は中国国民党の副総裁，最高国防会議の副主席です．(中略) このような立場にいる私はどうして重慶を離れたのでしょうか．二十歳の時に革命に身を投じて以来，私は自分のために打算的に考えたことがありません．(中略)
>
> 中日両国民の間の憎しみは長年蓄積したものです．抗戦以来この憎しみはますます深まり，この憎しみを解消し，誠心誠意協力するのは実に容易なことではありません．二年弱の苦しい戦いを経験して，中国人は日本の戦争能力の強さを理解したし，日本人も中国は好き勝手に虐められるものではないことを理解しました．軍人と人民の犠牲や苦しみを無駄にしないために，両国の政府と人民は長期的な計画を持たなければなりません．

2. 汪兆銘政権と日本——その「傀儡性」をめぐって

〈1〉日本の意図

　日中戦争勃発直後，日本軍が上海，南京戦を制し，一連の勝利を収め，蔣介石政府を内陸部の重慶にまで追い込んだ．蔣介石政府が一地方政権に転落したと判断した日本は，親日の新中央政権の樹立に動き出した．その結果，汪兆銘政権が樹立された．しかし，汪兆銘政権樹立直前，さらに政権樹立後にいたっても，蔣介石国民政府が唯一中国の民心を把握している政府であり，この政府との間に和平を実現しなければ，日中間の戦争の終結もあり得ないという認識は，日本の政治家，外交官のみならず，陸海軍人の間でも急速に広がった．これは汪兆銘グループが軍事力の拡充に失敗したことと密接に関係している．汪

兆銘は国民政府内における影響力を背景に，一部の地方の軍人を傘下に集めることに自信を見せていたが，蓋を開けてみると，有力な軍人はほとんど汪についてこなかった．当初，汪兆銘グループに多大な期待を抱いた日本も，徐々にその無力さに気づくようになる．

　日本側は，汪兆銘政権の無力と傀儡的性格を十分認識していたし，この政権との間にいくら日本に有利な条約や停戦協定を結んだところで，重慶政府が存続している限り，或いは重慶との間に和平が実現しない限り，戦争を終結に導くことはできない．ましてや，日本が希望する方向へ中国の対日政策を転向させることは到底望めないと理解していた．それにもかかわらず，日本は汪兆銘政権の樹立に踏み切ったのである．このことについて，二つの理由が考えられる．第一は，事態が国民政府のナンバー2を引き出すまで進んだ以上，日本側に残された選択肢はほとんどなくなったのである．第二は，重慶政府を牽制するために，比較的緩やかな条件で汪兆銘グループとの間で交渉を成功させ，日中和平の実績を世界中に顕示するねらいが，日本側にあったことである．

　この点について，交渉に当たった日本側の最高責任者・影佐禎昭が「汪氏の運動の指導原理」として，「和平政府を樹立し，日本との間に和平提携の活模範を造ることに依て重慶政府及一般民衆に対し，和平論は決して根拠のないものではないことを事実に依りて証明し，仍て以て重慶政府を和平論に誘導し之と相携へて日本との全面的和平提携を齎さう」[14]と解説しているように，日本側は極めて重視していたのである．

　汪兆銘政権の樹立にかかわった支那派遣軍参謀の今井武夫大佐が政権樹立の根拠及びその利害について次のように回想している．

　　　汪兆銘が重慶から昆明を経て河内に脱出した真の目的が和平実現にあることは，累次の声明に依って明らかであるが，重慶政府の之れに対する反応は却てテロを以て報いんとした．汪は已むなく身を以て危地を逃れて上海に渡り，従来最も忌避していた日本軍占領地内で，自ら決意を改め窮余の策として，最後案の国民政府の南京遷都を実現した．
　　　従って，反共和平建国の青天白日旗を南京に翻えしたことは，決して彼の本意に副うものではなかった．

一方汪兆銘の重慶離脱前から彼等同志と自ら連絡に当たった私は，汪兆銘が雲南，貴州等の西南地方に新政権を樹立せんとする最初の企画を放棄して，日本軍占領地域に国民政府を樹立せんと遽かに決心を変更した時，直ちに新府の樹立は果たして日華全面和平に一歩を進め得るか，或いはかえって之れが障碍となるか疑問を持った．ただ汪が心中私心を蓄えず，南京政府は重慶政府をして，其の抗戦主義を放棄して全面和平主義に転向せしめる如く誘導するため，日華協力の実験台となり，又全面和平に際しては日華講和の媒体となり，捨石たらんと決意している事を熟知したからこそ，其の政府成立に一応の希望を繋いで協力を惜しまなかったに過ぎない．
　勿論本質的には単なる南京政府の樹立そのことが，目標でなく，重慶政府との全面和平を終局の目的とし，南京に国民政府樹立は之が側面的推進策であり，単なる一階梯とすべきものとしか考えられなかった[15]．

　要するに，汪政権を樹立することは最終的な目的ではなく，事実上中国を代表する中央政府たる重慶政府との和平を実現するための一手段に過ぎないのである．もちろん，如何なる形で重慶を和平に「誘導する」かは，汪兆銘政権樹立の時点では必ずしも明確なビジョンが示されていなかった．言えることは，日本にとって，重慶政府の方向転換は和平を実現するための必須条件であった．このような意図が隠されていたため，日本の汪兆銘政権に対する方針は柔軟と強硬の二つの側面を持っていたのである．
　すなわち，重慶政府及び一般民衆に対し，和平論は決して根拠のないものではないことを証明するために，汪兆銘政権を日中和平提携の「活模範」として建設しなければならない．そのために，汪兆銘側の要望にできるだけ柔軟に対応し，傀儡政権ならぬ，自主独立の政権であることを誇示する必要があった．一方，日本の占領地に造られた政権である以上，日本の方針から逸脱することも許されない．したがって，汪兆銘政権に対する日本のコントロールを最大限維持することも求められていた．このように，日本の汪兆銘政権に対する政策は，「放任」の側面もあれば，強くコントロールする側面もあったのである．
　一方，汪兆銘周辺の人びとは重慶政府内での地位を捨てて日本と協力する道

を選んだのだから，己の行動の道義的正当性と，政治的合理性を証明することが求められた．少なくとも彼ら自身は，自らの力でこの点を証明することの意味を十分に認識していた．つまり，汪兆銘政権は決して傀儡政権ではなく，中国の国家と国民を戦争の災いから救い出す救世主であり，自主独立の政権であることを立証することは，彼らにとって何よりも重要な課題であった．そのため，汪兆銘は主張すべきことは毅然として主張する姿勢をあらゆる機会でアピールした．次に紹介する政権樹立前の日中交渉の様子からも分かるように，日本側の意向に対し，汪兆銘一派は必ずしもロボットのように従順ではなかった．

〈2〉 日本軍の「撤兵」による主権の回復

日本側の汪兆銘工作参加者と中国側の「和平派」グループが「日支国交調整原則」をめぐって直接対決を繰り広げたのは，1939年11月1日に幕を開いた同原則に関する協議会の席上に於いてであった．

日本側からは影佐禎昭少将，須賀彦次郎海軍大佐，犬養健(たける)議員，谷萩那華雄陸軍大佐，矢野征記外務書記官，清水董三外務書記官の6名が参加し，中国側参加者は汪兆銘と共に行動した周仏海，梅思平，陶希聖，周隆庠らいわゆる文人政治家や官僚の面々であった．日中双方の参加者はいずれも「汪兆銘工作」の初期から信頼関係を築いてきた人々である．周仏海は蔣介石侍従室の副主任，国民党中央宣伝部副部長などを経験した後，汪兆銘政権が成立してから，同政権の行政院副院長，財政部長，中央儲備銀行総裁などの要職にいた．梅思平は国民党の法制専門委員会委員として活躍し，その後，汪兆銘の側近として日本との和平工作に加わった．陶希聖は北京大学の教授で，胡適らと共に戦争回避の道を探る活動を展開した後，日本との直接交渉に参画した．そして，周隆庠は通訳として日本との交渉において常に重要な役割を果たした．日中双方の関係者は同志として自由なる意見を開陳することが一応の建前となっていた．ところが，「日支国交調整原則に関する協議会議議事要録」[16]を繙いてみると，随所火花を散らすような場面が見られ，交渉は極めて緊迫した雰囲気の中で行われたことがわかる．

さて，協議会に於ける対立点の一つは，「共同防衛」並びに「駐兵」にかかわる問題であった．

まず，周仏海は日本の駐兵目的の拡大を防止するために，駐兵の目的を限定するように求めた．つまり，「共同防衛」の代りに「共同防共」に変更するように日本に迫った．その根拠として，従来の両国の合意事項のなかでも，中国側の宣伝においても，「防共」を頻繁に使ってきており，防衛となると，その範囲は限りなく広まると指摘した．これに対し，影佐は「防共が主たる事は勿論なるも共通の治安維持があるから共同防衛」とすべきだと応対し，「治安維持」も駐兵の目的である，という日本側の立場を明らかにしていた．

　中国側が「防衛」と「防共」の使い分けに特にこだわったのは，防共駐兵と治安維持駐兵を明確に区別することによって，防共を目的としない日本軍の早期撤退を日本側に約束させるねらいがあったからにほかならない．

　この点について，更に明確な意見を述べたのが学者出身の陶希聖であった．彼は，「日華協議記録中第1条2項に『防共は日独伊防共協定に準じ』とあるが，その意味するところは，近衛声明でも明確に表明しているように，防共は駐兵を包含しないということだ．汪兆銘も声明で指摘しているように，防共は内政干渉にならない．もし，防共は駐兵を伴うものなら，地域的に内蒙古に限定すべきである．したがって，駐兵権は内蒙のみに限るべきにして他の治安上の駐兵は2年以内に撤兵しなければならない」と主張したのである．

　一方，影佐は防共駐兵と治安維持駐兵を別項目で扱うことに異議を唱え，「臨時とか，永久とか言うけれど，防共は必ずしも永久とは限らず，治安駐兵は必ずしも短い期間とは言えない．両者を同時に掲げるべきだ」と述べ，中国側の要求への拒否を崩さなかった．

　そこで梅思平は影佐の主張に対し，「時間の長短の外に，観念上の問題もある．防共駐兵と治安維持駐兵とは同じものではない．防共は対外的なものであり，治安維持は対内，内政的なものである．それゆえ，駐兵が内政問題にかかわってくると，内政干渉と思われても仕方がない．要するに，治安維持駐兵と防共駐兵とを同一場所に掲げることは，内政干渉の嫌がある」と述べ，治安維持はあくまでも中国側の内政であることを強調した．

　このような中国側の「内政干渉論」に反論して，影佐は，「和平となれば結構だが，昨日まで抗日を目的とした軍隊が，直に信頼することができるか．我国民の主観から見れば，実際に心からの提携が実現されるまでは，相当の努力と

時間が必要である．内政干与を理由に直ちに撤兵するならば，日本は何のために血を流したか，ということになる．内政干渉論は，理論的には一応諒解できても，我方より見れば，戦闘が中止すれば，直ちにすべての中国軍隊を絶対に信頼する事はおよそ不可能である．したがって，当分の治安駐兵は内政干渉とは関係なし」と譲らなかった．

最終的に合意した「日支新関係調整要綱」では，具体原則の第二に「共同防共の原則に関する事項」が規定され，第四に「共通の治安維持に関する協力並に撤兵に関する事項」が規定されることによって，中国側の「防共」と「治安維持」の分離要求が認められた[17]．こうして，対内的には，汪兆銘一派は辛うじて「主権」を守ったような自己満足を獲得することができたと言えよう．

〈3〉 南京政府内の日本人顧問

汪兆銘側と日本側とのもう一つの対立点は日本人「顧問」の問題である．汪兆銘一派の代表人物である周仏海の交渉に臨む姿勢は，新政府が傀儡政権ではないこと，新政府の面々が「漢奸」ではないことを内外に示すことであった．仮に占領地に成立しても中国人としての「面子を保たんとする」ことは彼の最大目標であった．したがって，顧問派遣のような，いたって分かりやすい形で世間に是非を問われる問題には，汪兆銘グループの人々はとりわけ神経を尖らせていた．

協議会で，顧問問題が議題として取り上げられると，周仏海はまず「『顧問を派遣す』とか『顧問を配置』というような表現では，いかにも日本側が勝手に顧問を出すようにみられる．これらの文言を適切な字句に変更したらどうか」と切り出し，顧問の実質的派遣に異議を申し立てるのではなく，書面上の用語のことを問題にした．

これに対し，影佐は「この問題は約束が出来てからのことであり，勝手に日本側が一方的に派遣したり，配置したりする意味ではない」と交わし，より本質的な問題に議論を進めた．

一方，陶希聖が開示した三つの顧問招聘条件は，周仏海の要求より一歩進んだ形で，日本人顧問の性格と役割を規定しようとするものであった．すなわち，

　一，顧問は自発的に招聘すること

二，中国の法令官吏服務規定に従うこと
　三，中国の行政に干渉せざること
　この三点の核心部分は顧問による中国への内政干渉を排除することであろう．つまり，中国側の立場は，顧問は経済・文化の専門家に限定すべきであり，いわゆる「政治顧問」の設置には反対するものであった．解決策として周仏海は，「もし，どうしても書くならば，御互に交換の意味とし，『中日両国は必要に応じ政治顧問を除き財政経済技術に関し御互に顧問職員を交換す』としたらどうか」と提案した．
　陶希聖は更に，顧問という用語を回避して，「技術的学術的人材を交換する」と修正するように迫った．
　ところが，軍事顧問や政治顧問も新政権内に配置すべきとする日本側の反論は，ことのほか厳しかった．これに関し，谷萩大佐は，「日本軍隊の立場で言えば，蔣介石は独仏の顧問を重要地位に配置してきた．又抗日が盛な時ですら，白崇禧は六十数人の日本人顧問をその部隊に配置し，部隊の訓練に当らしめた．又冀察政務委員会においても，宋哲元は十数人の日本人顧問を採用した前例がある．しかし，これからいよいよ日中両国は相提携していこうとするときに，何が故にかくも顧問を嫌悪するか，不思議で仕方がない」という強硬な発言をした．最終的に成立した「日本人顧問，職員」に関する合意事項は，次のような内容を包括した文章となった[18]．

　一，支那中央政府は財政，経済，自然科学の各技術顧問を招聘することを得
　二，支那最高軍事機関は軍事顧問を招聘することを得
　　其の職権は支那一般国防軍事の施設及日支防共軍事協力事項の立案を補佐するにあり
　　日支防共軍事協力事項の立案を補佐する顧問は最高軍事機関の派遣に依り防共軍事上必要ある地点に於て服務することを得第三国の軍事顧問は日支軍事協力事項に参与せしめず
　三，支那軍隊及警察の教育機関は必要ある場合教授，教官を招聘することを得

其の職権は教授及訓練に限るものにして行政に参与せず
　四，支那軍隊には外国人顧問，職員を招聘せず　但し北支に於ける綏靖部隊は此の限りにあらず
　五，支那警察には外国人顧問，職員を招聘せず　但し北京，天津，青島，上海及廈門の各警察局に於ける日本人職員任用に就ては日支別に協議の上決定す
　六，支那中央政府直属機関は必要ある場合日本人教授，教官，海関吏及専門技術官等を任用することを得
　七，地方行政機関及其の所属機関には外国人職員を任用せず
　　但し北支政務委員会直属の重要経済建設機関，上海及廈門両特別市は必要ある場合中央関係法令に従ひ日本人専門技術官を任用することを得
　八，前記各項の顧問の職権及服務規定は中央政府に於て秘密諒解事項（第六）同（第八）の関係各項に基き日支協議の上之を定む
　九，前記各項の職員は総て支那一般行政法規の支配を受くるものとす
　十，蒙古連合自治政府は顧問職員の招聘に関し適宜の措置を為すことを得　但し政治顧問招聘に関しては中央政府に報告するものとす

　これを概観すると分かるように，項目三以下の内容は中国側代表の意見を配慮した内容となっている．これを記録した堀場一雄も「従来顧問制度の余弊及支那側の顧問防止観念より以上の如く発展せり」と注釈をつけて日本側の譲歩を強調している．ところが，第一と第二項は中央政府及び最高軍事機関にかかわる項目であり，最高政策機関に於ける顧問の職権は決して軽視できることではない．
　ここで紹介する史料3と史料4は，汪兆銘政権の経済顧問岡田西次，広瀬経一と軍事顧問影佐禎昭の回想である．両史料は日本人顧問団と汪兆銘政権との関係，日本側から見た汪兆銘政権の性格などを理解するための参考になろう．

■史料3：岡田西次と広瀬経一の回想（岡田西次『日中戦争裏方記』東洋経済新報社，1974年，227-229頁）

岡田酉次の回想：
　　汪による中央政府の成立に伴い，政府の諸機関は日一日と整備され，日本現地機関との関係においても，これら政府に対する援助や指導の担当者は軍特務部や興亜院から離れて同政府に所属する顧問としてこれに当たった．これがため，政府の軍事面では影佐少将を最高顧問とする軍事顧問部が設けられ，また経済関係では石渡荘太郎を最高顧問とする経済顧問部が設置された．これにしたがって私もまた顧問要員として引き当てられたが，同政府成立前からの関係もあって，汪兆銘，特に周仏海の懇望により，私は経済顧問と軍事顧問とを兼務するよう決定された．経済顧問部では，その性格上業務別に応じて日本の関係各省より多数の専門家が参加したが，なかでも業務の中心だった財政金融関係には，大蔵省から多数の要員が派遣されてきた．

広瀬経一（税務担当）の回想：
　　赴任してみると，私たちの仕事は，日本だと国税庁に相当する上海の財政部税務署と各地の税務局の徴税業務の監督で，老酒，ビール，タバコ，巻紙等が主たる課税対象であって，統税と称する消費税が最大の財源だった．このほかに所得税処税捐局という団体課税の機関もあり，これは総て請負制度であった．それだけに不正の行なわれる危険が多く，私たちは脱税を防止する一方，脱税を発見して過大な罰金をピンハネする局員の取り締まりに終始した．これまで上海だけに課税されていた売上税を全国に広げることを考え，税率も1％を2％に引き上げることを試みた．石渡さんに原案を見せたところ，税金というものは高くすると収入が減るものだと叱られた．ともあれ飲食税も新設して税の大増収を図った．（中略）
　　一同は南京中央政府に対してはどこまでもその自主性を尊重し，顧問として中国側機関の一員となって勤務したのである．特に経済顧問は仕事に利害関係が伴うので，一同は断固清廉をモットーとして対処したことはいうまでもなかった．

■史料4：影佐禎昭の回想（影佐禎昭「曾走路我記」，『現代史史料13　日中戦争5』みすず書房，1966年，391-392頁）

汪政府成立前及政府成立直後和平陣営に参加した軍隊を見るに，軍隊とは名ばかりで，寧ろ土匪団と称するほうが当らずといえども遠からざる程度のものであった．而してその多くは自己の縄張り内でその軍隊を維持するに困難を感じて居る者か，或いは日本軍隊が懐柔した土匪団ないし職業的自衛団等であって，決して和平運動に同情して来たものではない．

　自分は汪政府成立し，軍事顧問に招聘せらるるや，第一着手として是等軍隊の徹底的裁兵を必要と考えたのであるが，諸種の情勢が日支両方面に伏在して居るので，僅かに一部の裁兵を行ないえたに過ぎなかった．そこで新たに汪政府の傘下に来る軍隊に対して厳選主義を採ったが，日本軍隊が保有して居た武装団隊を新政府に転属方希望し来るもの漸増し，心ならずも兵力の増加を来たすの現象を呈した．唯日本軍より汪政府に引き渡された捕虜の支那将兵は練成により，優秀なる和平軍隊たり得る資質を具備していたのは，満足する所であった．尚又裁兵の断行，治安の維持等，汪氏の意志遂行の後楯として親衛軍の編成に着手したが，兵器の補充難，財政難，募兵難，その三難に阻止されて，計画通りには之を遂行することができなかった．（中略）

　茲に於いて軍隊建設の為には，次の数項目を眼目とするを適当とすると考えた．

　　一，軍官学校及び軍官訓練団の教育に力を傾倒し，幹部の育成，殊に建国建軍の理念を注入することを重視する．
　　二，高級軍官に対し，識量の向上を企図する．
　　三，不良軍隊を徹底的に裁兵する．
　　四，日本より兵器の補充を受け，清新なる募兵を訓練して，優秀なる親衛軍を建設する．
　　五，優良軍隊を獲得するに努むるも，之に焦慮するの徒労を避け，和平運動発展に依る自然的効果に待つ．（中略）

　汪政府の軍隊は固より重慶軍隊を敵として内戦に従事するものでないことは，汪氏が河内より上海に至る船中で自分に明言した所である．而して目下の情勢上警察，保安隊の後拠となって，治安の維持に任ずることがその主要なる任務であった．

　之が為，日本軍と緊密なる連繋を保持し，摩擦を惹起せざることが緊要である．此の事たるや至極簡単なようであるが，実際は仲々困難で，時として不慮の問題を惹き起すことがないではない．軍事顧問が連絡官を主要

> なる支那軍隊に派遣勤務させたのは，此等日支間の摩擦を防遏し，問題の
> 解決に奔走させる為である．

　ところで，汪兆銘政権は樹立されたものの，中国を代表する重慶政府との間に和平を実現しなければ日中戦争の終結はありえない．日本政府が汪兆銘政権を対重慶工作の障害にならないよう注意深く扱ったことは，汪兆銘側からみれば，日本の背信行為に他ならない．汪兆銘は日本の一部にある「対重慶工作優先論」に異議を唱え，先ず何よりも優先すべき課題は新政府を成立させ，さらにその政権基盤を強化することであり，対重慶工作もこの課題に服従しなければならないと主張した．新政権樹立と対重慶工作との関係について汪兆銘は，新政府の樹立はむしろ重慶を切り崩し，速やかに和平を招来する近道と主張したのである．

　事実日本側は，汪兆銘グループとの交渉を進めながらも，重慶政府を意識しなければならなかった．日本側の姿勢は，単なる「漢奸」に終わりたくない汪兆銘政権関係者にとって耐え難いものであった．汪兆銘たちは，和平運動の目的を実現するために，日本側に新政権の早期樹立を求める一方，日本側の過酷な和平条件に一応の抵抗姿勢も示した．汪兆銘グループにとって，これが「傀儡」に成り下がらないためのせめての意思表示でもあったのである．

　一方，日本側は重慶政府との和平を実現しなければ，本当の意味の日中和平はありえないとの認識に基づき，汪兆銘グループを仮想の交渉相手として利用した．汪兆銘グループに突きつけた和平条件は，将来重慶側と交渉する際，有利な立場を獲得するために準備されたものである．日本にとって汪兆銘政権の利用価値は，多く見積ってもこの程度のものであった．これでは汪兆銘グループが「傀儡」と認識されるのも当然であろう．

　1942年1月，南京政府は重光葵を特命全権大使として迎えいれた．次に紹介する史料5「重光・汪会談の会談記録」の抜粋は，太平洋戦争勃発後日本政府と南京政府との間の，重慶政府に対する認識の温度差を示すものである．汪兆銘は日本からの全面的な支持を獲得するために，重慶政府打倒の意味を力説したのに対し，重光は重慶政府の方針転換を促す考えを示した．汪兆銘は日本以上

に重慶政府打倒の必要性を主張した格好である．中国において，汪兆銘政権を「傀儡政権」とみなす理由はこの史料からも窺い知ることができよう．

■**史料5：重光葵と汪兆銘の第2回会談記録**（1942年1月17日　於大使官邸：上海市档案館『档案與歴史』第13期，1988年9月）

　　汪主席：国民政府の基礎の建設に絶えず支援する日本に対し，深く感謝する．今の状況の中で，国民政府は何をなすべきか，何ができるかについて，急遽考案中である．なんといっても，重慶側の反省を促すことだが，それでも反省しなければ，同政権を崩壊に導くことこそ，最も日本に貢献できることであろう．

　　和平運動を振り返ってみれば，悲しむべきことは多々ある．重慶を離れた当時，何とか重慶側の反省を促し，中日和平により，中国を救い，東亜を救おうとした．そのため絶えず重慶側に呼びかけてきた．当時，重慶を打倒するなど少しも考えなかった．重慶側の人間はいずれも朋友であり，同士であるからである．しかし，いくら努力しても，重慶を翻意させることができなかった．説得に応じてくれなければ，打倒以外に他に方法がないと決心せざるを得なくなった．（中略）

　　要するに現状から考えれば，重慶は東亜の背信者と言わざるを得ない．東亜の戦争が始まって以来，私はあらゆる機会を利用して次のことを主張してきた．すなわち，もし重慶側が期待したように日本が負けた場合，中国は滅亡するしかない．仮に日本が海軍を失った場合，東亜全体がシンガポール，フィリピン，ビルマ，インドのような植民地になるだろう．これは私の揺るがない信念である．今日のような重慶政権は，一刻も早く崩壊させることが大事である．（中略）

　　かつて日本は中国の「以夷制夷」策の愚を攻撃した．一方中国は日本の侵略政策の過ちを非難し，日本を排斥した．両国は譲らず，ついに十年に及ぶ紛糾を醸成した．要するにこれは一種の水掛け論である．現在の南京政府と日本との関係もこれに似ている．日本側は，南京政府には重慶を打倒する実力がなく，このような政府を承認しても仕方がないと主張する．一方南京政府は，日本のやり方では，南京政府は面子まで失ってしまう．面子さえ保たれなければ，重慶打倒云々の話も始まらない．これも水掛け論だ．いつまでも結論が出てこない．この機会を借りて，大使に私の願い

を伝えたい．もし南京国民政府に至らぬ所があれば，遠慮なくご指摘を願いたい．改善するところはすぐに改善するし，説明できるところはすぐに説明する．（後略）

　重光大使：重慶が反省を示さなければ，これを打倒するしかないという主席の発言について私の考えを述べてみたい．貴主席もご存知のとおり，本大使は満州事変のような事態を避けるため，あらゆる方法を尽くしたが，実現できなかった．その後，日華事変が勃発し，大東亜戦争に至っている．外務次官在任中も，駐ソ大使在任中も，日中国交調整のために苦慮した．今日われわれは重慶を打倒せざるを得ないという局面に追い込まれたのは実に残念だ．私個人の認識では，重慶を倒すことは大東亜戦争の一部分である．言い換えれば，重慶はもはや東亜解放の反逆者になったのである．（中略）

　日本は重慶政府に武力的圧力を行使すると同時に，南京政府にできる限りの援助を実施したい．南京国民政府が主席の指導の下，ますます発展し，文字通り中国の中央政府になり，中央政府にふさわしい実力を背景に，重慶政府を孤立無援の状態に追い込むことを期待する．ただし，一個人の意見としては，このような状況に至っても，やはり重慶の反省と方向転換に期待を捨てきれない．日本は内心から中国を敵視していないのである．今日に至っても相変わらず彼らの転向を切に希望し，転向する機会を与えたいと思う．重慶はそれでもまったく反省の色がなければ，日本は断固として武力による圧力を行使し，彼らの敵対性を一掃しなければならない．日本は当然そうするつもりである．

おわりに

　近年の中国の歴史学界は，中華人民共和国建国以来稀にみる百家争鳴の時代を迎えている．多様な歴史資料の発掘や，近代化路線に転換した社会的背景の影響のもと，歴史人物や歴史事件に対する再評価が盛んに行われるようになった．近代史上中国の近代化に貢献した人物の多くは，かつては外国資本による中国侵略の手先，つまり「漢奸」「売国奴」と悪評されたが，近年彼らの持つ先見の明が逆に高く評価されるに至った．日本と講和条約を結び，台湾を日本に

割譲したことにより，中国の半植民地化を加速させたというコンテクストのなかで語られてきた李鴻章を，中国近代化の先駆者と称する人さえ出てきた昨今である．

　このような歴史研究の新しい動きのことを中国では「実事求是」という．いわば実証研究に基づく歴史像の再構築である．従来，汪兆銘政権は完全なる日本の「傀儡政権」として認識され，研究されてきたが，最近では「協力と衝突」の枠組みのなかで，汪兆銘政権と日本との関係を捉える研究が現れている．中国大陸に現れた新しい研究は，海外とりわけ海峡対岸の台湾研究者の研究成果[19]に触発されたことが多い．張生はその著書『日偽関係研究』のなかで，次のように指摘している．

　　「日本占領者と偽政権との関係について，人々はその一致性を強調するあまり，相互の矛盾と衝突の側面をおろそかにしたし，偽政府関係者が傀儡の立場から抜け出し，自主性を勝ち取るための様々な悪戦苦闘をも無視してきた．無論，汪兆銘政権は日本の軍事力を背景に成立したものであり，日本の占領者の支持がなければ，存続できないのは明らかである．日本と汪兆銘との協力は当初から対等の協力ではなかったことは，汪偽政府が終始弱い立場に立たされることを運命付けている．しかし，この力関係は，汪兆銘政府が日本占領者の言ったことに何でも服従し，まったく自主性がなかったということを意味するものではない」[20]．

　この視点が中国大陸で打ち出されたことは，一つの新しい研究動向として注目される．汪兆銘政権を含む占領地政権の研究は，日中関係の重要な部分として，多様な角度から立体的に捉える可能性が生まれた．これはすなわち，日本と中国の歴史研究者の対話の空間がまた一つ広がったといえる．汪兆銘政権の実像は，史料の発掘と公開に伴って，中日両国の学者によって様々な角度から明らかにされていくだろう．

　しかし，汪兆銘が「漢奸」であること，汪兆銘政権が「傀儡政権」であることは，基本的には変わらない．繰り返すことになるが，日中戦争が中国歴史に残した未曾有の屈辱と災難は，その時代の対日協力者への中国人の憎悪を無限

大に増幅させた．この憎悪は時間と空間を超越して，将来にわたって中国人の歴史観に影響を与えるに違いない．日本への抵抗の一面があったからといって，占領地という自由のない環境のなかで，経済と治安の維持に結果的に一定の役割を果たしたからといって，侵略者への協力と抗戦への破壊という全体的評価を変更させるものではない．日本人が汪兆銘を愛国者と評価することはもちろんのこと，彼に示した理解と同情も，中国人からみれば，歴史への無責任と映るのである．

　汪兆銘政権の中で法制専門委員会副主任を務めたジャーナリスト金雄白は戦後に書かれた回想録のなかで，1940 年 11 月 30 日，汪兆銘行政院長と阿部信行大使との間で日華基本条約に調印したときの様子を生々しく描いている．南京政府が成立してからすでに 8 ヵ月経過したが，日本政府は重慶政府との講和の道を探り続けたため，南京政府への正式承認を引き伸ばしてきた．重慶との講和交渉が重慶側の真意が伝わらないまま中止してから，日本政府はやっと「支那事変処理要綱」を決定し，汪兆銘政府への正式承認に踏み切ったのである．

> 「当日汪氏は行政院長の身分で政府を代表して署名した．礼服を着た彼は，阿部大使の一行が式場に到着するまで石段に立って待っていた．悲痛な表情でぼんやりと立ったまま，中山陵のある紫金山の山頂を去来する白雲を眺めていたが，涙が流れ出て頬にそってたれて来た．突然彼は両手で髪の毛を掴み，力を込めて引き抜くように引っ張った．そして仕切りなしに，恨……，恨……と鼻声を出した．顔は涙にぬれてクシャクシャにゆがみ，周囲の人たちも，見るもつらい汪氏の悲痛な様子に国家の痛みと身の悲しみに目を赤くしてしまった．その時，大使歓迎の軍楽が起こり，阿部大使一行は緩々としてやって来た．汪氏の通訳に任ずる周隆庠は小声で，先生，阿部大使が参りました，と注意しながら，小型の櫛を取り出して汪氏の頭髪を整え，またハンカチで顔の涙を拭ったのである．汪氏は夢から覚めたように重苦しい笑いを浮かべて阿部大使を迎え，一緒に式場に入った」[21]．

　汪兆銘が流した涙の意味を説明するのは簡単なことではない．汪兆銘と行動を共にした周仏海はその日の日記に「国民政府に行き，中日の正式調印式典に

参加する．今までの努力がこれで一段落を告げ，今後は新しい紀元が開かれる．ただ，これが果たして禍か福かは神のみぞ知るであって，予言することはできない．一番好ましいのは，汪と蔣との間に黙契と了解ができ，一方は日，独，伊の陣営に参加し，もう一方は英米の陣営に参加することである．将来両陣営のいずれかが勝ち，いずれかが負けたにしても，中国には対処の仕方があるというもので，さもなくば，いずれも一か八かに賭けるしかなく，実に危険なことである」[22]と記し，汪兆銘グループの複雑な心境を代弁している．

汪兆銘の名は歴史にどう伝わるのか．汪兆銘の視線の先には，日本との提携と中国の統一・富強を夢見た孫文が眠る中山陵がある．日本は重慶との講和をいったんあきらめ，次善の選択として汪兆銘政権への承認に踏み切った．その日本からの使者を迎えようとしている汪兆銘の脳裏を「漢奸」や「傀儡」といった歴史概念は掠めなかっただろうか．

中国の歴史と文化を熟知する文人政治家・汪兆銘が見せた涙は周囲の中国人の悲しみを誘ったが，阿部大使等日本側代表は汪兆銘及びその周辺の人々の心情をどのくらい読み取り，理解したのか，判断のしようもないが，式典は淡々と執り行われた．汪兆銘側と日本側の温度差は，現在の日中両国民の歴史問題に対する考え方の温度差に引き継がれているような気がしてならない．

〈参考文献〉

小林英夫『日中戦争と汪兆銘』吉川弘文館，2003 年．
劉傑『日中戦争下の外交』吉川弘文館，1995 年．
戸部良一『ピースフィーラー　支那事変和平工作の群像』論創社，1991 年．
David P. Barrett and Lawrence N. Shyu, eds, *Chinese Collaboration with Japan, 1932–1945 : The Limits of Accommodation*, Stanford University Press, 2001.
張生等『日偽関係研究――以華東地区為中心』南京出版社，2003 年（中国語）．

1）五相会議決定「支那現中央政府屈伏ノ場合ノ対策（1938 年 7 月 8 日）」稲葉正夫他編『太平洋戦争への道　開戦外交史』別巻資料編，朝日新聞社，1988 年，263–264 頁．

2）代表的なものとして，日本では，戸部良一『ピースフィーラー』論創社，1991年，劉傑『日中戦争下の外交』吉川弘文館，1995年などの研究があり，中国では蔡徳金『汪精衛評伝』四川人民出版社，1988年があり，アメリカではやや早い時期の研究であるが，John Hunter Boyle の *China and Japan at War The Politics of Collaboration*, Stanford, California, Stanford University Press, 1972 は示唆に富む研究として注目されてきた．
3）代表的なものだけを挙げると，山中徳雄『和平は売国か』不二出版，1990年，杉森久英『人われを漢奸と呼ぶ』文藝春秋，1998年，上坂冬子『我は苦難の道を行く』上下，講談社，1999年などがある．
4）松本重治『上海時代』中央公論社，1977年，172頁．
5）杉森久英『人われを漢奸と呼ぶ——汪兆銘伝』文藝春秋，1998年，402-414頁．
6）小林英夫『日中戦争と汪兆銘』吉川弘文館，2003年，181頁．
7）張生等著『日偽関係研究——以華東地区為中心』南京出版社，2003年，9頁．
8）同前，9-11頁．
9）蔡徳金の研究で注目されてきたものとして，『汪精衛評伝』四川人民出版社，1988年，『歴史的怪胎——汪精衛国民政府』広西師範大学出版社，1993年などである．黄美真編『汪偽十漢奸』も早い時期の研究成果として注目された．
10）前掲，蔡徳金『汪精衛評伝』137-138頁．
11）王克文『汪精衛・国民党・南京政権』台湾国史館，2001年，366-367頁．
12）同前，1頁．
13）前掲，上坂冬子『我は苦難の道を行く』下，103-104頁．
14）影佐禎昭「曾走路我記」『現代史資料13　日中戦争5』みすず書房，1966年，366頁．
15）今井武夫『支那事変の回想』みすず書房，1964年，114-115頁．
16）前掲『現代史資料13　日中戦争5』249-301頁．
17）堀場一雄『支那事変戦争指導史』時事通信社，1962年，328-329頁．
18）同前，337-339頁．
19）例えば台湾中央研究院の羅久蓉の「歴史情境與抗戦時期漢奸的形成——以1941年鄭州維持会為主要案例的探討」『中央研究院近代史研究所集刊』第24期下冊，1995年をはじめとする一連の研究は，占領地研究に新しい視角を提供している．
20）前掲，張生等著『日偽関係研究』68頁．
21）金雄白『汪政権的開場與収場』香港春秋雑誌社，1959-1964年，第一冊，113-114頁．日本語訳は岡田西次『日中戦争裏方記』東洋経済新報社，1974年，212頁を参照．
22）蔡徳金編，村田忠禧，劉傑など訳『周仏海日記』みすず書房，1992年，271-272頁．

第 II 部
和解のための歴史認識を求めて

日本の歴史教科書　関連年表

1947年	学校教育法制定．教科書を検定制度とする．
1965年	家永三郎教授，高校用歴史教科書の検定が憲法の禁止する検閲に当るとして，東京地方裁判所に提訴（第一次訴訟．74年に賠償請求の一部を認める判決．上告ののち，93年に最高裁で原告敗訴）．
1975年	東京高等裁判所，家永第二次訴訟に対し，検定の非一貫性を指摘し，原告勝訴を判決．
1977年	「教科用図書検定規則」全面改正．条件付合格への異議申立てや，不合格内示への再議請求手続を明文化（この結果，家永第二次訴訟は訴えの利益がないとして棄却）．
1982年	中国・韓国政府，日本の高校用教科書の検定が「侵略」を「進出」と改めさせたと抗議．日本政府は宮沢喜一官房長官談話を発表し，さらに翌年，「義務教育諸学校教科用図書検定基準」を改訂して，いわゆる「近隣条項」等を盛込む．
1990年	湾岸戦争勃発．日本政府，130億ドル拠出するも，国際社会から評価されず．
1993年	高校の検定済歴史教科書，すべて従軍慰安婦の記述を盛込む．
1997年	「新しい歴史教科書をつくる会」発足． 家永第三次訴訟，最高裁による検定の裁量権逸脱認定により，原告勝訴で終了．
1998年	教科用図書検定基準などを改正し，教科書検定の簡素化や申請本の公開を実施．
2001年	「つくる会」の中学校歴史教科書が検定合格．その内容と採択の是非をめぐり，国内外で論争．
2005年	日本と中国・韓国の政府・世論が，日本の国連常任理事国への加入や首相の靖国参拝などの問題をめぐって対立．歴史教科書問題は後景に退く．

8章 日本の歴史教科書の制度と論争構図

三谷博

はじめに

　21世紀初頭の日本で，公教育に使われる歴史教科書がどのように製作され，学校の教室に届けられているのか，またその内容に関してどのような議論が行われているのか．本章では，この問題を手短かに解説したい．

　歴史教科書の問題は，20世紀の後半，「戦後」の日本では，内政上の争点の一部をなしていた．東西冷戦のなか，いわゆる「左右」対立の一環として扱われていたのである．しかし，大日本帝国が遠い過去となった現在，対立の構図はかなりの変化を見ている．歴史の教科書が依然として政争の的とされているのは不幸なことであるが，いま問題が実際にどのような形をとっているのか，近隣諸国のみならず，日本の内部においても，以前との違いを的確に把握している人は，そう多くないのではないだろうか．

　本章では，21世紀初頭の現在における問題の構造を，主に2001年の歴史教科書をめぐる論争を念頭に置きつつ概観する．

1. 現在の問題状況

　まず最初に，全体の見通しを記しておこう．現代日本における歴史認識の特徴は，第一に，その中で学校教科書の占める役割がさほど大きくないことである．これは中国や韓国の場合と大きく異なる点である．両国の歴史教科書は大まかに言って国定制であって，ほぼ同一の内容が国民全員に教授される．しかもその記述は極めて詳細かつ具体的であって，記憶に留めやすい．これに対し，

日本の中高教科書は記述の分量に厳しい制限が課されており，そのために無味乾燥に傾き，記憶するのも難しい．したがって，日本人の歴史イメージの形成にあたっては，実際には，教科書よりはテレビの時代物番組，歴史小説，漫画などの方が大きな影響力を持っている．日本の歴史教科書は「国民の物語」を国民全員に共有させるほどの力を事実として持っていないと言って良い．

　第二は，学校で使われる歴史教科書がかなり多様なことである．これは，日本の教科書制度が，自由民主主義体制を基礎としていることに由来する．大日本帝国の後半期，日本の教科書は国定であったが，戦後日本は検定制を採用した．政府の示すガイドラインに基づいて，複数の民間業者が教科書を作製し，政府の検定を経たものを，国立・私立の学校の場合は校長，公立の学校の場合は地方自治体が，政府と独立に採択する．この検定と採択の課程を組み合わせた制度は，近年の政治問題化を通じて，よりはっきりとした形を取るようになった．すなわち，政府による検定過程ではより客観的で透明な手続きが重視されるようになり，採択の過程では住民の意見がより強く反映されるようになっている．中央政府は以前より教科書の内容への介入を自己抑制し，実際の選択にあたっては地方の決定に委ねる姿勢を取り始めたのである．

　この検定制は，オーストラリアのように中等教育の教科書の発行・採択をすべて民間に委ねたり，アメリカのいくつかの州のように事後的に認定するに留めたりする場合と比べると，政府による規制が強い．しかし，以前の恣意に流れがちだった不透明な制度に比べると，より自由で民主的な制度に移行したと見て良いだろう．無論，それは，どのような教科書を採用するかについて各地の住民の役割が大きくなった分，政府より国民の責任がより重くなったことを意味する．

　第三は，現在の歴史教科書論争が，20世紀後半のそれと異なった軸を基礎に交わされていることである．家永教科書裁判に代表されるように，第2次大戦後，かなり長期間にわたって，歴史教科書の問題は，「左右」両翼の政治対立の争点であった．その構図が，日本が豊かな社会となり，ソヴィエト連邦が崩壊し，日本と近隣の中国・韓国などとの関係が密接となった現在は崩れている．左翼の衰退に伴って，「進歩的」知識人と「保守的」政財界人の対立という側面は後退し，むしろ政財界・知識人・庶民を横断する「国際協調」派と「一国主

義」派の相違・対立が重要になってきたのである．

2. 学校での歴史教育

　現在の日本では，学校での歴史教育は小学校の最終学年である6年次に始まる．ついで，中学校では，「社会科」の中で「地理的分野」や「公民的分野」とならぶ「歴史的分野」として教えられている．いずれも必修である．小学校では日本史上の人物について教え，中学校では世界史を背景としつつもやはり日本史を中心に教えることとなっている．これに対し，高等学校（義務教育ではないが，就学率は97％で，ほぼ全員が学んでいる）では，歴史は「世界史」と「日本史」の2教科に分割され，かつ「世界史」は必修であるが，「日本史」は選択科目の一つにすぎない．小中学校では自国史に重きを置く一方，高等学校では外国史を重視しているのである．

　この状況は現在，大学教育（同世代の約50％が在学）にとってかなりの支障を生じている．高等学校で日本史を選択する生徒は一部に過ぎず，かつ大学の入学試験でも必須ではないため，学生が大学で日本史関係の講義を敬遠しがちとなり，たとえ受講した場合でも基礎知識の不足のため理解に困難を覚えることが増えているのである．現行の学制は小中学校の自国史教育と高校の外国史教育とでバランスを取っているのかも知れないが，実際には有効でない．中学校で教わったことを大学生になっても記憶している学生はごく僅かであり，大学でも日本史を学ぶ学生は少ないから，大学卒業生も，大学に進学しなかった人々と同様に，自らが生まれ育った社会の歴史について，ほとんど何も知らずに社会に出て行っているのである．

　しかしながら，本稿では日本の学校における歴史教育の全体を論ずることは避け，関心を義務教育として国民全員が経験する中学校の課程に絞ることとする．また，初等中等教育においては，法令上も実際上も教科書の学習が重視されているから，この教育段階では教育の中で教科書の役割を論ずることは，かなりの意味を持っている．

3. 現在の教科書制度

　日本の公教育における歴史教科書は，文部科学省が定める枠組みのもとで，民間企業が製作し，文部科学省がそれらを検定した後，合格した十種内外の本の中から学校現場で使用されるものが選択される．採択に当たるのは，中学校の場合，国立・私立の場合は各学校の校長，都道府県立の場合は都道府県ごとに置かれた教育委員会，市町村立の場合は全国583カ所（2005年4月現在）におよぶ採択地区である．以下，具体的にその過程を説明しよう[1]．

〈1〉 文部科学省の検定手続き

　2005年現在の制度では，教科書は4年に一回改訂される．学校の現場で使用を始める学年から遡ると，その1年前の4月に検定の合否が発表され，8月末までに各採択地区や学校でどの教科書を使うかが決定される．文部科学省による検定が行われるのはその前年である．各出版社の出した申請本に対し，半年以上をかけて実施される．各出版社はそのまた前年に編集作業を行うので，学校現場で新しい教科書の使用が始まった翌年には，もう次の改訂に備えた編集作業を始めねばならない．

　このうち，具体的な内容の決定については，各出版社における編集者と執筆者の会議がもっとも重要な役割を果たす．執筆者は，大学の歴史研究者や中高の現場で歴史教育に携わってきた教師たちである．編集方針の決定に当たっては，文部科学省が制定した「学習指導要領」[2]が基準とされるが，指導要領自体は大まかなガイドラインに過ぎないので，具体的な内容については，この編集会議が決めることとなる．その際には，従前の教科書を使った経験や，社会の変化に伴う問題関心や視点の移動を織り込みながら，重点の置きどころを検討し直したり，学習のしやすさ，精神的な発達段階への配慮などが行われる．

　文部科学省の検定は，こうして作製され，申請された原稿本について行われる．その手続きや基準は，「教科用図書検定規則」[3]と「学習指導要領」によって定められ，公開されている．それらによると，教科書の審査を担当するのは，教科用図書検定調査審議会であって，その答申に基づいて文部科学大臣が合否を決定する．日本の官庁の通例として，大臣が審議会の決定を覆すことはめっ

たにない．かつ，審議会の審議は，文部科学省の職員である教科書調査官や同省の任命する調査員（大学から小学校に至る現場の教員で構成．全国で数百人）の調査に基づいて行われる．実際には，教科書調査官が克明な検討を行い，その所見が重視されるようである．審議会の結論は11月頃に打ち出される．合格の場合は直ちにその旨伝えられるが，ほとんどの場合，審議会は申請本をそのまま合格させず，決定を留保して，修正を要求する．不合格にすることもあるが，その場合は事前に理由を通告し，申請者に反論し，再議を要求する機会を与える制度が設けられている．決定留保の場合は，修正を要すべき点を一覧表にした「検定意見書」を，教科書調査官の口頭説明つきで各出版社・執筆者に伝達する．各出版社は，この検定意見に異議申し立てをすることが可能であるが，ほとんどの場合は，検定意見を各社の内部で検討した上で，「修正表」を提出するようである．理論上は，検定意見と執筆者の意見が厳しく対立することがあり得るが，検定意見のほとんどは申請本における客観的事実の誤認や表記の誤り，そして文章の曖昧さや難解さに関わる指摘であり，これらの点で出版社側が異論を唱えることは少ない．検定審議会は出版社の提出した修正表を審議し，その後，最終的な合否を大臣の名で通知することになる．

　他方，合否の判断根拠は「義務教育諸学校教科用図書検定基準」であるが，その内容は，2005年現在，次のようである[4]．各科目共通に留意すべき要件は，1）範囲及び程度．学習指導要領の内容を過不足なく満たすべしということである．2）選択・扱い及び組織・分量．その中には，次のような事項がある．(a)指導要領に照らして，内容上不適切であったり，生徒児童の発達段階を無視したりすることがないようにすること．(b)政治的・宗教的に不偏不党であること．(c)特定の事項，事象，分野に偏らず，全体として調和がとれていること．(d)一面的な見解を十分な配慮なくして取り上げないこと．(e)全体の分量や内容の配分・関連づけが適切なこと．最後の項目は，無償配布されるせいもあって，教科書の値段（2005年度用，中学校の平均定価は481円），したがって分量に厳しい制約があるためと思われる．3）正確性及び表記・表現．上述のように，実際には，これがもっとも頻繁に審査でひっかかる点である．

　さらに，社会科（地図以外）に関する検定基準としては，次のような項目がある．小学校と中学校に共通するものとしては，「(3)未確定な時事的事象につい

て断定的に記述しているところはないこと．(4)近隣のアジア諸国との間の近現代の歴史的事象の扱いに国際理解と国際協調の見地から必要な配慮がされていること．(5)著作物，史料などを引用する場合には，評価の定まったものや信頼度の高いものを用いていること．また，法文を引用する場合には，原典の表記を尊重していること．(6)日本の歴史の紀年について，重要なものには元号及び西暦を併記していること」．

この検定基準は，全体として，教科書に対してできるだけ客観的でバランスのとれた記述をするよう要求している．内容に関しては，社会科への要求のうち，(4)のいわゆる近隣条項と(6)の紀年条項以外は，ほとんどを指導要領に譲っていると見て良いだろう．このような慎重な規制が，一方で，記述分量の制限と相まって，日本の教科書を読み物として面白くないものにしているのは確かであるが，他方で手続き上の公正さという点では，かなり配慮が行き届いたものとなっているように観察される．検定の実際，基準の運用を見ても，それは肯われうるであろう．

〈2〉 地方による採択過程

さて，次に，採択の段階である．ここを通って，各教科書は初めて学校の教室，生徒たちの手元に届くことができる．この手続きに関しては，図1を参照されたい．この制度は，1960年代初期に始まった義務教育における教科書の無償配布の制度によって定められたものである．検定に合格した以上，各学校が自由に採択すれば良いではないかという議論も十分に成り立ちうるが，今のところ，私立（全生徒の約6％強が在学）や国立（同約1％）を例外として，公立の中学校ではこのような複雑な手続きが取られている．公立中学校では，全国で583地区にのぼる採択地区ごとに共通の教科書一種を選択し，使用する．地方自治体の設置する公立学校の教育方針は，都道府県レヴェルと市町村レヴェルに置かれる教育委員会（各議会が住民の中から選任）が決定するのであるが，教科書の採択地区は両レヴェルの中間に，ほぼ三つの市ないし郡ごとに置かれている．その採択手続きは次の通りである．まず，都道府県ごとには教科用図書選定審議会が置かれ，学校の校長や教員，教育委員，学識経験者が，教科ごと数人の教員に委嘱して行った調査をもとに選考資料を作成し，各採択権

者に対して指導・助言を行う．都道府県の直轄学校（養護学校や中高一貫校などがある）の場合はこれが直接に選定に反映される．他方，中学校の大多数が所属する採択地区では，それぞれ採択地区協議会を設け，ここでも教員等からなる調査員などを置いて共同の調査・研究にあたり，それを参考として選定を行う．これが最終決定となるのである．

　この採択の過程は，文部科学省内部の検定過程と対照的に，生徒の保護者などの意見がより多く反映されるような制度になっている．現場の教員や学識経験者もメンバーで，その意見も重視されるが，それだけではない．検定の段階では手続き的透明性，採択の段階では住民意志の反映が，それぞれ重視されていると言ってよいだろう．要するに，現在の日本の教科書制度は，透明で分散的な決定の手続きを定め，それによって憲法の定める自由民主主義的な制度により忠実なものとなっているのである．

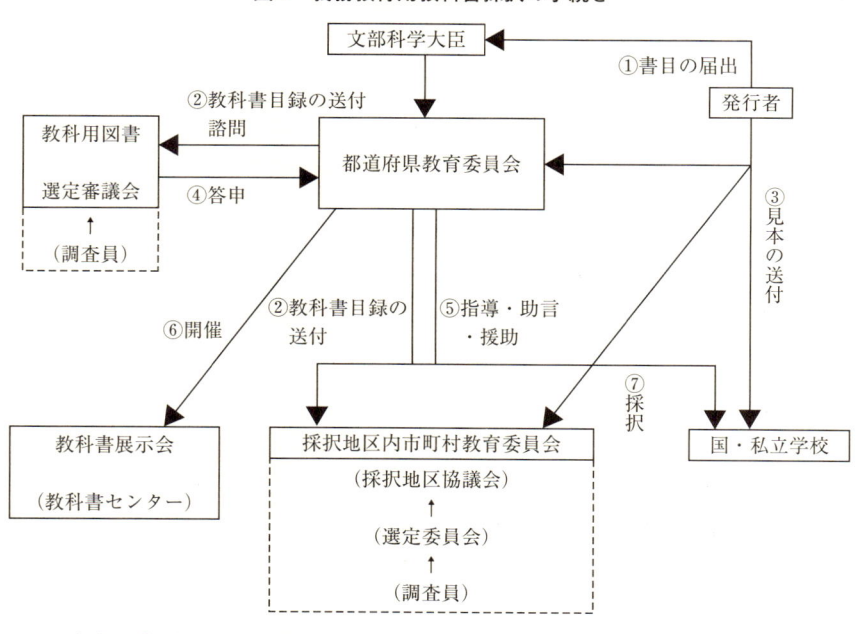

図1　義務教育用教科書採択の手続き

出典：『教科書制度の概要』（2005年3月インターネット版）
http://www.mext.go.jp/a_menu/shotou/kyoukasho/gaiyou/04060901/007.htm

〈3〉学習指導要領における歴史教育の目標

　中学校の歴史教科書に関する文部科学省の規制は，内容に関しては，約10年に一度改訂される『中学校学習指導要領』に基づいて行われる．その冒頭に掲げられた目標は，政府が公教育に何を期待しているかを率直に物語っていると思われるので，1998年現在のそれを，そのまま引用しよう．中学校の「社会科」に関しては，次の通りである[5]．

　　「広い視野に立って，社会に関する関心を高め，諸資料に基づいて多面的・多角的に考察し，我が国の国土と歴史に対する理解と愛情を深め，公民としての基礎的教養を培い，国際社会に生きる民主的，平和的な国家・社会の形成者として必要な公民的資質の基礎を養う」

■史料1：中学校学習指導要領　第2章各教科　第2節社会〔歴史的分野〕

第1　目標
(1) 歴史的事象に対する関心を高め，我が国の歴史の大きな流れと各時代の特色を世界の歴史を背景に理解させ，それを通して我が国の文化と伝統の特色を広い視野に立って考えさせるとともに，我が国の歴史に対する愛情を深め，国民としての自覚を育てる．
(2) 国家・社会及び文化の発展や人々の生活の向上に尽くした歴史上の人物と現在に伝わる文化遺産を，その時代や地域との関連において理解させ，尊重する態度を育てる．
(3) 歴史に見られる国際関係や文化交流のあらましを理解させ，我が国と外国の歴史と文化が相互に深くかかわっていることを考えさせるとともに，他民族の文化，生活に関心を持たせ，国際協調の精神を養う．
(4) 身近な地域の歴史や具体的な事象の学習を通して歴史に対する興味や関心を高め，様々な資料を活用して歴史事象を多面的・多角的に考察し公正に判断するとともに適切に表現する能力と態度を育てる．

様々な資質の涵養が語られているが，政治面に絞れば，秩序形成の主体としての「公民的資質」の涵養を眼目に，日本への愛国心を国際社会との調和の中で育てようとしていることが分かる．そして，この大目標の下で，「歴史的分野」に関しては，史料1に示すような4点を目標に掲げている．これらに関する議論は，のちに見ることにするが，その基本的特徴は，(1)に見られるように，中学校では歴史を自国史を中心に構成する点にある．「内容の取り扱い」に関する説明によると，世界史はあくまでも背景として扱い，その記述はできるだけ日本史と関係の深い面に限るように求めている．「地理的分野」や「公民的分野」でも日本への認識を深めることが重視されているが，「歴史的分野」では，「我が国」への「愛情を深め，国民としての自覚を育てる」役割がとくに強調されている．(2)の「歴史上の人物」と「文化遺産」の「尊重」も，生徒の発達段階への配慮があるのは確かであるが，基本的には同じ期待に基づいていると思われる．とはいえ，(3)に見られるように，「国際協調の精神」の涵養もはっきりと唱われている．世界秩序の構成主体を国民国家と見なし，その枠組みの下に，愛国心と国際平和への貢献とを同時に求めているわけである．

4. 歴史教科書をめぐる国内論争

以上に説明した学習指導要領と検定・採択の制度は，実は，2001年に行われた教科書の採択過程における論争を経て形成された，ごく新しいものである．文部科学省の教科書制度は，1947年に学校教育法が制定されて以来，検定制度という大枠の下にあったが，その細部は政治論争の結果，かなりの変遷を見てきている．

〈1〉戦後の左右対立

「戦後」の初期には，文部省自体が論争の当事者であった．「戦後」の日本では，東西冷戦の下，資本主義と秩序を重んずる「保守」陣営と社会主義と革命を志向する「進歩」陣営とが激突を繰り返し，すべての政治問題がこの「左右」対立の下で解釈され，処理される傾向があった．この磁場の中では，マルクス主義を奉ずる陣営が「自由」を強調し，資本主義を擁護する陣営が精神的「自

由」を軽視するという捻れが生じていたが，その中で，左翼に属する大学知識人・進歩主義ジャーナリズム・初等中等学校の教員（日本教職員組合）は，連合して文部省による検定制度自体を権力による教育への不当な介入と批判したのである．家永三郎が 1965 年以来三次にわたって提起した教科書裁判は，彼の執筆した教科書の不合格処分に端を発したが，検定内容の是非から遡って，政府による教科書検定自体が憲法の禁ずる検閲にあたり，違法だと訴えたものであった[6]．左翼陣営は，戦後日本の憲法が裁判所の行政府に対する独立を保証していることに着目し，裁判所を通じて教育界に政府から独立した権利を確保しようとしたのであった．

これに対し，裁判所は公教育用教科書に対する文部省の検定権を認めたが，他面では個々の検定における恣意性を強く批判した．文部省の背後には政権党の自由民主党があり，その一部には大日本帝国との継続性を重んずる文字通りの「右翼」勢力もあって，しばしば非公式なチャネルを通じて検定に介入し，それが検定に恣意的な印象を与えたようである．裁判所の判決とジャーナリズムの監視はこれにかなりの制約を課すこととなった．1977 年 9 月には「教科用図書検定規則」の全面改正が行われ，条件付合格に対する異議申し立ての権利や不合格の内示に対する再議要求の権利が明文化されている[7]．その結果，検定制度の存在にもかかわらず，中等学校の歴史教科書には，あとあとまでマルクス主義の影響が色濃く見られることとなった．教科書の主たる執筆者であった歴史家たちの学界，そして小中学校の教職員団体では，当時，「左右」両極以外のオルターナティヴはほとんど存在しなかったからである．

以上を要するに，「戦後」期の歴史教科書は，自由民主主義を規定する憲法秩序の下，「左右」勢力の露骨なイデオロギー政争の中にあり，両陣営の対立・拮抗という環境の中で製作され，採択されていたのである．

しかし，この左右対立と家永裁判の過程と併行して，日本社会は戦後復興から高度成長，さらに二度の石油危機の克服と，急激に富裕化し，その中で社会的な所得格差も縮まっていった．それに伴って，資本主義の没落を予言し，期待していた左翼の信望は次第に乏しくなり，同時に人々の歴史への関心も薄くなった．

その一方，この「戦後」からの離脱の時代には，「大東亜戦争」の終結後に極

めて希薄となっていた近隣諸国との関係が再建され，それが教科書問題に新しい側面を持ち込むこととなった．1965年の日韓基本条約，1972年の日中平和友好条約による隣国との国交回復が出発点である．当初，それらは政府間関係の再建に留まったが，その後，韓国・中国が開放政策の下に急激な経済発展を見せるようになると，民間人の往来も頻繁となった．東アジアの長い歴史のなかで初めて緊密な国際相互依存が始まり，その結果，互いのイメージに気を使わざるを得ない状況が生まれたのである．1982年，韓国と中国が日本の高校用歴史教科書の改訂をめぐって抗議を行ったとき，日本政府がこれに正面から対応したのは，このような環境変化を明確に意識していたためであった[8]．

当時，韓国・中国両政府は，日本の文部省が検定申請本にあった「侵略」という文字を「進出」と書き改めるよう指示したと抗議した．当時の史料に照らしてみると，そのような事実は「日本史」にはなかったが，高校の「世界史」の一部には確かに存在したようである[9]．しかし，この激しい抗議に直面して，政府は検定制度の運用を改めることを決めた．例えば，検定基準に「近隣のアジア諸国との間の近現代の歴史的事象の扱いに国際理解と国際協調の見地から必要な配慮がされていること」という一項を追加している[10]．これは，出版者に対して，近隣諸国への自主的な配慮を求めたものであり，政府として特定の記述を要請するものではなかったが，日本政府は，韓・中両国との国交回復に際しての誓いとその後の友好関係の積み重ねに対し思いを新たにし，国際関係に関しては，国民教育用の教科書といえども，外国の感情を無視すべきでないという認識を明確に打ち出したのである（史料2）．

歴史教科書の検定制度は，家永裁判と外国からの抗議をきっかけに，より透明度を高めることとなった．のち，1998年には，政府は臨時教育審議会の答申を受けて，教科書検定の簡素化や申請本の内容公開などを制度化している[11]．

このような動きは，きっかけは日本のジャーナリズムや近隣諸国の過敏な反応にあったかも知れないが，結果としては，日本の歴史教科書に，国際関係への配慮と，民主主義社会にふさわしい，より透明度の高い制度をもたらしたのである．

■史料2：宮沢喜一官房長官談話（1982年8月26日）

一，日本政府及び日本国民は，過去において，我が国の行為が韓国・中国を含むアジアの国々の国民に多大の苦痛と損害を与えたことを深く自覚し，このようなことを二度と繰り返してはならないとの反省と決意の上に立って平和国家としての道を歩んできた．我が国は，韓国については，昭和四十年の日韓共同コミュニケの中において「過去の関係は遺憾であって深く反省している」との認識を，中国については日中共同声明において「過去において日本国が戦争を通じて中国国民に重大な損害を与えたことの責任を痛感し，深く反省する」との認識を述べたが，これも前述の我が国の反省と決意を確認したものであり，現在においてもこの認識にはいささかの変化もない．
二，このような日韓共同コミュニケ，日中共同声明の精神は我が国の学校教育，教科書の検定にあたっても，当然，尊重されるべきものであるが，今日，韓国，中国等より，こうした点に関する我が国教科書の記述について批判が寄せられている．我が国としては，アジアの近隣諸国との友好，親善を進める上でこれらの批判に十分に耳を傾け，政府の責任において是正する．
三，このため，今後の教科書検定に際しては，教科用図書検定調査審議会の議を経て検定基準を改め，前記の趣旨が十分実現するよう配慮する．すでに検定の行われたものについては，今後すみやかに同様の趣旨が実現されるよう措置するが，それ迄の間の措置として文部大臣が所見を明らかにして，前記二の趣旨を教育の場において十分反映せしめるものとする．
四，我が国としては，今後とも，近隣国民との相互理解の促進と友好協力の発展に努め，アジアひいては世界の平和と安定に寄与していく考えである．

出典：外務省ウェブサイト
http://www.mofa.go.jp/mofaj/area/taisen/miyazawa.html

〈2〉2001年の論争

しかし，この制度下で作られた教科書に対しては，1990年代の半ば頃から，

厳しい批判が寄せられるようになった．そのきっかけは，1993年に合格が公表された高校の教科書で，7社9種類のすべてに従軍慰安婦の記述が盛り込まれたことであった．これは，当時の内閣が，例えば韓国における民主体制への転換を期に近隣諸国との友好関係の再構築をはかり，20世紀前半に日本が近隣に対して行った侵略と支配を反省する旨を再三表明する一方，関係国の歴史家・知識人の一部が，日本による人権侵害の最たる例として従軍慰安婦の問題を積極的に取り上げ，問題化したという時代背景をもっていた．そのため，1996年には中学校の教科書も合格本7種すべてが従軍慰安婦について記載することとなったのである．

これに対し，国家至上主義を奉ずる「右翼」団体が激しく反対したのは無論であったが，それ以外のグループからも疑問の声が上がった．従軍慰安婦の実態がいまだ十分に解明される以前に定説として教えうるか，中学生の場合には性教育がまだ十分に行われていないため，教育的観点から見て教科書に載せることが適切か否かなどといった問題が問われたのである．翌年，従来の「右翼」とは出自を異にする人々が，「新しい歴史教科書をつくる会」（初代会長西尾幹二．以下「つくる会」と略称）を結成し，教科書市場に参入しようと計画し始めたのは，これがきっかけだったと言われている．

こうした動きの背景には，戦後の日本が初めて経験した長期不況があった．人々は自信と希望を失い，失業，そして増加した凶悪犯罪の影に怯えて，社会には苛立ちの空気がみなぎるようになった．また，1990年から翌年にかけての湾岸危機/戦争では，日本は総額130億ドルもの資金を拠出したが，それは国際社会から一顧だにされなかった．日本の政治家たちはこれに国家的な屈辱を感じ，以後，その雪辱の道を探るようになったのである．このような空気の下，人々は，日本社会は本来頼りがいのある，良き秩序のはずだという信念にすがるようになった．そして，それは過去にも延長され，日本の歴史には一点の曇りもなく，日本は終始一貫してまともな国家であり続けたというイメージを求めるようになったのである．「つくる会」が掲げた主張は，まさにこの心理的需要に応じようとするものだったのである．彼らは，現行の教科書は「日本人の誇りをうしなわせ」，「特に近現代史において，日本人は子々孫々まで謝罪し続けることを運命づけられた罪人の如くにあつか」う，「自虐的」なものだと断罪

し，これに代えて，「子どもたちが，日本人としての自信と責任を持ち，世界の平和と繁栄に献身できるようになる教科書」を作り，普及させると宣言したのである[12]．「つくる会」は，その歴史像を西尾幹二『国民の歴史』[13]で表明する傍ら，教科書の製作に入り，それと併行して，教育学者の藤岡信勝が以前から試みていた，小中学校の教師を対象とする歴史教育の講習会を拡張し，全都道府県に支部を作って，世に支持者を広めていった．

この教科書を含む 8 種の中学校教科書の検定が始まったのは 2000 年 4 月，その結果が公表されて採択作業が始まったのは 2001 年 4 月であったが，この過程には，従来にない様々な特徴が見られることとなった．それを導いたのは，「つくる会」が採用した新しい運動方法である．従来の国家主義団体は，基本的には自由民主党の有力国会議員に働きかけ，もっぱら裏面から文部省の検定過程に圧力をかける方法をとったのであるが，「つくる会」は，主に公の場で市民運動を展開する手法を採用したのである．それは，かつて家永裁判などの過程で左翼が使った方法を，労働団体抜きで応用したものであって，その柔らかな組織の仕方は，老若を問わず支持を集め，会員は間もなく 1 万人を超えるに至った[14]．また，同会は，中央の国会議員や在来右翼のみならず，地方議会の教育関係者にも働きかけた．これは，検定を通過しても，地方の採択区で採択されない限り教科書を出版する意味がないためである．同会は全教科書の 10% のシェアを獲得する目標を掲げ，『国民の歴史』などの配布を通じて宣伝活動を展開した．従来は，世の注意は検定に集まり，採択過程にはほとんど注意が注がれなかったのであるが，「つくる会」の草の根保守市民運動は，それを根本的に変えたのである．

2000 年の検定過程では他にも特異な現象が見られた．厳秘に付せられているはずの申請本が世に流布し，それを元とする新聞の批判報道や教科用図書検定調査審議会の委員の更迭などの事件が発生したのである．しかし，教科書問題が広く世の注目を浴びるようになったのは，採択過程が始まる少し前，2001 年 2 月下旬のことであった．朝日新聞が「つくる会」教科書の合格予想を報じて，近隣諸国による抗議への懸念を表明し，それに対して，従来から「つくる会」の運動を全面支援してきた産経新聞が直ちに反論したのである．以後，新聞とテレビ番組の場で，「つくる会」の教科書の是非は，翌年に至るまで国民的な話

題として議論されることとなった.

このジャーナリズム上の議論は，当初は，古い「左右」対立と中・韓両国の抗議とが複合する形で進行した．1982 年と基本的には同じ構造が繰り返されたのである．朝日新聞は，中国・韓国の抗議運動を報道しつつ，家永教科書裁判以来，代表的な左翼教科書運動の担い手であった俵義文氏の「子どもと教科書全国ネット 21」と提携しつつ，不採択を主張した．それに対し，「つくる会」は 6 月に，検定合格後の完成本を市販するという前例のない挙に訴え[15]，採択権者，さらに世論にアピールしようとした．書店の目立つ場所には，この市販本と『国民の歴史』以下の宣伝書，またこれを批判する小森陽一・坂本義和・安丸良夫編『歴史教科書　何が問題か　徹底検証 Q&A』[16]などの批判書，さらに各教科書を比較した書籍[17]などが，目白押しに並んだのである．

この論争過程では，「つくる会」は他の 7 社の教科書の批判を続け，韓国と中国からは全教科書に関する修正要求が日本政府に届けられたが，国内の論争は常に「つくる会」の『新しい歴史教科書』の是非をめぐって行われた．文部科学省はこの教科書の申請本に対し 137 カ所もの修正要求を行っていたが，その多くは単純な事実誤認に属する欠陥であったものの，中には指導要領や検定基準に則した政治絡みの要求もあった．「つくる会」はそれをすべて受け入れ，合格にこぎ着けたのである．その内容は当初の政治的主張からはかなり後退していたが，同会は合格自体を肯定的に受け止め，次のように声明した．「われわれは今，昭和 57 年以来くりかえされてきた中韓外圧とそれへの迎合という，わが国と両国との健全な関係の発展を妨げてきた悪循環をやっと断ち切りうる新たな歴史のステージに立ったことを確認する」[18]．この外圧排除，「左翼インターナショナリズム」批判という論点は，日本の世論に対してかなり有効なものであった．

しかしながら，この「左翼」対「右翼」という図式による論争は，必ずしも世論を忠実には反映していなかった．それが明らかになったのは，論争も終盤にさしかかった 7 月に入ってからのことである．朝日新聞の月刊誌『論座』に五百旗頭眞が「つくる会の『新しい歴史教科書』を読む　国家の存亡だけで歴史を語る貧しさ」という論文を寄稿した[19]．五百旗頭は，神戸大学の日本政治外交史研究者で，左翼からは保守派と見られていた研究者であり，実際にも外務

省と提携しつつ仕事をしてきた．その彼が，「つくる会」の教科書の記述を，例えば特攻隊員のコラムについて，「世界を敵とする自滅戦争を無分別に行い，多くの若者をこのような死に追いやった政府の決定について疑念を呈することなく，国家のための死とその心ばせをもって，今日の中学生を感動させようとしている」と，厳しく批判したのであった．

　この五百旗頭の批判は，日本の保守層の中に，戦争への道を嫌悪し，さらに日本の「国益」が隣国を含む国際協調に懸かっていると信ずる人が少なくないことを明らかにした．実際，財界に限らず，国際場裏で実業に従事している人々は，これと同じ感想を抱いたに違いない．とくに，中国や韓国で事業展開を経験したことのある人々は，彼の国々に遺されている日本へのトラウマは，けっして彼の政府の一時的措置のみで生じたものでなく，親族集団の中に脈々と語り伝えられ，映画などで繰り返し再現されてきた記憶であることを熟知しているはずである．左翼でなく，実業に従事するからこそ，そうした隣国における「民族の記憶」の持つ重みと根深さに気づき，それが日本側のナショナリズムとぶつかって，イメージ上の悪循環を引き起こす危険性を警戒することになるのである．にもかかわらず，五百旗頭の論文までは，日本経済の中心で働き，社会の中堅層をなすこうした人々の意見を代表する論は登場できなかったのであった．

　しかし，その後，採択結果が公表される前後には，『中央公論』が8・9月号で「歴史教科書論争を解体する」という特集を組んだ[20]．論者によって意見は異なるが，「戦後」と時代環境が大幅に異なっているにもかかわらず，「戦後」のように国家至上主義の是非をめぐって論争が繰り返されることに，率直な違和感が表明されたのである．2001年の教科書論争は，終幕の近くになって，ようやく新しい問題設定を見出したのであった．

　問題の焦点となった「つくる会」の教科書は，結局，全体の0.039％（11校）の採択に留まった[21]．市町村立の公立学校での採用は一件もなく，愛媛県と東京都の直轄学校，および僅かの私立学校で採用されたに過ぎなかった．その後，都道府県の直轄学校が増すにつれ，同じ地域で採択数がややふえたが，大きくは変化していない．この結果は，「つくる会」とそこに集まった市民たちの期待を大きくはずれるものであった．それは，直接的には，同会が教科書づくりの

経験を欠き，都道府県の教科用図書選定審議会などが他社より高い評価を下すほど良く練り上げられた教科書を作れなかったためと思われる[22]．また，たとえイデオロギー面で同会に共感する教育委員でも，他社の教科書に従軍慰安婦の記述を削り，マルクス主義的な記述を払拭したものがある以上，わざわざマス・メディアの取材攻勢を冒して「つくる会」の教科書を採用する理由はなかったのではなかろうか．ともかく，2001年の中学校歴史教科書に関する決定は，このような形で，「国民的」な決着にたどり着いたのである．

　以上のように，2001年の歴史教科書論争は，以前にない様相を呈し，新たな対立の構図をもたらした．自国中心主義の運動が，民間の市民運動として出現し，それまでの右翼と異なって，文部科学省との対立すら辞さなかったこと．終盤で，戦後の日本を長く拘束してきたイデオロギー的な「左右」対立を超える，新しい問題設定が登場したこと．文部科学省が自己の役割を客観的な手続きの設定とそれに基づく公正な審判者としてのそれに限定する傾向を深め，教科書の選定を民間の論争と地方自治体における決定により多く委ねるようになったこと．そして，この民主的で公開された手続きを基礎とする政争と競争というルールが，ほとんどの当事者によって遵守されたことなどである．前節に紹介した，2004年現在の検定と採択のルールはそうしてできたものに他ならない．教科書論争の当事者の動きを見ると，いずれの側においてもルールの裏を掻こうとする誘惑が見え隠れしている．しかし，こうして成立した民主的なルールは貴重な成果であって，その遵守は世論の眼でしっかりと監視される必要があるだろう．

〈3〉2005年の経緯

　2005年には4年に1度の中学校用教科書の採択の年がめぐってきた．結果から振り返ると，2001年の採択結果と大きな相違は生まれなかった．東京都杉並区で初めて公立中学校が「つくる会」の歴史教科書を採用したが，同会のシェアは全国では0.5％未満に留まり，日本国民の選択にはかなりの安定性があることが分かった[23]．また，上に指摘した新しい論争軸，業界・性別を横断する国際協調派と一国主義派との対立という構図も同様であった．

　しかしながら，以前との相違も現れた．その最大のものは，日本政府と近隣

諸国の間により大きく，激しい政治対立が生じたために，歴史教科書の問題が後景に退いたことである．国連の常任理事国問題，日米軍の融合問題，領土問題など，現在から未来に向かう生々しい問題が複合し，さらに中韓での街頭抗議行動がクローズアップされた結果，教科書問題はマス・メディアでもほとんど報道されなかった．この摩擦の中で，歴史認識の問題はけっして軽んじられたわけではなかったが，それはもっぱら日本首相の靖国参拝，純政治問題として論じられたのである．

　ただ，教科書についても，2005 年には大きな変化があった．一つは，外務省が検定済みの中学校用教科書 8 種について，近代の国際関係に関わる部分を，英語，中国語，韓国語に翻訳し，日本語原文とともに公開したことである[24]．従来，近隣諸国を含め，外国の人々は，日本の歴史教科書がどんな内容を持っているか，ほとんど知らないでその内容を疑ってきた．「つくる会」の教科書のみに注目して，シェアが 99％ を超える他の日本の教科書を無視する傾向もしばしば見られた[25]．しかし，これからは，国内にいながら実物を見，判断することができるようになった．地味な措置であるが，これは長期的には大きな意味があるに違いない．

　第二には，日中韓の民間団体が，三国ないし二国に共通に使うための副教材を開発し，その一つが三国で同時に発売されたことである[26]．これに 2, 3 の副教材が続くことが予想されている．執筆関係者の話では，作成の過程で，通訳や翻訳に多大の努力を要しただけでなく，全体の構成・内容に関しても幾多の食い違いが生じたとのことであるが，ともかくも作成作業を通じて東アジアの歴史教育関係者が相互に面識の間柄となり，問題点の所在に気づいただけでも，大きな前進と評価して良いだろう．

　第三は，日本の中に，中国や韓国の歴史教科書を批判する動きが出現したことである[27]．今までは，もっぱら中国や韓国の政府と世論が日本の教科書を批判してきたのであるが，政治対立が厳しくなった結果，戦後長くタブーであった日本からの隣国教科書批判が始まった．これは扱いようによっては，相互非難の応酬という悪循環を生みかねない．しかし，すでに新しい条件が発生し，元には戻れない以上，関係国民は注意深く対処せねばならないであろう．

むすび

　これまでの経験に鑑みると，日本と近隣諸国の間，また日本国内では，今後も歴史認識をめぐる論争が続くであろう．この状況において，当事者である日本国民と中・韓両国民は何に留意すべきだろうか，詳細は「あとがき」に譲るが，ここでは歴史教科書の問題のみについて筆者なりの見解を述べておきたい．

　第一は，この問題を生々しい政治的駆け引きの場から引き離すことである．20世紀の前半に日本人が近隣に対して何を行ったのか．日本による加害の記憶は中国・韓国の国民の間に容易に忘れがたく，拭いがたいトラウマとして遺っているが，反面，それは60年以上も前のことであって，現存する日本国民の大多数は戦後の生まれであり，したがって加害の直接当事者でない．それゆえ，現在これを政治的なカードとして使うにはかなりの無理があり，危険ですらある．歴史認識の問題は，権力抗争の具としてでなく，むしろ普遍的な道義，そして未来にどのような東アジアを創るのかという実践的な観点から，過去を過去として心理的な距離を取りつつ認識した方が賢明なのではないかと思われる．

　また，歴史認識は教科書の問題に尽きるものではない．現在生じている紛争は，子供が起こしたものでなく，大人，それも政治指導者を発生源として生じたものである．長期的に見て，子供たちに歴史の事実をきちんと教えることは必要で，そのために良質な教材を提供することは大事な仕事である．しかし，より重要なのは，世の責任をいま負っている大人自身が過去をどのように弁えるかという問題なのではないだろうか．それがしっかりとしていて，初めて未来世代の教育も可能となるのである．歴史認識の問題は，今まで学校教科書の問題として論じられてきたが，それは不幸な問題設定の取り違えだったのではないか．今までそのような形で論じられてきたのは，それなりの歴史的背景があったのであろうが，これからはむしろ，今を担い，子供たちにより良い未来を遺す責務を担っている大人自身の問題として論ずべきなのではないかと思われる．

〈参考文献〉

船橋洋一編『いま，歴史問題にどう取り組むか』岩波書店，2001 年.
高橋哲哉『〈歴史認識〉論争』作品社，2002 年.
藤原帰一『戦争を記憶する』講談社現代新書，2001 年.
山内昌之・古田元夫編『日本イメージの交錯』東京大学出版会，1996 年.
鄭在貞『韓国と日本　歴史教育の思想』すずさわ書店，1998 年.
宮嶋博史・李成市・尹海東・林志弦編『植民地近代の視座　朝鮮と日本』岩波書店，2004 年.

---

1) 以下，制度の記述に関しては，主に次による．文部科学省初等中等教育局『教科書制度の概要』平成 16 年 3 月．法令の原典については，次を参照．http://wwwwp.mext.go.jp:8080/es/Launcher
2) 2004 年現在のものは，次を参照．文部科学省『中学校　学習指導要領（平成 10 年 12 月）解説――社会編』大阪書籍株式会社，1999 年.
3) 「教科用図書検定規則」（平成元年 4 月 4 日文部省令第 20 号）.
4) 「義務教育諸学校教科用図書検定基準」（平成元年 1 月 25 日文部省告示第 15 号）．高等学校に関しては，代わりに「高等学校教科用図書検定基準」（平成 11 年 4 月 16 日文部省告示第 96 号）が用いられる．
5) 注 2 に同じ.
6) 家永三郎『教科書検定』日本評論社，1965 年（『家永三郎集 8　裁判批判・教科書検定論』岩波書店，1998 年，所収）．『家永三郎集 14　歴史教育・教科書裁判』岩波書店，1998 年.
7) 「教科用図書検定規則」第 9-12 条（文部省初等中等局教科書管理課『教科書関係法令集』昭和 53 年 3 月，32-33 頁）．この変更が，出版社を始めとする民間に広く明示されたのは，のち，近隣諸国からの検定への抗議が行われた翌年に発行された『教科書制度の概要』からであった．
8) 中韓両国側の事情を含め，詳しくは，波多野澄雄「『歴史和解』への道標――戦後日本外交における『歴史問題』」，添谷芳秀・田所昌幸編『日本の東アジア構想』慶應義塾大学出版会，2004 年.
9) 出版労連教科書対策委員会『「日本史」「世界史」検定史料集――復活する日本軍国主義と歴史教科書』日本出版労働組合連合会，1982 年 11 月 14 日発行．これは，当時は非公開であった白表紙本（検定申請された原稿本）と見本本（検定合格本）を，日本史・世界史合わせて 21 点入手し，近代史の主なトピックスについて検定前後の変化を対照し，批判的なコメントを付したものである．出版労連は家永裁判を担い，文部省と対立した組織の一つであったから，文部省の検定の実情を隠蔽することはありえない．ただ，筆者が検討したところでは，そのコメントは必ずしもすべて正確とは思えない．本文の事実認識は，こ

の対照表の中身を筆者が批判的に分析し直した結果である．
10）「義務教育諸学校教科用図書検定基準」文部省初等中等局教科書管理課『教科書関係法令集』昭和 59 年 11 月，51 頁．
11）その趣旨に関して，例えば，「教科用図書検定規則及び教科用図書検定基準の改正について」（文初教 128 号　平成元年 4 月 20 日．文部省初等中等局長通知．各教科書発行者あて）．
12）「新しい教科書をつくる会　趣意書」平成 9 年（1997 年）1 月 30 日設立総会（http://www.tsukurukai.com/02_about_us/01_opinion.html）．
13）西尾幹二『国民の歴史』産経新聞ニュースサービス，1999 年．
14）小熊英二・上野陽子『"癒し"のナショナリズム――草の根保守運動の実証研究』慶應義塾大学出版会，2003 年．
15）西尾幹二ほか『〔市販本〕新しい歴史教科書』扶桑社，2001 年 6 月 10 日発行．
16）小森陽一・坂本義和・安丸良夫編『歴史教科書　何が問題か　徹底検証 Q&A』岩波書店，2001 年 6 月 25 日発行．
17）夏目書房編集部『どうちがうの？　新しい歴史教科書 vs いままでの歴史教科書』（総講評大月隆寛）夏目書房，2001 年 7 月 25 日発行．
18）「『新しい歴史・公民教科書』の検定合格にあたっての声明」平成 13 年（2001 年）4 月 3 日．
19）『論座』2001 年 7 月号，朝日新聞社．
20）『中央公論』2001 年 8 月号および 9 月号，中央公論新社．
21）教科書の卸会社日本教科書販売の調べによると，新教科書を使い始めて 2 年後の 2002 年度の採択数は，次の通りであった．

発行社	東京書籍	大阪書籍	教育出版	帝国書院	日本書籍	清水書院	日本文教	扶桑社	合計
実数（冊）	676,434	185,397	171,533	144,215	77,598	33,346	30,968	601	1,320,092
占有率	51.241%	14.044%	12.994%	10.925%	5.878%	2.526%	2.346%	0.046%	100.000%

採択数は年々変化するが，最新の情報は，例えば次のような，ウェブ上の百科事典で得ることができる．http://ja.wikipedia.org/wiki/
22）『愛媛新聞』2001 年 8 月 18 日．
23）2005 年 10 月 5 日に文部科学省が発表した全国約 12,000 校の使用見込み数値は，次の通り．東京書籍 51.2%，大阪書籍 15.4%，帝国書院 14.2%，教育出版 11.8%，日本書籍新社 3.1%，清水書院 2.4%，日本文教出版 1.4%，扶桑社 0.4%．
24）http://www.je-kaleidoscope.jp/index_ja.html
25）例えば，課程教材研究所・総合文科課程教材研究開発中心編著『歴史与社会――我們伝承的文明』八年級下冊，人民教育出版社，2003 年，115 頁．
26）日中韓三国共通歴史教材編集委員会『未来をひらく歴史』高文研，2005 年．
27）例えば，伊沢元彦・金文学『逆検定　中国国定教科書』祥伝社，2005 年．

日中の歴史教科書　関連年表

	日本		中国
1945年	（敗戦）	第2次世界大戦終結	（抗日戦争勝利）
1947年	新学制実施 初の『学習指導要領』発行		
1949年	検定教科書の使用始まる		中華人民共和国成立
1956年			初の『教学大綱』発行
1958年	『学習指導要領』の官報告示始まる		
1972年		日中国交正常化	
1978年		日中平和友好条約	
1982年〜		歴史教科書問題が論争化	
1990年代〜			地方版教科書の使用始まる
2001年〜		歴史教科書問題が再び浮上	基礎教育課程改革の試行

9章 歴史教科書にみる日中の相互認識

茨木智志

はじめに

　日中両国の歴史認識のギャップが問題となる場合，その舞台となるのは歴史教科書である．その歴史教科書の記述をめぐり，多くの議論が繰り返されてきたが，取り上げられる教科書は，多くは双方の自国史教科書（日本では日本史，中国では中国史）であり，その中の一部分，具体的には戦争にかかわる記述が特に問題とされてきた．もちろん，近代日中関係史の中の戦争に関する歴史認識は重要な意味を持つ．ただし日中両国共に，歴史教育において近代の戦争だけを教材としているわけではなく，当然ながら自国史と世界史の教育の中で太古の時代から現在までを取り上げている．では，その中で日本は中国史を，中国は日本史をどのように取り上げているのであろうか．そして何が問題となるのであろうか．

　これに答えるため本章では，日中両国の自国史と世界史の教科書が現在，古代から現代までの互いの歴史をどのように記述しているのか，それはどのような意味を持っているのかを示すことを中心とする．そして，共通の基盤に立った相互認識の〈ずれ〉の現状とその打開のための歴史授業の在り方を考えていきたい．なお，利用した歴史教科書は2004年度現在，使用されているものを基本とし，その中から占有率の高いものを代表的な教科書として取り上げ，資料として表をいくつか作成した．また何をもって中国史とするかは難しい問題であるが，ここでは現在の中国が中国史と認識している事項を便宜的に中国史とした．

1. 日本の歴史教科書における中国史の意味

〈1〉日本の歴史教育の概要

　1872年の学制以後，歴史科として実施されてきた歴史教育は，戦後の1947年の新学制以来，社会科教育の枠組みの中で行われてきた．社会科では当初，地理・歴史などの内容を統合して問題解決学習を中心に進められたが，1955年頃からは系統学習を基盤とした内容の分化が促進された．小学校では6年生前半の社会科学習として日本史教育が行われ，人物や文化遺産を軸とした学習が中心となっている．中学校では社会科が地理・歴史・公民の3分野に分けられ，歴史的分野は通常の，1・2年生が学習する．高校では社会科（現在は地理歴史科）の中の科目として日本史・世界史が，高校発足直後から現在まで継続して実施されてきた．この中で1994年以来，世界史は必修科目となっている．

　教科書については戦後の新学制下で検定制度が採用された．当初は県での検定実施も念頭に置いて始められた制度であったが，文部大臣（現在は文部科学大臣）のみによる検定として現在に至っている．教育内容の基準は学習指導要領として提示される．当初は試案の文字を付した文部省による著作物の扱いであり，県単位での発行も考えられていたが，文部大臣が告示する法的拘束力を持った文書として現在に至っている．検定を受ける教科書は学習指導要領に沿っていることが求められている．ただし学習指導要領の記述どおりに書かれた教科書は存在しない．〈教科書を教える〉ことよりも〈教科書で教える〉ことが教師に求められてきた．近年では教科書も学習の手引き的な要素を，低学年対象のものほど，強めている．また戦後の歴史教科書は，戦前の教科書が歴史的な評価を教えてきたことへの反省から，基本的には事実を説明することに専念した書き方をしている．そのため教科書が高学年のものになるほど，無味乾燥で事項羅列的であるという批判も受けている．

〈2〉日本の日本史教科書の中の中国史

　小学校社会科教科書は5社5種，中学校社会科歴史教科書は8社8種，高校日本史教科書は4単位の日本史Bが7社11種，2単位の日本史Aが6社7種発

行されている．この中から中学校教科書の中の中国史を表1に，高校教科書の中の中国史に関わる人名を表2にした．

表1：日本の中学校社会科歴史教科書の中の中国史（章末，参考文献⑤により作成．【 】は中国史に関わる人物名．〔 〕は注での記載）

> 第2章　古代までの日本
> ・中国文明．殷，周，秦，漢，【始皇帝】．・渡来人による稲作伝播．・後漢への使者．魏志倭人伝の記載．・南北朝．南朝への使者．漢字・儒教・仏教の伝播〔【孔子】〕．・隋，唐，律令．遣隋使．唐の高句麗攻撃．政治改革への入唐留学生の協力．・白村江の戦い．唐の朝鮮半島からの退却．唐にならった律令と平城京．・南北朝時代の中国などの文化が飛鳥文化に影響．遣唐使．唐文化の影響．【鑑真】．・最澄と空海が遣唐使と共に唐に渡り仏教の新しい宗派を伝来．・遣唐使廃止．宋の統一．商人による文物の輸入．
> 第3章　中世の日本
> ・禅宗の僧侶による日宋の往来．茶の伝来．・モンゴル帝国と元【チンギス・ハン，フビライ・ハン】．元寇，〔中国南部での元への反抗〕．宋銭，陶磁器，マルコ・ポーロ．（囲み記事：「ユーラシア世界史の誕生」）．・明の建国．倭寇，日明貿易（勘合貿易）．琉球王国による中国などとの中継貿易．・日明間の交易品．・喫茶の習慣の流入と茶の湯．宋元からの水墨画の流行．
> 第4章　近世の日本
> ・ポルトガル人を乗せた中国船の種子島漂着．・豊臣秀吉の明(中国)攻撃の意図．明による朝鮮救援．・南蛮貿易における中国産の生糸と絹織物の輸入．・中国船とオランダ船のみ長崎での貿易を許可．・オランダ船と中国船による交易品と風説書．琉球による中国との貿易．アイヌによる樺太経由の中国東北部などとの交易．・儒学，特に朱子学の奨励．
> 第5章　開国と近代日本の歩み
> ・イギリスによる中国(清)へのアヘン密輸．アヘン戦争と不平等条約．太平天国．ロシアのシベリア・沿海州進出・日清修好条規．台湾出兵．・朝鮮をめぐる日清の対立．・日清戦争の開戦．下関条約，台湾領有．列強による中国侵略の加速化．・義和団事件．ポーツマス条約中の旅順・

大連の租借権，鉄道利権の譲渡．満鉄による満州経営の本格化．日本の勝利に刺激されたアジア諸国での近代化・民族運動の高揚．日本の大国意識とアジアに対する優越感．　・孫文の三民主義．辛亥革命，中華民国の建国．袁世凱と軍閥支配．【孫文，袁世凱】．

第6章　二度の世界大戦と日本

・ワシントン会議による中国の独立と領土保全，日本の山東半島の権益返還．　・二十一か条の要求．五・四運動．中国国民党・中国共産党．　・〔関東大震災での流言による多くの朝鮮人，中国人，社会主義者などの殺害〕．　・国民政府による中国統一の進展．満州事変．満州国建国による支配．【蔣介石，溥儀】．　・盧溝橋事件による日中戦争の開始．戦火の拡大と南京事件．抗日民族統一戦線の結成．全面戦争への発展．【毛沢東】．　・朝鮮人，中国人を日本に連行して過酷な労働を強制．日本が侵略した東アジア・東南アジアでの多くの犠牲．　・日本の支配地域での武力抵抗の存在．台湾等の解放．〔アジア各国の犠牲者は合計で約2000万人以上〕．

第7章　現代の日本と世界

・国共内戦と中華人民共和国の成立．台湾の国民政府．　・冷戦や中華人民共和国成立による占領政策の転換．中国との国交不成立．　・日中国交正常化と日中平和友好条約締結．

表2：日本の高校日本史教科書の中の中国史に関わる人物名 (参考文献⑥により作成．〔　〕は注などで記載された人物．下線は世界史の教科書には記載されていない人物)

〔前漢武帝〕，後漢光武帝，後漢安帝，〔陳寿〕，隋煬帝，〔王維〕，〔李白〕，〔唐玄宗〕，〔安禄山・史思明〕，鑑真，チンギス＝ハーン，フビライ＝ハーン（忽必烈），蘭渓道隆，無学祖元，朱熹，陳和卿，朱元璋（太祖洪武帝），〔康熙帝〕，〔乾隆帝〕，〔朱舜水〕，王陽明，李鴻章，孫文，袁世凱，張作霖，〔蔣介石〕，張学良，溥儀，汪兆銘（精衛），毛沢東，〔周恩来〕，〔廖承志〕

小学校では，近年，教科書の形態が大きく変化し，各頁の紙幅の大半に写真や図版を盛り込んで，視覚的に歴史に親しむものが中心となっている．そのた

め記述が簡潔になる中で,江戸時代の文化と明治維新についての項目以外では,必ず中国とのかかわりが触れられている.前近代では遣唐使や鑑真,元寇が大きく取り上げられている.鑑真は学習指導要領で例示された42名の人物に入れられている唯一の中国人である.元寇は戦時中の「神風」記述に象徴されるように国威発揚のための最大の教材であったが,戦後は当時の世界情勢,絵画史料に見る戦いの様子,鎌倉幕府の衰退を説明するのが普通である.なお,元朝は中国を支配した存在として紹介されている.日本史の説明の中で,歴史的に深い関係を持った国として中国と朝鮮については,文化の交流や戦争を含めた事件などを時代ごとに取り上げている.このような日本史前近代の中の中国史記述は約40年前の教科書から大きな変化はない.

これに比べて,近代史の中の中国史記述は大きく変化した.明治期の日本を,学習指導要領では「国際的地位が向上した」[1]時代と捉えている.この「国際的地位の向上」は1958年に学習指導要領が官報に告示されるようになったときから小学校・中学校の社会科に記載されて現在に至っている位置づけである[2].約40年前の東京書籍の教科書では,学習指導要領を反映してか,「日本の地位の向上」という枠で欧米によるアジアの植民地化,日清戦争・日露戦争,条約改正,近代産業の発達,文化の発展を説明していた(参考文献①).ここでは条約改正で日本が欧米諸国と対等の地位を築く過程で,日清戦争に敗れて領土や賠償金を日本に取られる存在としての中国(清)と日本に併合される存在としての朝鮮が簡単に記述されているに過ぎなかった.しかしながら,その一方で,「国際的地位の向上」という観点のみでは見落とされる近代日本の様々な側面をいかに授業に取り上げるかが多くの教師により追求されてきた.この検討の過程で中国・朝鮮からの視点も授業に取り上げられるようになり,これが最近の教科書記述に反映している.例えば「この二つの戦争〔日清・日露戦争〕で戦場となった朝鮮や中国の人々は,命をうばわれたり,家を焼かれたりして大きな被害を受けました」(参考文献②:72頁)という記述や「日本がアジアに力をのばしていくことによって,アジアの国々は,どうなっていくのだろう」(同:71頁)という問いかけ,当時の日本での中国・朝鮮への差別意識の拡大と,これに関連して起こされた関東大震災時の朝鮮人・中国人等の殺害事件を指摘する記述がなされている.

満州事変から敗戦までの戦争の時代に関する記述についても，約40年前の教科書では軍国主義への批判を基盤に据えながらも，国家レベルでの出来事の推移に対する説明を中心として，これに戦争中の国民生活の苦しさをごく簡単に付け加えた記述をしていた．現在の教科書では戦争の拡大を中心とした歴史的な経緯に加えて，戦争中の小学生の生活，戦争による日本の被害の状況，中国などのアジア諸国の被害を取り上げるのが一般的である．満州事変から敗戦までの戦争をどのように歴史教育で取り扱うかは大きな課題とされてきた．歴史教育のみならず，戦後生まれの子どもたちに平和の大切さを教える平和教育は社会科教育の中で戦後一貫して追求されてきたものである．当初は，原爆に象徴される日本の被害のみが取り上げられ，戦争の悲惨さを学ぶことにより，憎むべき戦争を起こさないことの重要性を強調してきた．その後，植民地支配を含めたアジア諸国の被害の実態を直視することにより日本の加害の事実を取り上げ，戦争や平和，近代日本の歴史を考える教育が進められてきた．この成果が教科書に盛り込まれて今日に至っている．「新しい歴史教科書をつくる会」などの運動は，以上のような活動に対する反発から始まっている．

　中学校の歴史教育は世界史を背景とした日本史を対象としている．中学校の社会科が地理・歴史・公民（当初，公民は政治・経済・社会と称した）の3分野に分けられた1950年代半ば頃の教科書は，「歴史的分野」の名前どおりに日本史を中心としつつも世界史に関わる内容も多く含まれていた．ただし，それが学習指導要領の改訂を経るごとに日本史化が進み，特に近年になって時間数減少を理由に内容の精選が進められた結果，世界史内容はさらに大幅に削減されてきた．その中で，中国史に関わる事項はさほど削減されていない．このことは日本史と中国史との関係の深さから，他の世界史の事項に比べて中国史を重視していることの表れである．

　前近代に関しては，小学校よりも詳細な政治・文化・経済の交流の具体例と日本の制度や文化の背景となる中国史の概略が記述されている．表1を見ると中国史の通史的な概観ができるように配慮されていることが分かる．ただし約30年前の教科書（参考文献④）では日本と直接的に関係しない中国の各時代における政治・社会・文化・対外交流についての事項も世界史の内容として取り上げられていた．逆に近代史に関しては現在の教科書の方が記述される事項が

多い．具体的には台湾出兵，アジアに対する誤った優越感，関東大震災時の朝鮮人・中国人の殺害，南京大虐殺などの事項が加わっている．また細かい記述に目を配ると「大陸進出」と題されていた部分は「中国侵略」となっていることをはじめ，中国を含めたアジア諸国の被害と日本に対するアジア各地の様々な行動や運動を取り上げるようになっている．これは小学校教科書の記述と同じく教育実践の成果を組み込んだものであり，このような記述が多くの教科書の基本となっている．ただし「新しい歴史教科書をつくる会」による扶桑社版の歴史教科書の発行，検定，採択の過程で行われた他社の教科書への攻撃は，上記の記述に様々な影響を及ぼしていることが指摘されている[3]．

　高校の日本史は，時代の特色と文化についての学習に重点が置かれている．当然ながら高校日本史教科書の中の中国史は，小学校・中学校の教科書に比べて，詳細な説明がなされている．しかし高校では世界史という科目が別に設定されているため，高校日本史では日本史に関わる中国史に限定される傾向がある．そのため逆に世界史教科書では登場しない中国史の事項や人物が日本史教科書に記載されることもある．表2を見ると，ここには文化・経済の交流や戦争・統治に関わる日中関係史に登場する人物，および日本史を説明するための史料等に関わる人物が名を連ねている．このように高校日本史教科書では日本史に関わる古代から現在までの中国史を総合的に取り上げるのが基本である．現代史に当たる戦後史の記述では，国共内戦，中華人民共和国の成立から経済開放政策に至るまでの中国史が説明されている．小学校・中学校の教科書では1978年の日中平和友好条約までしか記述されていないのとは対照的である．ただし戦後史の学習に十分な時間が取れない教育現場での現実もある．

〈3〉日本の世界史教科書の中の中国史

　1872年の学制以来，欧米や中国の歴史が盛んに学ばれていたが，1881年に小学校の歴史教育が自国史教育に限定されたため，これ以後，現在に至るまで世界史（外国史）の教育は中等教育の内容となっている．1894年には西洋史に対置するものとして東洋史を学科目として設置することが提唱され，戦前の（旧制）中学校での歴史教育は日本史・東洋史・西洋史で行われるのが基本となった．西洋史は古代オリエント，古代ギリシア・ローマを起源とし，中世ヨーロ

ッパ，新航路の開拓・ルネサンス・宗教改革を経て，19世紀から当時までの欧米の国民国家の成立・発展を帰結点とする西洋通史を内容とした．東洋史は中国歴代王朝史を中心として関連するアジア諸地域の歴史を挿入し，近代以降は西洋諸国・日本の活動を含めて説明する内容であった．このような日本・東洋・西洋という3つに分けて世界を見る認識方法の問題点は，現在でも完全に克服できているとは言えない根深い影響を残している．戦後の新学制下の高校での歴史教育は，社会科の選択科目として東洋史・西洋史の2科目で始められ，2年目の1949年度に急遽，日本史・世界史の2科目と改められて現在に至っている．新科目であった世界史は理念や内容に対する十分な検討の結果として設置されたものではなかったため，東洋史と西洋史を組み合わせる形で始められた．

現在の高校の世界史教育は，必修科目として標準4単位の世界史Bと近現代史を中心とした2単位の世界史Aが行われている．教科書は，世界史Bが7社11種，世界史Aが9社11種，それぞれ新課程用に発行されている．日本の世界史教育では，真の意味での世界史とは何かを検討しつつ，それに近づける努力がなされてきた．その過程でヨーロッパ中心の世界観の問題，日本史欠如の問題，イスラム世界の位置づけの問題，東南アジア・アフリカ・太平洋などの歴史的位置づけの問題などが取り組まれてきた．その中で中国史に関しては明治初年の近代教育の始めから，歴代王朝史による旧来の中国史学習の打破が主張され続けてきた長い歴史がある．これに加えて中国史の周辺部と位置づけられた諸国・諸民族の扱い方も問題とされてきた．そのため中国史という枠組み自体をいかに相対化するかが世界史教育の課題とされ，その結果，東アジアの枠組みの中で中国について記述するのが世界史教科書の基本となっている．また東アジア等の枠組みにおいてもその内外の交流が積極的に取り上げられ，時代ごとに世界が結びつきを深めていく過程が重視されている．さらに地域と地域を結ぶネットワークや近代世界システムの視点を盛り込んだ世界史教科書も多くなっている．

しかし一方で中国史は健在である．表3に掲げた，世界史教科書に記載された中国史に関わる人物名を見ると，主要王朝の建国者をはじめとして現在までの主な為政者の名はほぼ網羅されていることが分かる．古代から現在までの中国政治史を軸とした中国史学習が出来るように記述されている．この表の人物

名から欧米人を除くと158人になる．このうち為政者を除いた文化史に関わる人名は57人で，約3分の1を占める．日本の世界史教科書は西洋史，中国史の人名に限らず，世界各地の人名を記載しているが，いわゆる為政者を除くと西洋と中国の文化のみを語る側面が現われてくる．中国史は政治史のみならず思想・宗教，社会，芸術などの文化史の主体として取り上げられている．ただし文化史の57人中，53人が前近代の人物であり，その中の37人が唐代までの人物であることは，日本の世界史教科書が持つ中国文化に対する尚古主義的な傾向を示している．また全国の大学入試における世界史の問題は，中国史が約25%を占めている[4]．日本では古代以来，中国史を学び続けて現在に至っている．近代になって，古くからの中国史学習を改善するための努力がその時々の課題に応じて進められ，現在も継続されているが，世界史教育の中の中国史の割合は大変に大きいのが現状である．

表3：日本の高校世界史教科書の中の中国史に関わる人物名（参考文献⑦により作成．中国史の中で登場する人物名および中国で中国史と考えられている人物名を列挙した．〈　〉は注での記載）

〈堯〉，〈舜〉，〈禹〉，斉の桓公，晋の文公，孔子，孟子，荀子，墨子，老子，荘子，商鞅，韓非，公孫竜，孫子，蘇秦，張儀，鄒衍，屈原，秦王政（始皇帝），劉邦（漢高祖），項羽，〈陳勝〉，〈呉広〉，武帝，張騫，王莽，劉秀（光武帝），〈張角〉，董仲舒，司馬遷，班固，班超，曹操，曹丕，孫権，劉備，司馬炎，司馬睿，太武帝，孝文帝，劉裕，陶潜，仏図澄，鳩摩羅什，法顕，寇謙之，謝霊運，昭明太子，顧愷之，王義之，文帝（楊堅），煬帝，李淵（唐高祖），太宗（李世民），唐高宗，玄奘，義浄，孔穎達，杜甫，李白，白居易，韓愈，柳宗元，呉道玄，顔真卿，ソンツェン＝ガンポ，則天武后，玄宗，楊貴妃，安禄山，史思明，黄巣，朱全忠，耶律阿保機，完顔阿骨打，耶律大石，趙匡胤（宋太祖），神宗，王安石，徽宗，欽宗，南宋高宗，秦檜，岳飛，周敦頤，朱熹，司馬光，欧陽脩，蘇軾，王重陽，冒頓単于，テムジン（チンギス＝ハン），オゴタイ，バトゥ，フラグ，フビライ，プラノ＝カルピニ，ルブルック，マルコ＝ポーロ，郭守敬，モンテ＝コル

ヴィノ，パスパ，朱元璋（太祖洪武帝），建文帝，永楽帝，鄭和，エセン＝ハン，正統帝，アルタン，董其昌，王守仁（王陽明），李時珍，徐光啓，宋応星，マテオ＝リッチ，ヌルハチ，ホンタイジ，張居正，李自成，呉三桂，鄭成功，〈鄭芝竜〉，康熙帝，雍正帝，乾隆帝，〈ツォンカパ〉，顧炎武，黄宗羲，銭大昕，アダムシャール（湯若望），フェルビースト（南懐仁），ブーヴェ（白進），カスティリオーネ（郎世寧），マカートニー，林則徐，ムラヴィヨフ，洪秀全，曾国藩，李鴻章，ウォード，ゴードン，左宗棠，康有為，光緒帝，西太后，梁啓超，孫文，袁世凱，宣統帝（溥儀），ダライ＝ラマ13世，陳独秀，胡適，魯迅，李大釗，蔣介石，張作霖，張学良，毛沢東，汪兆銘，周恩来，劉少奇，林彪，鄧小平，華国鋒，江青，趙紫陽，江沢民，胡錦濤，李登輝，陳水扁

2. 中国の歴史教科書における日本史の意味

〈1〉中国の歴史教育の概要

　清末の近代的な学校制度の創設以来，政治体制を大きく変えながらも歴史教育は重要な位置を占めて継続されてきた．小学校においては1990年代に入って，社会科教育の枠組みで歴史を取り扱うようになった．中学における歴史教育を人民教育出版社発行の教科書で見ると，3年制の初級中学では1・2年で「中国歴史」（4冊），3年で「世界歴史」（2冊）を学び，3年制の高級中学では必修科目の「中国近代現代史」（2冊，アヘン戦争以後），そして選択科目の「世界近代現代史」（2冊，14・15世紀以後）と「中国古代史」（1冊，中国の前近代史）を学んでいる．この構成からも分かるように近現代史が重視されている．

　中華人民共和国成立後は，教学大綱に基づいた全国一律の教科書が使われていたが，1990年代には地方版の教科書使用が始まり，「一綱一本」（一つの大綱に基づいた一種類の教科書）から「一綱多本」（一つの大綱に基づいた複数の教科書），そして「多綱多本」（複数の大綱に基づいた複数の教科書）の教科書制度が進められている．また近年，「全国基礎教育課程改革」の進行により課程標準に基づいた歴史教科書も実験的に使用されている状態にある．この中には『歴

史と社会』という地理などを融合した初級中学用の教科書もあり，また上海の高級中学では中国近現代史と世界近現代史を融合した「歴史」教科書（参考文献⑰）が使用されるに至っている．さらに多民族国家の中国では中国語（漢語）で書かれた歴史教科書が各民族語に翻訳されて使用されている．このように多種多様な歴史教科書が存在するのが現在の中国である．一方で9年制義務教育の実施に伴って，教育内容の軽減が急速に進められており，教科書は改訂を経るごとに記述される項目や説明を減少していく傾向にある．

〈2〉 中国の中国史教科書の中の日本史

現在の中国の中国史教育は，中国の在るべき姿を出発点としている．すなわち国土が統一され，文化・社会が発展し，漢民族を含めた国内の56民族が中華民族として一致団結し，中国共産党の指導の下で常に前進している先進的な大国の一員であり，世界各国と友好的な関係を常に推進しているという現在の中国の理想が投影されている．そのため歴史教科書においても，国内の対立である階級闘争を記述としては後退させ，国内の民族間の葛藤をほとんど記述しない傾向にある．また先進的な大国の一員として，国際的に友好的な外交関係を保っていることが基本とされ，外国との関係は交流が第一であり，時に外国から侵略があれば一致団結して撃退してきたことが説明される．そのため中国から外国への歴史上の軍事行動はほとんど記述しない傾向にある．

以下，表4に示した人民教育出版社の初級中学の中国史教科書を中心として随時，他の教科書を参照しながら，その中の日本史の意味を考えていきたい．また教科書中の日本人名を，高級中学の中国近現代史教科書について表5に，上海の高級中学「歴史」教科書について表6にそれぞれ列挙した．中国の中国史教育の中の日本史は前近代（古代），近代，現代のそれぞれに現われている．

表4：中国の初級中学中国史教科書の中の日本史 （参考文献⑧により作成．下線は日本人名）

第一冊
16課　両漢の西域経営と秦漢の対外関係：漢と日本との友好交流．徐福伝

説．
19課　大いに栄えた秦漢文化⑴：製紙法が7世紀に日本に伝播（地図）．
第二冊
5課　「海内に知己を存す」：隋唐時期の遣隋使，遣唐使による日中の密接な交流．<u>阿倍仲麻呂</u>と鑑真．貿易の繁盛．平城京の建築様式，詩，書，風習への唐の影響．
12課　五代，遼，宋，夏，金の社会経済：宋・遼・金の時期の貿易相手としての日本．
19課　辺境民族の発展と対外関係：明代の倭寇および戚継光による抗倭．
第三冊
11課　中国辺境の危機と中仏〔清仏〕戦争：日本の台湾侵略と台湾人民の抵抗〔台湾出兵〕．
12課　甲午中日戦争〔日清戦争〕と民族危機の深まり：戦争勃発．平壌での奮戦．黄海海戦での奮戦．旅順での抵抗と虐殺．馬関〔下関〕での<u>伊藤博文</u>との談判と条約の締結．日本を含めた帝国主義諸国による中国に対する経済侵略と分割．
13課　維新変法運動の勃興：ロシアと日本の変法による強国化に着目した康有為ら．日本との講和に反対した「公車上書」．
15課　義和団運動：日本を含めた八カ国連合軍との闘争と辛丑条約．
16課　ブルジョワ民主革命運動の興起：東京での革命の宣伝．東京での雑誌発行．日本政府による留学生取締りに反対し東京の大森海岸で入水した陳天華．孫中山による東京での中国同盟会の成立．
20課　清朝の文化（二）：魏源『海国図志』の日本への影響．
22課　北洋軍閥統治に反対する闘争：日本を含めた五カ国銀行団との袁世凱の調印．
23課　民族産業のしばしの発展と軍閥の割拠抗争：日本からの投資額の増加．借款を利用した日本による中国政府統制の企て．日米の支持のもとでの軍閥の戦争．第一次大戦中の日本の山東省への出兵．二十一か条の要求．
24課　新文化運動と五四愛国運動：李大釗・魯迅の日本留学．ドイツが持っていた山東での権益を日本に譲渡することに反対した五四愛国運動．これに対する日本からの鎮圧要求．
26課　革命統一戦線の成立：上海の日本紡績工場での共産党員労働者の銃殺（五・三〇運動）．

第四冊
1課　南京国民政府の樹立：日本の「済南虐殺事件」,「皇姑屯事件」〔張作霖爆殺事件〕,日本の脅迫と「東北易幟」.
2課　国民政府の初期の統治：フランスによる大滝線鉄道建設投資に反対する閻錫山への日本の支持.
3課　紅色政権の建設：周恩来の日本留学.
5課　日本が中国侵略した九・一八事変〔満州事変〕：日本による事変の捏造と東北部の占領.（線路爆破の史料：河本中尉,川島中隊長,今田大尉,板垣征四郎,花谷正）.一・二八事変〔上海事変〕.満州国.
6課　抗日救国運動：梅津〔美治郎〕何応欽協定.「八一宣言」,「一二・九」運動,西安事件.
7課　神聖なる抗戦の開始：盧溝橋事件,抗日民族統一戦線.「八・一三」事変〔第2次上海事変〕,「淞滬会戦」,「平型関の大勝利」台児荘戦役.
8課　「敵の後方へ行け」：南京大虐殺,向井少尉・野田少尉の100人斬り.ゲリラ戦,晋察冀などの抗日根拠地.
9課　日本侵略者の残虐な統治：近衛文麿による声明と傀儡国民政府の成立.残虐な統治,石井〔四郎〕部隊.資源・労働力に対する野蛮な略奪.
10課　抗日に消極的で反共に積極的な国民党：日本軍の毒ガス使用.ビルマ遠征中国軍の活躍.
11課　共産党が堅持した敵後方の抗戦：百団大戦.「三光政策」と反「掃蕩」政策.抗日根拠地の困難と強化.
12課　抗日戦争の勝利：抗日根拠地での反撃.日本の降伏（岡村寧次）.
16課　民国時期の文化（一）：李四光の日本留学.
24課　社会主義建設の新時代：上海宝山鉄鋼コンビナートの第一期工事は設備・技術を日本から導入.
26課　国防建設,民族工作,外交工作の成果：1972年,日中の外交関係樹立.

　前近代史では秦・漢の日本との友好交流,唐代の日本との往来,宋・遼・金の時期の貿易相手としての日本,明代の倭寇としての日本が取り上げられている.前近代史において一番強調されているのは,唐代の対外交流の相手としての日本である.遣隋使,遣唐使による密接な交流の様子を唐に来た阿倍仲麻呂

と日本に渡った鑑真を取り上げて説明している．そして貿易の盛んな様子を出土した開元通宝と和同開珎で説明し，日本への文化的な影響が非常に大きく，あるものは今に伝わっていることを平城京の建築様式や唐の詩・書法の流行，後に日本で茶道に発展する製茶法などで解説している．日宋の盛んな貿易の中で日本の刀剣と扇子が中国で歓迎されたことが改訂前の教科書に記述されていた（参考文献⑲：107頁）が，現行の教科書では削除されている．また元代の対外交流はアフリカ，ヨーロッパが強調されており，元寇を含めて日本への言及はない[5]．また明の対外関係は，日本では北虜南倭と言われることが多いが，北虜であるモンゴルは「中華民族」の一員として中国国内の友好・融和の対象であるため，いきおい南倭である倭寇がその撃退者としての「民族英雄」戚継光とともに強調される結果となっている．教師用書では，中国に対する外来民族の侵略に反抗した歴史上最初の闘争という位置づけをしている（参考文献⑨：第19課）．

　中国史教科書の中で日本が一番大きく取り上げられているのが近代史である．これは戦争中に日本から中国が受けた被害を考えれば当然のことであろう．中国近代史記述の中では第一に，中国に侵略戦争を継続する日本が中心に据えられ，次いで中国侵略を推進する列国の一員としての日本が随所に現われ，一部に革命運動の場としての日本が添えられている．近代日本の侵略戦争は，1874年の台湾出兵に始まり，日清戦争・満州事変を経て，日中戦争に中国が勝利するまで続けられたものとして捉えられている．ここでは，中国人がいかに戦ったのかが「民族英雄」の戦いぶりを正面に据えて記述されている．特に重要な人物は肖像や略歴，言葉を添えて詳細に説明される．戦争の記述の中で，戦闘についてあまり説明することのない日本の歴史教科書の書き方と対照をなしている．特に抗日民族統一戦線結成前後から中国共産党が指導的な役割を果たして戦争を勝利に導いたことが説明の中心となる．その中で南京大虐殺や野蛮な植民統治を行う侵略者である日本軍に対して，いかに戦ってきたかが具体的に述べられている．

表5：中国の高級中学の中国近現代史教科書の中の日本人名（参考文献⑱により作成）

> 円仁（史料の著者として），吉備真備，陸奥宗光（史料の著者として），伊藤博文，北白川宮能久親王・山根信成少将（台湾での戦死者），日置益（二十一か条要求），寺内正毅，田中義一，梅津美治郎，平沼騏一郎，近衛文麿，日本天皇裕仁，岡村寧次，田中角栄

　ここでの日本は侵略者として殲滅すべき存在であり，かつ残虐で野蛮な存在として描かれている．人民教育出版社の初級中学の教科書では南京大虐殺の他に，「日本は我々の敵だ」と言って日本兵に殺された11歳の黄継先(こうけいせん)の話，人体実験の材料として3000人余りの中国人を殺した石井部隊の話，強制労働から逃亡後，北海道の山中に13年間潜伏して1958年に帰国した劉連仁(りゅうれんじん)の話，日本軍の「掃討作戦」により全村1537人中1230人が殺された潘家峪(はんかよく)の話などが紹介されている（参考文献⑧：第四冊，49-52，58-59頁）．日本人には目を覆いたくなるような数々の出来事が並べられている．また上海版の高級中学「歴史」教科書では近代日本の中国に対する侵略行為が，具体的な人名を添えて詳細に説明されている（表6参照）．戦争中の日本による侵略行為は，中華人民共和国成立後，一貫して歴史教科書で扱われてきたが，特に1990年代以後に厳しいものになったことが指摘されている[6]．この変化の背景には，1989年の天安門事件に対応して進められた思想的な教育の強化と，日本との歴史認識をめぐる問題があると考えられる．

表6：中国の上海版高級中学歴史（近現代史）教科書の中の日本人名（参考文献⑰により作成）

> 織田信長，足利義昭，豊臣秀吉，豊臣秀頼，徳川秀忠，大塩平八郎，高杉晋作，明治天皇（睦仁），徳川慶喜，木戸孝允，大久保利通，西郷隆盛，伊藤博文，東郷平八郎，杉山彬，日置益，石井菊次郎，西原亀三，牧野伸顕，小幡西吉，大川周明，岡村寧次，犬養毅，石原莞爾，岡田啓介，広田弘毅，

> 田中義一，土肥原賢二，板垣征四郎，本庄繁，東条英機，中村震太郎，塩沢幸一，野村吉三郎，植田謙吉，白川義則，重光葵，梅津美治郎，松井石根，谷寿夫，阿部規秀，杉山元，近衛文麿，畑俊六，吉田善吾，有田八郎，昭和天皇（裕仁），山本五十六，南雲忠一，永野修身，牛島満，鈴木貫太郎，武藤章，木村兵太郎

　一方で日中間の戦争をめぐる歴史認識の問題は，現在の問題として教材化され始めている．特に課程標準に基づく実験教科書では生徒の活動の題材として日本での歴史認識を取り上げることが多い．人民教育出版社の初級中学用の課程標準実験教科書では活動課「日本の中学生に手紙を書こう―南京大虐殺を忘れることは出来ない」（参考文献⑩：85～87頁）を置いている．この活動は，「南京大虐殺を忘れることは出来ない」というテーマで同年齢の日本の中学生に手紙を書き，日本軍国主義の罪状を暴き，中国人民が侵略に反対し，平和を熱愛している願いを説明するという内容である．従来からの愛国心高揚のみならず資料活用能力の向上を目的としている学習であるが，同時代および戦犯裁判の資料に加えて，「歴史教科書の中で南京大虐殺に対して日本右翼分子が歪曲した叙述」「日本政府が歴史教科書を審査した状況」（同：85頁）などの多方面の資料の利用を想定している．人民教育出版社の高級中学の課程標準実験教科書では，「閲読と思考」という課題を出している（参考文献⑪：40頁）．文章は，2003年8月にチチハルで起きた日本軍の遺棄した化学兵器により四十数名が中毒になり，死者まで出た事件を取り上げ，課題としてインターネット・新聞・雑誌により，あるいは被害者を直接訪れて，日本軍により当時遺棄された化学兵器が中国人民を傷つけた事実を収集し，侵略戦争がもたらした長期の危害を分析するというものである．また同書では，南京大虐殺に関して，「日本右翼勢力」の見解に対する各自の意見を求めている（同：38頁）．華東師範大学出版社の課程標準実験教科書では，既習の学習内容を今日の日中関係の現実と結びつけて，「歴史は忘却できず，なおかつ改竄を許さない」という言葉の道理を説明させている（参考文献⑫：100頁）．以上のように日中戦争あるいは日本軍による残虐行為がまさに現在の問題として取り上げられるに至っている．一方で，両親を

戦火で失った日本の幼女を保護した聶栄臻（じょうえいしん）将軍が手紙を添えて日本側に送り届け，その2人が1980年に再会した話を紹介している教科書もある（同：95〜96, 100頁）．

　国共内戦（解放戦争）を経て中華人民共和国の成立後が現代史となる．表4にあるように人民教育出版社の初級中学の中国史教科書においては，1972年に日本の首相が中国を訪問し，外交関係が樹立されたことが説明されている．ここは敵対していた米中関係の正常化，国連での代表権取得，日中関係の正常化という1970年代初めの一連の出来事を中華人民共和国の外交政策の成功として説明する部分である．

　中国史教育における日本史は，秦・漢の時代から現在までの長期にわたる日中関係を対象としている．中国史教育において，これほど自国との関係を取り上げている外国はない．前近代では中国の文化を積極的に学ぶ友好国としての日本が前面に出され，これに中国に撃退された倭寇の発信地という側面が添えられている．近代になると台湾出兵，日清戦争に始まり，中国史のあらゆる局面で干渉を及ぼし，満州事変で中国を分割し，盧溝橋事件以後，全面的な侵略戦争を起こしてあらゆる残虐行為を行ってきた野蛮な敵対国としての日本が具体的に述べられている．敗戦後の日本はほとんど中国史に登場することはなくなるが，中華人民共和国の外交政策の重要な要素として日中の国交正常化が紹介される．また戦争中の日本の残虐行為は歴史上の過去の出来事という位置づけから，そのことを認めようとしない現在の日本の問題という取り上げ方が始められている．

〈3〉中国の世界史教科書の中の日本史

　中華人民共和国成立後の小学校においては，「歴史」（現在は「社会」）の中で，初歩的な世界史の重要事項を教育してきた．中学校の歴史教育においては，清末から「本国歴史」とともに「外国歴史」を教えるのが基本であった．この「外国歴史」の内容は，1913年の「中学校課程標準」[7]に「東亜各国史」・「西洋史」と書かれていることに象徴的に現われているように，西洋通史にアジア各国史を挟み込んだ構成を取ってきた．1956年以後，「世界歴史」の名称が使用されるようになる．

人民教育出版社の初級中学の世界史教科書を表7にした．人類の始まりから現代文化までの世界史の通史を学習している．中国の世界史教育の特徴である西洋史にアジア各国史を挟み込んだ構成が目次を見るとはっきりと現われている．このことは自国史を含まない事実上の外国史教育であることも意味している．発展段階に基づく社会主義社会の由来と重要性が前面に出され，人民闘争・民族独立の歴史が特筆されていたが，この視点は従来に比べると低下している．近年は現在の主要な国家の存在を前提として，中国以外の世界史を見る傾向にある．そのため，アジア・アフリカ・ラテンアメリカとの連帯を目的とした全世界の歴史を叙述する視点も低下している．日本の世界史教育が古代アフリカの教材化に取り組み，ようやく教科書に反映されてきたのと対照的に，中国の世界史教育では早くから古代アフリカを取り上げていたのがその後に削除されて今に至っている．

表7：中国の初級中学の世界史教科書の中の日本（参考文献⑬により作成．囲みは特に日本に関連する課．下線は日本人名）

第一冊	第二冊
1課　人類史の始まり	1課　第一インターナショナルとパリ・コミューン
2課　大河流域の古代文明国（一）	
3課　大河流域の古代文明国（二）	2課　資本主義の帝国主義段階への進入
・仏教の日本伝播（表中）	
4課　燦然と輝く古代アジア・アフリカの文化	・日本の資本主義経済の後れ，日清戦争による資源・資本・市場の獲得
5課　西洋文明の源－古代ギリシア	
6課　地中海世界の覇者－古代ローマ	3課　国際労働者運動の発展とレーニン主義の誕生
7課　西洋の古典文化	
8課　ヨーロッパの初期封建国家	4課　アジア・アフリカ・ラテンアメリカの民族民主運動
9課　ビザンチン帝国とキリスト教	
10課　東アジアの封建国家〔朝鮮と日本〕	5課　第一次世界大戦
	6課　ロシア10月革命とソ連の社会主義建設
・大化の改新（孝徳天皇）とそれ以後の日中の文化交流（空海），武士	7課　戦後の世界秩序の設立と1920

階級の形成
11課　西アジアの封建国家
12課　新航路の開拓
13課　ルネサンス(一)　－イタリア・ルネサンス
14課　ルネサンス(二)　－ルネサンスの拡大発展
15課　イギリスのブルジョワ革命
16課　ヨーロッパの植民主義の拡張
17課　アメリカ独立戦争
18課　フランスのブルジョワ革命
19課　ラテンアメリカの独立革命
20課　産業革命
21課　科学的社会主義の誕生
22課　1848年のヨーロッパの革命
23課　アメリカ内戦
24課　ロシアの改革
25課　日本の明治維新
・幕府の統治，武装倒幕，明治維新
26課　ドイツとイタリアの統一
27課　近代の科学と文化(一)　－自然科学革命
28課　近代の科学と文化(二)　－文学・芸術の発展
29課　近代社会生活の変化
・明治維新後の日本の社会生活の変化

　　年代の相対的な安定
・パリ講和会議での日本の要求とその実現
8課　1929～1933年の資本主義経済の危機とルーズヴェルトのニュー・ディール政策
9課　ファシズム国家の形成と反ファシズム闘争
・軍部によるファシズム化と中国への侵略，日独伊三国の枢軸結成
10課　第二次世界大戦(一)
・太平洋戦争勃発
11課　第二次世界大戦(二)
・ファシズム国家の暴行，日本の降伏
12課　第二次大戦後の社会主義国家
13課　ヨーロッパ・日本の経済的回復と発展
・日本の高度経済成長と発展の中の矛盾
14課　アメリカの覇権政策と米ソの対立
15課　アジア・アフリカ・ラテンアメリカの民族独立運動
16課　第三世界の興起とアジア経済の発展
・1950・60年代に経済が発展し始めた国としての日本（地図中）
17課　世界構造の新しい変化
18課　世界経済の発展
19課　第三次科学技術革命
20課　現代文化
・小林多喜二

このような世界史教育の中での日本史を，人民教育出版社の初級中学の世界史教科書を中心に見ていきたい．前近代史では東アジアの封建国家としての日本を紹介している．特に大化の改新が奴隷制国家から封建制国家への転換点として重視されている．大化の改新については，中国の隋唐の制度に倣って進められた改革であり，中国への留学生が重要な役割を果たしたこと，その後の日本は中国文化を積極的に吸収して，教育・宗教・建築・美術・文学などで中国の大きな影響を受けたこと，そして武士階級が形成されて，12世紀末からは幕府統治時期に入ることが解説されている．

　近代史においては明治維新が大きく取り上げられている．まず江戸幕府の統治，鎖国，経済に触れ，開国後の危機的状況から武装倒幕に至る過程，そして明治維新後の改革が説明される．明治維新により日本は半植民地国家の危機から脱して資本主義国家に転じたと評価している．その一方で，改革の不徹底により少なからぬ「封建残余」が保持されて対外侵略への道をたどると説明している．人民教育出版社の課程標準実験教科書の世界史では改革の内容に重点を置いた解説をし，また読み物教材として伊藤博文を取り上げている点が注目される（参考文献⑮：118〜121頁）．

　現代史の始まりは，世界史ではロシア革命に置いている．この中で第2次大戦終了までの時期の日本は資本主義諸国の一員としての動きが説明されている．特に1929〜1933年の資本主義経済の危機に対応して形成されたファシズム国家としての日本の侵略がドイツ・イタリアとともに述べられている．

　戦後史においては「日本の台頭」として戦争による経済壊滅，米軍占領下での改革と中国革命勝利による米軍の政策変更，朝鮮戦争を背景とした経済の回復，その後の経済発展と経済大国化が説明されている．特に日本の高度経済成長が大きく取り上げられている．ここで経済成長の原因が解説されているが，教師用書によれば，なかでも外国の先進技術の導入と人材養成の重視が教訓として注目されている（参考文献⑭：第13課）．人民教育出版社の高級中学の世界近現代史教科書では日本が政治大国化を図り，軍事費の増加を進め，「国際協力」の名の下で海外に軍隊を派遣していることがアジア各国人民の警戒を呼んでいることを指摘している（参考文献⑯：下冊，71〜72頁）．また同書は資本主義諸国の「矛盾と問題」を説明する中でドイツと日本での極右勢力のことに触

れ，A級戦犯が合祀されている靖国神社への政府閣僚の参拝の問題と歴史教科書の問題が取り上げられている（同：下冊，74頁）．最後の「現代文化」の課の中でアジア・アフリカ・ラテンアメリカ文学としてプロレタリア作家・小林多喜二が取り上げられているのが興味深い．

表8：中国の高級中学の世界近現代史教科書の中の日本人名（参考文献⑯により作成）

> 源頼朝，徳川家康，豊臣秀吉（朝鮮侵略者として），吉田松陰，高杉晋作，明治天皇，大久保利通，木戸孝允，伊藤博文（韓国統監として），田中義一，重光葵（史料の著者として），広田弘毅，麻原彰晃（人類共通の問題としてのテロリズムに関連して）

3. 日中の相互認識のギャップとその背景

　これまで，日本と中国が歴史教科書において現在，互いをどのように取り上げているかを述べてきた．日本の日本史教科書，日本の世界史教科書，中国の中国史教科書，中国の世界史教科書は，それぞれ異なった中国史あるいは日本史を描いていた．これをもとに日中両国の歴史教育における認識のギャップがどのようなものであり，その背景はどのようなものであるのかを考えていきたい．

　日本の日本史教科書は，日本史理解のための中国史を取り上げていた．ここでは文化の発信地であり，交流の対象であり，侵略の対象であった中国の歴史が日本史を理解するために必要とされていた．一方で，中国の中国史教科書は中国史理解のための日本史を取り上げていた．ここでは交流の対象であり，偉大な中国文化を学ぶ者であり，抗日戦争勝利の意義を理解するための残虐な侵略者群像からなる日本の歴史が中国史を理解するために必要とされていた．

　中国の世界史教科書では，中国を模範とした改革である大化の改新，近代化の成功事例である明治維新，中国侵略の背景となるファシズム国家化，経済発展の模範である戦後の高度経済成長を重点的に取り上げていた．一方，日本の

世界史教科書では，通史的に詳細に中国史を述べる中で現代に薄く，古代に厚い尚古主義的な取り上げ方をしていた．両国ともに自国史理解のために必要とされる事項を世界史として取り上げる傾向にある．

要するに日本では，現在の日本のための中国史が教えられ，中国では，現在の中国のための日本史が教えられている．このギャップを端的に表しているのが各教科書で取り上げられている人名の〈ずれ〉である．単純化を恐れずに言うならば，日本は古代中国の偉人たちを見続け，中国は近代日本の侵略者たちを見続けている．

このように認識の大きく異なる日中両国であるが，この認識のギャップを維持している背景には共通点が多い．第一に，歴史教育重視に現われている伝統的な歴史教育観および歴史教科書観があげられる．歴史教育とは，教師が真実の書かれた歴史教科書を使って生徒に真実を教え，生徒はそれを間違えることなく学ぶものという考えが強い．両国ともにこの枠から外れた教育に一定の価値を見出しながらも，長年の歴史観や教育文化の伝統に由来するこの歴史教育観は揺るぎないものになっている[8]．第二に，政治による教育や教科書への規制の存在があげられる．状況は異なるが，両国ともに国家アイデンティティの希薄化への対処として歴史教育が利用されている．そして様々な要因で出現した政治的な要求が歴史教育に影響を及ぼす制度が整備されている．第三に，歴史教育における自国史と世界史の分離があげられる．自国史とは別に外国史を教育してきた歴史的経緯から，両国ともに自国史と世界史の統合もしくは統一的な視点による教育が課題となっている．

4. 日中で取り組むべき歴史授業の方向——まとめに代えて

このように，古代から現代までの互いの歴史の中から日中両国の歴史教育では，それぞれの異なった側面を殊更に見続けてきた．しかも，共通する歴史教育観および類似した各種の規制の下にあるがゆえに，その相互認識のギャップを埋めることは容易ではない．この現状を打破するためには，歴史学研究での検討とともに，歴史の授業レベルにおいて改善を図ることが不可欠である．

第一に，日中関係史の教育において多様な側面を教材化することが必要であ

る．その際に日本で検討されてきた日韓（日朝）関係史の教育での取り組みが参考になる．近代日本の朝鮮植民地統治の苛酷さをいわば〈暴露告発〉するだけの授業では教師の意図が生徒の心に届かない現実から，当時にあって朝鮮を理解し，朝鮮に心を寄せた少数の日本人の教材化，そして近世における善隣友好の時代を象徴する朝鮮通信使の教材化が進められてきた．日中関係史の教育においても，満州事変・日中戦争等の事実を踏まえた上での，近代の日中間での友好・交流の事例の教材化，もしくは友好を目指した人物や出来事の教材化が，日中両国の授業の中で検討される必要がある．

　第二に，世界史もしくは東アジア史の中での自国史の位置づけを，授業の中で追求していくことが必要である．それには，互いの世界史教育の検討を継続することが重要な意味を持つ．そして，世界史教育と乖離しがちな自国史教育を照射する形で，日中の相互認識の再検討につなげていく必要がある．

　第三に，考える歴史の授業の要素を取り入れる必要がある．生徒を学ぶ主体として，考える力を歴史の授業で育成することは，歴史教育観・歴史教科書観の転換を伴いながら両国で取り組みが進められているものである．ここには，若者の〈歴史離れ〉を背景に，〈正答〉を解りやすく教えるだけでは，両国共に授業が成り立ちえなくなっている教室での現実がある．〈正答〉を考える授業ではなく，これからの日中関係を考えるための授業として，上で述べたような題材をもとに，授業を再構築していく必要がある．

　以上，教科書記述に現われた日中の歴史認識ギャップの現状とその背景，そして日中両国で取り組むべき歴史授業の方向を述べてきた．膨大な情報に取り囲まれた日常の中にいる生徒たちではあるが，将来の日中関係を基礎付ける歴史について，知識や理解を深めることが出来るのは歴史の授業でしかない．このことを最後に強調しておきたい．

（資料の閲覧に際して，二谷貞夫氏，劉傑氏に格別のご配慮を頂いた．記して感謝申し上げる．）

〈参考文献〉

■教科書関係：書名，発行社名，最新の発行（印刷）年を記載した．
①『新訂新しい社会　6　上』東京書籍，1968 年（小学校社会科）．②『小学社会 6 上』教育出版，2002 年（小学校社会科）．③『新しい社会 6 上』東京書籍，2002 年（小学校社会科）．④『新しい社会　歴史的分野』東京書籍，1972 年（中学校社会科歴史的分野）．⑤『新しい社会　歴史』東京書籍，2002 年（中学校社会科歴史的分野）．⑥『詳説日本史』山川出版社，2004 年（高校地理歴史科日本史 B）．⑦『詳説世界史』山川出版社，2004 年（高校地理歴史科世界史 B）．⑧『九年義務教育三年制初級中学教科書中国歴史』人民教育出版社，第一冊〜第四冊，2003 年．⑨『九年義務教育三，四年制初級中学中国歴史第二冊教師教学用書』人民教育出版社，(www.pep.com.cn/zglsjc 2/index.htm)．⑩『義務教育課程標準実験教科書　中国歴史　八年級上冊』人民教育出版社，2003 年．⑪『普通高中課程標準実験教科書　歴史 1 必修』人民教育出版社，2004 年．⑫『義務教育課程標準実験教科書　中国歴史　初中二年級（八年級）(上)』華東師範大学出版社，2002 年．⑬『九年義務教育三年制初級中学教科書　世界歴史』人民教育出版社，第一冊・第二冊，2003 年．⑭『九年義務教育三，四年制初級中学　世界歴史　第二冊教師教学用書』人民教育出版社，(www.pep.com.cn/sjlsjc 2/index.htm)．⑮『義務教育課程標準実験教科書　世界歴史　九年級上冊』人民教育出版社，2004 年．⑯『全日制普通高級中学教科書（選修）世界近代現代史』人民教育出版社，上冊・下冊，2004 年．⑰『高級中学課本歴史（試用本）一年級』上海教育出版社，上冊・下冊，2002 年．⑱『全日制普通高級中学教科書（必修）中国近代現代史』人民教育出版社，上冊・下冊，2003 年．⑲『九年義務教育三年制初級中学教科書　中国歴史』人民教育出版社，第二冊，1998 年．

■研究その他
日本教材文化研究財団編『日中相互理解のための教材開発に関する基礎的研究』同財団発行，2004 年．
中村哲編著『東アジアの歴史教科書はどう書かれているか──日・中・韓・台の歴史教科書の比較から』日本評論社，2004 年．
渡辺雅子編著『叙述のスタイルと歴史教育──教授法と教科書国際比較』三元社，2003 年．
楊彪「中国歴史教科書の編纂：歴史と現状」『日本歴史学協会年報』第 18 号，2003 年．
齋藤一晴「中国・歴史教科書の新しい方向性──戦争記述を中心に」『日本歴史学協会年報』第 18 号，2003 年．

二谷貞夫「中国　生きいきとリアルな記述」石渡延男・越田稜編著『世界の歴史教科書——11カ国の比較研究』明石書店，2002年．

比較史・比較歴史教育研究会編『帝国主義の時代と現在——東アジアの対話』未来社，2002年．

段瑞聡「中国における歴史教育と日中関係」『杏林社会科学研究』第15巻第4号，2000年．

並木頼寿「中国教科書の世界・日本像」山内昌之・古田元夫編『日本イメージの交錯——アジア太平洋のトポス』東京大学出版会，1997年．

西川正雄編著『自国史を越えた歴史教育』三省堂，1992年．

小島晋治・並木頼寿監訳『入門　中国の歴史——中国中学校歴史教科書』明石書店，2001年．

人民教育出版社歴史室編著（小島晋治他訳）『中国の歴史——中国高等学校歴史教科書』明石書店，2004年．

1）1998年12月14日，文部省告示第175号『小学校学習指導要領（平成10年12月）』大蔵省印刷局，1998年，28頁．
2）中学校では一時削除されたが，1977年版で復活した．
3）石山夫夫「中学歴史教科書はどう書き換えられたか」出版労連教科書対策委員会『教科書レポート』第46号，日本出版労働組合連合，2002年．
4）旺文社編『2005年受験用　大学入試問題正解　世界史』旺文社，2004年，2頁．
5）教師用書ではチンギス・ハンやその子孫による征西や高麗・安南・ビルマへの攻撃占領，日本・ジャワへの進攻はすべて外国への侵略戦争であり，非正義なものであることが注意されている（参考文献⑨：第13課）．段瑞聡氏は，この記述について，「教科書に明記できないという限界」が，多民族国家の中国には存在することを指摘している（段瑞聡，上掲論文）．
6）王雪萍「教科書から見る対日認識——中国と台湾の教科書の比較」慶應義塾大学大学院政策・メディア研究科修士論文，2001年；http：//jun-gw.sctkeio.ac.jp/JP/thesis/WangXueping/syuron.pdf，24-25，43頁．
7）「中学校課程標準」(1913年) 課程教材研究所編『20世紀中国中小学課程標準・教学大綱匯編：歴史巻』人民教育出版社，2001年．
8）中国の歴史観に由来する，規範を歴史に求める東洋の知識の在り方と現在の歴史教育の課題については，佐藤正幸『歴史認識の時空』（知泉書館，2004年）を参照．

日本の台湾統治　関連年表

1895年4月	日清戦争終結．下関講和条約締結．
1921年	台湾議会設置請願運動が始まる．
1935年	初の台湾地方自治議会選挙開始（官選，民選議員が半々）．
1942年	台湾人に対する日本陸軍の特別志願兵制度実施．44年から徴兵制へ．
1945年10月	台湾の統治権が台湾総督府から台湾特別行政長官公署に移管．
1946年10月	公用語としての日本語廃止．
1947年2月	二・二八事件．戒厳令を施行．
1949年12月	中華民国政府の台北移転（臨時首都，正式首都は依然南京）．
1970年	中華民国政府，国連代表権を失う．大陸反攻による武力統一は公式上継続．
1972年9月	日中国交回復．中華民国政府，日本と断交．
1975年4月	蔣介石死去、蔣経国総統（―1988年）．
1979年1月	米中国交回復．中華民国政府，米国と断交．
1988年	台湾本省人初の総統・李登輝誕生（前年に戒厳令解除）．
1991年	国家統一綱領（中台統一を目的とする）を制定．
1996年3月	中国が台湾海峡でミサイル演習．初の総統直接選挙で李登輝が当選．
2000年3月	陳水扁が総統選挙で当選．
2006年2月	陳総統，国家統一綱領の事実上廃止方針を表明．

10章 台湾の日本時代をめぐる歴史認識

浅野豊美

はじめに——台湾の民主化とその歴史的背景

　下関講和条約が批准発効し台湾への実効支配が開始された1895年6月から，台湾の統治権が中国国民政府に委譲された1945年10月まで，日本は50年余りにわたり台湾とその住民に対して主権を行使した．この間に台湾住民が経験した特殊な体験は，日常の平和的生活に深く浸透して社会的変容をもたらした点において，戦争という激烈な形態をとったものの，長い眼で見渡せば一過性のものであった中国大陸住民の被侵略体験とは，「かなり」の程度性格を異にするものとなった．その程度がどれくらいのものであったのか，本質的な相異と呼び得るものか，それとも無視してもよい程度のものにすぎないのかという問題こそ，台湾をめぐって日中間に潜在する隠された歴史認識問題であると考えられる．

　この台湾についての歴史認識をめぐる争点の性格を，現実の政治問題と日中の自国史認識という2つのファクターから論じていくことが本章のテーマである．その準備として，まず台湾についての基本的な事実関係とそれについての歴史認識が争点と化していった過程を，日清戦争前後から現代に至るまでの台湾住民の法的地位と集団的帰属意識についての日本での通説を中心に整理してみたい．

　日本の主権下に台湾の住民が置かれたのは，国際関係という外部の事情による．日本による台湾統治が開始された19世紀の末期，日本の人口は4000万人前後，台湾に居住していた漢族系の住民は約280万人，マレーポリネシア系の山地原住民は約10万人であった．下関講和条約によって2年間の国籍選択権が

与えられたことにより，漢族系住民は財産を処分して大陸へ帰還し，あるいは台湾に止まりながら，申告により清国人であり続けることができた．それ故に，台湾の住民は実質的に外在的要因でありながら，形式上は，自らの意志によって日本国籍を取得することになった[1]．この時点での台湾住民が，中国大陸の住民と異なる存在として，どの程度「自ら」を意識していたのかについては，清朝時代の開拓社会の墳墓や祭祀，台湾住民が故郷の福建の住民を呼称した言葉（「唐山人」など），「台湾民主国」を中心とする抵抗闘争などを材料とした研究において今も重大なテーマとなっている．

一方，台湾が日本領とされていた時代の中国大陸は，清朝の崩壊とそれに続いた軍閥の抗争，国民党と共産党との内戦，そして日本の侵略によって大きな社会的混乱に巻き込まれ，その中で「中華民族」としての国民意識に目覚めた時代であった．それ故に，台湾人は中国での国民形成から分離された．しかしその一方，完全な日本国民としての処遇を受けたわけでもなかった．台湾人は「内地人」と呼ばれた在台日本人とは異なる学校制度の下で日本の国民教育を受け，日本語や教育勅語を学びはしたものの，1920年代に展開された台湾議会設置運動は拒否された．また，1940年代に至るまで徴兵の義務から免除された代わりに，官吏任用や給与において日本人とは異なる地位に置かれた[2]．差別政策と同化政策が混在する中，台湾の住民は日本国民に完全になりきることもできず，そのアイデンティティには複雑な影が宿ることとなった．

台湾の住民は，日中関係の緊張と同時代を生き，日々そうした情報に接することで，両国の「架け橋」，あるいは狭間の中の微妙な存在としての「台湾人」という集団意識を芽生えさせていったと考えられる．それは，日本の「内地人」と区別される台湾「本島人」としての感情に由来するものであったと同時に，内戦で混乱する大陸の「中国人」とも一線を画するものであった．1921年に台湾の知識人の蔡培火は，「日支親善の如き親善ではなく，茲に云ふ中日親善（が必要で）……此の親善あって而も尚ほ中華民国と日本帝国の提携が出来ぬならば，予輩は先づ黄海に投じて死なん」との言葉を残している[3]．

台湾人の集団意識がどのような性格のもので，いかに発展してきたと考えられているのかという問題は，台湾史認識の基本的あり方を抜きに論じることができない．その詳細は，日中双方の自国史認識のあり方とともに本章で論じら

れる．ここでは，「台湾人」としての意識が日清戦争による外在的要因から派生し，その後，緊張する日中関係の峡間で揺れながら形成されてきたと，簡単に整理しておくこととしたい．その狭間は，日本の大陸政策に「文明」や「近代化」の名の下で協力していこうとする意志と，文化的な起源を同じくする中国社会が混乱し疲弊することを痛む感情との狭間とさえ言うことができるかもしれない．それ故に，日中戦争の時代には，台湾人の一部に日本軍の軍夫や通訳として日本に協力し銃後の社会を支えるという行動が生まれた一方で，大陸に亡命して国民党や共産党に加盟して日本と戦うという活動家も生まれたと考えられるのである[4]．

しかし，台湾人のアイデンティティを論じる上で重要なのは，日本の敗戦と脱植民地化以後に，台湾の住民が今度は「祖国」であるべき「中華民国」の中で，戒厳令下の差別的待遇に置かれてきたという事実の方であろう．1945年10月に中華民国の国籍に一律に編入された台湾人は台湾「本省人」と呼ばれ，中国のその他の省の出身者である「外省人」と区別された．「本省人」は，日本の総督府を継承する形で「外省人」が主体となって運営されていた立法・行政機関であった台湾特別行政長官公署の独裁的統治下に置かれ，日本への戦時の「協力」故に日本の「奴隷」であった存在とみなされた．それは「中華4000年の栄光」を学び直すべき存在とされていた[5]．また，「本省人」は福建語や広東語を話せても，北京官話としての中国語を話せなかったために，それを口実として学校や職場の社会的公共空間から追放され，経済的権益からも排除された．更には公用語としての日本語が，中国語教育もまだ十分に浸透していない1946年10月に突然廃止されたことで，社会的な目や耳さえ奪われる状態となった．

こうした差別的状況は，1947年2月28日から始まった大規模な大衆暴動を伴う自治要求運動と，その後の大弾圧（2万人以上が虐殺される）を引き起こすことになった．この「二・二八事件」が決定的な引き金となり，中国からの分離を求め台湾独立を肯定する台湾人意識が，相当多数の個人に共有されていったと考えられる．また，本省人の逮捕が秘密警察によって続けられる抑圧的戒厳令体制のもとで，「本省人」と「外省人」という台湾住民の差別的待遇は維持され続けた．それを正当化したのは，政治体制の面で地方自治を担う台湾省政府と全中国の正統政府たる中華民国政府が分離されたことであった．前者は台湾

中央部に新たに築かれた中興新村を省都とし，後者は台北を臨時首都としながらも，その実効支配の及んでいない南京を依然として公式の首都としていた．つまり，それぞれの省籍に応じて台湾「本省人」を地方自治政府へ，「外省人」を中華民国政府へとそれぞれほぼ排他的に参加させ，台湾人地方エリートを国民党体制へと隔離し取り込む体制が築かれたのである[6]．

　こうした台湾史の展開の中で，台湾人を台湾以外のいかなる集団からも分離して，台湾人を究極の主人公とする「国民史としての台湾史」が，海外に亡命した台湾本省人による民主化運動の中で登場してくるに至ったのである．戒厳令体制下の台湾では，台湾人が台湾人を主人公として歴史を語ることは許されず，せいぜい中国の中の地方史・郷土史としての研究が許されるにすぎなかったのに対して，日本やアメリカに亡命した台湾人は台湾の独立や民主化へ向けた運動に正統性を与え，内外の支持を集めるべく国民史としての台湾史研究を展開していくこととなった．それが統一と独立をめぐる台湾問題の中に言説として組み込まれ，国際関係についての基本的認識や日中の自国史認識についての諸社会集団間の違いを際立たせていった．このプロセスについては後述したい．

　1987年に戒厳令が解除され，「中華民国」の側から国共内戦の一方的停止と平和的交渉による統一が宣言（「国家統一綱領」1991年）されると，台湾の独立を唱えても逮捕されないような刑法の改正が行われた．これにより台湾人を主体とする台湾史は，海外から台湾へと本格的に上陸していくことになった．中華民国体制の制度的民主化が，立法院の全面改選（92年），総統直接選挙（96年），台湾省凍結による地方自治の実質的廃止（2000年）となって推進される中で，日本の統治を受けた50年間の歴史的体験について，大陸とは異なる台湾社会の近代化や主体性の確立にとって重要な契機が含まれており，それを「台湾人」は日本の圧政下でも主体的に押し進めていったのだとする言論が，台湾の人々の自由な言論活動の中から台頭してくるようになった．

　その詳しい紹介は後述するが，台湾住民固有の歴史的体験が，台湾住民の主体性，ひいては独立運動へと結び付けられ，政治的に非常に微妙な問題を形成しているということができる．そしてこの台湾住民の歴史的体験は，現代の台湾問題から分離して学問的に論じることが困難であるといえる．その理由は，

台湾の内にあっては,「民主」や「自由」の担い手としての「我々」という意識が,歴史的実態を伴うものとして人々の感情に訴えかけるために必要とされるからであり,外にあっては,統一を迫られる中国大陸から「自ら」を分離し現状を維持することを,「民主」によって国際的にも正統化するためと考えられる.中国人意識に代わる台湾人意識の強調は,台湾内の議席・役職の配分,公共事業の発注権限という現実の社会的利害関係の再編や選挙の投票行動と結びつき,また台湾を国際的にどのような地位に置くのかという問題とも結びついているということができるであろう.

このように,台湾史認識のあり方が1980年代の台湾でまず大いなる論争を呼ぶようになった.清朝時代に成立した台湾の男性中心の開拓社会を中国本土社会の延伸と見るべきなのか,それともマレー系住民との融合による土着化と見るべきなのか,というような論争が典型である.特に,台湾の「近代化」をどのように認識すべきなのかという問題は,その起点が清朝時代末にあるのか,それとも日本統治時代にあるのかという争点となり,学者間の論争として展開されてきたが[7],今では「近代化」の本質と定義をめぐって現実の台湾問題と絡まりあいながら,学界にとどまらず一般世論をも巻き込み,議論されている.そしてまた,台湾海峡両岸を挟んで中国,日本とアメリカをも巻き込んで,歴史認識の次元における相克と現実の国際政治の次元における対立とが複雑に入り組んだ論争となり,台湾島内の統一派と独立派との間でのみならず,日中関係に関与する諸社会集団間でも展開されている.

つまり,論争が国際化するに際して新たに組み込まれたのは,第一に台湾をめぐる米中・日中関係など国際政治の中で生じた普遍的価値(「民主」「自由」)と民族的価値(「中国」「台湾」)との複雑な結合と反目というファクターであり,第二に台湾史の展開に投影される,中国と日本それぞれの「自国史」認識であったということができる.この2つの要因がいかに結合し,台湾の日本統治時代認識についての基本的パターンが形成されているのか.そして日中それぞれの基本認識は,どのような歴史的事実をもって自らの認識を肯定し支えてくれるものとして強調しているのか.さらに,そもそも一体何が,認識に値する歴史的事実なのかという,「事実」の選定をめぐる台湾史論争がどのような性格を秘めているのか,以下論じていくこととしたい.

1. 台湾史を取り巻く国際政治の文脈

〈1〉民主化に動員された台湾史

　台湾島内での台湾人を主人公とする新しい歴史認識は，民主化と深いつながりを有している．台湾内部での「本土化」(中華民国の名目上の領土と国号に固執せず，台湾島とその住民を中心とする政治を行うこと）と民主化の潮流を推進していった主要な勢力の一つであった台湾独立派は，台湾に生まれつつあった民主的体制を正統化し，更にそれを国際的に承認されたものとすべく台湾史を動員し，大陸と異なる別個の歴史的体験を強調してきた．

　民主化のために動員された台湾史の特徴は，台湾人を政治的主体として構築することに奉仕する歴史[8]とまとめることができる．その枠組み[9]は，文明史的な見地から台湾を大陸文明と海洋文明が出会う空間として位置づけ，台湾の国家が外来国家によって統治され続けてきたとする一方，台湾の社会を多民族多文化共生社会とするものである．日本統治時代はスペイン，オランダ，清国と並ぶ，「外来政権」の一つが支配した時代に過ぎなくなるため，抗日運動や抵抗よりも政治制度，貿易，教育などの日常的生活に関心が向けられる．また，多民族共生社会（「多重族群社会」）の存在を前提とするが故に，「清朝統治時代」の漢人の入植・土着化とマレーポリネシア系の「平甫」族との同化融合は，台湾の中国化（「内地化」）の歴史としてではなく，移住した漢族社会が台湾に土着化していった歴史（「土著化」）として認識される[10]．こうした国家と社会のお膳立ての上で，民主化は台湾に生まれた台湾社会の住民（「台湾人」）が初めて自ら国家の主人公となった契機と位置付けられ，「歴史」によって正統なものとされることになる．

　中華民族社会の拡大という視点よりも，日本や西洋文化の流入と接触による台湾社会の誕生という視点が強調されることで，日本統治時代は，清末の劉銘伝時代から開始されるとの説もある台湾社会の「近代化」プロセスの中に重要な位置を占めるようになるのである．日本統治時代の台湾は，台湾社会が大陸社会とは異なる歩みを顕在化させていった時代であり，植民地の抑圧の下にありながら，普遍的価値の受容の上で「近代化」を自主的主体的に開始した時代

とされる．帝国主義的支配という冷厳な差別的体制に置かれながらも，台湾人が日本の支配を通じて合理的精神や普遍的価値を積極的に受容し，各種の教育や社会運動を通じて主体として目覚め独自の近代的変容を遂げた点で，この時代の台湾に関する歴史記述は，台湾人にとっての功罪という両側面から，是々非々の姿勢で行われることになる（史料1参照）．後述するが，大陸の側が「抗日」戦争という非日常的体験に焦点をあて，その延長線上に台湾人民が中華民族の一部として行った「抗日」闘争を重視するのに対して，民主化後に主流となった台湾史では，植民地とはいえ平時の生活が存在したとの前提のもとに，日常生活空間の変化やそれに伴う台湾人の社会生活スタイルの変容を，それを誘発した外来国家の「統治制度」や「植民地法制」をも交えて実証的に分析するというスタイルが一般化している[11]．かつて民主化以前の台湾でも，戒厳令下に「自由」中国の擁護や，孫文の三民主義による五権憲法を通じた民主主義を達成することが民族主義であるとする体制のスローガンが高揚されたが，今や「自由」や「民主」の担い手は「中華民族」ではなく「台湾人」であり，そうした台湾人の存在証明として台湾史が機能するという構図ができあがっている．

■史料1：台湾の中学教科書『認識台湾』歴史篇

(http://www.roc-taiwan.or.jp/news/week/1893/113.html「台湾の史実を正確に把握する⑥」『中華週報』1895号，1999年2月)

> この時期〔日本の植民地統治時期〕，人口は激増し，社会は変遷し，風俗習慣も大きく変化した．たとえば，纏足から開放され，断髪が普及し，時間厳守，法律遵守，近代的衛生観などが確立された．一九二〇年代から，新知識人が十余年にわたり社会運動を展開し，民衆の知恵を啓発し，政治改革と農民，商工業者の待遇改善を要求した．
>
> 台湾住民による武装抗日運動失敗後，一九二〇年代から新知識人が団体を組織し，集会や講演，請願，抗議などの合法的手段で，十余年にわたる社会運動を展開した．彼らの最大の主張は，不合理な植民地政治に対する改革要求であった．
>
> 一九二一年から三四年にかけて，林献堂らの指導のもと，台湾人は十五回もの署名請願をおこない，民権の取得，自治組織「台湾議会」の設置，

> 議員の民選を訴えた．しかし，日本政府はそれを顧みず，受け入れようと
> しなかった．他方で，蔣渭水率いる台湾民衆党，蔡培火や楊肇嘉らの組織
> する台湾地方自治連盟などの政治団体は，完全な地方自治の実施，つまり
> 公民による地方首長と民意代表の選出を要求した．徹底した啓蒙，宣伝，
> 請願により，総督府はある程度譲歩せざるを得なくなり，一九三五年には
> 地方制度を改革し，もともと地方の民意代表はすべて官により選出されて
> いたが，半数を民選とすることに改め，規定の資格をもつ男性に選挙権と
> 被選挙権が与えられた．<u>またこれらの運動は，自治，普通選挙，参政権な
> どの民主政治の基本概念を社会に普及させた．</u>［下線部―浅野］

　日本時代の独自な体験を強調しながら，それを「自由」や「民主」という普遍的価値と接合することを特徴とするような台湾史の認識枠組みの起源は，戦後日本で亡命生活を送りながら，1960 年に初版『台湾――苦悶する歴史』を発行した王育徳にあると考えられる[12]．日本で独立運動を展開するために，王は「民族としての団結がない」とされた台湾人が（王，前掲書，225 頁），「自由主義と民主主義の根を強くおろすことによって」団結し，日本やアメリカの世論から認知されることを望んでいた（同，207 頁）．それは，当時の日本における台湾独立運動の主流をなしていた廖文毅らによって展開された「台湾民族」を唱える運動とは一線を画しており，「外省人」の台湾からの追放は主張されず，自由と民主を受け入れれば誰もが帰化によって台湾人となれるとさえされていた[13]．王は盲目的に「台湾民族」を訴え独立を主張するのではなく，独立のための「正しい努力の方向」を確立するために，台湾人を「自由」と「民主」の主体とする歴史認識から台湾史をまとめ直したと自ら回想している（同，219 頁）．「正しい努力は正しい認識に始まる」との前提に立って，大陸と国民党から台湾の独立運動家に対して浴びせられる，「背祖」（祖先にそむく），「売民族」（民族を売る）という罵言と道徳的非難に対して，有効適切な反駁をするために，王は台湾史をまとめたとも言う．「自由」と「民主」という価値に裏打ちされた空間としての台湾が，台湾の先住民であった平甫族の文化との融合，日本を経由した西洋文化の導入など，大陸と異なる客観的文化要素を強調することによって認識され，その空間の中に台湾人登場の由来が示されたということができよ

う.王が「(中華)民族」という価値に正面から対抗して,「台湾民族」を持ち出すのではなく,「民主」という異なる価値をいったんは持ち出しながら,その価値に張り合わせる形で「台湾人」を歴史的に大陸から切り離して位置づけていることが注目される.

台湾の民主化が進んだ現代においても,台湾人の若手研究者の中では,植民地時代に日本が台湾で行った教育の内実を,「日本化」と「文明化」に分けてとらえようとする試みや[14],台湾人が「自由」と「民主」を追求してきた歩みを整理しようとする試みが依然として有力である.例えば,後者においては,日本統治時代に台湾の伝統的エリートである士紳が先頭に立って,「地位の平等,地方の自治,人民の啓蒙,習俗の革新などの目標を掲げて活動し,台湾における民主主義への追求の伝統と意識を漸次確立し」たことが強調されている[15].

こうした歴史認識は,台湾島内の民主化の展開の中で,今や「準体制イデオロギー」としての役割を果たしているとされる[16].その典型例としては,李登輝の1996年の総統就任演説を挙げることができる[17].台湾を「民主主義文化」の花咲く「新中原」と定義し,その上で台湾を,「『我々は台湾人だ』というアイデンティティを基礎にして」育成しようと呼びかけた(史料2)[18].これは,中華民族としての価値・伝統と台湾人の主体性とを接着させながら,それを通じて,台湾人の歴史的体験を強調しようとした試みということができる.この選挙の直前の1995年の夏にも,李登輝は「抗日戦争勝利」に代えて「戦後50年」,「終戦」という言葉を採用し,台湾の住民が中国大陸の人民とは異なる歴史的体験を有することを強調している.こうした李の言説は,やがて,「新台湾人」そして,「二国論」(1999年7月)という形で,固有の体験の強調の上に,ナショナルな社会を国際的にアピールする方向に発展していくことになる[19].「中原」に象徴される中華文明の伝統と,「民主」と「自由」に象徴される普遍的価値とは,台湾人の歴史的主体性を担保する限りにおいて李登輝によって固有の体験と接合され,民主台湾としての体制イデオロギーの一部に組み込まれたと言えよう.その中で日本統治時代認識は民主の原点として重要な地位を占めているのである.

■**史料2：李登輝の総統就任演説**（「李登輝・中華民国第九代総統就任演説全文 1996年5月20日」『中華週報』第1766号，中華週報社，1996年5月30日，8-10頁）

> 全国の同胞諸氏，中華民族が五千年を経た現在に至ってもなお揺るぎなきは，これひとえに優秀な文化の連携によるものであります．しかしながら十九世紀中葉以降から，中華文化は西洋文明の強烈な衝撃の下，幾多の危惧震撼を経て，一部の国民の信念を動揺させ，国勢が低落するに至りました．……台湾地区の同胞が新しい生活文化をうちたて，高遠な人生の価値観を培い，わが国の宏大な文化伝統を基礎として，西洋文化の真髄を汲み取り，融合せしめて新しい中華文化を造り，もって二十一世紀後の国内外新環境に適応できるよう望んでやみません．これは即ち，「大台湾を経営し，新中原を建立する」理念の在り所と言えます．世界文明史上のいくつかの重要文化を回顧すれば，大方一つの小さい地域に発祥しています．中華民族五千年の優秀な文化も中原の一隅に発祥しています．台湾は大陸文化と海洋文化合流の地であり，この数十年来，時局変化の機縁がゆえに，固有文化の伝統を十分に保存し得たのみならず，広範に西側の民主，科学および現代工商業社会文化と触れ合うことができました．それに加えて台湾の教育レベルと発展の程度が，はるかに中国その他の地区を越え，勢い，漸次文化のイニシアチブを発揮し，更に進んで，文化「新中原」の重責を負うことになりました．……
>
> 今から百年前，二十世紀の初期に踏み入った頃，かつて西洋諸国から独裁，封建，貧困，落伍と見られてきた中国人は，既に台湾，澎湖，金門，馬祖地区において民主，富裕，進歩の新局面を開き，胸を張って，全世界の称賛を受けています．これはわれわれ二千百三十万同胞の共同の光栄のみならず，同時に中華民族振興と新機運を再度想像する絶好の機でもあります．

中華文明の伝統や民族的価値よりも，台湾としての固有な歴史を「民主」という価値を動員して強調するスタイルは，現在の台湾政治においても継続している．2001年6月に，超党派的な文化団体である「北社」が，引退後の李登輝により医者・弁護士・作家を集めて設立された際，北社とは，日本統治時代の

台湾で台湾議会設置運動を展開した「台湾文化協会」の精神的伝統を継承しつつ,「民主・自由・人権の普遍的価値観を高め,公正な社会を確立する」ものとされた(史料3).この「北社」結成の設立大会に同席した陳水扁総統が,「われわれは民主政治の構造を確立したが,共通した国民意識と歴史認識への社会的基礎に欠如している」[20]と発言して,台湾史認識を基礎として民主政治の社会的基盤の強化を呼びかけていることが注目される.

■史料3:北社の設立 (台北『自由時報』2001年6月17日)

●李登輝前総統の主張 八十年前の台湾文化協会の設立趣旨と,本日の北社の設立は同じであり,いずれも理想に燃えたインテリ層が使命感と責任感をもって組織したものである.インテリ層は時代の変化に敏感であり,新たな歴史へのハードルを越えるには,みずからが理念を一般大衆に啓蒙し,歴史的な運動を起こす必要のあることを知っている……台湾は十数年の民主化を経て,すでに新たな歴史の段階に邁進している.
●陳水扁総統の主張 李登輝前総統と共に台湾北社の設立大会に出席できたことを非常に嬉しく思う……台湾は小さいが台湾人民の気力は小さくない.台湾は小さく,内紛によって向上への力を減退させてはならない.……われわれは民主政治の構造を確立したが,共通した国民意識と歴史認識への社会的基礎に欠如している.小さな根に大きな花を咲かせたのであり,花は美しいが脆弱である.……この得難い民主の成果は守らねばならず,政治勢力の相互牽制と調整のみに頼るのは危険であり,人民の力と参加,社会良識の覚醒があってこそ,進歩と創造への力が,かつての権威主義に取って代わることができるのだ.

台湾人を主人公とする新しい台湾史は,今や体制内の教育文化政策によって,一般民衆の間に着実に根を下ろしつつある.教育文化政策上の大きな変化は,1995年の「認識台湾」(台湾を知ろう-史料1)という科目の新設と教科書の編纂開始によって象徴される.その教科書が1997年に完成すると,中国史としての「国史」教育と併行して,「台湾」の地理や歴史が中学校で本格的に教えられる

ようになった．また，これと併行するかのように，一村一品運動，社区コミュニティーの再建，台湾島内の地方・郷土史の編纂という社会教育政策が本格化していった．これは，両岸関係の政治的行き詰まりにもかかわらず深化する，両岸の経済的絆強化に対抗する手段とさえなっているということができる．

〈2〉緊張する両岸関係と台湾史

台湾人を主人公とする台湾史が台湾島内で準体制イデオロギーの地位を獲得すると，台湾帰属問題を普遍的な理念に訴えて国際化させようとする台湾側と，あくまで国内問題として解決しようとする大陸側との間で，そして，アメリカと日本をも巻き込んで，政治的関与や不干渉を根拠付ける歴史や理念とその表象のあり方が議論の的となっていった．

最初に大陸側の反応であるが，台湾人を「民主」や「自由」の主体と位置づけ歴史によってそれを正当化しようとする言説は，大陸側にとって「文化台独」（文化的手段を用いた台湾独立の試み）以外の何ものではない．2004年の『解放軍報』（史料4）では，中国人が台湾を開発し，「千百年来，一貫して宝島に繁栄生息し，中華文化は一貫して宝島に伝承され」てきたことこそ，台湾史認識にとって重要な歴史的事実であり，台湾当局が進めている「『文化台独』による歴史の修正と改竄は，もはや人をして泣くに泣けず笑うに笑えないほど」であるとの指摘が行われている．

■史料4：「解放軍報」（2004年11月22日，原文略，日本語訳）

> 台独スローガンに代えて，台湾当局は「文化台独」政策を採択し，台独理論を一貫した虚構へと進行させようとしている．歴史的観点から見て，台湾は古代以来中国領土であるという事実にもかかわらず，中国とオランダ，日本等植民者を皆対等に並べて，400年間台湾はずっと外来統治の圧迫を受けてきたと称している．文化的観点で見れば，中華文化は終始台湾で主導的地位にあったにもかかわらず，それを無視し，中国文化を外来文化呼ばわりするのみならず，あまつさえ台湾文化は「海洋文化」，中国文化は大陸文化で本質的に異なるとまでしている．民族的観点では，「単一で独自な民族としての台湾民族」が形成されてきたと称し，中華民族とは血統上

> 別であるのみならず，文化伝統，宗教信仰，経済生活のうえでも差があるとして，わざと台湾と祖国大陸との差異を誇大化するのである．……「文化台独」による歴史の修正と改竄は，もはや人をして泣くに泣けず笑うに笑えないほどの荒唐無稽のところにまで来ている．中国大陸の住民は早くから海を渡り，台湾を開発し，千百年来，中国人は一貫して宝島に繁栄生息し，中華文化は一貫して宝島に伝承され発展してきたのである．台湾は今でも中華民族の伝統を保留しており，日本植民者の長き五十年にも及ぶ虐待に遭遇してきたにも拘わらず，その風俗，言語，宗教信仰をだめにしてしまった訳ではなく，祖国大陸の閩南地区とは大差はない．同じ言葉を話し，同じ文字を使い，同じ祭日を過ごし，民の間には媽祖への信仰があり，関公もまた同様である．台湾は中国の一つの省であり，台湾人民は中華民族の一部分であり独自の民族ではないのである．これは，世の中一般の公知の事実である．台湾に民族自決の資格など全くないことは，台北と高雄が「人民投票」を行って台湾からの離脱を宣言できないのと同様である．

　こうした中華民族史観では，台湾史が台湾独立を決して許さないという政治的課題と一体化していることに注目したい．それは台湾の独立派の台湾史とは裏返しであるということができる．両者の台湾史認識は，緊張する中台関係の函数の中で重要な基軸，公理の役割を果たしていると言える．

　こうした構図の中で，大陸側の台湾史認識では，台湾の日本統治時代は近代化の起点どころか，中華民族にとっての屈辱と汚点以外の何物でもなく，本来あってはならなかったはずの時代となっている．日本の「皇民化」政策は台湾住民の中華民族としての「風俗，言語，宗教信仰」を消滅させようとしたものに他ならず，日本の統治によって台湾住民が中華民族の一員として目覚める機会，即ち「外国からの屈辱に対して共同して抵抗し，半封建，反植民地社会段階を経て独立自主の現代社会へと向かう」機会が喪失されたとされている．その意味で日本の植民地支配こそ台湾独立の隠れた生みの親であるとする認識さえ存在している（史料5）．こうした認識は，日本統治時代の重要性を強調する点では台湾独立派と同じであるが，それらの認識が依拠している価値は，「民族」対「民主」という形で全く対照的である．

■史料５：「中日关系中的台湾問題」中国社会科学院日本研究所
（2005年3月ダウンロード，日本語訳［浅野］，http://www.cass.net.cn/web-new/chinese/s30_rbs/FILES/geren/yaowenli/lw4.htm）

　19世紀末，日本は侵略戦争の発動を通じて，台湾の植民地統治権を取得した．日本帝国主義は，台湾において長くも半世紀にわたる植民地統治を行ったが，その中で実施された一貫した政策は，台湾同胞をして中国伝統文化に接する機会をどんどん剥奪していったのみならず，外国からの屈辱に対して共同して抵抗し，半封建，反植民地社会の段階を経て独立自主の現代社会へと向かう歴史的体験の機会を失わせてしまったのである．このために一部の台湾民衆の心中に中華民族の主体性に対する思惟が失われ，そのため，国家と民族へのアイデンティティに対する危機が生み出されてしまった．これにより，台独運動の社会的歴史的要因の一つが生まれたのである．……日本は台独運動においてこれまで局外の他人役を演じるどころではなかった．日本こそかつて台独運動という好ましからぬわら人形のような存在（俑）を最初に作り出した張本人である．70年代以前においては，台独の大本営は日本にあった．日本人が台独を支持する形式は多種多様で，中には，台独運動に自ら参加し，台独勢力の外人部隊となったものさえあった．……

　50年の植民統治によって，日台双方には甚だ濃い歴史的文化的な思い入れが生じており，植民統治は，李登輝に見られるような日本への感情的思い入れを抱く一群の台湾人を培養したのである．日本文化が長く浸透する中で，台湾社会は日本化し，濃厚な親日ムードが醸成され，日本人の心理にも台湾への親近感が生じた．最近になって，日本では右翼勢力と民族主義が台頭しており，皇国史観が幅を利かせ，日本の過去の侵略歴史を修正しようとする傾向が徐々に強まっている．日本のある人々は，台湾が第二次大戦後中国に返還されたことに対してずっと釈然としないものを有しており，今に至るまで，台湾帰属未定論を放棄してはいない．彼等は，統一された中国は日本に対する脅威となると認識しており，日本の右翼勢力は，公然と中国の分裂と解体を鼓舞する発言を行っている．

こうした認識の延長に，大陸側は，大陸と台湾との歴史的・文化的・エスニック的絆の宣伝によって，公理としての「一つの中国」を裏付ける「中華民族」意識を台湾内の統一派を中心として覚醒させるべく，台湾へ向けた文化政策を現在盛んに展開している．李登輝を含め台湾の著名人が祖先を大陸に有し，その祖先の廟が厦門等の大陸にあることを台湾でも視聴可能な中国中央テレビ（CCTV）で頻繁に放映したり，最近では，台湾史研究の一つの特徴である資料実証的な性格を逆手にとって，台湾人の革命家が大陸の革命にいかに貢献したのかを強調するような資料集の復刻を行い，台湾人の一部にはかつて，大陸の革命を成功させることに没頭しながらも，それを手段として台湾の日本帝国主義からの解放を夢見た勢力がいたことを強調する史料を紹介することさえ行っている[21]．

　しかし，こうした大陸側の歴史認識は，台湾の中で独立に反対し統一を主張する外省人系の勢力と全く同じというわけではない．国民党の当時の主席・連戦が2005年春に大陸を訪問した時には，西安訪問時の「抗日戦争」の記憶についての言説や，北京大学講演での「中華民族の一体感」の強調では喝采を浴びたものの，北京大学の元学長で戦後米国に亡命しついに台湾に帰参した自由主義者の胡適に言及して，「自由と民主」の大切さを北京大の学生を中心とする聴衆に訴えた場面では全く精彩を得なかった[22]．胡適という人物についての大陸における評価をめぐっては，様々な解釈が可能であるが，中国大陸との歴史的文化的絆を核とする民族的価値は共有できても，「自由と民主」という価値をめぐる認識には，大きな溝が存在することを示唆していると解釈できるであろう[23]．

　こうした歴史や文化，更にはそれを評価する価値の次元での論争が，両岸をはさんで展開している様相は，かつて，中台間の軍事的緊張がある種の行き詰まりに達した後に，国際社会からの承認をめぐる政治面での闘争が展開されたように，各種の分野をまたいだ複雑な争点の中に言説が展開される図式と似ている．つまり，現代の両岸関係が政治面で行き詰まり経済面との不均衡を生じているが故に，文化，即ち歴史認識と価値をめぐる第三の土俵での戦いが両岸に喚起されていると基本的には言えよう．それは現実的利益を背景とする政治的緊張と一体化しながら，その函数の中に埋め込まれた台湾史認識の対立とさえ言うことができよう．

〈3〉アメリカの台湾問題関与と台湾史

　アメリカの関与せんとする台湾問題の中で，台湾問題を国際化させずにあくまで内政として位置付けようとする大陸側と，国際的関与を呼び込もうとする台湾側との間では，WHO や国連等に対する台湾からの加盟申請，APEC 首脳会談参加等をめぐって激しい応酬が展開されてきた．中台間の応酬に対して，アメリカ政府は，台湾を中国の一部とする大陸の認識を尊重し介入を行わず，平和的な問題の解決を希望するとの公式の立場を堅持している．ただ日米の国内には，政府間の枠組みを台湾社会とのトランスナショナルな連携によって突き崩そうとする勢力が存在しており，そうした勢力により，台湾人を主体とする台湾史認識は，台湾がナショナルな共同体として独立を認知されるのに十分な資格があると幅広く国内世論に訴えるための政治的資源となっていると考えることができる．

　冷戦後の世界におけるアメリカは，軍事技術の革命的飛躍によって他からの抑止が不可能な「覇権」を，少なくとも軍事の次元では達成している．それを背景にして，今や他国の民主化の度合いや民主的価値の共有の程度を指標として，各国の内政問題に干渉する傾向を高めている[24]．これは，アメリカという国家が民主化を口実として世界各地へとあたかも帝国の如く単独で介入する現象，つまり「デモクラシーの帝国」化といわれる現象として指摘されている[25]．

　このアメリカによる単独行動主義に乗じる形で，台湾側の，特にアメリカに現状維持の役割を期待する人々の間で，独立派はもちろんのこと統一派においても，台湾史の核心に民主的慣行や制度の発展を位置づける傾向がますます強められていると考えられる．前述の連戦が胡適に言及したのも，その文脈によるものであろう．また，北社や李登輝の発言に見られるように，台湾の独立派も統一派も，台湾史の延長としてもたらされた経済発展と民主主義的社会制度の確立を「台湾経験」とし，民主化を忠実に実行する「良い子」[26]としての台湾を，アメリカの世論へとアピールしているということができる．李登輝は1996年の総統選出時に，「わが国の政治における民主と経済の発展が勝ち取った成果は，米クリントン政権の外交政策が掲げる理念と利益に実質的に一致」すること，それは「開発途上国の模範ともなる」ことを強調した[27]．また，1995年に

アメリカのコーネル大学で行った演説でも，李登輝は経済発展と民主化の成果を台湾経験として強調している[28]．

つまり，大陸側が，「中華民族」主義に訴え，外国の影響力を排除しようとする一方，台湾側は台湾住民の選挙によって手続き的正統性を与えられた中華民国という位置づけを行うのみならず，普遍的な外来の価値を主体的に摂取してきたという台湾史認識に依拠しながら，アメリカが「デモクラシーの帝国」であることに訴えて，アメリカによる中台両岸関係への関与，あわよくば「デモクラシーの独立」への支持さえ主張しているということができよう．台湾独立，もしくは武器輸出などによる両岸関係への関与を，アメリカの世論の支援によって強化しようとするのが台湾の戦略ということになる．アメリカ国民が，さまざまな困難や矛盾を乗り越えて歴史的に形成されてきたアメリカのデモクラシーの延長線上に自国史を位置づけ，それを世界の抑圧された人々を勇気づけデモクラシーへと導く「たいまつ」としてイメージしてきたとすれば，台湾史はそうしたアメリカ国民に訴えやすい史実を強調するものとして，政治的言説に組み込まれる傾向にあるということができる．

2. 革命闘争史観と中華民族史観から見た台湾史

次に，中国と日本，各々の「自国史」認識というファクターから，日本の台湾統治に関する歴史認識が，どのように軋轢を生んでいるのか，「歴史」内在的な視点から台湾をめぐる日中相互の摩擦の位相を明らかにしたい．

かつての中国史の基本的枠組みが，階級闘争史観に立脚していたとすれば，1980年代後半以降，階級闘争に代わって進められた資本主義や市場原理に基づく改革と対外的開放（「改革開放」政策）の時代のそれは，中華民族史観に立脚した革命闘争史観ということができる．階級闘争史観と中華民族史観双方の収斂のあり方が日本時代の台湾認識に密接にかかわっているということができよう．

大陸における日本時代の台湾についての歴史認識の根幹を成すのは，中国人民の一部として台湾住民もまた，日本帝国主義に対する抵抗闘争を行ってきたとする認識である．それは，今もって中国現体制の正統性を証明する原理とさ

れており，数々の闘争の中でも，中国共産党が指導する中国人民によって展開された抗日闘争は，共産党による指導の正しさを正統化するものとなっている．この抵抗する中国人民の中に台湾人が位置付けられることは，共産党による「祖国統一」と中華民族としての失われた屈辱の歴史の回復という言説の，最も重要な前提であり，複雑な政治的言説の函数の中での公理部分を形成していることは既に述べた通りである．

　こうした認識はいつごろから一般化し，どのような事実によって支えられているのであろうか．「中華民族」という言葉さえなかった時代，台湾人を「中国民族」の一部として位置付けた最も早い歴史書は，反帝国主義運動が高揚していた1925年に上海で出版された『台湾革命史』(泰東図書局) であったが[29]，当時，台湾共産党による台湾独立は中国共産党によって支援されていたと言われる[30]．しかし，第二次世界大戦後になると，荘嘉農 (蘇新)『憤怒的台湾』(香港：智源書局，1949年)，劉大年・丁名楠・余縄武『台湾歴史概述』(北京：三聯書店，1956年)，武原編著『台湾的過去和現在』(北京：新華書店，1954年) 等の著作において[31]，台湾人は一貫して「中華民族」の一部とされている．例えば，中国国民党と中国共産党の内戦が戦われていた時期に香港で発行された『憤怒的台湾』の中では，「日本侵畧時代」が三期に分けられ[32]，1932年以後の「皇民化」期は，中国大陸や南方への侵略戦争に台湾人を利用するために「中華民族」意識を忘れさせるためのものであったとされる (62頁)．また，共産党が主導する「中国民主革命」に賛同し積極的に参加した台湾人がいた反面，国民党の手先となり「台奸」となってしまった台湾人がいたことも指摘されている (75頁)．革命闘争を軸とした記述は，「民主革命」への到達を目標に置いて，台湾における日本時代を第1期，2期というように区分して，それぞれについての「経験と教訓」がまとめられていることからも窺うことができる．『憤怒的台湾』の出版が1949年であることからも，大陸での内戦終結後に新たな課題となった「民主革命」成就へ向けて，それへの参加を「台湾人民」に呼びかけ，日本帝国主義下の「解放闘争」とその教訓をまとめた本であるということができよう．

　帝国主義に対する抵抗闘争と革命を基準とした台湾史認識を影で支えていたのは，人類史の発展段階が原始共産制から奴隷制，封建制，資本主義，社会主義へと向かうとする歴史観であった．現在の中国では，「改革開放」政策を支え

る「社会主義初期段階論」が唱えられることで，経済建設の運営の面ではこうした歴史観は何の現実的な意味も有しない．しかし，記憶や歴史認識の基本的枠組みとしては，こうした階級闘争史観は正面から否定されてはいない．経済建設のスローガンとしての社会主義が影響力を失っても，歴史認識の次元における帝国主義への抵抗と解放闘争は，中華民族を主体とする抵抗として代替され，むしろより強力なものになっているということができる．例えば，福建で大学歴史叢書の一部として出版された田玨主『台湾史綱要』では，第1章から5章までが古代以来の歴代王朝の台湾への関与事実と清朝末期の外患に関する記述に当てられ，その延長上の「日本植民地下の台湾」（第6章）という章では，初期の「反割譲反占領闘争」に続けて「武装抗日」・「植民地経済」・「民族同化と民族民主運動」・「抗日反戦活動」など，反帝国主義と階級闘争史観に基づいた見出しが続いている．

中華民族史観については様々な分析が行われているが[33]，古代以来さまざまな民族的集団が抗争・交流することで民族形成の条件が準備され，それが西洋列強や日本が行った帝国主義と対抗する中で，一体の中華民族として一気に結実したとする史観とまとめることができよう[34]．中華民族を構成することになる「祖先」が，「中国」という広大な国土の中で労働，生息，繁栄してきたことが歴史上の重要な事実として重視される[35]．こうした基本認識は教科書の編纂にも生かされ，1956年には人民教育出版社から[36]，少数民族と漢民族の関係が長期にわたり形成されたものであること，漢民族は多くの民族が合流し発展した共同体であること，漢民族の歴史を主軸にしながら各少数民族の具体的な発展ぶりや歴史上の重大事項との関連を適宜述べること，以上を教科書の方針とするようにとの指示が行われている[37]．中華民族が少数民族を統合する上での中国史を貫く重要な鍵概念であるとすれば，中心に位置すべき漢民族が台湾独立によって2つの国民に分裂するような事態は，中華民族の展開の根幹を揺るがせる問題以外の何物でもない．それは中国全体の民族政策に致命傷を与えることは明らかであろう．

中華民族史観においては，大陸と台湾の間の豊富な歴史的文化的結合関係に関する歴史的な事実が，記述の重要な中心となる．例えば，「地縁」「物縁」「血縁」「史縁」「語縁」「文縁」「神縁」「商縁」「情縁」に該当する事実の列挙によ

って，台湾と大陸が結ばれていることを，各1章ずつ記述するという研究も存在している[38]．「祖先」達が台湾を舞台に活動してきたことに関する古代史文献資料からの引用が，そうした記述の中心となる．三国時代から，唐，元，明清に至る歴代王朝期の記述は，日本やオランダの歴史史料よりもはるかに古く，それを根拠として台湾を中国の一部とする確固たる「事実」に基づいたものとなる[39]．

　また，古代以来の緊密な文化的歴史的結合関係の強調ばかりでなく，日本統治時代の台湾は大陸との結合関係が断ち切られようとする中で，一部の闘士によって抗日運動が継続された時代として認識されることになる．抗日運動という歴史的共通体験によって国民形成が進んだ時期，つまり人間の「人格形成」に相当する重要な時代に，台湾の住民が日本の側に軍属などとして立たされ，中国人としての歴史を経験できなかったことが，こうした歴史認識の根底に存在していると指摘する研究もある[40]．見方を変えれば，その誤った過去を是正するためにこそ，大陸側は大陸との共通体験に少しでも該当する民乱や宗教運動を，「革命」や「反帝国主義運動」に当たるものとして「事実」の中核に置き，強調しているということもできる．台湾独立派が唱えるような，植民地下とはいえ日常生活を送っていた圧倒的多数の庶民の生活に関する「事実」ではなく，あくまで「抵抗」や「革命」を試みた少数の「抗日」勢力に関する「事実」，および大陸との絆に関する「事実」の強調ということになる．

　このような大陸側の歴史観と，日本の支配下で進められた台湾社会の「近代」的変容を論じる歴史観との間には，歴史認識を支える事実群の選定やそれをもって代表させようとする社会に関する違いがある．まず，両者の間では，「事実」として着目する対象に関して，戦時対平時，少数者対多数者という基本的な相違がある．また，結局どちらも過去たる事実ではあるにせよ，それらを歴史的「事実」として強調することで代表させようとする歴史的社会のサイズ（「中国」か「台湾」か）が異なる．さらには，歴史を前進させる推進力を民衆の「抵抗」に求めるのか，技術進歩や思想変化も含む社会の変容に求めるのか，「近代」について何を本質とするのかという点においても，数々のギャップが存在する．

　例えば，1920年代に東京にある帝国議会に対して，台湾の富裕層と東京在住の台湾留学生が結束し展開した台湾議会設置運動は，大陸側の中華民族史観に

立てば「民族文化」を保存する闘争ではあっても,「ブルジョア運動」であった点で重要な抵抗運動ではない[41].その一方,台湾人を主人公とした台湾史において,この運動は台湾人としての主体性の目覚めの中の重要な一環として位置付けられる.大陸側が「ブルジョア運動」を軽視する背景には,中国近代史を通底するような主張,つまり,「抵抗」と「闘争」を通じてこそ,列強に従属するのではない真の主体性が民衆の間に強固に構築できるのであり,それこそが民衆の主体性回復の上に築かれるべき真の意味での「近代化」建設であるとの主張が存在していると考えられる.つまり,抵抗を行わない民衆は,歴史の推進力とはなり得ない.帝国主義への抵抗を通じてこそ,民衆が真の歴史の主体たり得る.その意味で,抵抗を通じた近代という前提が中華民族史観には依然としてあると考えられる.これに対して,台湾独立派にとっての「近代化」は,あくまで「民主」「自由」といった普遍的価値や「文明」を抜きにして語ることはできないものとなっている.

　また,中華民族史観の基本的な枠組みでは,植民地支配とは民衆を奴隷と化して主体性を喪失させるものであり,日本の台湾支配はこの意味で何から何まですべてが「近代化」に真っ向から対立するものである.植民地下での生活は奴隷生活であり,「皇民化教育＝奴化教育」に過ぎない.一方,抵抗を続けた革命の闘士,彼らが打倒しようとした日本帝国主義の野蛮性・非道徳性,そして中国の自主的「近代化」を阻害した罪状に該当する事実は,植民地時代に関する記述の重要な柱となる.抵抗せず日本に協力して戦争に参加した台湾人は,日本帝国主義の毒素で汚染された存在と見なされ,今に至っても台湾独立を唱える「台独派」の人々は,同じ毒素で汚染され「奴隷」となった状態のまま,中華民族の栄光に背を向ける「泣くに泣けない笑うに笑えない」(史料4参照)存在として認識される.また,台湾独立を肯定したり,少しでも関与しようとする日本政府や日本人の言動があれば,中国侵略の歴史を反省することなく,中国の分裂を影で企もうとする行為として,激しい非難の対象となるのである.

3. 日本帝国主義史観と近代化論の狭間から見た台湾史

　次に,日本における自国史認識というファクターから,台湾人を主体とする

台湾史がいかに社会的に受容され，戦争責任問題などをめぐって展開される政治的言説の一部として組み込まれているのかについて述べたい．

台湾人を主体とする台湾史の起源が，日本に亡命していた台湾人独立運動家の王育徳にあったことは前述したが，日本の「近代化」認識と台湾史における「近代化」認識との間の潜在的親和性は高いと考えられる．しかし，「近代化」をめぐる「日本の自国史認識」一般を語ることは容易ではない．ここでは焦点を絞り，「自国史」が個人に，「自国」に対する愛着心という形でそれを付与する側面（「自尊」史観）と，「市民」としての「個人」への崇敬の念を喚起するという形でそれを付与する側面（本来「市民」史観と呼ぶべきであるが前者からみれば「自虐」史観とされる傾向あり）があることに注目し，「自尊史観」と「市民史観」，及びそれを支える「民族的保守」派と「市民的連帯」派の対立という構図で，日本の自国史認識の諸潮流に2つの補助線を引き論を進めることとしたい．

この前提が単純化の誹りを免れないことは否定できない．しかし，それはあくまでも現実の諸々の歴史観が交錯する言説を論じるために，筆者が構築した両極端の歴史認識を示す理念型である．敢えて実例を求めるならば，自尊史観に基づく民族的保守勢力による台湾認識の典型は，小林よしのり『台湾論』（小学館，2000年）であり，他にも，蔡焜燦『台湾人と日本精神――日本人よ胸を張りなさい』（日本教文社，2000年），鈴木満男『日本人は台湾で何をしたのか――知られざる台湾の近現代史』（国書刊行会，2001年）などがある．一方の市民史観に基づく市民的連帯勢力（別称「ポストコロニアル」勢力－後述）の代表としては，東アジア文史哲ネットワーク『小林よしのり「台湾論」を越えて』（作品社，2001年）や，森宣雄『台湾/日本　連鎖するコロニアリズム』（インパクト出版会，2001年）がある．この両極の間に，実証研究を地道に行おうとするだけのおびただしい台湾史研究が日本で展開されていると言えるのではないだろうか．諸勢力の実態や優劣は本章のテーマではない．ここでは両極の認識枠組みの中で，「近代化」がどのような意味で用いられ，またそれが日本の台湾への関与をどう説明しているのかに注目したい．

「民族的保守」の立場は，肯定的な意味でのインフラ整備や教育の普及を意味する「近代化」を主軸に日本史をとらえようとするものである．戦前・戦後期

の日本を振り返ると，自国史認識の主流の座を争っていたのは，「絶対主義天皇制」，あるいは「ブルジョア市民革命」として明治維新を位置付ける日本共産党の「講座派」と「労農派」であった．戦後期，アメリカの影響で，それらに対抗して新たに「近代化」を主軸にしながら，その軌道からの「脱線・復帰」を論じる近代化理論が登場したが，近代化理論によれば，戦前の日本は「帝国主義」を追求する国家というよりも，「西洋文明」の導入によって「近代化」政策を実行し，徐々にそのエッセンスである立憲政治，民主主義の確立を実行してきた存在として基本的に認識される．その延長線上にある戦後日本は，「近代化」の軌道から一度は脱線したものの，占領改革によって復帰を遂げ，その後は首尾一貫して近代化の軌道を歩んでいるとされる．

　こうした歴史認識の上に，日本の近代化がたとえ結果的にではあれ，植民地台湾にも及んだ側面に注目していくのが，この立場の基本的な台湾史記述となっている．よって，注目する植民地台湾の歴史的事実は，都市計画，農業用水，衛生設備，鉄道，水道，電気などのインフラの整備，そして法制や教育制度整備など，肯定的意味の「近代化」に対応したものとなる．

　こうした認識に立てば，日本人の勤勉さを媒介として社会的インフラや教育制度が台湾に持ち込まれ，そのことで台湾にも一定の「近代」社会が形成され，公共性を重んじる精神が養われ，それが台湾人の主体性，すなわち民主化の原動力を喚起したとするような言説が，政治的思惑を以って紡ぎ出され，それが「近代化の先頭を走る日本」と「普遍的価値を主体的に摂取した台湾」との間で共有されるものとなることは明白であろう．それこそが，日本の民族的保守派が台湾の独立派と共有する基本的歴史認識である．ただし，後述する市民的連帯派からは「ポストコロニアル」社会における植民地的記憶の「再帰」として非難されることになる．しかしながら，民族的保守派は，「近代化」の動機が日本の帝国としての南進や国力増大にあったとしても，結果重視の観点から台湾社会に誘発された歴史的事実を強調している，ということができる．日本の民族的保守派と台湾の独立派は，日本と台湾の「近代化」，日本人による台湾「近代化」への一定の貢献を共通要素としながら互いの歴史的絆を確認し，民族的保守派は日本の歴史への自身回復を図り，台湾独立派は独立への支持を日本から取り付けることができる．こうした現代の政治的交換関係が両者の結合を支

えているということができるであろう．

　両者の仲立ちとなっているのは，日本語人を公称する台湾人や在日台湾人である．その例として，台湾独立建国連盟日本支部の幹部である黄文雄の『台湾は日本人が作った』（徳間書店，2001年）を取り上げ，共通の歴史認識の特徴を指摘してみたい．

　第一の特徴は，そのタイトルが示す如く，戦前の日本人が台湾の「近代化」にどのように関わったかについて，台湾を日本の植民地ではなく完全な一地方として記述していることである（序文）．台湾統治初期に植民地的な経営があったとしても，大正時代の原敬首相が「内地延長」主義で台湾を統治してから，「台湾はむしろ日本の植民地期を否定する近代国家建設の方向へと向か」っていたとされる．また，第二次大戦期の皇民化運動や徴兵制の台湾人への施行よりも，むしろ帝国議会議員選挙への準備が注目され[42]，完全に「植民地の色彩はなくなって『日台一体』がほぼ達成されていた」とさえされる．「台湾近現代史の正しい歴史認識」として注目されるべきは，「台湾は，九州や四国と同様に，日本内地の延長」であり，「日本の植民地ではなかった」ことなのである[43]．日台間の歴史の共有のために，これほど好都合な歴史認識はないであろう．

　第二の特徴は，日本の台湾への関与が欧米の「植民地的搾取や虐殺」(5-7頁)と無縁であった反面，大陸側の台湾への関与こそそれであるとして，搾取や虐殺の主体を日本ではなく大陸としている点である．とりわけ，戦後に大陸から台湾に亡命してきた国民党勢力が台湾で白色テロと呼ばれる恐怖政治を実施し，二・二八事件によって台湾人を虐殺したことはその最たる例である．そればかりか，日清戦争後に台湾に派遣された清国軍の敗残兵の多数が，日中戦争時の日本軍顔負けの「虐殺，略奪，放火，暴行」を，台湾の住民に対して行ったことも，歴史の「事実」として強調される（309頁）．同時に，日本の領有初期に「抗日武装闘争」を行ったのは「匪賊」にすぎず，「匪賊までを民族英雄に祭り上げる」「歴史捏造」が中国史で行われているとして非難される（7頁）．台湾領有初期に漢人の土地略奪に悩んだ熟蕃が日本軍襲来に際して「すわ味方の到来！」として喜び，日本軍への協力を申し出たという「事実」の指摘も行われている[44]．

　こうした歴史認識が，日本への抵抗を共通の歴史として認識しようとする大陸の台湾史へのアンチテーゼとなっていることは明白であろう．大陸側の見解

では，日清戦争後に台湾に派遣された清国軍の将兵の一部が「愛国主義」の情熱を有しながら，絶望的な状況の中でも，台湾で最後まで日本軍に抵抗を続けた「事実」こそが，歴史として認識されるべきである[45]．しかし，台湾独立派と日本の民族的保守の史観に立てば，「外部勢力」への台湾人の「抵抗」という文脈において，清国の敗残兵が住民に対して働いた暴行略奪こそ歴史的「事実」となるのである．

　黄の著作の第三の特徴としては，中国の台湾への関与が「暴行・略奪」，更には，「不衛生・腐敗」を基調として綴られる一方，日本の台湾への関与が全く逆の言葉で綴られていることである．「上下水道，電気，都市建設，森林保護，治山治水，殖産興業，教育と文化の普及など，台湾の近代化に貢献した日本人」がおり，彼等こそが「台湾をつくった日本人」であったことが述べられている．学校教師，医師と警察官，そして技術者が進取の精神と明治人の「気骨」を持って，日本の「お国のため」一筋に打ち込んだことが賞讃され，その「並々ならぬ努力や犠牲」は台湾の近代化への貢献でもあったと位置付けられる．戦前の日本人のひたむきな近代台湾構築に対する献身を「植民地支配者」や「侵略者」の行為としてしか見なさない大部分の「戦後の日本人には戦前の日本人を批判する資格はない」とさえされる．

　こうして見れば，日本の植民地支配が「台湾人」の主体性形成の上で一定の貢献をしたと評価する歴史認識が，日本社会で有する社会的機能は明白であろう．中国から歴史認識の上で謝罪を迫られてばかりいるという現状認識を持つ民族的保守派の日本人に対して，日本の近代史とは中華民族史観と革命闘争史観が描き出すところの，専ら侵略と抑圧のみを志向する帝国主義国家としての歴史などでは決してなかったと証明してくれるものこそ，こうした台湾人主体の台湾史なのである．それが自国史への「自信」を提供するものとして日本の民族的保守派から歓迎されていることは明らかであろう．一方，台湾側は，日本人への自信提供に対する一種の見返りとして，台湾独立への支持を日本の世論から調達しているのである．

　以上のような民族的保守勢力の言説に対しては，帝国主義史観に立った講座派的批判は，もはや影響力を有しない．しかし，過去の植民地統治への反省を抜きにした空虚な美化にすぎず，「台湾と日本の社会の双方において，排外的国

民主義・国家主義」[46]を打ち立てようとするものであるとの批判が存在していることは確かである．それを行っている勢力こそ，「市民的連帯」派である．市民的連帯派は台湾の独立勢力と日本の民族的保守勢力の「結託」を植民地的（コロニアル）なものの復活・再帰とみなし，「ポストコロニアル」的状況としての現代社会を分析すべきだと主張する．

　市民的連帯派に共有されつつある歴史認識とは，「植民地近代性」を鍵概念としたものと言える[47]．これは，「主権」や「民族」を含めた近代的な思考枠組みの全般を再検討し，「近代」そのものが，かつてイメージされていた「自由」や「解放」に象徴される啓蒙的，肯定的なものではなく，むしろ，人間の尊厳の喪失をもたらしかねない，私生活のあらゆる領域の「管理」と巧妙な「統制」と人権の抑圧に象徴される否定的な時代であるという基本認識に立つ[48]．その上で，非合理的な熱情を肯定するナショナリズムや，それによる独裁の正当化，植民地消滅以後も旧宗主国に残存する帝国意識などを批判し，真に普遍的な価値の発見とそれによる人間の尊厳の回復を指向するものであるとまとめることができよう．

　この歴史認識においても，台湾の植民地期の事件・事物の中で，特に目を向けられ認識されるべき対象は，ごく一部の勢力が行ったに過ぎない帝国主義への華々しい抵抗運動ではなく，日本が作り上げた植民地社会の生活そのものである．この点は，「近代化」を水準点としながら，それに対する事実をかき集める民族的保守派と同じである．しかし，その植民地における生活世界の中で，台湾人が民族的な境界によって識別され，不断に生活を通じて差別されるという社会構造が存在したことに注目する点で，市民的連帯派の見解は民族的保守派とは真っ向から反対の立場に立っている．差別の事例としては，教育制度における日本「内地人」と台湾「本島人」との差別的待遇，法制の中での公務員加俸制度，徴兵制度，初期の犯罪即決令，1935年から半官半民で選挙が行われながら，日本人議員の比率が高かった地方自治制度，台湾人のみに温存された保甲制度などがあげられる．こうした差別的空間の中での台湾人の苦悩や，諸々の感情に満ちた生活世界の研究は，国家や権力への「抵抗」を重視する点で旧来の講座派的アプローチに通じるが，帝国主義史観や民族による抵抗を美化するだけの史観に立たないという点において，明確に一線を画している．植民地

的社会であったものの,台湾社会を独立した一個の社会として認識しているからである.そうした点は,むしろ民族的保守派の立場と共通する.

こうした市民的連帯派の歴史認識を支えるのは,永遠に追求されるべき理想としての「民主主義」と「人権」という価値である.また,国際政治を,国家や民族を単位に展開され戦争や植民地支配に彩られる権力政治として捉えるのではなく,市民の連帯とそれを支える人間の尊厳に関わる普遍的価値の共有を重視する[49].それは,台湾人の独立派が民主化の過程で生み出したところの,「民主」と「自由」という価値の獲得を基調とする台湾史認識と本質的な差がない.それ故に,日本の市民的連帯派は本来,主権や国民・民族を強調する歴史観に批判的であるにもかかわらず,人権や民主という共通の価値に立つ限りにおいて台湾人の独立派勢力とも対話が可能となる.しかし,「デモクラシーの帝国」に依存した,「デモクラシーの独立」という性格を台湾独立派が強め,民主という価値を国家による軍事力に依存して守ろうとすることに対して,この論者は極めて批判的である.その根底には,戦前の日本が軍部の暴走によって戦争を引き起こしてしまった一方的責任者であるとする歴史認識があると考えられる.よって台湾独立に対して市民的連帯派は明確に反対はしないものの,それがいくら民主という価値と結びつけられようと積極的支持は与えない.国家としての独立そのものに大きな価値を見出していないからである.そうした姿勢は,アメリカの一般的世論がデモクラシーと軍事力の結合に疑問を持たないのと対照的である.

故に,台湾の独立勢力が連携すべき存在を日本国内に求めるとすれば,それは,どうしても日本の民族的保守勢力ということになる.しかしながら台湾の独立派にとっても,民族的保守勢力に対して,近代日本の台湾への関与肯定以外の文脈で台湾独立を呼びかけることはタブーである.台湾独立が「人権,民主,自由を守る理念」[50]に基づいてのみ強調され,日本人への「感謝」がないと認識されてしまえば,その連携は成立しなくなってしまうからである.日本の革新勢力[51]と同じ「臭い」が感じられてしまうからとも言えるだろう.

一方,日本の市民的連帯派は,台湾独立派の一部だけでなく,普遍的価値に立脚しながら将来の民主化された大陸との統一を掲げる台湾島内の統一派との間でも,ポストコロニアル論や植民地近代性論を掲げる点である種の連携関係

を成立させている.「民主」や「人権」という価値と中華民族の統一という価値を両立させようとしている勢力との連携,ということができる.

　日本社会の内部では,民族的保守派の側から市民的連帯派に対して,中国における国家主義の台頭や中華民族主義に寛容であるという批判が行われるが,市民的連帯派に言わせれば,「民主」「人権」を抜きにした中国の国家主義や中華民族主義はよくないものであろうとも,それが日本の軍国主義が生み出した侵略に対する抗日戦争を通じて生まれたという歴史的背景を無視してはならず,その批判は慎重に行われなければならないということになる.つまり,「民主」や「人権」という価値に関心を有する市民的連帯派は,中国側の台湾統一政策と一体となった民族重視の歴史認識にあえて正面から異議を唱え,「民主」や「人権」を持ち出したりはしない.他方,台湾独立派を支持する日本の民族的保守派は本来,「人権」や「民主」という価値それ自体に原理的関心を有しないにもかかわらず,そうした価値を拠り所として展開される台湾独立を支持し連帯することで,専ら日本人のナショナルな「自信回復」を志向している.

　2つの逆説が,日台の社会的関係を彩っているということができよう.しかし,こうした日本社会内部の異なる歴史認識が分裂し皮肉な逆説が生じている状況こそ,台湾側が台湾独立運動への支持を日本で拡大していくための政治的環境である.台湾独立建国連盟の2003年の主張では,「台湾が抱えている問題は,日本の問題とよく似ている.国号問題こそ違え,憲法問題,教科書問題など,国民としての誇りを取り戻そうという点では,まったく変わらない.台湾は台湾人としてのアイデンティティを求め,日本は歪んだ歴史認識を正そうという同質の悩みを共有している」のだとの呼びかけが行われている[52].これは,「中華」に代えて「台湾」の名前を使おうと呼びかける「正名運動」のデモが台湾で行われたことを報道した記事の解説として掲載されたが,そのデモには台湾の民衆が主催者発表で15万人参加,「日本隊は300名を越えた」とされている.このような回路を通じて,台湾島内の統一派と独立派との間のアイデンティティ・ポリティックスが日本社会へと還流していると言える.

おわりに——「民主」と「民族」の相克と超越の可能性

　中華民族史観にしても，日本の民族的保守史観にしても，西洋諸国との接触とそれによる変容に迫られた時代に，「自ら」（その範囲こそ問題）の社会がいかにして「近代化」（その意味は大きく異なる）してきたのかという基本的な出発点は同じである．しかし，「自」国の近代化に相手がいかなる関与を行ったかという点で，民族的な，もしくは国民的な日中の自国史認識は相互に極めて深刻な断層によって隔てられている．その断層が地表に露出しているが如きものこそ，台湾の日本時代をどのように意味付けるのかという問題であるということができる．

　中国史において，近代化の主導権はあくまで抵抗する人民であり，台湾人民も帝国主義への抵抗を通じて中華民族が遂行してきた革命の伝統に立派に加わっていたとされるのに対して，日本の民族的保守派の唱える日本史においては，近代化は日本人の勤勉さやその外来文化摂取への情熱がもたらしたものであり，それが台湾にも展開され延長されたことによって，その意図があったか否かに関わりなく，社会変容としての台湾の近代化が開始されたと位置づけられる．

　どちらがより「事実」に近いのか，その優劣を判定しようとすることは，全く本章の目的ではない．そうした通俗的争点がどのような価値や歴史認識の対立を背後に引きずり，東アジアの国際的政治・文化関係の中で展開され，現代の戦争責任問題，植民地支配責任問題，そして統一か独立かをめぐる台湾問題などの政治的言説に組み込まれてしまっているのか，その諸相を明らかにすることが目的であった．

　最初に言えることは，帝国主義史観に基づいた「侵略」，および日本の民族的保守派が強調する「開発」としての「近代化」，この2つを包含する概念を「日本の関与」とすれば，それによって日本の周辺地域としての台湾や中国で，さまざまな実体を含んだ「近代化」がどのようなものとして進展していったのか，それを歴史的に検証できる格好の素材こそ台湾史である，ということである．日中関係における歴史認識一般の問題は，台湾における「民主」や「人権」という普遍的価値の需要や土着化の様相を，「民族」という価値をも尊重しながら地域史視点で歴史化していかない限り，相互排他的な応酬に留まってしまうで

あろう．その応酬が続く限り，日中の狭間におかれた日本統治時代の台湾に対して，少しでも共通な歴史認識を生み出すことは，恐らくきわめて困難であろう．

　この点で，日本の市民的連帯派が普遍的価値を強調しながら，「個人」の登場を軸とする植民地の日常生活に焦点をあてていることは，「近代」という概念自体の深化と，歴史的事実の多様性の追求の両面に貢献する作業ということができると考える．しかし，「個人」中心の史観は，主権国家や国民を当然の基軸として展開される台湾独立をめぐって，現実の国際政治の風説にさらされていることは無視できない．

　市民的・普遍的価値に立脚する歴史観と，国民的・民族的価値に立脚する歴史観との間のせめぎ合いは，それ自体が国際政治構造の反映としての性格を持っている．つまり，普遍的価値を共有し，それに依拠しながら「主権」や「民族」という近代的概念が大きく変容しつつある「超近代」的地域（「第一圏域」）と，依然として「主権」や「民族」が至上の重要性を有する「近代」的地域（第二圏域））との接触に伴う軋轢が，台湾史認識をめぐって展開しているということができる．こうした見方に立てば，台湾史が普遍的価値に立脚し，さまざまな勢力が交わる場所としての開かれた「地域史」の性格を有する一方で，台湾人の主体性や独立国家建設の正統性を提供する「国史」としての性格をも合わせ持っていることが容易に理解できるであろう．台湾史は，「超近代」と「近代」の2つの「圏域」の狭間にあって，両性具有的な存在となり，相反する2つの方向に引き裂かれている．それが「戦争責任」を含めた日中それぞれの自国史認識というファクターと，国際政治における台湾問題というファクターとに絡まりあいながら，台湾史認識の基本的あり方を日中間の潜在的ではあっても重要な争点としているのである．そして，李登輝への日本滞在ビザ発給問題や，台湾海峡有事問題など，時折発生する政治問題の深刻化に際して，ますます感情の衝突を引き起こしてしまうのである．日中関係において，あたかも「民族」と「民主」という2つのプレートのせめぎ合いの中で隆起を続ける山脈こそ，台湾の日本統治時代をいかに認識するのかという基本問題であるといえる．

　もしも，「個人」ではなく日中それぞれの「国民」の誕生に，西洋の外国人や日中双方の形成途上の相手の存在が，どのように関与したのかという問題を，

抵抗運動から開発に至るまで総合的な視点から冷静に議論できるような時代が来るとしたら，そのときこそ，台湾人意識や台湾史を，日中間でも共通の歴史叙述の一部となる議題として冷静に議論できる時となろう．逆転の発想をすれば，そうした議論が日中間でできるならば，台湾史は各国の国民史を越えた枠組みで歴史を認識するための，格好の素材となる可能性を秘めている．

　そうしたアプローチが本当に可能となる時は，台湾史が普遍的価値の名のもとにナショナルな価値を強制していく政治的イデオロギーとして動員されるのではなく，日本と中国の国民のための「日中関係史」という枠にとどまらずに，東アジア地域の重層性の中でさまざまな主体に開かれた歴史を語るための対象として，大いに研究され，語られる時となろう．台湾の民主化とともに登場した台湾史は，台湾の独立に奉仕する政治的イデオロギーでしかないのか．それとも，東アジアという地域を枠組みとしながら，さまざまな集団が失ってはならない価値としての「民族」(伝統・独立・統一)，あるいは「民主」(人権・文明)を掲げて，その名の下に生まれ，もしくは作りだされ，または生まれること自体を拒否されてきたのか．さらにその延長として現代に生きる我々が，ある国民として生きること，生きたいと願うことの意味は何なのかという問題を深く再考していく契機となるのか．それはこれからの未来に委ねられている．どのような歴史の事実を「事実」として選択するのか，選択のための基準，価値と解釈こそ，台湾の日本時代をめぐる歴史認識の問題なのである．その未来の可能性が台湾島内のみならず，中国と日本での歴史認識をめぐる議論と対話の中から，徐々に見出されてくることを祈りたい．

〈参考文献〉

王育徳『台湾』弘文堂，増補改訂版 1970 年．
何義麟『二・二八事件――「台湾人」形成のエスノポリティクス』東京大学出版会，2003 年．
森宣雄『台湾/日本　連鎖するコロニアリズム』インパクト出版会，2001 年．
李登輝『台湾の主張』PHP 研究所，1999 年．

宗像隆幸『台湾独立運動私記：三十五年の夢』文藝春秋，1996年．
若林正丈『蔣経国と李登輝』岩波書店，1997年．

1）実際に退去したものは当時の住民，約280万人のうち，5,460人であった．台湾総督府警務局『台湾総督府警察沿革史』第2巻，1938年，668頁．
2）浅野豊美『植民地帝国日本の法的構造』信山社，2004年，115-140頁．
3）蔡培火「中日親善の要諦」『台湾青年』第3巻第2号，1921年，56頁．
4）近藤正己『総力戦と台湾——日本植民地崩壊の研究』刀水書房，1996年．
5）何義麟『二・二八事件——「台湾人」形成のエスノポリティクス』東京大学出版会，2003年，193-196頁．
6）若林正丈『台湾　分裂国家と民主化』東京大学出版会，1992年，119頁．
7）論争は，1984年前後，楊碧川と戴国煇との間で展開された．詳しくは張隆志「植民現代性分析與台湾近代史研究」若林正丈・呉密察編『跨界的台湾史研究』(播種者文化有限公司，2004年）と以下を参照．Wei-penn Chang（小木裕文訳）「台湾の近代化と日本」西川長夫・松宮秀治編『幕末・明治期の国民国家形成と文化変容』(新曜社，1995年，610，628頁）．また，台湾の近代化論争の前史に関しては，松永正義「『中国意識』と『台湾意識』——揺れ動く中国/台湾イデオロギーの構図」若林正丈編『台湾——転換期の政治と経済』(田畑書店，1987年）を参照．
8）Hsiau, A-chin, *Contemporary Taiwanese cultural nationalism*, London ; New York : Routledge, 2000, pp. 159-167.
9）郷土史としての台湾史では，清朝時代の漢人による台湾開拓，孔子廟の伝播，科挙制度や書院の展開，鄭成功の事跡等など，大陸と共有し得る共通の絆と，抗日戦争と見なし得る民乱等が強調されてきた（林玉茹・李毓中（森田明監訳）『台湾史研究入門』汲古書院，2004年，121頁）．戦後の台湾人に「祖国」中国との絆を強調することで「脱日本化」を推進するための装置として，台湾史はあったといえる．
10）林・李，前掲書，125頁（原文は，林玉茹・李毓中著『戦後台湾的歴史学研究1945-2000，第七冊台湾史』行政院国家科学委員会出版，2004年8月）．張，前掲論文，142頁．
11）林・李，前掲書，154-183頁．
12）若林正丈「戦後台湾政治における『伝統』と『革新』」『アジア研究』48巻1号，2002年．
13）森宣雄『台湾/日本　連鎖するコロニアリズム』インパクト出版会，2001年．
14）陳培豊『「同化」の同床異夢：日本統治下台湾の国語教育史再考』東京・三元社，2001年．
15）陳建仁『台湾自由民主化史論』御茶の水書房，2004年，222頁．
16）若林，前掲論文．
17）総統は1990年まで，大陸各省の代表（再選挙が不可能なため「万年議員」と呼ばれた）から構成される中華民国国民代表大会で間接的に選出されてきたが，1996年に行われた総統直接選挙以後は，台湾省のみの住民による直接選挙で選出された．これにより，実質的に台湾としての独立を実現することになるという解釈が一部で行われる一方，独立は決し

て容認しないという大陸からの批判が巻き起こった.
18) 李登輝『台湾の主張』(PHP 研究所, 1999 年, 58 頁) も参照.
19) この立場は, 同じ民族でありながら, 2 つの政府が存在し国家が分裂状態にあるという認識を反映していたが, 1999 年の二国論以後になると, 単なる政府の分裂状態ではなく, 両岸は「国」という政府以上のナショナルな社会的集団次元での分裂によって分断されているという認識を示した.
20)『台北週報』2008 号, 2001 年 (『自由時報』2001 年 6 月 17 日の記事).
21) 中華全国台湾同胞聯誼会編『台湾人與新中国』海峡学術出版社, 2005 年.
22) 藤原秀人「(特派員メモ 北京) 連戦氏への拍手」朝日新聞, 2005 年 5 月 4 日.
23) 胡適は, アメリカ亡命から台湾に帰参後の 1961 年に, 台湾の『文星』という雑誌で,「東洋の精神文明」を否定し, 科学と技術による近代文明の建設を核とする現代化論を唱え, 中国伝統文化と西洋文化の優劣得失をめぐる論争を引き起こした. 現代化論の一部は, 1970 年代から現れてきた民族主義論に批判的立場を取ったという. 前掲松永論文, 298-304 頁.
24) 藤原帰一「記憶の戦いを超えて」船橋洋一編『いま, 歴史問題にどう取り組むか』岩波書店, 2001 年, 10 頁. 原子力利用基準を民主化の程度によって認めようというアメリカ高官の発言さえある.『朝日新聞』2005 年 9 月 7 日.
25) 藤原帰一『デモクラシーの帝国』岩波書店, 2002 年.
26)『アエラ』2004 年 2 月 16 日号での若林正丈の発言.
27)『中華週報』1766 号, 1996 年 5 月 30 日, 16 頁.
28) 若林正丈『蒋経国と李登輝』岩波書店, 1997 年, 241 頁.
29) これは, 1919 年に出版された連雅堂『台湾通史』への批判書として出版されたものである.「所謂台湾人の我々は実は中国民族の福建人, 広東人である」とされ, 中華民族ではなく「中国民族」という言葉が使われる.「台湾革命史は中国革命史の一部分」であるとも述べられている.
30) 若林正丈『台湾抗日運動史研究』研文出版, 1983 年 (増補版 2001 年).
31) いずれも,『台湾問題 重要文献資料集』(東京:龍渓書舎, 1971 年) として復刻されている.
32) 1915 年までの第 1 期は武装抗日中心の時代 (32-46 頁), 1915 年から 31 年までの第 2 期は「懐柔時代」, それ以後は「皇民化」政策期とされる.
33) 最近の研究成果としては西村成雄『20 世紀中国の政治空間――「中華民族的国民国家」の凝集力』青木書店, 2004 年などがある.
34) 大崎雄二「中国の国民統合と『中華民族』」西川長夫他編『アジアの多文化社会と国民国家』人文書院, 1998 年, 184-185 頁.
35) 毛沢東「中国革命和中国共産党」(1939 年)『毛沢東選集 第二巻』(北京) 人民出版社, 1952 年, 584-586 頁. 前掲, 大崎論文によれば, 毛沢東が「中華民族」という言葉を使ったのは, この時が初めてであったという.
36)「中等学校用歴史教科書編集における原則的問題について」(以下から重引) 二谷貞夫「中国の歴史教育」歴史教育者協議会編『新しい歴史教育 第 5 巻 世界の教科書を読む』大月書店, 1994 年, 247 頁.

37) 並木頼寿「中国教科書の世界・日本像」山内昌之・古田元夫編『日本イメージの交錯』東京大学出版会，1997年，46-47頁．
38) 姚同発『台湾歴史文化淵源』中国：九州出版社，2002年．
39) 田珏主『大学歴史叢書　台湾史綱要』福建人民出版，2000年．
40) 家近亮子・唐亮・松田康博編著『5分野から読み解く現代中国』晃洋書房，2005年，102頁．
41) 田珏主，前掲書．
42) 帝国議会議員選挙への参加準備段階で実際にどのような性格の参政権が付与されようとしていたのかに関しては，拙稿「日本帝国最後の再編」（早稲田大学社会科学研究所『研究シリーズ』第35号，1996年，247-296頁）を参照．
43) 黄文雄は他にも，『捏造された日本史』『「No」と言える台湾』（日本文芸社），『韓国人の「反日」台湾人の「親日」』（光文社）等を執筆し，通俗的な台湾・韓国の歴史認識イメージ形成に大いに影響力を発揮している．
44) 鈴木満男『日本人は台湾で何をしたのか』国書刊行会，2001年，22-23頁．
45) 比較史・比較歴史教育研究会編『黒船と日清戦争――歴史認識をめぐる対話』（未来社，1996年）の中の第二部「岐路としての日清戦争」で，中国からの参加者が行っている発言に注目．
46) 森宣雄『台湾/日本　連鎖するコロニアリズム』インパクト出版会，2001年，174頁．
47) 呉密察・若林正丈『跨境台湾近現代史』（台北：2004年）が代表的な論集であり，筆者もこれが出版されるきっかけとなった各種の大会に出席していた．
48) 並木真人「朝鮮における『植民地近代性』・『植民地公共性』・対日協力」フェリス女学院大学『国際交流研究』第5号，2003年．
49) 中西寛『国際政治とは何か』中公新書，2003年，24頁．
50) 森，前掲書，147頁．
51) 当事者が理解しやすいように台湾史が変形されてしまうのは，革新側のメディアでも同様であった．1960年代から70年代初期にかけては，「反共＝親台湾」というイメージがあったがために，それと誤解されないように，呉濁流『夜明け前の台湾』には，「植民地からの告発」という原著にはない革新派の好むセンセイショナルな副題が勝手に付され，革新的進歩的な文脈に合わせられていた．
52) 「2003年9月6日　台湾正名運動レポート」『日台共栄』創刊号，日本李登輝友の会，2004年5月，25頁．
53) 田中明彦『新しい中世』日本経済新聞社，1996年．

戦後日本の政治と慰霊をめぐる関連年表

1869 年	東京招魂社創建.
1879 年	靖国神社と改名,別格官幣社に列格される.
1945 年	ポツダム宣言受諾,GHQ から神道指令発令.
1946 年	宗教法人靖国神社発足.
1952 年	対日平和条約発効,政府主催全国戦没者追悼式挙行(1963 年から恒例化).
1953 年	「無名戦没者の墓」建設閣議決定.
1959 年	千鳥ヶ淵戦没者墓苑竣工.
1969 年	靖国神社法案が国会に初提出される(1974 年まで 5 度提出と廃案を繰り返す).
1975 年	三木武夫首相が初めて 8 月 15 日(終戦記念日)に靖国神社を私的に参拝.
1978 年	靖国神社が A 級戦犯を合祀.国民には翌 1979 年に新聞報道で知らされる.
1985 年	中曽根康弘首相が 8 月 15 日に「靖国懇」の報告書を基に靖国神社を公式参拝.中国政府からの強い批判を受け,翌年の公式参拝中止を発表.
2001 年	小泉純一郎首相が 8 月 13 日に靖国神社を参拝(以後,1 年に 1 度参拝).追悼・平和祈念のための施設を議論する懇談会が発足(翌 2002 年に最終報告).

11章 戦後日本の政治と慰霊

村井良太

はじめに

　日本における政治と慰霊との関わりが，近年，中国との間で大きな懸案となっている．小泉純一郎首相による宗教法人靖国神社参拝の是非が焦点となっているが，もとよりこの問題は小泉政権の誕生とともに生起した問題ではなく，また日中関係に留まる問題でもない．そこには，政治と慰霊とをめぐる戦後日本の半世紀を越える営為の蓄積が反映されている．そこで本章では，問題の発生と展開を理解すべく，日本政治が戦後この問題とどのように向き合ってきたのか，時期による争点の変化に注目し，その軌跡を追う．

　戦後日本の政治と慰霊の問題を考える上で，その中心的な位置を占めるのが靖国神社をめぐる論争であることに異論はないだろう．ここでは靖国神社をめぐる論争と対立をひとまず靖国神社問題と呼ぶ．その第一の特徴は問題の重層性にあり，争点は，憲法問題の側面，歴史認識問題の側面，鎮魂の問題の側面，そして国際問題の側面と，大きく4つに整理することができる（図1）．

　第二の特徴として，靖国神社をめぐる論争は概ね2つの立場からの論争となっている．憲法問題にせよ，歴史認識問題にせよ，その行き着く先は，現代日本が靖国神社をどのように処遇するべきかという点に集約される．そこで「靖国神社について，戦後語れば，どうしても右か左かの踏み絵風となり勝ち」という状況が長らく続いてきた[1]．

　そして第三の特徴が，時期による問題の変化であり，大きく3つの時期に分けることができる．敗戦を経て，靖国神社法案に見られるように戦後の新憲法下での国家護持が目指された第1期，公式参拝の実現と中断にいたる第2期，

図1 靖国神社問題の重層性

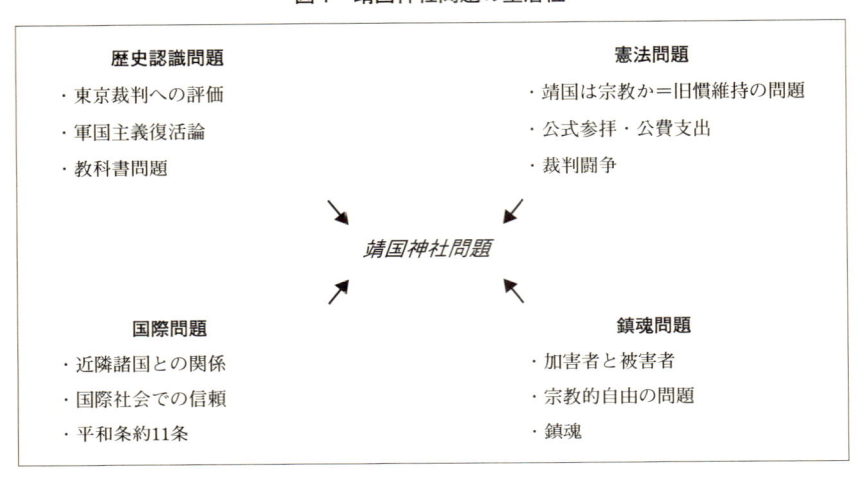

歴史認識問題
・東京裁判への評価
・軍国主義復活論
・教科書問題

憲法問題
・靖国は宗教か＝旧慣維持の問題
・公式参拝・公費支出
・裁判闘争

↘ ↙
靖国神社問題
↗ ↖

国際問題
・近隣諸国との関係
・国際社会での信頼
・平和条約11条

鎮魂問題
・加害者と被害者
・宗教的自由の問題
・鎮魂

そして靖国神社を離れた新施設建設が具体的に議論されるようになった第3期である．

もとより政治と慰霊をめぐる戦後の営みは，靖国神社をめぐる論争に収斂させうるものではない．全国戦没者追悼式の開催や千鳥ヶ淵戦没者墓苑の建設など，併せて論じていく．

1. 国家護持の模索と挫折（1952-1975年）

〈1〉敗戦からの出発

戦後日本の政治と慰霊の問題を論じていく前に，まず簡単に前史について触れておきたい．戦前，戦中に国家的慰霊の中心施設であったのは別格官幣社靖国神社であった．靖国神社は，1869（明治2）年に明治天皇の発願により戊辰戦争における官軍側の死者を祀る東京招魂社として設立され，1879（明治12）年，靖国神社と改称されるとともに別格官幣社に列格された[2]．社の造営費や祭祀料などは国から出された．靖国神社には，幕末の動乱期に入る1853年以来の国事殉難者と，軍人，軍属を中心とする戦没者が祀られている．「忠魂」や「忠霊」

と呼ばれた祭神が，一般に「英霊」と呼ばれるようになったのは日露戦争後であると言われている[3]．

靖国神社の特殊性は，多数の臣下を神として祀り，その祭神が合祀によって増えていくことと，通常の神社行政とは異なり，陸・海軍省が所管していたことである[4]．信教の自由を定めた大日本帝国憲法下でも，古来からの習俗との関係が深い神社神道は宗教とはみなされず，靖国神社に対する崇敬は宗派の別を超えた国民の義務と位置づけられていた[5]．このような沿革と特徴をもつ靖国神社と相似形をなしていたのが，同様の起源を持ち，地域の英霊を祀る護国神社である．

このような政治と慰霊との密接な関わりは，1945（昭和 20）年の敗戦によって大きな変更を迫られた．連合国最高司令官総司令部（GHQ）は靖国神社を戦争遂行の重要な要素であったとみなし，その地位の根本的な変更を迫った．日本政府が受諾したポツダム宣言は，第 10 項で戦争犯罪人に対する処罰と共に，「言論，宗教及思想ノ自由並ニ基本的人権ノ尊重ハ確立セラルベシ」と唱っていた．とはいえ当初は，占領下でも戦前，戦中同様の祭事が行われており，1945 年 11 月の臨時大招魂祭には，昭和天皇，皇族，幣原喜重郎首相らが参拝している．これが国営神社としての最後の大祭となった．

改革が本格化したのは，1945 年 12 月 15 日のいわゆる神道指令からであった．神道指令は，神道の国教的性格が軍国主義や極端な国家主義の精神的淵源であったとの観点から，国家神道（神社神道）に対する政府の保護や，公的資格での参拝を禁止した．次いで翌年 2 月 2 日の「宗教法人令改正ノ件」で，神社神道も宗教となることが求められた．附則には「別格官幣社靖国神社ハ之ヲ宗教法人令ニ依ル法人ト看做ス」と明記され，6 カ月以内に宗教法人としての届出が無い場合には「期間満了ノ時ニ於テ解散シタルモノト看做サルル」ことになった[6]．

そこで全国の神社は，2 月 3 日，統一組織である宗教法人神社本庁を設立し，靖国神社は戦前の特殊な位置づけから，別に単立の宗教法人として届け出た．靖国神社は 1946 年 4 月に戦後初めて新たな祭神を合祀する合祀祭を開いたが，同年 10 月予定の秋の合祀祭は GHQ が許可せず，以後，占領下で合祀祭は執り行われなかった．

このような制度改革と価値の逆転の影響は、旧軍人や遺家族にも及んだ．1946年11月の通達「公葬等について」によって、文民と軍人の死没者は厳密に区別され、戦没者については、「軍国主義者」や「極端な国家主義者」と同様の厳しい制限下に置かれた．

　しかし、当初問題となったのは慰霊の問題よりも、生活の問題であった．1946年2月1日の勅令「恩給法の特例に関する件」で、軍人軍属とその遺族への恩給は停止された．これにより遺家族は困窮を極め、1947年11月、その厚生団体として日本遺族厚生連盟が結成された．同じく経済的な問題を念頭に、1949年5月には衆議院で「遺族援護に関する決議」が、参議院では「未亡人並びに戦没者遺族の福祉に関する決議」がそれぞれ採択された．その後、遺族厚生連盟は有力な政治圧力団体となり、1950年には「遺家族議員連盟」が衆議院で組織され、同年の参議院選挙では長島銀蔵会長が全国区で10位という高位当選を果たした．また、1951年2月には第1回全国遺族代表者大会（第2回から全国戦没者遺族大会）を開き、遺家族の処遇改善を決議している[7]．

　占領改革の最大の遺産である日本国憲法は、第20条で信教の自由と政教分離原則を定め、財政面からこれを保障するものとして第89条で宗教団体等への公金支出を禁止した．また、占領改革と並行して、対日戦争裁判が東京始め関係各国で開かれた．裁かれたのは、侵略戦争または条約に違反する違法戦争の共同謀議、計画、準備、開始、遂行の責任を問う「平和に対する罪」にあたるA級戦争犯罪と、捕虜虐待など「通例の戦争犯罪」を問うBC級戦争犯罪であった[8]．極東国際軍事裁判（東京裁判）では多くの関係史料が提示され、歴史を明らかにする上で大きな貢献をした一方で、全体を通じて戦勝国による懲罰的裁判との印象も与えた．日本政府は、1951年9月に調印されたサンフランシスコ平和条約第11条で、独立の回復に際してこの裁判と刑の執行とを受け容れている．

　1950年代を迎え占領も後期に入ると、規制の中で既に役割を終えたもの、また行き過ぎと思われたものが漸次修正されていったが、戦犯受刑者の多くは獄中にとどまり、日本政府による関係各国との地道な交渉が行われていた[9]．日本政府は良き敗者としてのたしなみを持っており、勝者もまた、第一次世界大戦後のドイツへの懲罰的な講和が再び大戦を招いた教訓から、概して寛容であった．また冷戦の開始という国際環境の変化も影響した．1951年9月には通達

「戦没者の葬祭などについて」が出された．これは先の「公葬等について」の一部を修正し，戦没者について，都道府県レベルでの公職者の参列等の制限を緩和するものであった[10]．これを受けて10月の例大祭では，吉田茂首相をはじめとする閣僚並びに衆参両院議長らが靖国神社に参拝した．翌1952年4月28日に平和条約が発効し，日本が独立を回復すると，同年10月には昭和天皇と皇后が参拝している．

〈2〉独立回復と遺家族の処遇

独立回復後にまず本格化したのは，遺家族に対する国からの経済援助措置であった．1952年4月，戦傷病者戦没者遺族等援護法が公布され，公務上の負傷疾病で死亡した者に遺族年金と弔慰金が支給されるようになった．また1953年8月には，恩給法改正によって軍人軍属及びその遺族への公務扶助料が復活した．国会審議では，再軍備を念頭においた政策ではないかとの批判や，より包括的な社会保障制度を求める反対はあったが，対象となる旧軍人の多くは「国のための戦争犠牲者」（堤ツルヨ議員・日本社会党），「戦争責任の稀薄な，むしろ国家の命令によつて機械のごとく動かされた気の毒な人々」（高橋傳議員・改進党）と位置づけられており，遺家族の経済的救済に大きな反対はなかった[11]．

さらに，このような経済的救済は戦犯受刑者にも広げられた．日本政府は独立回復後，戦犯を国内の刑にあたらないものとみなし，刑死者，獄死者は法務死者と呼ばれるようになった[12]．1953年8月には，戦傷病者戦没者遺族等援護法が一部改正によって法務死者にも適用され，1954年6月には，恩給法改正によって受刑者遺族も同様の扱いを受けた．戦犯受刑者に対する権利回復の過程では，国会審議で東京裁判の不当性も訴えられたが，「戦犯の留守宅ほど哀れなものはない」（辻政信議員・無所属）と述べられているように，これもまた主として生活問題であった[13]．

そして，遺家族処遇のもう一つの問題として，靖国神社への合祀の問題があった．未合祀者の処遇について，政府はたびたび国会で合祀推進を促され，憲法上の制約を踏まえ，可能な限り協力する旨を答弁している．1956年4月，厚生省引揚援護局は「靖国神社合祀事務に対する協力について」を通知した[14]．これは，「復員業務関係諸機関」が，国費負担によって，「法令に基くその本然の

事務の限界において，かつ，なし得る限り好意的な配慮をもって」靖国神社の合祀事務の推進に協力するようにという通知である．以後，1971年にこの通知が廃止されるまで，合祀協力が進められる．なお，1958年までには全ての戦犯受刑者が釈放され，翌1959年には初めて戦犯受刑者が合祀された．

この間，1953（昭和28）年，日本遺族会が設立され，従来の日本遺族厚生連盟は発展的に解消された．日本遺族会は，公務扶助料の増額，公務死の範囲拡大という経済的要求のみならず，靖国神社についても積極的に活動した．独立回復後初となる前年の第4回全国戦没者遺族大会では，靖国神社の国家護持が決議された．そして，1956年には会内でこの問題が大きく取り上げられるようになり，1959年には国家護持を求める署名運動を開始した．「英霊顕彰の方途」を明らかにすることが，遺族の「精神的な拠りどころと心の安らぎ」を与えるとの考えからである[15]．

〈3〉靖国神社国家護持運動──靖国神社法案の攻防

戦後の靖国神社のあり方について，敗戦直後に石橋湛山は「靖国神社廃止の議」を発表し，予想される占領改革を先取りして，日本人自らの手で靖国神社を廃止することを求めた[16]．しかし，それは例外的な議論であり，本格的な議論は自由民主党と日本社会党が対峙する「55年体制」の成立を待たなければならなかった．

遺族側の動きに促された両党は，靖国神社について具体的な構想を明らかにした[17]．1956年3月14日，自民党は「靖国社法草案要綱」を出した．そこでは「靖国社は，国事に殉じた人々を奉斎し，その遺徳を顕彰し，もって国民道義の高揚を図るとともに恒久の平和の実現に寄与することを目的とする」と定められ，「靖国社」の非宗教性を求める一方で，その自主性の尊重をも唱うものであった．他方，社会党は，同22日，「靖国平和堂（仮称）に関する法律草案要綱」を出した．そこでは，「この法律は，殉国者の遺徳を顕彰し，これを永久に記念するため，靖国平和堂を設け，式典その他の行事を行い，もって殉国者に対する国民の感謝と尊敬の念をあらわすとともに恒久平和の実現に資することを目的とする」と述べられ，「靖国平和堂」への改組を求めている．共に，殉国者に対する国家による慰霊顕彰を肯定し，靖国神社の戦前からの特別な位置づけを受

け容れつつも，日本国憲法との整合性から非宗教施設となることを求めている．

対して，靖国神社と日本遺族会は，靖国神社の名称を変えないことや，靖国神社の特殊性と伝統を尊重し自主性を保持すること，そして靖国神社の国家護持を強く求めた．1957年の靖国神社による「靖国神社法案大綱」では，「国に殉じた人々に対する国及び国民の感謝と尊敬の至誠を表示する為，その由緒及び伝統を保有する靖国神社の独特の地位及活動を，永遠に保障し護持することを目的とする」と法案の目的が述べられている．以後，自民党と日本遺族会・靖国神社との間で，法案作成に向けて詰めの作業が行われていく．

他方，靖国神社の国家護持が強く求められた反作用として，反対もまた次第に強く表出されるようになった．その中心は，日本基督教団，全日本仏教会，新日本宗教団体連合会，創価学会といった諸宗教団体，および憲法擁護国民連合や日本教職員組合，日本労働組合総評議会などの諸団体であった．反対派の活動の中心には，司法による救済を求める裁判闘争があり，政教分離原則や信教の自由の問題について，靖国神社のみならず各地の護国神社や地鎮祭などをめぐって多くの訴訟が起こされた．主要な訴訟をあげるだけでも，津地鎮祭訴訟，箕面忠魂費訴訟，岩手靖国訴訟，愛媛玉串料訴訟，そして近年では，小泉首相靖国参拝訴訟などがある[18]．これら批判の背景には，憲法の原則に違反しているという主張のみならず，「軍国主義の復活強化を大きくおしすすめるもの」との警戒心もあった[19]．

このような動きとは別に，1959年3月には千鳥ヶ淵戦没者墓苑が創建された．敗戦後，政府は海外での遺骨収集を進めてきたが，身元不明の遺骨，引き取り手のない遺骨をどうすべきかという問題があった．そこで1953年12月，吉田茂内閣は「無名戦没者の墓」(仮称) を建立し，国の責任で維持管理することを閣議決定した．靖国神社は遺族団体の希望を考慮することを求め，国の戦没者慰霊の中心施設との自負から，新施設の名称が「全戦没者の代表或は象徴」という意味に受け取られかねないことを批判した[20]．さらに候補地についても敷地の提供を申し出たが適わなかった．最終的に地名を冠した同墓苑は，あくまで無名，無縁の遺骨を納める施設という限定的な位置づけを与えられている．特定の宗教性を持たない同墓苑では，毎年，厚生労働省主催の拝礼式が挙行されており，首相始め関係閣僚が出席している．

11章　戦後日本の政治と慰霊　295

また，独立回復後の1952年に初めて開かれた政府主催の全国戦没者追悼式が，池田勇人内閣の閣議決定を経て1963年から恒例化していく．1964年には，政府は戦没者追悼式を靖国神社の敷地内で挙行しているが，国会で問題化し，以後，日本武道館で開催されるようになった．顕彰という点では，同内閣のもとで戦没者叙勲が復活した．

　1966（昭和41）年，日本遺族会の集めた靖国神社国家護持の請願署名が2300万を超え，最終的に，2347万7424人に及んだ．1969年に靖国神社は創立百周年を迎え，靖国神社法案が自民党議員から国会に提出された（史料1）．この法案のポイントは，「靖国社」でも「靖国平和堂」でもなく，「靖国神社」の国営化という点で日本遺族会・靖国神社側の意向に添うものであった．しかし，名称はともかく内実は日本国憲法の政教分離原則に忠実で，その宗教性を取り除き，国民による先人の慰霊顕彰施設として純化させる法案であった．

■史料1：「靖国神社法案」（抄）（国立国会図書館調査立法考査局『靖国神社問題資料集』国立国会図書館調査立法考査局，1979年，145-155頁）

> 第一条（目的）　靖国神社は，戦没者及び国事に殉じた人々の英霊に対する国民の尊崇の念を表わすため，その遺徳をしのび，これを慰め，その事績をたたえる儀式行事等を行ない，もってその偉業を永遠に伝えることを目的とする．
> 第二条（解釈規定）　この法律において「靖国神社」という名称を用いたのは，靖国神社の創建の由来にかんがみその名称を踏襲したのであって，靖国神社を宗教団体とする趣旨のものと解釈してはならない．
> 第三条（戦没者等の決定）　第一条の戦没者及び国事に殉じた人々（以下「戦没者等」という）は，政令で定める基準に従い，靖国神社の申出に基づいて，内閣総理大臣が決定する．
> 第四条（法人格）　靖国神社は，法人とする．
> 第五条（非宗教性）　靖国神社は，特定の教義をもち，信者の教化育成をする等宗教活動をしてはならない．

しかしなお野党からの反対は強かった．社会党は，この動きを「平和憲法の否定」であると捉え，「宗教法人たる靖国神社は，現状のままに止めることが大切」であり，遺骨収集や供養碑の建立，遺族の生活困窮世帯に対する保障を優先すべきであると強く反対した[21]．他方，自民党は国会の多数を占めていたが，佐藤栄作首相は，強引な議会運営はかえって英霊を傷つけるとの観点から超党派的な話し合いを重視する答弁をしている．以後，1973年まで毎年すべて同一案文で国会へ提出されたが，ほとんどが内閣委員会に付託されたのみで廃案となり，1974年には単独採決によって遂に衆議院本会議を通過させたが，結局廃案となった[22]．

このような法案審議の過程で，1974年5月13日，衆議院法制局「靖国神社法案の合憲性」が，自民党での討議のたたき台として出された[23]．同見解の結論は，靖国神社法案について憲法違反の疑いを差し挟む余地はないというものである．しかし同見解は，靖国神社を国家護持する論理を「身命を賭して国事に殉じた人々の英霊は国家自らが護持すべきであるという国民的要望に応えようとする〔中略〕極めて素朴かつ純真な動機に出ずるもの」と説明しつつも，「事柄が生と死という人間存在の根底にかかわるものであるだけに，思想的にも政治的にも法律的にも慎重な検討と配慮を要する」として，憲法の禁止する「国家が宗教活動を行う」ことがないよう厳しく注意を促している．

注目すべき項目をあげれば，「殉国者の英霊に対する尊崇の儀式が，公的参加者の信教の如何を問わず何等の心情的抵抗を感ずることなく参列し得るようにすべきである」との観点から，拝礼の形式は神道形式の二拝二拍手一拝にこだわらず自由とする，儀式も宗教性の有無で取捨選択，そして，「伝統の断絶を避けつつ，しかも，宗教性を取り去り，もって宗教的ベールから解放された英霊の尊厳性を護持しようとするにほかならない」と述べたのである．1974年7月の参議院選挙で自民党は大敗し，保革伯仲状況となった．これによって靖国神社法案成立の見込みは失われ，自民党は法案の提出を断念した．

2. 公式参拝の実現と中断（1975-1986 年）

〈1〉 公式参拝路線の登場——戦略の再編

　靖国神社法案の国会提出が断念された 1975 年，社団法人日本宗教放送協会は，靖国神社に関して満 20 歳以上の個人 1 万人を対象とする世論調査を行った[24]．この世論調査では，戦没者慰霊について，「『国のために戦争などでなくなった方々にたいして，国として追悼行事をすることが当然だ』という意見がありますが，あなたはどう思いますか．そうした方がよいと思いますか，そうは思いませんか」との問いに，「そうした方がよい」が 79％，「そんなことは必要でない」が 7％，「わからない」が 14％ であった．

　また，靖国神社と戦没者慰霊の関係について，「国のために戦争などでなくなった方々は，靖国神社にまつられていますが，あなたはこのことをどう思いますか．それでよいと思いますか，それとも抵抗を感じますか」との問いには，「靖国神社にまつってよい」が 82％，「抵抗を感じる」が 6％，「わからない」が 12％ であった．他方，「靖国神社は，戦前は国の手でまもられていましたが，戦後は国の手から離れて，一般のお寺や教会と同じようになりました．あなたはこのことをご存知ですか」との問いには，「知っている」が 39％，「知らない」が 61％ であった．戦前，戦中の経験から，戦没者慰霊の場として靖国神社を素朴に認知していたと言えよう．

　このような素朴ではあるものの広範な支持を背景に，次に自民党内で検討されたのが，表敬法案と呼ばれるものであった．それは，靖国神社国営化を最終目標とするが，保革伯仲という現下の政治情勢に鑑み，段階的な実現を目指すもので，天皇及び国家機関員等の公式参拝，外国使節の公式表敬，自衛隊儀仗隊の参列参拝を可能とする法案を提出しようとするものであった．日本遺族会側も，靖国神社法案の取り扱いについて，自民党の責任で速やかに結論をまとめること，段階的な実施についても是認すること，しかしあくまでも靖国神社国家護持を最終目標とする暫定措置であることを声明した[25]．この新しい法案は結局，国会に提出されることはなく，事実として靖国神社が慰霊の中心施設として公式参拝されることの定着が目指された．

ここで，戦後の首相及び天皇の靖国神社参拝について整理しておきたい．戦後現職首相の参拝は，東久邇稔彦1回（1945年），幣原喜重郎2回（1945年），吉田茂5回（1951〜54年），岸信介2回（1957〜58年），池田勇人5回（1960〜63年），佐藤栄作11回（1965〜72年），田中角栄5回（1972〜74年），三木武夫3回（1975〜76年），福田赳夫4回（1977〜78年），大平正芳3回（1979〜80年），鈴木善幸8回（1980〜82年），中曽根康弘10回（1983〜85年），橋本龍太郎1回（1996年），小泉純一郎5回（2001〜05年）である．対して，昭和天皇は，戦後，8回参拝している[26]．このように1945年8月以降も，天皇と歴代首相の参拝は続いてきている．その意味で，公式参拝路線とはこれまでの既成事実をしっかりと固め，さらに将来につなげたいという戦略であった．

第二次世界大戦の敗戦から30年目にあたる1975年8月15日，三木武夫首相が靖国神社を参拝した．8月15日の終戦記念日に靖国神社を参拝したのは三木首相が初めてであった．このことは明治期以来の歴史をもつ靖国神社にとっては不幸であったかもしれない．第二次世界大戦と靖国神社をあらためて強く結びつけるとともに，そもそも「公」の参拝が何であるかについての共通理解がなく，日本政府も社会も，以後，参拝者の資格をめぐって混乱を繰り返す発端となるからである．

三木首相はこの日，全国戦没者追悼式に参列後，「私人」として靖国神社に参拝し，次に公人として千鳥ヶ淵戦没者墓苑を参拝した．政府は，靖国神社への参拝について，公用車をつかわず，肩書きを記帳せず，玉ぐし料を公費支払いせず，閣僚を同行せず，という私的参拝の4条件を示した．三木首相の靖国神社参拝は私的参拝で違憲ではないという含意であった．以後，参拝が私的か公的かとの論議が繰り返されるようになる．1975年11月21日，訪米後の昭和天皇が参拝した．これが，結果として天皇による最後の参拝となった．この時，昭和天皇の参拝は私的なものと説明された[27]．

三木首相以後の首相も靖国神社に参拝したが，喧嘩は続いた．1978年，福田赳夫首相の8月15日の参拝が新聞で問題となると，安倍晋太郎官房長官は，首相始め国務大臣の参拝について「政府統一見解」を示した．それは，先の三木首相の基準に対して，「特に，政府の行事として参拝を実施することが決定されるとか，玉ぐし料等の経費を公費で支出するなどの事情がない限り，それは私

11章　戦後日本の政治と慰霊　299

人の立場での行動と見るべきものと考えられる」と述べ，公用車の利用，記帳時の肩書き記載，他の閣僚の同行について私人の範囲内であるとした[28]．

その間，1976年6月には英霊顕彰の新国民組織として「英霊にこたえる会」が発足し，8月15日の公式参拝実現を目指した．また国会議員の中にも支持者を集め，「遺家族議員協議会」「英霊にこたえる議員協議会」「みんなで靖国神社に参拝する国会議員の会」の三団体は，靖国関係三協と呼ばれる．1980年には初の衆参同日選挙が実施され，自民党が大勝した．この時，自民党の公約の一つが「靖国神社の公式参拝と国家護持の実現を図る」というものであったが，板垣正参議院議員が回顧するように「靖国神社法案は再提出できる状況には無く，推進側においても本命は，あくまでも靖国神社公式参拝の実現にあった」[29]．

1980年11月17日には，鈴木善幸内閣の宮沢喜一官房長官から再び靖国神社の参拝に関して「政府統一見解」が出された．それは，「政府としては，従来から，内閣総理大臣その他の国務大臣が国務大臣としての資格で靖国神社に参拝することは，憲法第20条第3項との関係で問題があるとの立場で一貫してきている」というもので，問題があるという言葉の意味について，「政府としては違憲とも合憲とも断定していないが，このような参拝が違憲ではないかとの疑いをなお否定できないということである」と説明し，国務大臣としての資格での靖国神社参拝を差し控えることを一貫して方針としてきたと述べた[30]．

関連する動きとして，1982年には，8月15日を「戦没者を追悼し平和を祈念する日」とすることが閣議決定された．また同年は，教科書検定をめぐって，近隣諸国との間で歴史問題が噴出した年でもあった．

〈2〉中曽根内閣と公式参拝の帰結

靖国神社をめぐるこのような混乱に終止符を打ちたいと望んでいたのが，「戦後政治の総決算」を掲げた中曽根康弘首相であった．靖国神社問題に関していえば，公的参拝か私的参拝かが主要な争点であったように，参拝をめぐる憲法問題の決着が第一の課題であった．中曽根首相は，1982年11月の内閣成立後も私的参拝をしていたが，公式参拝を円滑に進めるため，自民党政務調査会内閣部会「靖国神社問題に関する小委員会」（奥野誠亮委員長）に検討を求め，1983年11月，靖国神社への公式参拝を合憲とする見解が出された．

中曽根首相はさらに慎重を期して，次に林敬三日本赤十字社社長を座長とする「閣僚の靖国神社参拝問題に関する懇談会」（靖国懇）を設置した[31]．同懇談会は，津地鎮祭訴訟の判例に基づき，憲法に違反しない靖国神社公式参拝のあり方を答申した．津地鎮祭訴訟とは，体育館建設にあたって津市当局が地鎮祭を主催したことが憲法違反に問われた裁判であったが，1977年，最高裁は，国家と宗教との関わり合いのすべてを否定することはできず，当該行為の目的が宗教的意義を持ち，その効果が宗教に対する援助・助長・促進または圧迫・干渉等になるかどうかによって判断すべきであるという「目的・効果基準」に則って，合憲と判断した[32]．そこで懇談会は，1985年8月9日，宗教色抜きの参拝方式として，神道による二拝二拍手一拝の様式を取らないことなどを勧告する報告書をまとめた．

　これを受けて，中曽根首相は，1985年8月15日，靖国神社に公式参拝した．中曽根首相は参拝に当たって公式参拝を明言し，玉ぐしの代わりに生花を公費から支出し，拝礼は二拝二拍手一拝ではなく一礼に止めた．8月20日には，藤波孝生官房長官から「昭和五十五年十一月十七日の政府統一見解の変更に関する政府の見解」が出されている．先に宮沢官房長官が出した国務大臣としての資格での参拝に違憲の疑いが強いという談話を修正し，方法を選べば公式参拝であっても憲法違反に当たらないとの判断を示した[33]．

　しかし，憲法問題の解決を目指したこの取り組みは，予想外の方向から批判を受け，新たな問題を抱え込むことになった．一つは，靖国神社からの強い反発であった．靖国神社の松平永芳宮司への説得は遺族会を通じても行われたが，神道様式に則らない参拝に強く反発した[34]．もう一つは，隣国中国からの批判であった．中国は「東条英機ら戦犯」が合祀されている靖国神社に首相や閣僚が参拝することを問題にした[35]．これを契機に，靖国神社問題は，憲法問題から外交問題へと大きく様相を変えていく．

　問題となったA級戦犯の合祀は，1978年10月17日に行われた．靖国神社は，この日，A級戦犯で死刑を執行された東条英機元首相ら7名と，拘留・服役中に死亡した東郷茂徳元外相ら7名の計14名を，「昭和殉難者」として合祀した．この事実は遺族には通知されたが，国民には翌1979年4月19日の新聞報道によって初めて明らかになった（『朝日新聞』1979年4月19日）．秦郁彦氏の研究

によると，1966 年には A 級戦犯の祭神名票が厚生省から靖国神社に送付されていた．また，厚生省の協力の下で BC 級戦犯の合祀がほぼ終了した後の 1970 年には，靖国崇敬者総代会にて合祀が決議された．しかし，筑波藤麿宮司の判断で時期を見合わせていたという[36]．

この流れが変わったのは 1978 年 7 月の松平宮司の就任で，崇敬者総代会での再度の合祀決定を受けると合祀に踏み切ったのである．松平宮司は，「私は，就任前から，『すべて日本が悪い』という東京裁判史観を否定しないかぎり，日本の精神復興はできないと考えておりました」と回顧している[37]．そして合祀の理由については，「二十八年の一六国会では，超党派で援護法が一部改正されました．それで，いわゆる戦犯死亡者も一般の戦没者と全く同じ取り扱いをするから，すぐ手続きをしなさいという通知を厚生省が出しているんですね．〔中略〕国際法的にも認められない東京裁判で戦犯とされ，処刑された方々を，国内法によって戦死者と同じ扱いをすると，政府が公文書で通達しているんですから，合祀するのに何の不都合もない」と述べている[38]．

中曽根政権は中国からの強い批判を予想していなかったようである．もとより近隣諸国との関係を軽視していたわけではない．参拝を前に出した 8 月 14 日の藤波官房長官談話では，「アジアの国々を中心とする多数の人々に多大の苦痛と損害を与えた」ことを深く自覚し，二度と繰り返さないという「反省と決意」が述べられ，「戦前の国家神道及び軍国主義の復活に結び付く」との懸念に対してもこれを払拭するために配慮する意向を示していた[39]．加えて，1979 年に A 級戦犯の合祀が明らかになった後も，大平正芳首相と鈴木善幸首相が靖国神社に参拝しており，その間，中国との間で問題化することもなかったことが判断の背景にあったと考えられる．

1985 年についても，中国側からの批判は当初自制的であった．しかし 9 月 18 日，満州事変を記念する名目で，北京大学，青華大学，人民大学の学生がキャンパスで集会を行い，さらに北京大学の学生は，「日本軍国主義打倒」「中曽根打倒」を訴えながら，天安門広場までデモ行進を行った[40]．そして 9 月 19 日，中国外交部スポークスマンは満州事変に関する談話の中で，「日本側は，靖国神社公式参拝を行い，中国人民の感情を激しく傷つけた」と強く反発した[41]．学生によるデモとはいえ，当局の暗黙の支持でもなければ天安門広場でデモを行う

ことはできないことから，その背後には中国政府内部での権力闘争，すなわち改革派，なかでも中曽根首相との間で日中友好の新時代を築こうとしていた胡耀邦総書記に対する保守派の反撃があったといわれる[42]．

しかし，中国側が靖国神社を問題にし，その後もこの問題をめぐって対日イメージが低下するには，単に国内での権力闘争，対日政治カード，さらには政府批判の自由がない中での迂回的手段といった戦略的な問題を超えて，次のような論理がある．

第一に，率直に表明されているように，被害者として感情が傷つけられるというものである．これを反日教育という言葉ですべて説明することはできないだろう．

第二に，日中国交回復の論理に関わる問題が指摘される．中国の『人民日報』は1972年9月30日の社説で，「中日両国人民は長い歴史をもつ友情で結ばれている．日本軍国主義者の中国侵略はかつて中国人民に大きな災厄をもたらし，同時に，日本人民にも大きな災禍をもたらした．中国人民は毛主席の教えにしたがって，広範な日本人民と極少数の軍国主義分子とを厳格に区別し，日本人民のうけた戦争の災禍に深い同情の気持をいだいている」と述べている[43]．太平洋戦争の開戦と遂行の責任を問われたA級戦犯の祀られている靖国神社に首相が公式に参拝することは，このいわば両国民の友好の論理に反することになる．もとよりこの論理自体が誤りであると主張することは可能であるが，中国側が日本から裏切られたとの印象を持つことは理解できる．

そして第三に，おそらく最大の原因が，日本が再び軍事大国化するのではないかとの危惧である．このため，たびたび歴史を鑑とすることが求められる．しかし，日本で普通に生活をしている者にその実感はなく，この論理はにわかに信じがたい．したがって，中国からの批判は，単なる政治カードではないかとの疑いが説得力を失わないのである．ここには日中間の深刻な認識の溝がある．中国側は日本社会における危険な要素に敏感でありすぎることによって，かえって予言の自己実現に手を貸そうとしてしまってはいないだろうか[44]．なお当然のことながら，国際問題としての靖国神社問題は単なる日中問題ではない．他に例として，韓国では，被害者としての心情，日本軍国主義復活への懸念に加えて，かつて日本人として合祀された御霊の合祀取り下げ要求が加わる．

こうして予期せぬ国際問題化を受けた中曽根首相は，Ａ級戦犯の分祀を目指した．「別に尊厳なる社をつくって，十四人のＡ級戦犯の皆さんの霊をそちらでお迎えするということですね．そうすれば天皇も総理大臣もずっと長く参拝ができる」との考えからであった[45]．しかし，もとより一宗教法人の祭神を政府が強制的に変更することはできない．そこで，中曽根首相は人を介して松平宮司と遺族側への説得を行った．しかし，両者の理解を得ることはできず，結局，分祀論は行き詰まった．

　翌年，中曽根首相は靖国神社参拝を取りやめた．その理由の一つとして，「胡耀邦さんを守らなければいけないと思った」と後に語っている．後藤田官房長官は，参拝の形式によっては靖国神社の公式参拝は憲法違反にあたらないという先の藤波官房長官の説明を政府が踏襲することを示した上で，Ａ級戦犯合祀の問題と外交関係への配慮からこの年の公式参拝の中止を発表した[46]．この決定に日本遺族会は，「中国のいわれなき内政干渉に屈した」と強く批判した．しかし，以後 1990 年代に入るまで現職首相の参拝はなかった．

3. 首相による参拝復活と新施設論争（1986-2005 年）

〈1〉歴史の政治化と小泉内閣の誕生

　1989 年の冷戦終結は内外の政治状況を大きく変化させた．日本では，1993 年に自民党が結党以来初めて政権を離れ，以後，政治的に不安定な状況が続いた．その中で「55 年体制」の一翼を担った社会党も，1994 年に村山富市内閣を組織して以後，急速に存在感を失っていった．他方，1990 年代は，世界的に歴史が政治化した時代であった．アメリカでのエノラ・ゲイ展示をめぐる論争や，従軍慰安婦に国家関与があったのか否かなど，歴史をめぐってしばしば国境を越える軋轢を招いた．

　そのような中で，敗戦から 50 年を迎えた 1995 年には，衆議院で「歴史を教訓に平和への決意を新たにする決議」が採択され，村山首相は 8 月 15 日の首相談話で，「わが国は，遠くない過去の一時期，国策を誤り，戦争への道を歩んで国民を存亡の危機に陥れ，植民地支配と侵略によって，多くの国々，とりわけ

アジア諸国の人々に対して多大の損害と苦痛を与えました」と述べ,「痛切な反省の意」と「心からのお詫びの気持ち」を表明した[47]. この歴史認識はその後の政府首脳に受け継がれているが,他方,2001年に「新しい歴史教科書」の検定をめぐって再び近隣諸国を巻き込む論争が起こるなど,社会の中では,歴史をめぐる論争が続いている.

このように歴史が政治化するなかで,靖国神社問題も再び関心を集めていく. 1996年7月,橋本龍太郎首相は自らの誕生日に参拝した. 私的参拝であったが,「内閣総理大臣」と記帳したことから中国の批判を受け,以後,参拝を行わなかった. 1999年8月には,梶山静六元官房長官が,「私自身は,戦時中,『死なば九段の靖国に』を誇りにも心の慰めにもして生きてきた. しかし,その靖国神社を国の施設とすることに国民の総意が得られないなら,総意が得られる施設とはどんなものかを議論しなければならない」と述べて,新施設の検討を提起している[48]. 解決への道が模索される一方,靖国神社問題はすっかり日中間の外交問題,さらには日本の国益の問題となってしまった観がある.

それを決定づけたのが小泉純一郎首相の登場である. 小泉首相は,2001年4月の自民党総裁選挙で終戦記念日の靖国神社参拝を公約し,首相就任会見でも,「日本の繁栄は尊い命を犠牲にした方々の上に成り立っている. 戦没者慰霊祭の行われる日にその純粋な気持ちを表すのは当然だ」と述べて,8月15日に靖国神社に参拝する意向であることを表明した(『読売新聞』2001年4月25日).

以後,8月15日に向けて賛否両論が加熱していき,小泉首相は,「国内からのみならず,国外からも」参拝の中止を求められたと述べている[49]. この時,過去を踏まえ,国益の観点からも近隣諸国との関係に十分配慮すべきだという意見と,内政干渉を排して自主性を重視すべきとの意見が鋭く対立した. 結局,批判にも配慮し,終戦記念日を避けて8月13日に参拝した.

小泉首相は参拝時の談話で,「植民地支配と侵略」という「わが国の悔恨の歴史を虚心に受け止め,戦争犠牲者の方々すべてに対し,深い反省とともに,謹んで哀悼の意を捧げたい」,そして「二度とわが国が戦争への道を歩むことがあってはならない」との考えから参拝したと説明した[50]. また,憲法との関わりでは,中曽根首相の公式参拝方式を継承し,本殿で一礼するものであった. この参拝について,「13日で良かったと思う」が50.5%,「15日に参拝すべきだった

と思う」が23.6%，何日であろうと「参拝すべきでなかったと思う」が23.2%という世論調査結果が出ている[51]．首相による靖国神社参拝それ自体は否定しないが，近隣諸国との関係には十分配慮して欲しいという意見が多かったと言えよう．

〈2〉懇談会の設置と新施設建設論争

また，小泉首相が同じく参拝時の談話で，「今後の問題として，靖国神社や千鳥ケ淵戦没者墓苑に対する国民の思いを尊重しつつも，内外の人々がわだかまりなく追悼の誠を捧げるにはどうすればよいか，議論をする必要があると私は考えております」と述べたことを契機に，福田康夫官房長官の下，新たな懇談会が設置され，新施設について検討が始められた．

2001年12月19日に発足した今井敬日本経済団体連合会名誉会長を座長とする「追悼・平和祈念のための記念碑等施設の在り方を考える懇談会」は，約1年間の検討の後，2002年12月24日，官房長官に最終報告書を提出し，政府の対応を求めた[52]．

最終報告書は，「21世紀を迎えた今日，国を挙げて追悼・平和祈念を行うための国立の無宗教の恒久的施設が必要であると考えるに至った」と結論を述べた上で，具体的な施設の内容について概要を示した．懇談会の報告書が想定する新施設は，日本に近代国家が成立した明治維新以降を対象に，戦前については日本の関わった戦争における死没者，戦後は日本の平和と独立を守り国の安全を保つための活動や日本の係わる国際平和のための活動における死没者を追悼し，外国の将兵や民間人も日本人と区別せず追悼する．その時，追悼される個々人を具体的に想定しない．また，不戦の誓いを新たにし，日本及び世界の平和を祈念する国立の無宗教施設であり，国立無宗教施設であることをもって靖国神社とは明確に区別され，既存の施設と競合することなく両立は可能であるというものであった．

さらに報告書は，審議途中に急逝した故坂本多加雄委員の反対意見を参考意見として付している．故坂本委員は，「国の危機に殉じた人々を追憶し，顕彰することは，世界各国の国民に共通する普遍的な徳であり意志である」と述べた上で，「日本の場合，靖国神社は宗教法人法上は一民間宗教団体であるが，国民

の大多数の意識の上では，まさしくそうした追悼のための公的施設であったし，現にそうである」と首相参拝など公的な追悼の義務を政府に求め，新しい施設建設の必要性はないと論じた．

新施設検討の社会的反響は大きかったが，懇談会の結論とは異なり，新施設の建設については反対意見が多かったようである．代表的な議論をあげると，国民に新たな施設が根付くのか疑問であるとの不要論，そもそも靖国神社の参拝者にわだかまりはないとの反論，そして靖国神社を蔑ろにするとの批判など，靖国神社を擁護する立場からの反対論のみならず，国家が死を管理するという意味で第二の靖国神社になるのではないか，また将来の戦争を準備するものではないかと，これまで靖国神社に反対してきた立場からも反対を受けた．他方で，靖国神社には問題があるが，国の名で召集された死者に対して国が何もしなくて良いとはいえないとの賛成論があった．

靖国神社に代わる新施設の建設については，靖国神社法案が3年連続で廃案となったことを受けて，1972年に自民党内で議論されたことがある．また1985年の靖国懇報告書でも言及されていた．しかしこの度，新施設建設論がまるで中国政府からの批判対策であるかのように受け止められたことは反対意見に影響を与えていると思われる[53]．

小泉首相は，懇談会が審議中の2002年4月21日，春期例大祭にあわせて靖国神社を参拝し，翌2003年にも1月14日に参拝した．小泉首相は，戦没者の貴い犠牲に対する敬意と感謝の念を込め，哀悼の意をささげたい，そして二度と戦争を起こしてはならないという気持から参拝を説明し，首相である限り毎年参拝する意向を表明した．また，靖国神社にA級戦犯が合祀されていることについても「日本人の気持ちとして，お参りするところに自分の気に食わない人がいるからお参りしない，死者に対して最後までむち打つような気持ちは余りないんじゃないでしょうか．〔中略〕やはり一部の人よりも，多くの方々が心ならずも戦争で命を失わなきゃならなかった，そういう人たちにやっぱり気持ちを込めてお参りするというのは大事じゃないか」と思うと述べて，「外国の方」にも心情的理解を求めた[54]．小泉首相はその後も1年に1度の参拝を続けている[55]．

おわりに

　これまで，戦後日本の政治と慰霊について，敗戦から新施設論争にいたる約60年間の軌跡を論じてきた．独立回復後第1期（1952～75年）には，占領期に制限されていた遺家族への経済的援助が進んだ後，厚生団体として出発した遺族会がさらに名誉回復を求め靖国神社の復権を目指したのに対して，反対派が憲法訴訟で対抗した．その意味で，この時期の対立は鎮魂の問題（早期合祀・国家護持）と憲法問題との衝突であり，結果として靖国神社を何らかの形で国営化する法案は断念を余儀なくされた．またこの時期には，立場に関わらず，死を命じた側と命じられた側を観念的に区別し，戦没者の多くは戦争の犠牲者であると位置づけられていた．

　続く第2期（1975～86年）には，靖国神社法案の行き詰まりを受けて，従来の蓄積の上に新たに公式参拝を定着させることが目指されたが，首相の参拝資格が大きな争点となった．また，靖国神社によるA級戦犯合祀は問題を新たに加え，あげく中曽根首相の公式参拝実現を契機として近隣諸国，中でも日中間の外交問題へと発展していった．その間，国内での保革対立は，憲法問題と鎮魂の問題であった靖国神社問題を，第二次世界大戦への反省の問題，東京裁判に対する評価の問題へと変質させ，イデオロギー色を強めた．

　そして第3期（1986～2005年）には，問題が憲法問題から国際問題へと決定的に変質し，新たに関心を集めるとともに，その解決策として新施設建設の具体的議論が始まった．その間，国内での保革対立構造も大きく変化した．「押しつけ憲法論」による改憲論が説得力を失う一方，日の丸・君が代を戦中の「軍国主義」と直結する論法も国民から受け容れられなかった．靖国神社をめぐる対立は，保革の対立ではなく，かつては保守と呼ばれた中で，国際社会への感受性の高い層と，国家の自主性を重視する層との間に移った（図2）．

　この問題は今後どのように展開していくのだろうか．現在，靖国神社問題の将来像として7つの可能性が議論にあがっている．①靖国神社の伝統を維持する形での国家護持，②首相など公人の定期的な公式参拝は見込めないものの，実質的に唯一の慰霊施設としての現状維持，③A級戦犯分祀による靖国神社公式参拝の定着，④靖国社，靖国廟など靖国神社の脱宗教・追悼施設化，⑤国立

図2 対立軸の時期的変化

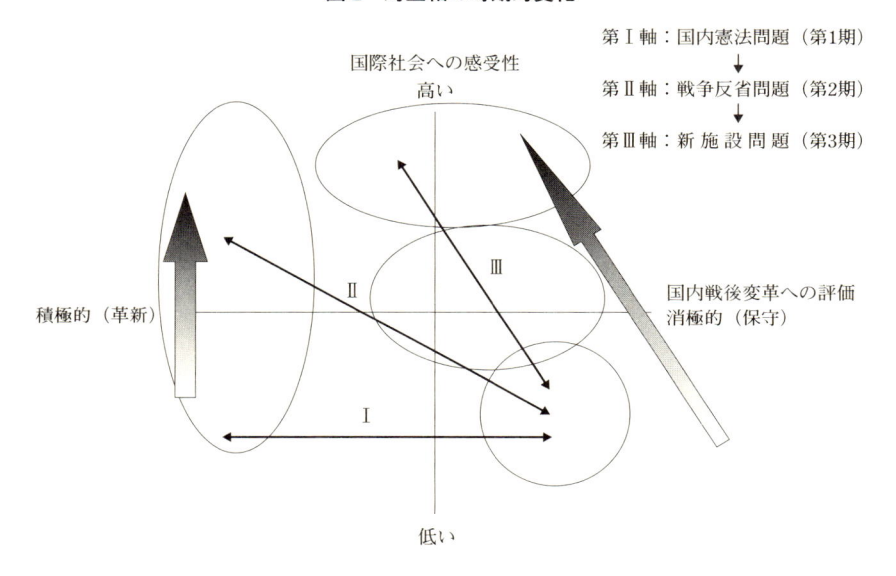

第Ⅰ軸：国内憲法問題（第1期）
↓
第Ⅱ軸：戦争反省問題（第2期）
↓
第Ⅲ軸：新施設問題（第3期）

墓地・国立追悼施設等の別途建設，⑥対象を日本に限定しない脱国境的追悼平和祈念施設の建設，そして⑦一切の国立の追悼祈念施設が不要であるとの議論もある．現実的な選択肢としては，伝統的な祭祀の維持のために一宗教法人として国家と距離をとり続けるか（現状維持），靖国神社の自発的合意のもとA級戦犯分祀によって公式参拝を定着させるか，それとも慰霊・追悼のための新施設を建設するか，といったところであろう．

　靖国神社をめぐる論争は，単に戦没者の慰霊や鎮魂の問題としてではなく，日本における戦後保革対立の象徴的なテーマの一つとして論じられてきた．そこでは，先の大戦や占領改革への評価，その時々の日本政府・政権党への評価，そして将来の日本政治への期待と懸念とが容易に結びつけられてきた．慰霊をめぐる論争がたちまち立場をめぐる論争となる中で，政治と慰霊の望ましい関係について議論は十分に煮詰められてこなかった．現在の社会が国境を越えた相互依存によって成り立っていることを指摘するまでもなく，戦没者慰霊の問題が，戦争における加害と被害という関係から，問題化しようがしまいがそも

そも国際問題としての契機を内在していることは重要である．この点を十分に踏まえた上で，まずは，日本人自らが戦没者，さらには公務中の死者など公共性を帯びた死者をどのように遇するかを考えるべきではないだろうか．それにはどのような場所，どのような方法が望ましいのか．国家はどこまで，またどのように関与していくべきなのか．

この問題については，同時代の日本人が何を考えていたのか，A級戦犯の合祀を推進した主体は誰かなど，論争ではなく歴史研究によって明らかにされるべきこともまだまだ多い．問題の即時解決は望み難い状況であるが，国内外の次世代のためにも，現世代ができることは案外と多いように思われる．問題の経緯と全体像を十分に踏まえるとともに，まずはこの問題を考えるにあたって，立場と関わりなく，冷静さと寛容さを維持し続けることを求めたい．

〈参考文献〉

板垣正『靖国公式参拝の総括』展転社，2000年．
ウィリアム・ウッダード『天皇と神道――GHQの宗教改革』サイマル出版会，1988年．
大江志乃夫『靖国神社』岩波新書，1984年．
国立宗教研究所編『新しい追悼施設は必要か』ぺりかん社，2004年．
国立国会図書館調査立法考査局『靖国神社問題資料集』同立法考査局，1976年．
小堀桂一郎『靖国神社と日本人』PHP新書，1998年．
清水美和『中国はなぜ「反日」になったか』文春新書，2003年．
田中伸尚『靖国の戦後史』岩波新書，2002年．
田中伸尚・田中宏・波田永実『遺族と戦後』岩波新書，1995年．
日本遺族会事務局編『日本遺族会の四十年』日本遺族会，1988年．
靖国神社編『靖国神社百年史』資料編下，事暦年表，原書房，1984, 87年．
劉傑『中国人の歴史観』文春新書，1999年．
波多野澄雄「遺族の迷走」細谷千博・入江昭・大芝亮編『記憶としてのパールハーバー』
　ミネルヴァ書房，2004年．

1) 野坂昭如「解説」坪内祐三『靖国』新潮文庫，1999 年，343 頁．なお本稿について，2001 ～2002 年度サントリー文化財団助成「20 世紀日本史の再検討」(代表・村田晃嗣同志社大学法学部助教授) 研究会にて最初に報告した．記して謝意を表したい．
2) 靖国神社についての基本的な事実は，大江志乃夫『靖国神社』岩波新書，1984 年，小堀桂一郎『靖国神社と日本人』PHP 新書，1998 年，田中伸尚『靖国の戦後史』岩波新書，2002 年，国会図書館調査立法考査局『靖国神社問題資料集』国会図書館調査立法考査局，1976 年等を参照．
3) 村上重良『慰霊と招魂』岩波新書，1974 年，152 頁．
4) 合祀柱数の増加ならびに合祀基準については，前掲『靖国神社問題資料集』の 3-5 頁を参照．また，所管について，1887 年までは，神社行政を管轄する内務省を含め，三省による．
5) 儀式は「愛国心すなわち祖先と祖国の功労者に対する感謝と尊敬の意味」から理解された (「ローマ教皇庁布教聖省訓令」前掲『靖国神社問題資料集』227 頁)．明治期の政治と宗教の関係については，山口輝臣『明治国家と宗教』東京大学出版会，1999 年が詳しい．
6) 前掲『靖国神社問題資料集』199-200 頁．以後，通達類については，特筆しない限り同書を参照した．なお，GHQ の宗教政策について，竹前栄治『GHQ の人びと——経歴と政策』明石書店，2002 年，ウィリアム・ウッダード『天皇と神道——GHQ の宗教改革』サイマル出版会，1988 年を参照．
7) 遺族厚生連盟，日本遺族会の動向については，日本遺族会編『日本遺族会十五年史』日本遺族会，1962 年と日本遺族会事務局編『日本遺族会の四十年』日本遺族会，1988 年を参照した．以下同じ．
8) 東京裁判について，東京裁判ハンドブック編集委員会編『東京裁判ハンドブック』青木書店，1989 年を参照．
9) 内海愛子『スガモプリズン』吉川弘文館，2004 年を参照．
10) 前掲『靖国神社問題資料集』213-214 頁．
11) 『第 16 回国会衆議院会議録』第 26 号，24-26 頁，国立国会図書館蔵．
12) 前掲『スガモプリズン』125-127 頁．
13) 『第 16 回国会衆議院内閣委員会議録』第 15 号，8 頁，国立国会図書館蔵．なお前掲『靖国神社と日本人』も参照．
14) 前掲『靖国神社問題資料集』231-233 頁．
15) 賀屋興宣会長の言葉より．前掲『日本遺族会十五年史』1 頁．
16) 石橋湛山『石橋湛山評論選集』東洋経済新報社，1990 年，390-392 頁．
17) 前掲『靖国神社問題資料集』115-129 頁．
18) 前掲『靖国の戦後史』249 頁・表を参照．
19) 「靖国神社法案に反対する七団体懇談会抗議文」前掲『靖国神社問題資料集』286 頁．
20) 前掲『靖国神社問題資料集』223-225 頁．また前掲『日本遺族会の四十年』も参照．
21) 日本社会党政策審議会「靖国神社問題に対する日本社会党の態度」『月刊社会党』147 号，1969 年，209-214 頁．

22）経緯について，渡辺治『戦後政治史の中の天皇制』青木書店，1990 年が詳しい．
23）前掲『靖国神社問題資料集』171-176 頁．
24）同上，303-308 頁．同アンケートには強い反対意見もある．藤沢秀雄「日本宗教放送協会が実施した世論調査『靖国神社問題と世論の動向』について」『長崎大学教養部紀要』人文科学第 17 巻（1977 年）等を参照．
25）前掲『日本遺族会の四十年』104-105 頁．
26）大原康男『「靖国神社への呪縛」を解く』小学館文庫，2003 年，209-211 頁．なお宮沢喜一首相は，在任中に「靖国神社に参拝した」と板垣正参議院議員に語ったとのことだが，第三者は確認していない（板垣正『靖国公式参拝の総括』展転社，2000 年，254 頁）．
27）前掲『靖国の戦後史』142-144 頁．国会審議は前掲『靖国神社問題資料集』を参照．
28）首相官邸ホームページ．http://www.kantei.go.jp/jp/singi/tuitou/dai2/siryo1_4.html
29）前掲『靖国公式参拝の総括』23 頁．板垣は，日本遺族会事務局長，英霊にこたえる会事務局長であった．
30）首相官邸ホームページ．http://www.kantei.go.jp/jp/singi/tuitou/dai2/siryo1_5.html
31）「〔特別企画〕靖国問題と憲法」『法律時報』704 号，1986 年．
32）久保田きぬ子「津地鎮祭事件」田中二郎・佐藤功・野村二郎編『戦後政治裁判史録』④第一法規出版社，1980 年．芦部信喜『憲法〔第三版〕』岩波書店，2002 年，142～155 頁も参照．
33）首相官邸ホームページより．http://www.kantei.go.jp/jp/singi/tuitou/dai2/siryo1_8.html
34）松平永芳「『靖国』奉仕十四年の無念」『諸君！』1992 年 12 月号，168 頁．
35）『人民日報』1985 年 8 月 15 日．霞山会編『日中問題資料集 1949 年～1997 年』霞山会，1998 年，682 頁．
36）秦郁彦『現代史の対決』文春文庫，2005 年，51-63 頁．なお同氏は筑摩宮司が単に時期を見合わせていたのではなく，鎮霊社に祀り続けることを考えていたのではないかとの興味深い推論をしている．
37）前掲「『靖国』奉仕十四年の無念」166 頁．
38）同上，167 頁．松平宮司は同時に，靖国神社が今後守っていくべき指針として，日本の伝統の神道による祭式で御霊をお慰めする，神社のたたずまいを変えない，社名を変えない，の三点を上げ，靖国神社法案のような「国家護持」ではなく，「国民護持」を訴えている．
39）首相官邸ホームページ．http://www.kantei.go.jp/jp/singi/tuitou/dai2/siryo1_7.html
40）清水美和『中国はなぜ「反日」になったか』文藝春秋，2003 年，124 頁．また，アレン・ホワイティング（岡部達味訳）『中国人の日本観』岩波書店，2000 年を参照．
41）前掲『日中関係基本資料集 1949 年～1997 年』1286 頁．
42）前掲『中国はなぜ「反日」になったか』124-125 頁．
43）前掲『日中関係基本資料集 1949 年～1997 年』446 頁．
44）劉傑『中国人の歴史観』文春新書，1999 年．中でも 183 頁を参照．
45）中曽根康弘「私が靖国神社公式参拝を断念した理由」『正論』2001 年 9 月号，106 頁．
46）同上，108 頁．首相官邸ホームページ．http://www.kantei.go.jp/jp/singi/tuitou/dai2/

siryo 1_9.html
47) 外務省ホームページ．http：//www.mofa.go.jp/mofaj/press/danwa/07/dmu_0815.html
48) 梶山静六「靖国神社にこだわらず，新たな施設を」『朝日新聞』1999 年 8 月 15 日．
49) 首相官邸ホームページ．http：//www.kantei.go.jp/jp/koizumispeech/2001/0813 danwa.html
50) 同上．
51) 共同通信社による．『日本経済新聞』2001 年 8 月 21 日．
52) 首相官邸ホームページ．http：//www.kantei.go.jp/jp/singi/tuitou/kettei/021224 houkoku.html
53) 最終報告書に対する反響として例えば，菅原伸郎編『戦争と追悼』八朔社，2003 年，前掲『「靖国神社への呪縛」を解く』を参照．
54) 『第 156 回国会参議院予算委員会議録』第 2 号，28 頁（国立国会図書館蔵）．
55) 本稿は 2005 年 3 月 31 日に脱稿した．その後小泉首相は，2005 年 6 月 2 日の衆議院予算委員会で，東京裁判なかでも A 級戦犯に対する認識を問われ，「裁判を受諾している．二度と我々は戦争を犯してはならない．戦争犯罪人であるという認識をしているわけであります」と答弁している（『第 162 回国会衆議院予算委員会議録』第 22 号，7 頁）．また靖国神社の主張との関係を問われると，「靖国神社に参拝することが靖国神社の考えを支持しているんだというふうにはとらえないでいただきたい〔中略〕私は，靖国神社を参拝することによって戦争を正当化するつもりは全くありません」と答えた（同，26 頁）．2005 年 10 月 17 日には 5 度目の参拝を行ったが，本殿ではなく拝殿で参拝し，賽銭を投じるなど，「一人の国民として」の私的な参拝を強調した（『毎日新聞』2005 年 10 月 18 日）．

12章 戦争賠償問題から戦後補償問題へ

楊志輝

はじめに

　1995年頃から，一部の中国人戦争被害者やその遺族が，第二次世界大戦当時日本の侵略によって受けた被害やその後遺症を訴え，日本の政府や企業を相手取って，日本の裁判所に謝罪と損害賠償を求める訴訟を起こした．「戦後補償裁判」と呼ばれるこれらの訴訟に対し，日本の裁判所の多くは法律論・手続き論を盾に棄却してきたが，中国からの民間補償請求は絶えることがなく，また多くの中国人は日本側の姿勢を間違った歴史認識に基づくものとして厳しく糾弾している．さらに近年，中国政府も「戦争遺留問題」として日本側に適切な処理を求めるような発言を繰り返すようになった．すでに60年前に終わったあの戦争の処理をめぐって，日中の間にいまなお十分に解決ができていない問題があることを印象付けている．

　日中両国は，1972年の日中共同声明によって国交正常化が実現し，戦後長らく続いていた不正常な状態にようやくピリオドが打たれた．1931年の満州事変，そして37年から45年にかけて中国大地で繰り広げられた日中戦争は中国側に甚大な人的・物的損害をもたらした．日中共同声明で中国政府は「中日両国国民の友好のために，日本国に対する戦争賠償の請求を放棄することを宣言」した．このような措置は，その後の日中友好関係の発展に大きく寄与したのみならず，日本の対中経済協力を促した一因にもなった．1978年，共同声明に示された諸原則が厳格に遵守されるべきことを確認した日中平和友好条約が調印され，その翌年から，中国の安定的発展を確保するという目的で，改革開放後の中国に対する日本の政府開発援助（ODA）の供与は始められた．

しかし今日，中国国民の間では，被害の甚大さと無賠償の事実とのギャップに疑問を感じる者が少なくない．日中戦争に対する日中間の歴史認識のギャップ，とりわけ日本側の歴史認識への反発がさらにこのような疑問に拍車をかけた．中国人による戦後補償訴訟の提起には，こうした背景があるといえよう．他方，日本側には，中国人戦争被害者の要求を理解し積極的にその訴訟活動を支援する人もいれば，日中間の戦争賠償問題を再び提起することに対して戸惑いを感じる人もいる．

　日中国交回復は，1970年代の両国の政治・外交指導者の強いリーダーシップの下で，厳しい制約条件を克服して達成された英知の結晶であった．しかし，30年余を経過した現在，両国を取り巻く内外の情勢が激しく変化したのに伴って，新しい局面を迎えているようである．

　この章では，それらが未来に向かって適切に解決されることを願って，かつての解決法を歴史的な文脈に即して分析し，日中間の戦争賠償問題，戦後補償問題がどのように生じ，またどのように処理されてきたのかを解説し，さらにそれを通して問われている問題を明らかにしたい．

1.　日中間の戦争賠償問題の由来

〈1〉米国主導の対日戦争賠償問題の処理

　日中間の戦争賠償・戦後補償問題を理解する上では，まず第二次世界大戦後，中国を含む連合国と日本との間でこの問題がどのように処理されていたのかをみておく必要がある．

　1894年の日清戦争の後，戦勝国の日本は清国（中国）から台湾の割譲のほかに，銀2億3000万両の賠償金と遼東半島還付金を取り立て，また1901年の義和団事件で賠償金3400万両余りを取得した．第一次世界大戦後，連合国側も敗戦国ドイツに巨額の賠償金を強いた．

　1945年8月にポツダム宣言を受諾し，無条件降伏した日本にも，戦争賠償が課せられていた．ポツダム宣言には，カイロ宣言に基づく日本領土の処分，日本の完全なる非軍事化と戦争犯罪人の処罰，日本における民主主義的傾向の復

活と基本的人権の尊重，現物賠償の取り立て可能な程度の日本産業の維持など，連合国による戦後処理の主要方針が含まれている．その第 11 項で，日本の戦争賠償問題に関する基本方針について，次のように述べられている[1]．

　　日本国ハ其ノ経済ヲ支持シ且公正ナル実物賠償ノ取立ヲ可能ナラシムルガ如キ産業ヲ維持スルコトヲ許サルベシ但シ日本国ヲシテ戦争ノ為再軍備ヲ為スコトヲ得シムルガ如キ産業ハ此ノ限ニ在ラズ

　9月2日，日本政府は降伏文書に調印し，ポツダム宣言の条項の誠実な履行を約束した．日本の降伏に伴い，米軍を主体とする連合国軍による対日占領が始まった．連合国による日本管理の機関としては，米国以外に英国，中国，ソ連などの代表が参加する対日理事会や極東委員会も存在したが，マッカーサー（Douglas MacArthur）を長とする連合国最高司令官総司令部（GHQ）が対日占領政策の実施にあたっていた．占領政策は実質的に米国の方針に即して展開されることになった．

　9月22日，米国政府は「降伏後ニ於ケル米国ノ初期ノ対日方針」をマッカーサーに伝えた．そのなかで，「日本ノ苦境ハ日本国自ラノ行為ノ直接ノ結果ニシテ聯合国ハ其ノ蒙リタル損害復旧ノ負担ヲ引受ケザルベシ」と指摘し，「賠償及返還」という項目の中で，「日本国ノ侵略ニ対スル賠償方法」について，「日本国ノ保有スベキ領域外ニ在ル日本国財産ヲ関係聯合国当局ノ決定ニ従ヒ引渡スコト」，「平和的日本経済又ハ占領軍ニ対スル補給ノ為必要ナラザル物資又ハ現存資本設備及施設ヲ引渡スコト」，「一切ノ識別シ得ル掠奪財産ハ之ヲ完全且速ニ返還スルヲ要ス」などと定めた[2]．

　この方針の下で，米大統領特使ポーレーが率いる賠償調査団によって日本国内の軍需工場などの設備を撤去して移転，譲渡する「中間賠償」計画案が作成された．46年12月までに，極東委員会は，基本的にポーレー案に沿う形で設備撤去の規模などを決定していった．47年4月3日，米国政府は，賠償総額の30%相当を即時取り立てることをマッカーサーに指令した．戦災国の中国，フィリピン，オランダ（オランダ領東インド＝インドネシア），イギリス（ビルマ，マライなど極東イギリス植民地）はそれぞれ15%，5%，5%，5% 割り当てられ

12章　戦争賠償問題から戦後補償問題へ

た．これを受けて GHQ は，日本政府に設備の撤去や梱包，輸送を指示し，ここにはじめて，実際の引渡しが実施された．

しかし，ポーレー賠償調査団の報告が公表された直後から，米国国内および GHQ 内では対日賠償政策の見直し論が強くなりつつあった．賠償によって日本の潜在的経済能力が失われることと，占領費を賄っている米国の財政負担が増大することがその主な理由であった．

さらに，その間，米ソ両陣営による冷戦対立は激しくなり，米国にとっての日本の位置づけが変わり，対日賠償についても米国は既定の中間賠償を最終的なものとして確定し，その残置水準まで生産回復を許容することを考えるようになった．こうして 47 年から 48 年にかけて，ストライク使節団，ジョンストン使節団などが日本に派遣されて，賠償政策を含む対日政策の再検討が進められた．その結果，最終的には 49 年 5 月に，極東委員会の米国代表マッコイによる中間賠償の撤去中止声明（以後，新たな撤去は行われないとした）が出された．そして，朝鮮戦争勃発直前の 50 年 5 月に中間賠償撤去の引渡しは完了した[3]．最終的に引き渡された施設は，4 万 3,919 台の工作機械，陸海軍工廠の撤去，造船，鉄鋼の接収など，1 億 6,515 万円（1939 年当時の評価額）にのぼった．

49 年 10 月に毛沢東の率いる中国共産党が中華人民共和国政府を北京に樹立した．翌 50 年 6 月に勃発した朝鮮戦争で，米中が直接対決する事態になった．このような情勢の中で，米国は日本をますます自らの陣営に引き入れる必要性を感じ，対日講和の計画もそうした文脈の中で進められていった．50 年 11 月に発表されたいわゆる「対日講和 7 原則」の第 6 項は「すべての当事国は，1945 年 9 月 2 日以前の戦争行為から生じた請求権を放棄する」として，基本的には賠償はもう取らないとしている．

当時すでに共産党との内戦に敗れ，台湾に敗退していた蒋介石の率いる国民党の中華民国政府は，この 7 原則に基本的に同意を表明し，賠償問題についても，他の諸国がすべて請求権を放棄するならば，放棄すると米国に伝えた．しかし，フィリピンや英連邦の国々が強く反対したため，米国はこれらの国々と交渉を続け，その結果，対日平和条約のもとになる草案が作られ，賠償支払いの原則が復活することとなった．51 年 9 月 8 日，サンフランシスコ講和会議で対日平和条約が調印された．

対日平和条約は日本の賠償支払いの原則を，おおよそ次のように定めた．すなわち，「日本国は，戦争中に生じさせた損害及び苦痛に対して，連合国に賠償を支払うべき」である．しかし，日本が「存立可能な経済を維持する」ためには，「日本国の資源は，日本国がすべての前記の損害又は苦痛に対して完全な賠償を行い且つ同時に他の債務を履行するためには現在充分でない」ことも同時に認められている[4]．

そのなかで特に，「現在の領域が日本国軍隊によって占領され，且つ，日本国によって損害を与えられた連合国が希望するときは，生産，沈船引揚げその他の作業における日本人の役務」を当該連合国の利用に供することによって，与えた損害を修復する費用をこれらの国に補償することに資するために，「当該連合国とすみやかに交渉を開始する」と定めた．その後，この規定に従って対日賠償を請求し，交渉したのは，フィリピンと南ベトナム（当時）だけであった．

その後，日本は多くのアジアの戦災国と平和条約，賠償協定，請求権・経済協力協定などを締結し，賠償または無償経済協力を実施したが，ほとんどの場合，「役務および生産物」によって支払われた．この「役務および生産物」による無償経済協力の方式は，そのまま日本の発展途上国に対する無償援助に引き継がれて現在に至っている[5]．

このように，戦後米国主導の下で進められた日本の戦争賠償問題の処理は，主として米国自身の冷戦戦略の影響で，途中から変更を余儀なくされた．最終的に，対外支払いのほかに，日本の政府ならびに個人の「在外資産の喪失」，及び，前記「中間賠償」をも加えて，その総額は約1兆119億7,311万円という計算になる[6]．

〈2〉日華平和条約による日台間の妥結

しかし，サンフランシスコ講和会議には中国政府の代表は招請されなかった．中華人民共和国政府を承認済みの英国と，中華民国政府を支持し続ける米国との間で意見が分かれ，結局，いずれの中国政府と講和条約を結ぶかは，独立回復後の日本に委ねられることになった．

対日平和条約の米国議会上院での批准を目前に，1951年12月，米国のダレス（John F. Dulles）特使一行が急遽日本を訪問し，「中国政府選択問題」をめぐっ

て吉田茂首相ら日本政府との間で協議を重ねた．その結果，日本側の意向も汲んで作成されたダレス原案をもとに，日米の合作によって完成したいわゆる吉田書簡が51年12月16日付でダレス宛に送られた．書簡のなかで，吉田首相は「日本政府は，究極において，日本の隣邦である中国との間に全面的な政治的平和及び通商関係を樹立することを希望する」と表明したうえで，中華民国国民政府との間に，多国間の対日平和条約に示された諸原則に従って関係正常化の条約を締結する用意があると述べ，「この2国間条約の条項は，中華民国に関しては，中華民国国民政府の支配下に現にあり又は今後入るべきすべての領域に適用があるもの」であるとの認識を示した[7]．

翌52年1月，吉田書簡が公表され，2月から日台間で外交交渉が始まった．交渉に先立って1月26日，吉田首相は国会で，中国大陸との関係の改善に留意し続けると表明し，国民政府が「台湾の政府」であり，この台湾政府との間にある条約を結ぶことと，対日平和条約に定められている中国を代表する「中国政府」と平和条約を結ぶこととは別問題であると答弁した．交渉の全権の河田烈も，台湾側に対して，日本政府が条約の名称を平和条約として明確にしなかった原因は国内世論と英国政府の反対にあると説明し，「われわれは国際法上の解釈にかかわらず，貴国に『自我作古』という諺があるが，両国の現在の関係の状況は歴史上にもあまり見られないものであるために，一つの先例をつくっても差し支えない」[8]と語り，政治的な妥結を提案した．

実は，ダレスも，前年12月の日米協議で日本側に対して，「米国としても国民政府を相手にして日本と中国との関係を全面的に解決されたいというのではない．中国における一つの政府としての国民政府を相手に同政府の権力の下にある地域と事項について平和関係にはいられたい」(傍点原文)という考え方を披露していた．これを聞いた外務省条約局長の西村熊雄は，「ダレス顧問のごときインターナショナルローヤーといえども現実政治にかくまで法理をゆがめさせられるかと淋しく感じた．国際法というものは実に弱い」と嘆いた[9]．

このような日米の立場に対して，台湾側は中国を代表する正統政府として二国間平和条約を結ぶという立場にあくまでも固執した．また，蒋介石にとっては，連合国の一員としての面子を保ち，自らの政権の正統性を内外にアピールするためにも対日平和条約の発効の前に二国間平和条約の調印に漕ぎつけるこ

とは必要であった．

　日台間で二国間条約の性格，条約の適用範囲問題，戦争賠償問題などをめぐり，意見が厳しく対立する中，交渉はスタートした．台湾側は日本と平和条約を結ぶ方針で，21ヵ条からなる平和条約草案を提出した．これに対して日本側は，当面は過度的な方法として，中華民国国民政府が現に支配している地域について，戦争状態を終了し，関係を回復する条約を結びたいと述べた．しかし台湾側は平和条約の必要性を強く主張し，日本側も「中華民国と日本の間の平和条約」とすることに同意した．

　賠償問題については，台湾側は最大の損害を受けた中国が賠償を放棄したとなれば，国民感情が許さないとして，賠償を強く主張した．現に21ヵ条の条約案の第12条が賠償条項で，それはサンフランシスコ平和条約の規定に沿うものであった．しかし日本側は，中国大陸での損害に対しては今回の条約は適用外であるとして削除を求めた．

　対日平和条約の発効を目前に，台湾側が譲歩を重ね，最終的には賠償条項は条約本文からは削除された．日華平和条約は52年4月28日に調印され，同条約の不可分の一部をなす議定書の中で，「中華民国は，日本国民に対する寛厚と善意の表徴として，サンフランシスコ条約第14条(a)1に基づき日本国が提供すべき役務の利益を自発的に放棄する」と，台湾側は賠償請求の放棄を表明した．

　さらに，条約に付属する交換公文と別に合意された議事録で，条約の適用範囲の限定に関して，日台双方の主張に配慮する形で妥結した．

　52年6月26日，参議院外務委員会における日華平和条約の審議で吉田首相は，「日華条約の締結は将来中国と全面的な政治的，経済的関係を結ぶまでのワンステップである」と述べ，「これは現に中華民国政権の支配しておる土地の上に行われる事実を認めて，その支配せられておる領土を持つ中華民国との間に条約関係に入る．将来は将来です．併し目的は終りに一中国全体との条約関係に入ることを希望して止まない」と答弁した[10]．また，西村熊雄条約局長は著書で「吉田書簡に基づいて結ばれた日華平和条約は，付属交換公文に明らかにされているように，国府の現実の支配下にある地域と日本との間だけに妥当し中華人民共和国政府の支配下にある地域には何ら法的効果を及ぼさないものである」と記した[11]．

このような解釈は，1958年の岸信介内閣成立まで続いていた．しかし58年7月30日，衆議院外務委員会で岸首相は「すでに中華民国と日本との間には正式な平和条約がある」と述べ，「つくられた主体的関係，両国の関係はあくまでも誠実にまもることは当然である」と強調した．これを機に，日本政府は日華平和条約によって全中国との戦後処理は終わったという解釈をとり続けるようになった．69年3月13日，佐藤栄作内閣の愛知揆一外相が，参議院予算委員会で，「戦争終結というものは中国本土全域に及んでいる」かという質問に対して，「この条約は，中国全体の主権者としての立場の国民政府との間の合意でありますから，さように理解すべきであります」と答弁した[12]．

2. 日中間の戦争賠償問題の処理

〈1〉 対日賠償請求権の主張と請求放棄の決定

中華人民共和国政府は，米国主導の下で中国を除外して進められた多国間講和，さらに，日華平和条約に対して，最初から強く反発し，その不法性と無効を訴え，絶対に承認しない姿勢を表明していた．中国側にとって，日中間の戦争状態は依然として続いており，戦争賠償問題もなお解決されていないとの認識であった．条約の性質や適用範囲について解釈の相違があったにせよ，日華平和条約は結局日本と中華人民共和国との関係正常化の最大の障害となった．

ただ，両国の間に外交関係がないにもかかわらず，中国側は積極的に日本との民間交流を展開し，また，中国大陸残留の日本人の帰還問題，戦犯の処理問題などで，きわめて寛大な処置をとっていた．しかし，対日戦争賠償請求権に関しては，中国の主権に属する問題として厳然たる態度をとり続けていた．

1951年8月15日付の「対日平和条約米英草案とサンフランシスコ会議に関する周恩来外交部長の声明」で，周恩来は，戦後米国政府は，「さまざまの特権と制限を利用して，こっそり日本から賠償を取り立ててきたのであり，現に取り立てつつあり，また日本経済を痛めつけてきたとともに，今なお痛めつけつつあるのである」と批判し，「日本の侵略を蒙った他の諸国が日本から賠償を請求するのを許さない」のは，「日本に賠償支払能力と他の義務を履行する能力を温

存して，結局アメリカ独占資本のため，こんごも搾取できる余地を残しておこうという狙いがあるのである」と指摘した上で，「日本に占領されて大損害をこうむり，そして自力で再建することが困難である諸国は，賠償を請求する権利を留保すべきである」と表明し[13]，はじめて対日戦争賠償請求権に言及した．ただし，日本が米国の占領下におかれていることもあって，批判の矛先は，とくに米国に向けられていた．

　その後，中国政府が再度賠償問題に言及したのは1955年であった．同年8月16日，中国外交部スポークスマンは，中国残留日本人の帰国問題等に関する声明の中で賠償問題に言及し，次のように述べた．「さらに重要なことは，日本軍国主義者が中国侵略戦争の期間中に，1000万以上の中国人民を殺戮し，中国の公私の財産に数百億ドルにのぼる損害を与え，また何千何万もの中国人を捕えて日本に連れていき，奴隷のようにこき使ったり殺害したりしたことである．日本政府は，中国人民がその受けたきわめて大きな損害について賠償を要求する権利をもっていることを理解すべきである」[14]．その趣旨について，翌日の会見で周恩来は，「中国人民が，日本軍国主義による中国侵略戦争の期間に蒙った莫大な損害」について「日本政府はこれまで一度も責任ある釈明をしていない」ことを指摘し，外交部の声明は「中国人民が賠償を要求する権利のあることを説明したのであって，日本政府がこのことに注意を払うべきである」と説明した[15]．ただし，賠償の具体策については，「政府でもまだ討論していないから答えられない」と述べた[16]．

　また，同年11月15日，中国を訪れた片山哲・元首相との会見で，周恩来は，「私は賠償問題を極めて重視している．賠償請求権は中国の主権に属することであり，中国は依然として対日賠償請求権をもっている．しかし今後事情の変化が起れば賠償についても今後絶対に変化が起り得ないということはない」[17]と述べ，中国を代表する政府として賠償請求権を持っているが，将来，情勢の変化に応じて柔軟に対応していく姿勢を打ち出し，賠償問題の処理を日中間の外交関係の改善に結びつけることを示唆した．

　1960年代に入り，日中関係の回復の可能性を視野に，周恩来の発議で中国指導部は，対日賠償請求問題を検討し，対日賠償請求権を放棄すべきだとの結論に達し，それを最終的に毛沢東主席などの最高指導者が同意する形で64年1月

頃，正式な決定となった[18]．朱建栄氏の研究によると賠償放棄の主な理由は以下の4点である．

　①台湾も米国も日本に賠償を求めなかった．中国としても，米国，台湾に劣らぬ善意を日本国民に示すべきだとの推論に達した．②東南アジアの一部の国は日本に賠償を請求したが，結果からみると，賠償金で経済が著しく伸びる結果にはならなかった．社会主義中国は，なおさら賠償金を頼りに経済建設をするわけにはいかない．③戦前の日本軍国主義者が加えた損害の賠償を次世代の日本国民に求めるとすれば，日本の国民と軍国主義者を区別するという毛沢東の思想に相反する．また，賠償金の返済に苦しむ日本国民の対中感情が悪くなり，それは対日友好促進の基本方針にもとる．④仮に賠償を求めるとしても，どれだけの金額を請求するかが問題になる．額が小さいと請求する意味がない．だが，高額の戦争賠償を請求するとなれば交渉が長引くし，必ずしも実現しない．またそのための長い交渉過程自体が，両国関係に有害である．

　64年2月21日，訪日中の趙安博・中日友好協会秘書長は，朝日新聞社側の「貴国は日華平和条約を認めていないし，対日賠償請求権も保留しておられるが，これについて日本の中には不安な気持があるが」との質問に対し，「わが国は賠償によって社会主義建設をしていくような考えを持っていない」と述べた[19]．

　翌65年5月31日，趙安博は訪中した宇都宮徳馬代議士に会見した際，「中国は対日賠償を要求する権利をもっており，この問題は国交回復の時に問題となるものである」と指摘しつつ，①中国は他国の賠償によって自国の建設を行おうとは思っていない，②一般的にいって巨大な戦争賠償を戦敗国に課することは第一次大戦後のドイツの例をみても明らかなように，平和のために有害である，③戦争賠償はその戦争に責任のない世代にも支払わせることになるので不合理である——と，賠償に対する中国の基本的態度を初めて系統的に述べ，日本に苛酷な賠償をかける意図のないことを重ねて明らかにした[20]．

　そして2日後の6月2日，廖承志・中日友好協会会長が同じく宇都宮氏に対し，「中国は賠償を取らないともいっていないが，それ以上にとるともいっていない．われわれは中国の社会主義建設を，日本の賠償で行おうとは思っていない．しかし一般的空気として，賠償請求権のない蒋介石が賠償を放棄したからといって，中国に請求権がないという議論には反発している」と語った[21]．つま

り，日本に対して賠償を請求しないが，日華平和条約によって解決済みという見方は受け入れられないとの考えを示した．

対日賠償請求放棄に関する中国側の遠まわしの意思表示は，結局，その後の日中関係の悪化，それぞれの内政事情の変化で，国交回復には直結しなかった．1971年春訪中した藤山愛一郎・日中国交回復促進議員連盟会長が帰国後の記者会見で，「経済界の一部では国交回復にともなって，日本は中国に莫大な賠償を取られるのではないかとの声が出ているが，中国はそういう考えがないことを私に明らかにしている」と紹介している[22]．また彼は帰国報告で，「日本の過去の戦争責任について精神的反省は求めても，物質的賠償を取る意図がない明確な感触を，中国側から示された」と述べた．

このように，日本政府は日華平和条約で賠償問題について解決済みとの立場をとっていたが，一方で，多大な戦争被害を受けた中国大陸を支配している中華人民共和国政府が日本に対して戦争賠償を請求するのではないかという不安が常にあった．

〈2〉国交正常化過程における賠償問題の処理

1972年7月7日，田中角栄が首相に就任し，外交面で早期に日中国交正常化を実現すると発表した．周恩来総理は直ちに歓迎の意を表明した．日中国交回復のムードが急上昇する中で，周恩来は初めて自ら正式に，日本側に賠償請求の放棄を表明した．

同年7月25日，竹入義勝（公明党委員長）が訪中した．竹入委員長は7月27日から3日間連続で周恩来と会談し，賠償放棄の項目を盛り込んだ日中共同声明の中国側原案を持ち帰った．中国が賠償請求権を放棄する意思があることもその際，表明されている．

7月27日に行われた第1回会談[23]では，周恩来は，毛沢東が賠償請求権を放棄するといっていることを挙げ，賠償を求めれば日本人民に負担がかかると述べ，対日賠償請求権の放棄を正式に表明し，さらに，それを日中共同声明に書き入れることを提案した．

竹入にとって，「中国側が賠償請求を放棄することをいとも簡単に，抵抗感もなしに周総理が毛沢東主席の決断として口にしたこと」は，第1回会談で最も

衝撃的なことであった．5百億ドル程度払わなければいけないかと思っていた彼は，「全く予想もしない回答に体が震えた」[24]．

この時点で中国側が賠償放棄を表明した理由は主に二つある．一つは，国交正常化には賠償問題の解決が不可欠なので，進んで中国側の善意を示すためであった．もう一つは，日本に台湾との断交を決意させるためのカードとする狙いもあった．当時，自民党内では台湾との関係の処理が最大の争点になっていたので，周恩来は7月の内部指示で，「日本はわれわれと国交を回復するには台湾と断交をしなければならない．賠償問題で寛大な気持ちを示すことによって日本側を中国側の原則に歩み寄らせることに有利である」と語っている[25]．

このように中国側による賠償請求の放棄は，長期の日中友好に対する願いの表れであると同時に，善意を示すことによって，日中友好のムードを高め，国民政府との関係断絶を促し，一気呵成で国交回復を実現させたいと考えていたためである．周恩来の発言を聞いた竹入は，「周首相の言葉がジーンときた．日本の心を読んでいた．日本側に仮に払う気持ちがあっても，中国側が賠償問題を言い出せば，自民党側がまとまらなくなることも見抜いていた」と回想した．

中国側にとっては，「国交回復三原則」に立って未来志向の日中関係を切り開くことこそが，最重要課題であった．1972年4月13日，日本の民社党訪中代表団と中日友好協会代表団が共同声明を出し，いわゆる「国交回復三原則」を発表した．すなわち，①世界には一つの中国しかなく，それは中華人民共和国である．中華人民共和国は中国人民を代表する唯一の合法政府である．②台湾は中華人民共和国の領土の不可分の一部であり，しかもすでに中国に返還されたものである．台湾問題は，純然たる中国の内政問題であり，外国の干渉を許さない．③『日華条約』は不法であり，無効であって，破棄されなければならない[26]．

さらに，竹入との会談で周恩来は，「平和条約も可能ですが，平和友好条約にしたい」，「共同宣言が発表されて平和友好条約でいけます．あとは法律家にまかせれば良い」と語り，通常の戦後処理で締結される平和条約ではなく，未来志向の「平和友好条約」の締結を自ら提案した．このような提案は，日中共同声明をもって，過去の清算とする日本側の意向に合致していた．外務省は，「平和友好条約に関しては，日本側は，中国側が予想している条約の内容を具体的

に承知していないが，日本政府としては，この条約が，将来の日中関係がよるべき指針や原則を定める前向きの性格のものである限り，その締結のために適当な時期に中国側の具体的提案をまって交渉に入ることに異存はない．戦争を含む過去の日中間の不正常な関係の清算に関連した問題は，今回の話合いとその結果である共同声明によってすべて処理し，今後にかかる後向きの仕事をいっさい残さないようにしたい」と考えていたからである．

　竹入は会談内容を記録した「竹入メモ」を，帰国後田中首相と大平正芳外相に渡した．当時，外務省アジア局中国課長であった橋本恕は，大平外相から渡されたメモを見て，「これなら，いけるかもしらんなあ」，と思った[27]．日本側は，これを検討した日本側の草案を練り，中国との交渉に備えた．

　72年9月25日から30日にかけて，田中首相，大平正芳外相らが中国を訪問した．田中首相と周恩来総理の会談は計4回，行われた．大平外相と姫鵬飛外交部長との会談も非公式会談を入れ，計4回，行われた．これらの会談を通じて日中間の戦後処理が行われたのである．

　日華平和条約に対する双方の基本的立場の相違から，戦争状態終結の時期の問題をめぐって，日中間で最初から意見が対立していた．しかし，会談の始めの頃は日中双方とも比較的に楽観的で，相手の立場に配慮しつつ，双方とも受け入れられるような表現を模索していた．

　25日の首脳会談で大平外相は，「中国側がこの条約を不法にして無効であるとの立場をとっていることも十分理解できる．しかし，この条約は国会の議決を得て政府が批准したものであり，日本政府が中国側の見解に同意した場合，日本政府は過去20年にわたって，国民と国会をだまし続けたという汚名をうけねばならない」と日本側の事情を説明し，「日華平和条約は国交正常化の瞬間において，その任務を終了した」という提案で，中国側の理解を求めた．さらに，第1回外相会談で，戦争終了時期を明確に示さないという共同声明の修正案を提示し，「双方に立場の違いがあるので，将来に向って前向きな態度で処理する」ことを提案した．

　周恩来は，25日の会談で，大平の提案に完全に同意することはできないと述べ，中国側の原則的立場を表明しつつ，外相会談を通じて双方の同意できる方式を発見したいと，日本側の事情にも配慮するという柔軟な姿勢を示した．翌

26日の首脳会談でも,「日台条約や桑港条約(サンフランシスコ講和条約)を入れると,問題が解決できなくなる.これを認めると,蔣介石が正統で我々が非合法になるからだ.そこで,中国の『(国交回復)三原則』を十分理解することを基礎に,日本政府が直面する困難に配慮を加えることとしたい」と述べた.

第1回外相会談でも姫外交部長は,「周総理も昨日はっきり述べたように,いくつかの問題の提起の仕方に双方にとり困難があります.例えば,両国の戦争状態の終了についての提起の仕方は,日本側にもそれなりの問題があろうが,中国側も人民を納得させることができないので同意できません.又,歴史の事実にも合いません.だから,双方とも頭を働かせる必要があり,このため十分話し合いたい」と述べた.

3回目の外相会談では,中国側から「両国人民はこれまで存在した不自然な状態——戦争状態——の終結と日中国交の正常化という両国国民の願望の実現は,両国関係の歴史に新たな一頁を開くであろう」という文言を共同声明の前文に置き,第1項の「本声明が公表される日に,中国と日本との間の極めて不正常な状態は終了する」と並列させるという提案がなされた.姫外相は,この方法によって,「戦争状態の終結は時間上の制限を受けなくなり,中日双方ともその問題についてそれぞれ異なった解釈を行いうる余地を生ずることとなる」と説明した.これに対し,大平は,「中国側で日本側の意向をお含み頂き感謝する」と述べ,若干の表現の修正を提案した.最終的に,共同声明の前文に「両国国民は,両国間にこれまで存在した不正常な状態に終止符を打つことを切望している.戦争状態の終結と日中国交の正常化という両国国民の願望の実現は,両国関係の歴史に新たな一頁を開くこととなろう」ということで落ち着いた.

こうして,日華平和条約をめぐる双方の立場の齟齬で生じた戦争状態終結の問題に関しては,日中共同声明の本文では「不正常な状態」と表現する一方で,前文には「不正常な状態の終了」と「戦争状態の終結」を連ねて併記することによって,「不正常な状態」の意味を,両国がそれぞれの解釈で国民に説明できるようにしたのである.中国側にとっては,「不正常な状態」とは戦争状態を指すものであり,日本側は,外交関係がなかったことを示すと解釈したのである.この表現により,日中双方は,各自の都合のいいように戦争状態終結の時期を解釈できるようになった.

戦争状態終結の問題に関して政治的な妥協を図る姿勢は，中国側だけではなく，日本側にも同様に見られる．日本側は，会談前に用意した「対中説明」（公開資料別紙1）で，（戦争終結の時期について）「これまでの日中関係に対する法的認識についての双方の立場に関して決着をつけることは必要ではなく，また，可能でもないで，（原文ママ）それはそれとし，今後は，日中両国間に全面的に平和関係が存在するという意味で，戦争状態終了の時期を明示することなく，終了の事実を確認することによって，日中双方の立場の両立がはかられるとの考えである」と書いている．また，このような提案は特に賠償問題に関する表現に見られる．

　すでに竹入との会談で正式に賠償請求を放棄した中国政府は，最初から賠償問題を交渉の議題として提起する予定がなかったが，戦争責任に対する認識，戦争状態終結時期の問題との関連で生じた賠償放棄の理由に対する解釈の齟齬から，事態は思わぬ展開となった．

　まず，田中首相は，25日夜の歓迎夕食会の挨拶で，日本の戦争責任を反省し，「中国国民に多大のご迷惑をおかけした」と発言した．このとき日本側は，軽い意味の中国語「添了麻煩」に訳した[28]．この発言は中国側に大きな衝撃を与えたのである．同じ夕食会で周恩来は挨拶し，戦争認識について次のように表現した．「1894年から半世紀にわたって，日本軍国主義者の中国侵略により，中国人民は重大な災難をこうむり，日本人民もまた深い被害をうけました．……中国人民は毛沢東主席の教えにしたがって，ごく少数の軍国分子と広範な人民とを厳格に区別してきました」．

　翌26日午後の首脳会談の冒頭で周首相は，田中首相のご迷惑発言を取り上げ，中国側の不満をあらわにした．

　　　日本政府首脳が国交正常化問題を法律的でなく，政治的に解決したいと言ったことを高く評価する．戦争のため幾百万の中国人が犠牲になった．日本の損害も大きかった．我々のこのような歴史の教訓を忘れてはならぬ．田中首相が述べた「過去の不幸なことを反省する」という考え方は，我々としても受け入れられる．しかし，田中首相の「中国人民に迷惑をかけた」との言葉は中国人の反感をよぶ．中国では迷惑とは小さなことにしか使われないからである．

さらに，周恩来は，第1回外相会談における高島益郎条約局長が読み上げた対中説明に対しても強く反発し，賠償放棄に関する中国側の態度を説明した．

　　日華条約につき明確にしたい．これは蔣介石の問題である．蔣が賠償を放棄したから，中国はこれを放棄する必要がないという外務省の考え方を聞いて驚いた．蔣は台湾に逃げて行った後で，しかも桑港条約の後で，日本に賠償放棄を行った．他人の物で，自分の面子を立てることはできない．戦争の損害は大陸が受けたものである．
　　我々は賠償の苦しみを知っている．この苦しみを日本人民になめさせたくない．
　　我々は田中首相が訪中し，国交正常化問題を解決すると言ったので，日中両国人民の友好のために，賠償放棄を考えた．しかし，蔣介石が放棄したから，もういいのだという考え方は我々には受け入れられない．これは我々に対する侮辱である．田中・大平両首脳の考え方を尊重するが日本外務省の発言は両首脳の考えに背くものではないか．

　つまり，すでに竹入・周会談で進んで賠償請求放棄を表明していた中国側は，賠償放棄問題を戦争責任に対する歴史認識問題とセットで考えていたので，かつての軍国主義の中国侵略に対する日本側の徹底的な否定と反省を賠償放棄の当然の前提としていた．しかも，甚大な損害を受けた中国にとって，賠償問題は法律論だけで済ませるものでないことは明らかである．ましてや，その法的根拠とされるのは，中国政府が不法とみなしている日華平和条約で，なおさら受け入れられるものではなかった．それゆえ，周恩来は，日本政府首脳の政治的な決意をいつも高く評価していた．彼にとって，日本側の対応はまったくの予想外であったろう．
　周恩来の話を受けて，田中首相は，大筋においてよく理解できると述べ，すべての具体的な問題に優先して「国交正常化を実現し，新しい友好のスタートを切る」という認識を示した．また，賠償放棄の発言については，「これに感謝する．中国側の立場は恩讐を越えてという立場であることに感銘を覚えた．中国側の態度にはお礼を言うが，日本側には，国会とか与党の内部とかに問題が

ある.しかし,あらゆる問題を乗り越えて,国交正常化するのであるから,日本国民大多数の理解と支持がえられて,将来の日中関係にプラスとなるようにしたい」と表明し,「共同声明という歴史的な大事業は両大臣の間で話して貰えば,必ず結論に達する」と自信を示した.

27日の非公式外相会談で,大平外相は,この度の田中の訪中は,「日本国民全体を代表して,過去に対する反省の意を表明するものである.従って,日本が全体として戦争を反省しているので,この意味での表現方法をとりたい」と述べたのにたいして,姫外相は,「中国は日本の一部の軍国主義勢力と,大勢である一般の日本国民とを区別して考えており,中国の考えは,むしろ日本に好意的である」と説明した[29].

さらに,大平外相は謝罪の仕方次第で自民党分裂の可能性もあるという党内事情を訴え,「中国の怒りは,私,大平個人としてはわかる.私は戦前,若き大蔵官僚として張家口にいた.田中は胸を病んで満洲の陸軍病院にいた.日本は確かにひどいことをした.どうか,私,大平を信じてほしい」と付け加えた.姫外相はその晩,「大平という男は信頼していい政治家だ」と周恩来に報告した[30].

このような相互信頼のもとで,両外相間の交渉の末,戦争認識に関しては,「日本側は過去において,日本国が戦争を通じて中国国民に重大な損害を与えたことについての責任を痛感し,深く反省する」という大平外相の提案した文章で決着した.さらに,賠償請求権の問題に関しては,毛沢東と周恩来の政治決断で「賠償請求権」の「権」の文字を落とす譲歩をし,「中華人民共和国政府は,中日両国国民の友好のために,日本国に対する戦争賠償の請求を放棄することを宣言する」(第5項)という表現になった[31].これについては,大平外相は帰国後,自民党本部における自民両院議員総会において,賠償請求の放棄の項目に関しては次のように報告した.「第五項目は,賠償請求の放棄であり,日華条約でこれが放棄され,日本はこれを受けている立場に立っている.従ってこれは中国側が一方的に宣言し,日本側はこれを率直に評価し,受ける立場をとった.もし中国が『賠償請求権』の放棄という言葉にかかわると,私どもはやっかいな立場になるところだったが,『賠償請求』という言葉にしてもらい,『権』という言葉はついていない」[32].後に首相となった大平は,対中国経済協力の決定に際して,中国の賠償放棄決定への感謝の気持ちを込めていたとも言われる.

このように，戦争に対する歴史認識のずれによる予想外の紆余曲折もあったが，最終的に，文言の表現で日中両国が歩み寄り，「玉虫色」の共同声明ができあがったのである．ただし，共同声明で中国側が「戦争賠償の請求を放棄する」と宣言したことは両国友好関係を築くうえでやはり重大な意味をもつ．当時，外務省条約局条約課長だった栗山尚一は，後に「日中共同声明の解説」の中で，中国の戦争賠償請求放棄について，「過去の中国大陸における戦争が中国の国民にもたらした惨禍は，わが方として深い反省の対象となるべきものであることを考慮するならば，このような中国側の賠償放棄の宣言は，率直かつ正当に評価されるべきであろう」と記した[33]．

　対日戦争賠償請求を放棄するという中国指導部の決断に対して，当時の中国では全く反対の意見がなかったわけではない．当時の多くの国民は，賠償金が得られると楽観していたからである．多くの人は，感情的に反発し，また，日本側に譲歩しすぎることを懸念していた．これに対し，周恩来は，田中内閣が成立した後，対日交渉の準備を急ぐ一方，国民に対する宣伝教育と説明の準備に本格的に取りかかり，3項目からなる要綱を作成した．そこで，①「台湾の蔣介石はすでにわれわれより先に賠償の要求を放棄した．共産党の度量は，蔣介石より広くならなければならない．②日本はわれわれと国交を回復するには台湾と断交をしなければならない．賠償問題で寛大な気持ちを示すことは，日本側を中国側の原則に歩み寄らせることに有利である．③日本が中国に賠償金を支払うとすればこの負担は最終的に広範な日本の国民にかけられることになる．彼らは長期にわたって中国への賠償金を支払うために，ズボンのベルトを引き締めなければならない．これに日本人民と世々代々友好的になっていくというわれわれの願望と相反することになる」とアピールし，日本国民を軍国主義者から区別する必要性を説明した．さらに，賠償放棄に対する各地民衆の反応を収集させ，説得案を作成させ，宣伝教育キャンペーンを繰り広げた．このような政治教育は，国交回復後も周恩来の指示で続けられていた[34]．

3. 日中間の戦後補償問題の提起と現状

〈1〉戦後補償問題の浮上と中国人による裁判の提起

1980年代後半から90年代前半にかけて，中国国内において，「民間賠償」請求運動が勃興し，在中国日本大使館には，戦争中個人が受けた損失への補償を求める手紙が中国各地から多数送られ，さらに，国会にあたる全国人民代表大会に請願が繰り返されている．

1991年3月，中国老齢科学家研究センター副研究員の童増氏が，第7期全人代第4回会議の開催に合わせて，「『日本に対する中国の損害賠償請求』についての建議」を提出した．建議書の中で彼は，「日中戦争での損害額は3000億ドル．中国政府が放棄したのは，国家賠償の1,200億ドルにすぎない．民間賠償の1800億ドル（約19兆円）は，日本に請求できる」と主張し，民間被害の範囲として，①非戦闘員の殺害，傷害②強制労働③女性に対する暴行④細菌兵器の人体実験と使用による被害⑤爆弾による殺傷や個人と法人の財産被害，など10項目を挙げている[35]．それを受けて，全人代代表の王録生氏らが第10号議案を提起した．翌92年3月25日，王工氏ら代表が第5回会議に同様の趣旨の第7号議案を提起した．将来の立法化に向けた「中華人民共和国民間対日被害補償法」の草案も作成された．同年9月には，童増氏が「中国民間対日索賠（賠償請求）委員会」を結成し，全国的に活動を開始した．

1995年6月28日，「花岡事件」の被害者である中国人10人が大手ゼネコン鹿島を東京地方裁判所に提訴し，同事件の被害者に対する謝罪と一人550万円の損害賠償を要求した[36]．同年8月7日，戦争中に中国の山西省で旧日本軍に拉致され「慰安婦」にさせられた中国人女性4人が，日本政府に謝罪と一人2,000万円の損害賠償を要求，東京地裁に提訴した[37]．いわゆる中国人「従軍慰安婦」損害賠償請求訴訟（第1次訴訟）である．以後，731細菌戦，強制連行・強制労働，毒ガスなど相次いで訴訟が起こされていった．その大部分は1945年に終結した第二次世界大戦当時受けた被害に対する補償を求めるものであった[38]．

中国人戦後補償裁判一覧（2006年3月現在）

	訴訟名	係属	提訴日	判決・取下	現況・事実認定の有無
1	鹿島花岡鉱山中国人強制連行等損害賠償請求訴訟	東京地裁 東京高裁	95.6.28	97.12.10 棄却 00.11.29 和解	確定
2	中国人「慰安婦」損害賠償請求第一次訴訟	東京地裁 東京高裁 最高裁	95.8.7	01.5.30 棄却 04.12.15 棄却	2審に事実認定
3	七三一部隊・南京虐殺・無差別爆撃損害賠償請求訴訟	東京地裁 東京高裁 最高裁	95.8.7	99.9.22 棄却 05.4.19 棄却	1審に事実認定
4	中国人「慰安婦」損害賠償請求第二次訴訟	東京地裁 東京高裁 最高裁	96.2.23	02.3.29 棄却 05.3.18 棄却	1審, 2審とも事実認定
5	劉連仁強制連行・強制労働損害賠償請求訴訟（東京第一次訴訟）	東京地裁 東京高裁 最高裁	96.3.25	01.7.12 一部勝訴 05.6.23 棄却	1審, 2審とも事実認定
6	平頂山住民虐殺事件損害賠償請求訴訟	東京地裁 東京高裁 最高裁	96.8.14	02.6.28 棄却 05.5.16 棄却	1審, 2審とも事実認定
7	旧日本軍遺棄毒ガス・砲弾被害第一次訴訟	東京地裁 東京高裁	96.12.9	03.9.29 勝訴	1審に事実認定
8	七三一部隊細菌戦（浙江省・湖南省）国家賠償請求訴訟	東京地裁 東京高裁 最高裁	97.8.11	02.8.27 棄却 05.7.19 棄却	1審に事実認定
9	中国人42人対国家・企業損害賠償・謝罪広告請求訴訟（東京第二次訴訟）	東京地裁 東京高裁	97.9.18	03.3.11 棄却	1審に事実認定
10	旧日本軍遺棄毒ガス・砲弾被害第二次訴訟	東京地裁 東京高裁	97.10.16	03.5.15 棄却	1審に事実認定
11	中国人強制連行・強制労働損害賠償請求長野訴訟	長野地裁 東京高裁	97.12.22	05.5.20 和解勧告, 不成立 06.3.10 棄却	2審に事実認定

	訴訟名	係属	提訴日	判決・取下	現況・事実認定の有無
12	西松建設中国人強制連行・強制労働損害賠償請求訴訟	広島地裁 広島高裁 最高裁	98.1.16	02.7.9 棄却 04.7.9 勝訴	1審, 2審とも事実認定
13	大江山ニッケル鉱山強制連行・強制労働損害賠償請求訴訟	京都地裁 大阪高裁	98.8.14	03.1.15 棄却 04.9.29 日本冶金和解	1審, 2審とも事実認定
14	中国人性暴力被害者謝罪損害賠償請求訴訟（山西省）	東京地裁 東京高裁 最高裁	98.10.30	03.4.24 棄却 05.3.31 棄却	1審, 2審とも事実認定
15	中国人強制連行・強制労働・被爆者新潟訴訟	新潟地裁 東京高裁	99.8.31	04.3.26 勝訴	1審に事実認定
16	中国人強制連行北海道訴訟	札幌地裁 札幌高裁	99.9.1	04.3.23 棄却	1審に事実認定
17	李秀英南京大虐殺名誉毀損訴訟	東京地裁 東京高裁 最高裁	99.9.17	02.5.10 勝訴 03.4.10 勝訴 05.1.20 勝訴	確定
18	中国人強制連行福岡訴訟	福岡地裁 福岡高裁 最高裁	00.5.10	02.4.26 一部勝訴 04.5.24 棄却	1審, 2審とも事実認定
19	中国人・海南島戦時性暴力被害者名誉回復等請求訴訟	東京地裁	01.7.16		
20	中国人強制連行群馬訴訟	前橋地裁	02.5.27		
21	中国人強制連行福岡第二次訴訟	福岡地裁	03.3.28	06.3.29 棄却	事実認定
22	対国・三菱鉱山中国人被爆者・遺族損害賠償請求訴訟	長崎地裁	03.11.28		
23	中国人強制連行宮崎訴訟	宮崎地裁	04.8.10		
24	中国人強制連行酒田訴訟	山形地裁	04.12.17		

参考資料：①田中宏「戦後補償裁判一覧」同『戦後60年を考える——補償裁判・国籍差別・歴史認識』(創史社，2005年)；②松本克美「戦後補償裁判リスト」(『法律時報』939号，2004年1月)；③今村嗣夫・鈴木五十三・高木喜孝編著『戦後補償法：その思想と立法』(明石書店，1999年)；④中国人戦争被害者の要求を支える会 (http://www.suopei.

org/index-j.html）；⑤新聞各紙関連報道；⑥戦後補償ネットワーク，戦後補償裁判関連法律事務所の資料．なお，一覧表の項目・名称は，①に準拠する．

なお，ここでは提訴当時中華人民共和国出身者に限定する．台湾出身者や返還前の香港出身者は含めない．

〈2〉 中国人戦後補償裁判の争点と現状

　中国人戦後補償裁判では，原告の中国人は，日本の対中国侵略戦争によって蒙った被害に関する事実に対する認定を求め，被告の日本政府や日本の企業が謝罪し，かつ金銭的な補償によって「原状回復」を行うことを要求している．原告らは，一連の裁判の提起は，「日本軍の侵略戦争による中国人被害者に対する日本政府の謝罪と賠償がなされ，もって正当な歴史認識を日中両国民が共有し，日中間の未来ある真の友好と信頼関係を築く」ための手段であるとしている[39]．

　一方，被告となる日本政府や企業は，国家無答責[40]，時効[41]・除斥期間[42]などの民法上の根拠や国際法上の個人の主体性問題，国家間で解決済みであるという法的議論で徹底的に争う姿勢であり，民法や国際法に関わるさまざまな争点が提起されている[43]．とりわけ日本政府は，原告側が示した事実に対しては言及せず，法的に国家間で解決済みという解釈を維持している．

　ほとんどの訴訟は，戦後50年以上経過して提訴がなされており，時効や除斥期間は大きな問題となっている．民法の不法行為の請求権の時効は3年であり，且つ20年がたてば理由の如何によらず請求ができないというのがその理論だからだ．また，戦前の不法行為を問題とすることが多いため，国家無答責原則の壁に当たる．このように50年以上前の政府の行為に対する請求は，国家無答責と除斥期間の経過を理由に棄却される可能性が高い．他方，企業に対する請求は，国家無答責は適用されないから，民法による請求も可能である．その内容は，賃金の不払い，労働災害，強制連行・強制労働の不法行為が成り立ちうる．しかし，除斥期間の問題は，このケースでも残り，これが最大の争点となっている[44]．

　裁判所の判断は一様ではない．従来，裁判所はほとんどの判決で事実認定も

せず，いわば門前払いとしていた．基本的に被告側の日本政府や企業の主張を受け入れ，法律論で棄却する措置をとってきたという形である．しかし近年，変化が見られる．前掲の一覧表をみると最近はほとんどの判決で，事実認定は行うようになった．また，一部の判決では，時効や国家無答責などの主張を退け，原告の訴えを認めたこともある．しかし，賠償問題は国家間で解決済みであるという日本政府の主張は，受け入れられることが多い．

このような状況の中で，原告側が主張しうる法的根拠として考えられるのが，国際法による請求である．そのもっとも重要なものが「陸戦ノ法規慣例ニ関スル条約」(以下，ハーグ条約と略称）である．日本の戦後補償裁判における国際法の主たる争点は，このハーグ条約の，とりわけ第3条の解釈をめぐるものである．同条による被害者個人の加害国に対する損害賠償請求権の成否が争点となるのである[45]．

民法上の法的根拠の問題点や国際法の解釈の相違以外，中国人戦争被害者の個人損害賠償請求訴訟の中で，日中間の戦後処理に深く関わる問題として挙げられるのは，日中共同声明における中国政府の戦争賠償請求放棄に関する第5項に対する解釈である．その中では，「中華人民共和国政府は，日中両国国民の友好のために，日本国に対する戦争賠償の請求を放棄することを宣言する」と規定している．日本政府はこれをもって日中間の戦争賠償問題が国家間で解決済みと主張しているのに対し，原告側は，以下のように主張している．

この日中共同声明第5項は，中国と日本の両国政府間の戦争賠償の請求に関する条項であり，中国政府が政府として日本に対し戦争賠償を請求することは放棄された．しかし，戦争賠償は，基本的に国家または政府間の戦争賠償と被害国民個々人の賠償の二重構造になっているのであり，条約条項上も区別されている．サンフランシスコ講和会議で調印された対日平和条約の連合国側の戦争賠償請求権放棄を規定した第14条(b)項[46]がまさにその典型である．そこには，「連合国のすべての戦争賠償請求権」及び「連合国及びその国民の他の請求権」と明記しており，これが条約の条項として通常の文言である．しかし，日中共同声明第5項は，政府間の戦争賠償の請求に関する条項であっても，中国国民の被害者個々人の賠償請求については何ら規定していない．したがって，日中共同声明第5項の文言により，政府の戦争賠償の請求放棄以外に，被害者の国

民個々人の請求も放棄したと解釈するのは非常に無理がある，というより先述した通例の文言との対比において不可能な解釈である．これをもって，日中共同声明第5項の戦争賠償請求放棄条項及びこれを確認した日中平和条約で，中国戦後補償請求問題は全て解決しているとは言えない[47]．

そこで，中国政府の態度が注目される．中国の銭其琛外相は1992年3月23日の記者会見で，日中戦争時の被害への対日賠償請求問題について，「中国政府の立場は，中日共同声明で明確に示されており，変化はない」と述べ，開会中の全国人民代表大会で一部代表が日本政府に民間賠償を要求する提案をしていることに関しては，「大会の事務当局が規定に基づいて処理するだろう」と政府として関与しない考えを表明した[48]．91年から毎年，全人代に，日本に民間賠償を求める提案がなされているが，正式議案として取り上げられ，採択されるという事態にはなっていない．党や政府内部には，この問題をめぐって，「国民にやめさせようとすれば，逆に党や政府が国民の批判を受ける」「人民の代表である人民政府として，賠償を放棄したはずだ．民間賠償を求めるのは，人民政府の立場と矛盾しないか」という意見もある．

中国政府の見解も微妙に変化してきた．1995年3月7日当時の銭其琛副首相兼外相が，全人代において質問に答え，日中共同声明で放棄したのは国家間の戦争賠償であって，個人の賠償までは含まれないことを明らかにしたという[49]．銭外相はまた，補償の請求は国民の権利であり，政府は干渉できないと述べた．つまり，中国政府は中国国民の個々人が日本政府に対し請求権を主張・行使することについて関知しない．また，政府が改めて個々人の請求権に関して日本政府と交渉することもないが，これを抑止したりすることもしない，ということである．

さらに近年，中国外務省は，中国人戦後補償裁判における原告側の敗訴を受けて，「戦争遺留問題」として日本政府に対し「誠実に対応し，適切に処理するよう要求する」との考えを表明している．例えば，2004年12月28日，中国外交部の劉建超報道官は記者会見で，「日本の中国侵略戦争が残した，強制労働，化学兵器，慰安婦などの問題はいずれも，日本が中国侵略戦争の中で行った深刻な犯罪行為であり，日本側にはこれらの問題を適切に処理する責任がある」[50]と述べた．

中国人戦後補償訴訟の提起で，中国政府は今，一つのジレンマに陥っているようだ．日中国交正常化の過程に対する検証で明らかになったように，中国政府は日中共同声明をもって未来志向の日中関係を切り開きたいと考えていた．国家間の賠償問題は解決済みで，それを反故にすることは国家間の信義にかかわる問題である．この考えは全人代で一部の人民代表が提出した賠償請求の提案を受理しなかったことにも表れている．しかし他方，改革・開放政策がとられ，グローバル化が進んでいる現在，もはや毛沢東時代のように，国民の声を完全に抑制することもできなくなった．

　また，それ以上に，中国政府は「中日の友好的な協力関係を発展させていく」方針を強く持っている．現在の胡錦涛政権も，今後も日中共同声明，日中平和友好条約，日中共同宣言（1998年）を日中関係の基盤にすえ，「対話と対等な協議を通じて両国間の不一致を適切に処理し，幅広い分野で両国の交流と協力をさらに深めていく」考えを強く打ち出している[51]．中国政府にとって，過去の歴史に言及したのは，「恨みを抱きつづけるためでは決してなく，歴史を鑑とし未来に向かうため」である．

むすびに代えて——問われる歴史認識と戦後処理のあり方

　これまで考察してきたように，第二次世界大戦終結後，元来侵略戦争を引き起こした日本を懲罰し，その戦争責任を追及するために，領土の処分，戦犯裁判などと合わせて戦後処理の一環として始まった日本の戦争賠償問題は，戦後まもなく始まった米ソ両陣営の「冷戦」という特殊な国際環境の中で，米国主導の下で中国を排除した対日平和条約という形で処理された．その結果，日中間の戦争賠償問題を含む日本と中国との戦後処理問題は取り残されることになった．

　蔣介石の国民党政権と日本との間では日華平和条約による戦後処理が行われたが，日華平和条約の性格，その適用範囲などをめぐって当初から日台間で解釈の相違がみられた．

　他方，中華人民共和国政府は，自ら中国を代表する唯一の政権と主張し，日華平和条約の不法性，無効を主張し続け，日華平和条約はその後の日中国交回

復の障害となった．1972年の国交正常化の過程における日中間の戦後処理は，まさにこの条約に対する認識の相違を超えて，国交の回復，未来志向の日中関係の構築という共通認識の下で，両国の政治・外交指導者の強いリーダーシップと相互信頼の下で，政治的決断をもって行われたのであった．

　日本の戦争賠償問題に関しては，中国の指導部はすでに1960年代半ば頃に対日賠償請求の放棄を決定し，72年の田中首相訪中の前に一方的に日本側に知らせた．そこには，田中の訪中を促し，「復交三原則」に基づく国交正常化の実現をはかりたいという中国指導部の意図が隠されていた．中国指導部の歴史認識，対日観は，賠償請求放棄の決断につながる一因にもなっていた．すなわち，日中両国の国民とも日本の軍国主義者の引き起こした侵略戦争の被害者であるという認識，対日戦争賠償請求は長期的に日中友好に不利であるという認識があった．

　中国側の決断は，歴史への責任のある反省，日中の末永い友好のためということとセットになっている．換言するならば，中国側が日本側に求めたのは，戦争に対する反省という精神的なものであって，必ずしも物質的・金銭的な要求ではなかった．

　戦争責任問題をめぐる田中首相の発言，賠償問題に関する外務省側の発言などが引き金となって，歴史認識をめぐる日中間のギャップがクローズアップされ，戦争責任に対する日本側の反省を強調する文言が急遽，日中共同声明に盛り込まれたが，戦争状態の終結，賠償問題に関する文言は，それぞれの立場に配慮する形で玉虫色の表現となっている．現在でも，日中共同声明は日中の政治的基盤となっている．1978年の平和友好条約によって確定され，その翌年には大規模な対中国経済協力が決定され，実施されていった．

　しかし，このような「戦後処理」がさまざまな課題を残した．

　第一に，法解釈の相違である．日中国交回復の過程においては，戦争終結，賠償問題の処理など重要な問題に関しては，厳格に国際法に則って法的な処理を行ったというよりも，政治的な決断をもって解決されたと言えよう．

　日中双方は，共同声明で正式に「戦争終結を宣言」することをせず，両国がそれぞれの解釈で国民に説明できるようにした．日中双方は，各自の都合のいいように戦争状態終結の時期を解釈できるようになり，そのほかの日中共同声

明の文言も「玉虫色」なので，法的解釈の相違が生じる余地が当然ある．日中共同声明による戦争賠償問題の処理（賠償請求の放棄）に関して，政府間の戦争賠償の請求が放棄されているが，個人の賠償請求についての規定はないという主張，ひいては，放棄されたのは賠償に対する請求のみで，権利は依然として残っているという主張もありうる．

したがって，厳格に法律に依拠して争うことになると，双方の解釈の離齬が浮き彫りになり，日華平和条約の有効性，日中共同声明による戦争処理の妥当性などが問われる．日中国交正常化の後も，中国政府の主導のもとで，「友好交流」が前面に押し出されて，このような相違点を議論し問題を解決する機会がなかったと言えよう．

第二に，いわゆる歴史認識の問題である．日中国交正常化交渉に見られる日中間の歴史認識の相違は，結局曖昧のままであった．両国の政治指導者の間の戦争認識（歴史認識）の溝が埋められないまま，日中共同声明の文章の表現の問題として処理されていた．前述したように，賠償放棄には前提がある．中国側の認識では，このような決断は，歴史への責任のある反省，日中の末永い友好のためということとセットになっている．しかも，それを日中関係の政治的土台として位置づけている．中国側からすれば，日本政府が侵略戦争に対して反省し，戦争責任をきちんと果たすことは自明のことである．しかし，このような認識は必ずしも日本側と共有しているわけではない．

第三の問題は，「抑えられた」人々の声である．日中間の戦後処理，日本に対する戦争賠償請求の放棄は，前述したようにトップの決断によってなされた．政府主導のもとで民意を汲み取り，民衆を説得し，納得させる努力はなされ，しかも一定の支持も得られたが，戦後処理のあり方や賠償請求放棄の是非について，国民レベルできちんと議論することはできなかった．毛沢東や周恩来のようなカリスマ指導者の存在，当時の政治体制のもとでは，声を大きくすることができなかった．しかし，現在の状況は様変わりしている．中国国内や第三国での提訴などの動きも出ており，さらに，最近，中国全国弁護士協会は，日本政府や企業を相手取った戦後補償訴訟の費用を支援するための基金を設立した，と発表した．日本の現行の法体制では原告にとって依然として厳しい環境であるが，中国人戦後補償訴訟はますます広がりをみせている．

日中共同声明の前文には,「日中両国は,一衣帯水の間にある隣国であり,長い伝統的友好の歴史を有する.両国国民は,両国間にこれまで存在していた「不正常な状態」に終止符を打つことを切望している」とあるが,現在の日中間の閉塞的な状況から脱出し,国家間の本来あるべき姿に戻してほしい.

〈参考文献〉

石井明ほか編『日中国交正常化・日中平和友好条約締結交渉――記録と考証』岩波書店,2003年.
奥田安弘・川島真ほか編著『共同研究・中国戦後補償――歴史・法・裁判』明石書店,2000年.
内海愛子『戦後補償から考える日本とアジア』(日本史リブレット 68) 山川出版社,2002年.
高木健一『戦後補償の論理:被害者の声をどう聞くか』れんが書房新社,1994年.
石井明「中国に負った無限の賠償」『中央公論』1987年8月号,164-171頁.
朱建栄「中国はなぜ賠償を放棄したか:政策決定過程と国民への説得」『外交フォーラム』1992年10月,27-40頁.
殷燕軍『中日戦争賠償問題――中国国民政府の戦時・戦後対日政策を中心に』御茶の水書房,1996年.
殷燕軍「日中国交正常化過程の再検証――日本外務省の公開資料からみる」『中国研究月報』第663号 (2003年5月) Vol.57 No.5〔社〕中国研究所,15-28頁.
孫占坤「戦争与法――対日民間索賠訴訟的歴史与法理」中国社会科学研究会編『東瀛求索』2000年度『全球化下的中国与日本:海内外学者的多元思考』社会科学文献出版社,2002年,217-42頁.

─────────────

1) 鹿島平和研究所編『日本外交主要文書・年表第1巻 1941-1960』原書房,1983年,73-75頁.
2) 外務省特別資料部編『日本占領及び管理重要文書集』第Ⅰ巻,1949年,東洋経済新報社,91-108頁.
3) 原朗「戦争賠償問題とアジア」大江志乃夫・三谷太一郎ほか編『アジアの冷戦と脱植民地化』〔講座　近代日本と植民地8〕岩波書店,1993年,272頁.
4) 「サンフランシスコ平和条約 (日本国との平和条約)」第14条.
5) 永野慎一郎・近藤正臣『日本の戦後賠償――アジア経済協力の出発』勁草書房,1999年,

38 頁.
6) 田中宏「日本の戦後責任とアジア——戦後補償と歴史認識——」大江志乃夫・三谷太一郎ほか編『アジアの冷戦と脱植民地化』〔近代日本と植民地 8〕岩波書店, 1993 年, 392 頁.
7) 鹿島平和研究所編『日本外交主要文書・年表第Ⅰ巻 1941-1960』原書房, 1983 年, 468-70 頁.
8) 陳肇斌『戦後日本の中国政策』東京大学出版会, 2000 年.
9) 外務省条約局法規課編『平和条約の締結に関する調書Ⅱ』40 頁.
10) 参議院外務委員会会議録第 43 号, 1952 年 6 月 26 日【参議院】, 8 頁.
11) 西村熊雄『日本外交史』27(サンフランシスコ講和), 鹿島研究所出版会, 1971 年, 320 頁.
12) 石井明「台湾か北京か」渡辺昭夫編『戦後日本の対外政策』有斐閣, 1985 年, 62-85 頁. 1972 年 9 月, 日中共同声明調印後の記者会見で, 大平正芳外相は, 日華平和条約の終了を発表した.
13) 「対日平和条約米英草案とサンフランシスコ会議に関する周恩来外交部長の声明」(1951 年 8 月 15 日) 外務省アジア局中国課監修『日中関係基本資料集:1949 年-1969 年』財団法人霞山会, 1970 年, 19-25 頁.
14) 『中華人民共和国対外関係文件集』第 3 集.
15) 「周恩来総理の日本新聞・放送関係訪中代表団に対する談話」(1955 年 8 月 17 日) 外務省アジア局中国課監修『日中関係基本資料集:1949 年-1969 年』財団法人霞山会, 1970 年, 93-99 頁.
16) 『毎日新聞』1955 年 8 月 18 日.
17) 外務省アジア局中国課監修『日中関係基本資料集:1949 年-1969 年』財団法人霞山会, 1970 年, 421 頁. 中共中央文献研究室編『周恩来年譜:1949～1976』上巻, 中央文献出版社, 1997 年, 518 頁.
18) この政策決定の過程について, 中国は公式には一切明らかにしていない. ここで引用した内容は朱建栄が 64 年当時の中国側の関係者に対するインタビュー調査にもとづいて整理したものである. 朱建栄「中国はなぜ賠償を放棄したか:政策決定過程と国民への説得」『外交フォーラム』1992 年 10 月, 27-40 頁.
19) 『朝日新聞』1964 年 2 月 22 日.
20) 日中国交回復促進議員連盟編『日中国交回復:関係資料集』日中国交資料委員会, 1974 年, 531 頁. 『毎日新聞』1965 年 6 月 2 日.
21) 日中国交回復促進議員連盟編『日中国交回復:関係資料集』日中国交資料委員会, 1974 年, 532 頁.
22) 『朝日新聞』1971 年 6 月 29 日.
23) 日本外務省公開資料「竹入義勝・周恩来会談記録」.
24) 竹入義勝「『歴史問題』の歯車が回った 流れ決めた周総理の判断」石井明・朱建栄・添谷芳秀・林暁光編『記録と考証 日中国交正常化・日中平和友好条約締結交渉』岩波書店, 2003 年, 201-202 頁.
25) 朱建栄「中国はなぜ賠償を放棄したか:政策決定過程と国民への説得」『外交フォーラム』

1992 年 10 月，27-40 頁．
26）日中国交回復促進議員連盟編『日中国交回復：関係資料集』日中国交資料委員会，1974 年，74 頁．
27）「橋本恕氏に聞く　日中国交正常化交渉」石井明・朱建栄・添谷芳秀・林暁光編『記録と考証　日中国交正常化・日中平和友好条約締結交渉』岩波書店，2003 年，216 頁．
28）毎日新聞社政治部『転換期の「安保」』．
29）日本外務省公開資料「大平外務大臣・姫鵬飛外交部長会談（要録）～日中国交正常化交渉記録」．
30）日中外相会談の中国側通訳を担当していた周斌（当時，外交部新聞司所属）が，加藤千洋・朝日新聞編集委員のインタビューに答えた．周は，『歓迎宴会で田中首相が「多大のご迷惑をかけた」とサラッと言ったから，歴史認識の協議が難航し，打開の道を探る異例の車中会談となったんです』と回想した．『朝日新聞』2002 年 9 月 29 日付．
31）一部の中国の研究者は，日中共同声明において，中国は賠償の「請求」を放棄したが賠償の請求「権」は放棄していない，と主張している（中国管理科学研究院武建東）．そのような解釈は歴史事実に反するものであるが，日本の得意な法律論だけでは逆に思わぬ落し穴を残してしまったと言えよう．
32）時事通信社政治部『ドキュメント日中復交』時事通信社，1972 年，215 頁．
33）同上書，218 頁．
34）朱建栄「中国はなぜ賠償を放棄したか：政策決定過程と国民への説得」『外交フォーラム』1992 年 10 月，27-40 頁．
35）中国研究月報．朝日新聞．
36）新美隆「花岡事件裁判経過と現状」『季刊戦争責任研究』第 12 期，1996 年，36-43 頁．「花岡事件」とは，第二次世界大戦中，中国から連行され秋田県の鹿島組花岡出張所で働かされていた中国人 986 人が過酷な労働や虐待に耐えかねて 1945 年に蜂起し，418 人が殺された事件で，被害者によって結成された「花岡受難者連誼会」が 89 年以来，鹿島側に公式謝罪や記念館の建設，一人 500 万円の補償を要求していた．
37）大森典子「中国人"慰安婦"訴訟」『季刊戦争責任研究』第 15 期，1997 年，66-69 頁．
38）今村嗣夫・鈴木五十三・高木喜孝編著『戦後補償法：その思想と立法』明石書店，1999 年，214-215 頁．
39）南典男「戦後補償問題の解決に向けて」『中帰連』（特集：私たちは再び加害者となるのか）2004 年春，第 28 号，56-63 頁．
40）国家の行為による個人の損害について，国は個人に対して責任を負わないとする法律的原則．明治憲法下で妥当とされていた．戦後の 1947 年に「国家賠償法」が制定され，現在は，国の行為も損害賠償請求が可能となっている．多くの戦後補償裁判で適用され，請求棄却の判断の一つとされてきた．
41）民法上の消滅時効により，こうした義務違反に基づく損害賠償請求権は 10 年で消える．
42）除斥期間とは，「一定の期間内に権利を行使しないと消滅する」という考え方から定められる権利の存続期間．時効は利益を受ける者が主張しなければならないのに対し，除斥期間は期間が経過すれば自動的に権利が消滅したとされる．日本の民法 724 条に「不法行為

の時から 20 年が経過すれば,損害賠償請求権は消滅する」と定められており,1989 年の最高裁判決は,これが除斥期間に当たると解釈.1998 年の最高裁判決で,正義,公平の理念などに照らして適用しない場合があり得ると判断した.
43) 奥田安弘・川島真編『共同研究——中国戦後補償:歴史・法・裁判』〔世界人権問題叢書〕明石書店,2000 年.
44) 藍谷邦雄「戦後補償裁判の現状と課題」(特集戦後補償・賠償問題)『季刊戦争責任研究』日本の戦争責任資料センター,1995 年 12 月,第 10 号,2〜9 頁.
45) 高木喜孝「中国戦後補償訴訟における国際法の争点——個人請求の原則,甦るハーグ条約の精神——」中国研究所『中国研究月報』2001 年 1 月,635 号,Vol.55 No.1,1-17 頁.
46)「この条約に別段の定めがある場合を除き,連合国は連合国のすべての賠償請求権,戦争の遂行中に日本国及びその国民がとった行動から生じた連合国及びその国民の他の請求権を放棄する」.
47) 高木喜孝「中国戦後補償訴訟における国際法の争点——個人請求の原則,甦るハーグ条約の精神」中国研究所『中国研究月報』2001 年 1 月,635 号,Vol.55 No.1,1-17 頁.
48)『朝日新聞』1992 年 3 月 24 日.
49)『朝日新聞』1995 年 3 月 9 日.
50)『朝日新聞』2004 年 12 月 29 日.
51)『人民日報』2005 年 9 月 5 日.

13章 歴史対話と史料研究

川島真

1. 歴史認識の相違と困難な「対話」

　日本と中国の間にある「歴史問題」は，「歴史認識」の相違の上に存在していると言えるだろう．この歴史認識の相違は，戦後日本と解放後の中国の間において初めて発生したわけではない．日中間の教科書問題も，あたかも1980年代以降初めて生じた問題かのように感じるが，実際には1910年代に日本側が中国の排日教育に抗議するかたちで最初に外交問題化し，1930年代には満洲事変をめぐる国際連盟で顧維鈞と松岡洋右が教科書問題をめぐって応酬している．そこでは，両国の教科書における排日・対中蔑視が問題となっただけでなく，両国の近代史のとらまえかた，「田中上奏文」などの史料の真偽についても議論がなされていた．そうした意味では，日中間の歴史認識問題は，20世紀に通底する，あるいは19世紀の東アジア近代以来の課題であると考えられるのである．そして，20世紀前半には，この歴史認識問題を解決しえぬまま「戦争」をおこない，平和裏に解決することはできなかった．

　このような長期的な視野にたって，近代東アジアにおける歴史認識問題を考察することにより，1990年代半ばにおける反日教育が中国における反日的言動に大きな影響を与えたとされる議論に対して，ひとつの問題提起をすることが可能となる．愛国主義教育，抗日教育，反日教育，また日本を脅威として描く歴史は，何も共産党時代に初めて形成されたわけではなく，国民党時期も，またそれ以前の中華民国北京政府時期でさえも，二十一ヵ条条約締結後には特にそうした傾向が見られていたのである．

　これは，歴史認識問題の淵源の深さを物語るとともに，日本近代の中国との，

中国近代の日本との関わりの深さ，さらには同時代の自己認識，国家目標における相互の存在の重さを物語る．そして，こうした傾向は，同時代，そして以後の「歴史の語り」「記憶の形成」にも深くかかわっていった．こうした歴史の語られ方は，単なる歴史の叙述に限られたことではなく，両国のアイデンティティ形成にも深くかかわっている．たとえば，日本は20世紀初頭まで中国を非文明国とみなすことで自らの文明国性を強調したし，逆に中国は1910年代以降，自らの文明国性を強調して日本を非文明国と非難した．これは「忘れえぬ他者」としての日中関係の姿を表している．ここには，日本が中国の伝統には憧憬を抱き，中国が自らの伝統に依拠して日本を位置づけようとする方向性が絡むことになる．数千年来の国家，地域の交流の蓄積のある両国にとって，「近代」は近世の流れを汲み取りつつ，当時の国際化の状況の中で日本が突出したかたちで新たな定位を東アジアの中で獲得しようとした過程であった．

　歴史研究とともに，個々の時代における歴史の語られ方，そしてそれをめぐる日中の相克の過程の解明が求められるのである．

　1945年という年は，日本にとっては，近代と現代のみならず，過去と現在の分水嶺となっている．だが，国共内戦，台湾海峡の緊張，ヴェトナム戦争などを経験した，中国およびその周辺にとって，1930年代から1970年代はまさに戦争の時代であり，日本の1945年という分水嶺が東アジア史全体に共有されているわけではない[1]．日本では，この「終戦」「敗戦」が，悲惨な空襲体験，疎開体験，原爆投下，バラック生活などともに，「戦争の記憶」に決定的な意味をもっている．そして，これらは対米敗戦，アメリカによる占領統治に関連づけられ，日本人の戦争観の基礎をなしている．だが，このような過去と現在の記憶のあり方は，東アジア共通のものとは言いがたい．

　このように東アジアの歴史認識の共通化を阻害したひとつの要因に，冷戦構造の形成がある．これによって，日中，日朝だけでなく，両岸などにおいて交流が阻まれた．そして，同じ「西側」の中に位置づけられたはずの日華（台）と日韓においても，「反共」をめぐるスタンスは民主主義国であった日本と台湾，韓国では異なっていたし，抗日戦争，日本の植民地支配とそれからの独立という要素があったので，決して共通の歴史観が育まれたわけではなかった．実際，アジアの非共産圏諸国に対する戦後日本の外交は，敗戦国としてのそれではな

く，冷戦構造の下でのアメリカのジュニア・パートナーとしてのものだと見てもよく，戦前期同様の対アジア優位外交であったとさえ言えると思われる．そしてこの過程で，賠償問題はアメリカの主導の下で外交的に「処理」された．こうした経緯を考えれば，冷戦構造の緩和，アジア諸国の経済成長のなかで，日本の戦後処理のあり方が改めて問われることも理解できよう．そして，そこで再び歴史認識が問われることになったことも，戦後日本の戦後処理，脱帝国化のプロセスを見れば，想像に難くない．

近代以降の日中関係において，対等な立場で，ある問題を，時間をかけながら解決した経験はほとんどないということも，日中関係史を考える上で重要だ．日清戦争以降は日本が不平等条約を中国にて享受し，やがて戦争状態に入り，戦後は国交がなく，国交回復後も「友好交流」が前面に押し出されて，ひざを突き合わせて議論し問題を解決していくといった経験をしてこなかった．そうした意味では，この十数年の状況は近代以来はじめての経験であるとも言え，解決方法とともに，議論の方法やプロセスそれ自体を学ばねばならない時期だということでもあるのである．歴史認識をめぐる相克も戦前から提起されつつ，時間をかけて解決され得なかった課題の一つである．

歴史観は，研究としての歴史学だけでなく，歴史教育，社会や国家における歴史の意味，メディア，パブリック・メモリーなど，さまざまな要因が絡み合って構成される．こうした歴史観が国家を単位としてのみ構成される必要もないし，そうあるべきであるとも思わないが，実際には国家による歴史教育，社会教育の強い影響が，程度・内容の差こそあれ，日中共通して存在するのが実情である．他方，中国においては，特に戦争被害に関する記憶が地域，家庭などといったプライベート空間において形成される側面も強く，プライベート・メモリーが非常に大きな影響力をもち，これが個人賠償の動きを支えている面も大きい．こうしたメモリーは，国家の歴史教育とは異なる形態で存在している．また，それは継承されながらも，時代状況や学問の成果と相互に関わりながら変容していくものである．

そして，国家によるものであれ，プライベートな空間で形成される歴史に対する記憶であれ，日中間のそれは大きく異なっている（日本と言っても，たとえば沖縄ではまったく異なる歴史観が形成されている）．この「民族の記憶」は，

多様性をはらみつつも，時代劇から映画，ドラマ，また日常的な「語り」に至るまで生活の細部に浸透し，ぬぐいがたいものとして存在している．したがって，日中における「対話」はそもそも極めて困難であり，共通の歴史観を形成することなどは，両国の多様性に依拠する可能性もあるかもしれないが，実際にはいっそう難しい．中国側では抗日戦争の記憶が鮮明であり，日本側では対米戦争における敗北と辛苦，そして焦土からの復興という記憶が強固であり，接点のない「ねじれの位置」にあると言っても過言ではない．

この10年近くの間，日中間には歴史認識をめぐるさまざまなフォーラム，会議，共同体形成が行われた．これらは「対話」と称され，確かに有益な知的交流としての側面もあったろう．だが，かつて孫歌が「中国料理の前菜」と称したように，そうした対話は，実際にはひとつの皿にさまざまな料理を盛り付けるにとどまり，融合しながらひとつの温菜となったわけではなかった．対話することに意味があるということは否めないのであるが，実際の問題解決に具体的な問題提起をし，ともに何かの成果を生み出す仕事ができたのかといえば，難しい側面がある．

2. 歴史研究と歴史認識

〈1〉歴史を研究するということ

歴史認識の差異を埋める際，史料を共有すれば解決策が見出せるということが言われることがある．だが，前述のように，日中間ではその史料それ自体の扱いについて数多くの齟齬の歴史があった．史料そのものの信憑性についての議論，そして同じ史料の扱い方の違いがあった．史料を共有すれば直ちに歴史が共有されるという議論はやや楽観的に過ぎよう．すなわち，史料に依拠した「実証」研究をしても，問題が解決していかないことがある，ということなのである．実証研究と歴史認識は重なりつつも同一のものではないのだ．また，歴史学は，史学史は意識しても，歴史認識の変容については研究の対象となってこなかったように思う．

この史料を共有しても共通の歴史観が形成されるわけではないという点は，

実は極めて微妙な問題である．同じ史料を使用しても異なる見解が出てくることをいかに捉えるかは，きわめて緊張感がともなう論点なのである．確かに，複数解の存在をそのまま受容してしまうと歴史学の科学性が失われてしまうと見ることもできよう．歴史学の論文は，原則的に，一次史料を利用した実証研究に基づき，注記に典拠を記しながら論文を書き進めることで，読者はその過程を再現し，筆者の見解を再点検できることが求められる．これは科学として求められる再現可能性である．しかし，ここで注意しなければならないのは，このような再現可能性は担保しつつも，問題に対する歴史学的な「解」は必ずしも一つに限定されるものではないということである．こうしたところに歴史学的な意味での「実証」の定位がある．実証することは，問題に対する再現可能性のある解を，史料批判などにより吟味された根拠と解釈によって導くことではあるが，それは一義的解だとは限らないのである．一つの課題に複数解が存在するのか，そもそも課題設定が一見同じに見えても実際には異なっているから複数解が存在するように見えるのかについては議論があろうが，「実証」という行為が，一般科学的な論証，実験に基づく検証とまったく同義ではないことは理解できよう．

　他方，歴史学にはこうした「実証」とは別に「評価」という側面もある．これは一次史料を用いて実証したあとにおこなわれる「位置づけ」である．この部分については，先行研究の状況，また現代的な課題などが反映される．歴史研究者もまた，現代社会に生きている以上，現代社会との対話の中で問題意識を形成する．この「社会」は必ずしも世界共通の社会ではなく，国家に対置されその国家領域における社会状況であることが多い．また，先行研究と呼ばれる先人の業績も，一国単位で形成されてしまうことが多い．この側面については，国情が反映されやすい．また史料のあり方も一国主義が反映されやすい．日本が戦前期に収集した中国史関連の史料は，戦後も日本の中国研究に供され，日本の中国研究を下支えしてきた．他方，中国には日本の中国関連史料に対置しうるような日本関連史料は多くなく，あるとしても日本の中国支配に関わる敏感なものとして，現在も自由な利用に供されているわけではない．

　無論，現在の歴史学は「国家」を単位とした国家史について批判的である．近代歴史学は近代国家の形成過程において成立した学問であり，「実証」という

方法論もまた，文字史料を国家機関が多く作成することをある意味で前提としたものであった．こうした歴史研究のあり方は，地域史，社会史，生活史から厳しい批判にさらされ，また史料面でも文字史料は音声史料などともに全体の一部に過ぎないものとなりつつある．さらには，ポストモダンの風潮の中で，近代実証史学は脱構築され，史料も，歴史叙述もまた恣意性や一定の価値をはらんだコンテキストの中に位置づけられることになった．「客観的」であるとか，「実証的」であることは相対化され，あらゆる史料に恣意的な価値が付与され，客観的とされた歴史叙述もまた主観性を強く付与された「語り」として位置づけられるようになっている．こうした傾向の中で，歴史を叙述することは相当の緊張感をはらむことになったのである．歴史学が国家史を批判する中で，その語り手はむしろ社会に移ったとも，現象としては見ることができよう．

しかし，こういったある意味で「先端的な」議論を中国の歴史学と行うことは難しい．中国でも「後学」（ポストモダン）的論調が見られるが，多くの場合，国民国家建設を進めている中国の歴史学界に対して，国民国家の相対化，多様化された歴史学の効用を語ったところで，議論は逆に日本の国家的な責任を淡化するのではないかとの批判にさらされることも多い．つまり，国民国家を相対化したり，国家史を批判したりする視線そのものが，日本的な歴史認識というように，別種の国家史へと還元される可能性があるのである．また，脱構築をしたとしても，新たな構築がない（構築する必要がないと認識する）ことによって，結局は議論の土俵そのものを崩す可能性もある．また地域史も，国家史を前提としない限り，国家分裂的な言論として意識されてしまうのである[2]．

〈2〉歴史研究の非対称性——中国の中国史・日本史，日本の日本史・中国史

このような日中における研究状況の相違は，歴史認識，歴史研究の非対称性となってあらわれる．つまり，日本の対中関係史，中国の対日関係史を合わせれば，バランスのある日中関係史ができるのかという問題である．これは，東アジア史を描く際に，日本史＋中国史＋朝鮮史＋台湾史＋香港史といった具合に足していけば東アジア史が描けるのかということとも重なる問題である．この問いへの回答は，無論「否」であるが，この非対称性の問題は共通の歴史観形成に大きな問題を投げかけてくる．

中国では「近代中日関係史」を，戦争責任論に帰着させる方向で論じる．近代日本がアプリオリに有していた限界，矛盾，それに基づく侵略性が最終的に日中戦争を導くという道程の下に歴史を描くのである．だが，中国における戦争責任論では，最終的な責任は国家，政治家，軍部・軍閥，財閥にあり，民衆はむしろ被害者であるという立場をとっている．従って，一般民衆には常に中国と友好交流をする機運があったという議論が形成される．すなわち，政治外交史における問題＋日中民間交流史・日中友好史という構図で日中関係史が描かれるのである．そしてこのような日本の侵略行為に加担した中国人は「漢奸」であり，日本に協力した政権や国家の場合には傀儡を示す「偽」という符号が冠せられる．また，興味深いことに，近代において日中が政治外交的に協力するというコンテキストは，こうした歴史観に馴染まないために捨象されることになる．日露戦争における中国の対日友好的中立などがその恒例である．他方，日本では，中国に対する侵略の意図の形成については，時期的に遅めに設定し，さまざまなオプションがある中での政治的な判断の結果であるという立場をとる．ここでは，確かになぜ戦争に至ったのかという方向性が重視されるが，（戦後歴史学において概念された）大正デモクラシーや，ワシントン体制下における中国ナショナリズムによる在華日本利権の危機への注目に見られるように，戦争とは異なる方向性や日本の膨張政策への転換の急進化の外在要因が強調されることが多いように思う．

　こうした日中の非対称性はなぜ構造化されていて克服されないのであろうか．無論，政治体制やアカデミズムの体制の問題もあるが，学問分野の非対称性もまた大きな原因となっている．中国における中国史，日本における日本史は，それぞれ「国史」であり，国家形成に密接にかかわっている．その中国における中国史に向き合っているのは，多くの場合，日本の中国史である．研究者の交流も盛んである．だが，日本の日本史と中国の中国史は，たとえ日中関係史の研究者であっても接点は極めて少ない．また，日本の中国史研究は，日本の学問体系とも言える，国史・西洋史・東洋史という大枠における東洋史の中に位置づけられるため，日本近代史と中国近代史が対話する空間は限られる．日本国内でさえ日本史と中国史の対話が困難になり，中国史の日中関係史研究者と日本史のそれが交流する機会も頻繁ではない．このような状況下で，中国の

中国史から日本の中国史に何かしらメッセージが伝えられても，それが日本の日本史に還元される可能性は限定されていく．中国における中国史研究の問題設定は，日本に伝えられても，東洋史の問題の中に解消されてしまいがちなのである．

　それに対して中国では，日本史研究は世界史研究の一部分であり，主流の中国史に対応するだけの位置づけはまったく与えられていない．また，日本の中国史研究に比べても，規模，専門性，人材養成のあらゆる面で比較にならない状況にある．これは日本の日本史研究の国際化の問題とも絡むのだが，日本の日本史研究の情報は，日本における中国史の情報よりもはるかに限定され，中国では紹介されにくい状況にあるのである．これは体制の問題もあるが，日本の日本研究，歴史で言えば日本史研究が，果たしてどれだけの外国人留学生を受け入れ，人材を養成し，世界レベルの日本史研究とネットワークを構成してきたのかということも問題となる．日本の「国史」学研究室が，海外における日本史理解に決定的な役割を果たしている面がある．これは国家政策とも関わることである．誤解を恐れずに述べるのなら，もし諸外国に日本史の普及を図るとすれば，海外の対日本史認識形成という観点から，あらためて諸制度，姿勢に関し，一定程度の再検討が求められよう．この点，中国の中国史研究は，国際学会における外国人の報告数，研究論文における引用状況から見ても，すでに「国際化」している．これは諸外国に中国を侵略した経験があり，かつての「列強」において侵略，占領のための中国学が発展してきたことともかかわるが，中国人の若手研究者で，外国で論文を書いて帰国する者が多いことにも関連しよう．これが歴史教育にいかにかかわっているかは別に議論を要するが，研究者養成を含めた研究面での国際化は日本に比べて大きく進展しているといえるだろう．

　他方，日本の対外文化交流の場において，これまで長きにわたって行われてきた海外の日本研究支援も，ある意味で最も大きな焦点となるはずの歴史分野を，政治性が孕むとして忌避してきた面があるのではないだろうか[3]．歴史で共同研究を申請しても「敏感」だからと却下され，日本の教科書翻訳を申し出ても，出版社から，また助成団体からも許可がでないということがしばしばであった．これは問題を避けるという点からは理解できるが，こうしたことの積み

重ねが，歴史研究のありかたとともに，現在のような状況を生んできた，という面があることを，今後のために踏まえる必要があろう．日本の中国史は，「親中」，「反（嫌）中」でもない，「知中」的な方向性をどう作るかが課題となろう．日本は，対中文化交流の目標の一つを，「親日でも反日でもない知日派の養成」に置いてきた．この課題が逆に日本の中国研究者に突きつけられているのが現情ではないだろうか．

　日中双方における，こうした研究，教育のあり方の非対称性も，相互認識を困難にしているひとつの背景である．

〈3〉台湾史・満洲国史・汪政権史——東アジア史形成への道程

　近代日中関係史を考える際に重要な課題に，台湾史，満洲国史，そして汪精衛（汪兆銘）政権をはじめとするいわゆる傀儡政権の歴史をいかに叙述するかという課題がある．日本では，台湾史，満洲史，また大陸の諸対日協力政権史は「植民地史研究」の中に位置づけられるのに対して，中国史ではこれらは他国に奪われ（祖国に戻ることを当然とし），祖国復帰運動が展開された地域として描かれたり，「偽」を冠せられた「傀儡政権」に関わる歴史として扱われたりする．こうした地域は，日本史・中国史の狭間で異なる視線の下に置かれ，評価論の争点となる．また，台湾ならば1990年代以降急速な進展を見せる台湾史，満洲国ならば中国東北部で進められる満鉄，満洲国史，さらには上海地区を中心におこなわれている汪政権の史料集編集計画など，各地域でおこなわれている歴史研究が時に国家史とは距離をとりながら存在している．日本史・中国史においていかに扱われるかということよりも，地域としてその地域の歴史をその地域の視点で論じようとしているのだ．

　この顕著な例が台湾だろう．中国の中国史は，台湾史を，上海史や広東史と同じ地方史として観る．だが，台湾の台湾史研究者で，自らの研究を中国史の地方史としておこなっている者は皆無だろう．台湾史は台湾認同（アイデンティティ）形成と密接に関わりながら，1980年代末以降の「台湾化」とともに進展し，いまでは台湾の歴史学界の主流を形成しつつある．そこでは，日本の支配も，戦後の国民党の支配も基本的に外来政権による支配として位置づけられ，台湾島の台湾人の視点で（中国史や日本史の「大きな歴史」の叙述とは距離を

おいたかたちで）歴史が描かれる．こうした場においては，「史料」のあり方も異なる．たとえば，実証研究を提唱してみても，公文書は外来政権が作成したわけだし，文字史料の多くは体制側の言語（日本語・中国語）で描かれる．台湾語や客家語，あるいは「原住民」の世界の実証のための「史料」は文字として残されにくいのである．

したがって，たとえば日本側が「史料の共有」を提唱して台湾史と日本史の共同執筆を想定しても，それはかつての宗主国からの一種の暴力（宗主国の正当性を確認するための強制）として機能する面がある．旧宗主国民である日本人が支配言語であった日本語の史料の共有を唱えれば，それはかつての支配者の視線の再構築と意識されかねないからである．そうした意味で，台湾では文書館よりも，生活の軌跡，痕跡を残す博物館が重視されることがあることも十分に理解できるのである．もちろん，中国史から台湾を観たり，日本史から台湾を観たりすることが無意味というのではない．だが，そうした行為にはポスト・コロニアルな観点を待たずとも「暴力性」が指摘されることが多く，慎重な姿勢が求められるということに留意したい．まして，東アジア史を構築しようとするならばなおさらのことである[4]．

満洲国史や汪政権史の場合には，台湾史とは状況が異なっている．中国史における歴史評価そのものに深くかかわっているからである．だが，歴史評価が否定的だからといって研究されないということはなく，たとえば地方史，地域史という方向での議論が十分積み重ねられてきている．そして，昨今は対日協力について（否定的であっても）「語る」ことが可能になり，時には限定的にであれ「傀儡政権」下の地域社会を近代化，発展の視線で見つめることも出始めている．しかし，「近代」を強調することは，植民地支配や占領統治を肯定的に捉えるものとして機能しがちだということも忘れてはならない．「近代史」は国家史とともに，（当然のことだが）近代そのものとも親和性を持ち得るものだからである．

では，日本史＋中国史＋…でも形成されない東アジア近代史を，台湾史などを加えながらいかに構成すべきなのか．おそらくは，国家史をもととした東アジア史の形成は困難で，環境，ヒトやモノの移動，地域規範形成など，何か別の枠組みを（時代別，内容別に）持ち出さねば難しいのであろう（だが，日本

がそれを言い出せば，過去の歴史を「直視」せず，「はぐらかす」行為だと認識されるかもしれない）．他方，それぞれの国民国家史の中にある多元性に注目して，それを紡ぎ合わせていくこともあるかもしれない．

　歴史がある意味で何かしらの「視線」に依拠せざるを得ない以上，無色透明的に「客観的」であることも困難であり，そうした意味では，ある程度の「視線」を包含しつつ，何かしらの枠組みの中で歴史を語ることが求められるということになると筆者は考える．もちろん，その「何か」を探すのは難しい．しかし，だからといって探すのは意味がないというのではないだろう．たとえば，東アジア共同体論を歴史的に見る時に，すぐに大東亜共栄圏や朝貢体制論を想起するのではなく，19世紀後半以来，貿易やヒトの移動，防疫などで，広範なルール形成が行われてきたことに注目する方法もある．最終的には多様な試みと，持続性を支える，熱意ある人間力の結集ということになるのだと思う．

3. 対話可能性の拡大と新たな状況の出現

　このように記してくると共通の歴史構築どころか，対話可能性さえも極小化されていくような印象を受けるが，長期的なスパンで見れば，対話可能性は増しているという印象をもっている．日本の対中好感度は低下し，中国の対日好感度はもともと極めて低い．しかし，中国の政治社会における大きな変化が（たとえ反日デモなどの過激な行動が広範に見られるにしても），日中関係の環境，土台そのものを変えてくる可能性も否定できないのである．

　昨今における第一の変化は議論の枠組みであろう．中国では，歴史は現実の政治と連動し，政策変更が加えられれば歴史の叙述にも変化が見られる．歴史叙述の軸は，従来は共産党による「革命」の正当性を導く革命史観が主流であったものの，改革開放以後，経済発展，法制整備などの国家近代化，ナショナリズム，あるいは対外交流の促進といった側面も加わることになった．これらは，いずれも共産党支配の正当性・正統性に連なるものではあるが，共産党の基盤が多様化するに従って，歴史叙述の軸も多様化してきているということでもある．こうした変容の中で，洋務運動，変法自強運動，光緒新政，民国期の再評価などが急速に進んだ．また人物評価も連動した．曾国藩，李鴻章，袁世

凱，ひいては顧維鈞などの外交官の評価がポジティブな方向へ移動したのはそのためである．

　第二の変化は，研究課題の自由化と多様化である．これは第一の変化と密接に関連するが，テーマ選定の自由度も急速に増している．中国では，憲法で表現の自由が認められているものの，運用レベルでさまざまな規則があり，実質的には「届出」制度によって，表現の領域に制限が加えられ，政策が反映されやすくなっている．学術誌の刊行，国際学術シンポジウムの開催に際しても当局の「許可」を得なければならない．こうした意味では，自由は制限されている．しかし，それでもテーマ選定，また結論の書き方などに関する制度的な，あるいは暗黙の規定は，急速に緩和され，依然として党や政府の中枢では厳しい管理が見られるものの，それ以外ではアカデミックな議論をおこなう空間が増している．これは中国における「民主化」のひとつの影響である．

　第三の変化は，実証主義の進展である．中国でもポストモダン＝後学は盛んなのだが，史料的根拠を挙げて実証するという行為が定着しつつある．また，他論文の引用なども，「盗作」に関する罰則規定が各大学で明確化される中で，以前よりも堅実になってきている．これは国内における史料発掘，档案館・図書館の利用の簡便化を背景とし，視線は世界のアーカイヴ，図書館に向かっている．これは従前に比べて議論の空間を大いに広げてくれた．この変容に対する欧米留学組，在外研修経験者の影響は極めて大きい．

　第四の変化は，世界の中国研究への配慮，意識である．これは以前から見られていた傾向ではあるが，個々の研究者が世界の中国研究を視野に入れつつ，また興味深いことに世界の中国研究の水準が中国国内におけるそれよりも高い，あるいは異なる特徴をもった同水準のものであるとして受容，吸収し，交流を行う姿勢に満ちている．これは，もしかしたら日本の日本研究にはあまり見られない姿勢であろう．また中国人学生の留学熱は，海外の大学，研究機構における中国系研究者の増大という結果を招来し，日本のみならず，アメリカにおいても，中国系研究者なくして当地の中国学界を想定しえないほどになってきている．こうした存在が媒介となって，新たな研究交流や対話が生まれる契機が増してきているのである．

　以上のように，中国の中国近代史研究は急速に変化を遂げており，新たな対

話，共同研究の可能性が生まれてきている．確かに，こうした変化は，抗日戦争などの敏感なテーマにおいては十分に見られないかもしれない．また歴史問題をめぐる海外の中国系 NGO の活動は活発になっているかもしれない．しかし，たとえば，従来は帝国主義の侵略の象徴としていた租界や租借地の歴史を，対外交流の結節点，近代化の拠点などとして再評価する方向性があるなど，議論の可能性は大いに広がっている．このような環境の中で，対話からさらに進み，単なる意見表明の応酬ではない，実務的な共同作業の可能性が生まれてくるかもしれない，と筆者は考えている．

しかし，こうした変化がまた別の側面を生んできていることも事実である．中国におけるある意味での「民主化」の進展は，個々人，家族によるプライベートな「歴史の語り」を噴出させ，これが個人賠償請求増加につながった面がある[5]．国家だけによる歴史物語の創出はもはや困難であるし，戦後の冷戦構造下の東アジアにおける，いわゆる「戦後処理」が政府主導の外交と安全保障の名の下におこなわれたことを考えれば，冷戦構造が緩和され民主化が進みつつある現在，プライベートな歴史物語が噴出するのは自然の帰結であり，各政府が民意尊重を唱えれば唱えるほど，こうした方向は無視し得ないものとなっている．

また，ナショナリズムの進展も大きな問題である．グローバル化は，一方で世界標準が設定されながらも，その標準はそれぞれの国，地域によって個別的に受容され，一方でナショナリズムやローカリズムの強化をともなう．東アジアでは，経済的な関係が緊密化すればするほど，政治的な敏感さが増大している．そこではリベラルであるよりもラディカルに，また寛容であるよりも不寛容になりがちであり，それが相互「溝通＝コミュニケーション」困難な方向がマスコミを通じて増幅されていく傾向にある．これは，日本のソフトカルチャーが海外に拡大するのと裏返しの現象である．国内向けのつもりでも，webを通じて対外発信され，ポジティブにも，またネガティブにも反響を呼び起こすのである．そしてそれが政治に還流するとすれば，ガバナンス全体を揺るがしかねない．手続き的民主主義は，政権に対して正当性を与える反面，ある意味で，票を有する国内に対していればいい面があり，ポピュリズム的な方向性を助長しかねない状況にあることを考慮すれば，事態は決して楽観できるもの

ではない[6]．

　そして，海外のアカデミズムに対する中国系研究者の影響力が増す中で，日中間の「歴史問題」が国際化，全球化してきているのも昨今の現象である．これはアイリス・チャン（Iris Chang）によるアメリカでの言論を見れば明らかであるが，華僑・華人社会の中国研究，あるいは在外中国系NGOの活動が当地の日中関係史理解に大きな影響力をもつようになってきている．これは一方で当地の華人社会の抱えている問題，あるいは立場などに規定される面があるが，それが現地社会全体に拡がり，日本への視線となってはねかえってくる面がある．かつて植民地をもち，侵略を行ってきた欧米社会では，植民地支配や侵略そのものを正面から批判する面は決して強くないが，日本の「野蛮さ」を指摘して眉をひそめる傾向にある．そして，こうした海外華人社会では，突出してプライベートな語りが優先されることは言をまたないであろう．日中関係史は，全球化してきているのである．そして，日本と中国の間に歴史認識の上で立場の相違があるとしても，日本側の世界への発信力が圧倒的に弱いため，世界の近代日中関係史理解は次第に中国側の視点になっていくことは明らかである．筆者はここで対抗手段をとるべきだと日本の歴史学界に提言しているわけではない．だが，研究の対外発信を（適切に）しなければ，誤解や誤認を生じる可能性が高いということは述べたいと思う．単純な友好，非友好の先にある第三の路を構想しなければならない時期にきているのである．

4. 近代史・現代史の史料——アーカイバル・ヘゲモニー

　先に，近代歴史学における「実証すること」は近代国家建設に不可欠であったこと，また文献実証主義は旧植民地などの歴史では一種の暴力性，支配性を伴うことを指摘，あわせて史料を共有しても異なる歴史観を克服できる可能性は大きくないとも述べた．しかし，それでも中国での実証主義は急速に進んでいるし，史料というものは歴史学にとってもっとも重要なもののひとつであることに変わりはない．

　この史料に関して，筆者はかつて「アーカイバル・ヘゲモニー」という概念を提起したことがある[7]．これは特に戦後の行政文書公開の状況について述べた

もので，情報公開法と個人情報保護法によって硬く閉じられ，文書廃棄が進む日本が，自らの行動を将来にわたって説明する手段を喪失しつつあるのに対し，アメリカ，イギリスなどではそれを熱心に行うために，東アジア国際政治史なども結局は欧米の視点で語られ，文書をしっかりと保存し，将来に対するアカウンタビリティを担保したところの視線で歴史が語られるということを述べたものである．日本自身の立場を，日本自身の文書で示すことが難しくなっているのである．これは欧米などとの比較だけで述べられるものではない．

東アジア諸国，中国，台湾，韓国は，文書の保存，整理，公開に極めて熱心であり，東アジアで日本がもっとも立ち遅れているということはあまり知られていない．これは1945年以後に顕著だが，それ以前についても同様である．中国の档案館（档案は一般に文書のこと）は時に閉鎖的であるが，それでも戦前期の行政文書を豊富に公開している．これは日本の国立公文書館，外交史料館の比ではない．清代以前については，北京の第一歴史档案館，民国期については南京の第二歴史档案館，また各省市の档案館が対外的に公開され，中央政府および地方政府の档案を公開している．解放後については，中央档案館が対外開放をしていないものの，昨今外交部が档案を公開しはじめ，また各地方档案館では既に急速に档案公開が進められている．日本では，外交，防衛，また一部の省庁の文書が国立公文書館に移され，大変活発に活動している地方の文書館もあるのだが，総量として全く中国に及ばない．国家として，文書史料を将来に残して，歴史を語る糧としていこうとする，「未来へのアカウンタビリティ」に関する強い国家意思が日本には強くは感じられない[8]．特に戦前期については，文書が大量廃棄されたにも関わらず，「敗戦」との関係で，個人が持ち出し私文書化したものが，再度収集された文書群があるのだが，1945年以降の現代ともなれば，歴史発信力には相当の限界がある状態にある．

文書を保存，公開しないことは，外国の日本史理解に直結する．外国人研究者にも利用可能なかたちで歴史史料を大量に簡便に提供してこそ，日本史のコンテキストは理解されていく．この点で，文書史料をweb上で公開するアジア歴史資料センターの試みは画期的であるが，これは戦前の文書に限定されているし，外交，防衛などに文書が限定されがちである．全体としてみた場合，東アジア各国の動きのほうが活発で，かつ総体的である．史料の共有を提唱する

前に，共有すべき史料がどの程度あるのか，残しているのか，という問題があるのである．これは日本の国家と社会の責任だろう．

　そして，文書だけでなく，さまざまなかたちの史料を残し，公開していくことこそ，歴史認識の問題が深まれば深まるほど重要となる．昨今の日本におけるオーラル・ヒストリーの試みなどは，こうした流れの中で注目に値する動きである．「史料化」は歴史の語りの上でとても重要なことである．最近，台湾に保存される台湾総督府文書，韓国に保存される朝鮮総督府文書，中国東北部に保存される満洲国・満鉄関連文書などが日本の研究者の利用に供され，さらには中国吉林省でラジオ放送の原盤が日本側に公開されるということがあった．だが，それらに対応するだけの史料群を日本は国内に有していない．敗戦当時の文書の廃棄，日本の史料面での保存度・公開度の低さこそが，史料の共有という課題をいっそう困難にし，日本近代そのものを海外に残された植民地統治の遺産としての文書で説明しなければならない面もあるのである[9]．そして，現代史に至っては，敗戦時に個人が持ち出した公文書が私文書として残されていた近代と異なり，その文書保存公開状況は，外交文書の公開を含めても東アジアでも極めて低いレベルにある．そのような状態で，戦後の日本の平和国家建設，戦後補償への取り組みなどをどこまで主張できるのであろう．昨今，日本政府はこうした問題に取り組む姿勢を見せている．動向を見守りたいところである．

5. 歴史の共同研究と共同の歴史

　これまで述べてきたことを総合すれば，対話をしたり，共同研究したりすることは，多少ポジティブな材料はあるものの，極めて厳しい状況におかれているということになるだろう．筆者も困難であることは確かであると考えるが，同時に対話や共同研究には十分意味があると考えている．むしろ厳しいからこそ，対話や共同研究の試みを重ねるべきだと思う．これは何も，日中の間で歴史認識の相違があるときに，相手側にこちらの考えを納得させるプロセスが必要だというのではない．

　いま必要なのは，第一に，以心伝心とか，内的吐露ではない，対外的な説明，

ではなかろうか[10]．これは「理解」を得る過程とも言える．中国語には日本語の理解に相当する語が三語ある．「諒解」「了解」「理解」である．「諒解」は日本語の理解とはだいぶ離れるが，相手を赦す気持ちを伴う「理解」であり，「了解」は相手の立場や意見に理知的にかつ心情的に納得する「理解」であり，「理解」は少なくとも理屈の上で「理解」したことを意味する．また，この「理解」には，相手の立場を尊重する「思いやり」も付与される．この中国語的な意味での「理解」を得るように説明すること，これこそ日中歴史認識があらためて乖離しようとしている現在，まずはすべきことなのではないだろうか．この説明は，自らの歴史観をそのまま提示することにとどまらない．研究史とそれを支える思想潮流の変容を説明し，また文書史料などの研究資源を整備して対外的に利用可能なかたちで提供すること，さらには人材養成の面でもアジア系を含む外国人による歴史研究に柔軟な姿勢を示すことなどが求められる．これは，言いっ放し，すれ違いとなる可能性もある．だが，こうした基礎的なものがなされていない時，まずそれをしてみるということには，首肯する部分があるように思う．

　必要なことの第二は，実際のネットワーキング，作業実務である．これまで研究者レベルでもさまざまな共同研究，国際会議がおこなわれてきた．だが，言語の問題，経費負担の問題などがあり，共同作業とはいってもそれぞれが国内で行っていることを持ち出して並べただけであったり，友好的な会話と食事を繰り返すことが多かったのではないだろうか．具体的に双方の認識のズレがどこにあるのか，それが何に由来しているのか，そういったことはそれぞれが感じていながらも，議論の俎上に十分に乗せてきたわけではない．中国近代史，日中関係史，日本近代史の個々の論点について，きっちりと議論し，その上で公刊物をつくっていく具体的な実務作業が求められている．こうした点については，すでに，日韓をはじめとして様々な試みがなされ，多くの重要な成果を生み出しつつあるが[11]，日中については，決して多くの試みがなされているわけではない．こうした意味で，近代史をめぐる日中双方の歴史観，争点をまとめた本書が，日本語と中国語の双方で出版されることの意義が期待されるところである．

　戦後の日中（華）関係には，「以徳報恩」や「日中友好（戦争責任を一部の軍

国主義者に帰する）」などといった．歴史認識問題の噴出を抑制する装置が，政治外交の場から産み出され，日中（華）で共有されてきた．そうした装置の再構築も，政治外交，あるいは学界，社会に求められてもいる．歴史認識問題は，国，社会，学界全体の問題となっている．

〈参考文献〉

奥田安弘・川島真ほか編著『共同研究・中国戦後補償——歴史・法・裁判』明石書店，2000 年．
金子勝・藤原帰一・山口二郎編『東アジアで生きよう！——経済構想・共生社会・歴史認識』岩波書店，2003 年．
船橋洋一ほか編『いま，歴史問題にどう取り組むか』岩波書店，2001 年．
三谷博『東アジアの公論形成』東京大学出版会，2004 年．
劉傑『中国人の歴史観』文春新書，1999 年．

---

1) 1950 年代初頭に朝鮮戦争が発生し，分断国家が形成された朝鮮半島では，中国・台湾とは異なる現代史が形成されていくことになる．東アジア現代史は，中国・台湾の軸，朝鮮半島の軸，日本の視線に，冷戦構造などの国際政治史が絡みながら形成されていると考えていいであろう．なお，日本が帝国から国民国家となる脱帝国化の過程で，どのように歴史を再構築したのか，戦前の植民地や占領地に関する研究成果をいかに継承したのか，などについても検討していくことが求められよう．
2) 中国においてもポストモダン＝後学は極めて隆盛しており，ポストモダン同士で対話の可能性を模索することもありえよう．こうした点では，孫歌『アジアを語ることのジレンマ——知の共同空間を求めて』（岩波書店，2002 年）が極めて重要な問題提起となっている．だが，中国の「後学」については逆に多様性を付与された新たな国家史の創造にかかわる面があり，国家の相対化という点とは異なる議論体系を有している面がある．この点，『読書』（三聯書店）などに随時掲載される諸論文を参照のこと．
3) そうした意味で，2005 年 4 月の町村信孝，李肇星両外相の会談の際に，歴史研究共同研究の方向性が確認されたことは画期的である．1995 年の村山政権が開始した平和友好交流事業は 10 年の時限立法ではあったが，この 10 年間に日本とアジア諸国の共同研究，人的往来を飛躍的に推進，増加させた．だが，日台，日韓などに比べて，日中の枠組みについては日中双方がそれぞれ事業展開するかたちになり，様々な制約の下で，共同研究や人的交流は決してスムースにはいかなかった面がある．

4）台湾における日本評価について，台湾が日本の植民地支配を肯定的に評価しているとか，親日的であると判断することは極めて困難である．台湾では，一般的に，日本の植民地支配について，たとえば法律概念，時間遵守などの文明国化の面について選択的に受容したとされ，また皇民化政策などについては否定的に評価されることがある．だが，あくまでも歴史の主体は台湾人，台湾である．一方で，国民党支配の問題，二・二八事件の衝撃などが，過去の支配者としての日本を美化させ，国民党批判のために日本支配を評価する傾向があったことは言を待たない．そして，国民党による「反日教育」が加えられれば加えられるほど，反発としての日本評価の向上が潜在的に見られることになり，民主化以後は，日本を肯定的に語ることが言論の自由の象徴とされた面があったのである．だが，国民党支配から離脱すればする程，日本を肯定的に語るモチベーションが低下することにも留意を要する．こうした意味で，台湾における脱植民地化が，国民党支配からの離脱と日本支配の相対化の双方を伴ったため，複雑化してしまった背景を有していることを看過できない．このほか，戦後の国民党の歴史評価の面で，対日協力者は漢奸とし位置づけられたが，反蔣介石，親共であった者はいっそう厳しい位置に置かれ，教科書の中で位置づけさえ与えられない，まさに記述されない存在になったということがある．このような傾向は，中国における反毛沢東，反共産党主流派について同様に見られる．
5）こういった個人賠償に対する日本の各級裁判所における判決もまた，日本の歴史認識の一例として中国で報道されることがある．原告勝訴だと日本が屈服して歴史認識を改めた証拠とされ，敗訴だと歴史認識の誤りの証拠とされる．こうした訴訟は，中国の原告に支援者が日本に居ることを知っていただき，またそういった案件が存在していることを日本社会に提示する社会運動として意味をもつ点で重要である．だが，裁判そのものは，国家無答責，時効という二つの問題をクリアできなければ勝訴を導くことは困難である．また敗訴が日本の歴史認識の誤りとして中国メディアで中国社会に伝えられることを考慮する必要もあろう．奥田安弘・川島真ほか編著『共同研究・中国戦後補償――歴史・法・裁判』明石書店，2000年．
6）他方，経済発展による，中国の経済大国化は，必ずしも「寛容」に結びつくものではない，ということにも留意しておきたい．成功すれば寛容さが増すのというよりも，成功することで，いまならこれまで蓄積してきた心情を噴出させてもいいという論理にもなりがちなのである．
7）拙稿「台湾史をめぐる档案史料論――「档案の『視線』」（台湾史研究部会編『台湾の近代と日本』中京大学社会科学研究所，2003年3月）参照．
8）福田康夫官房長官の下で2003年におこなわれた「歴史資料として重要な公文書等の適切な保存・利用等のための研究会」，また2003年から2005年まで開催された「公文書等の適切な管理，保存及び利用に関する懇談会」において，こうした問題が議論され，報告書が提出されている．今後の政府の動向が注目されるところである．
9）加藤聖文「敗戦と公文書破棄――植民地・占領地における実態」（『史料館研究紀要』33号，2002年3月），また檜山幸夫編著『台湾総督府文書の史料学的研究』（ゆまに書房，2003年）参照．
10）劉傑『中国人の歴史観』文春新書，1999年．

11) 昨今の注目すべき試みに，三谷博『東アジアの公論形成』（東京大学出版会，2004 年）がある．

あとがき

　この本を作った日中の若手歴史家たちの研究会に私が参加したのは，2001年の秋だった．同じ日本史の研究室の出身で旧知の仲だった劉傑さんが，長く薄氷の上で弥縫を続けてきた日中関係に大幅な改善の機会が生じたと判断し，日中の若手研究者が率直に意見を交換し，より深いレベルの，あらゆる意味で対等な関係を築きたいと計画したということだった．私はもう若手という年齢ではないし，問題が生じた20世紀の専門家ではないのだが，様々な国際共同研究の経験から，日本と近隣諸国の間にある認識ギャップは放置できないと感じ，かつ年長世代の引き起した問題を若い世代が全面的に引き受けるのは不条理とも考えていたので，一も二もなく，参加を承諾した．日中双方で同じ感を抱いていた研究者たちが集い，互いの認識ギャップと共通の問題意識について，具体的な史料を前に一つ一つ討議しながら議論してきた，一応の成果が本書である．

　我々が研究会を始めたとき，そこには明るい展望があった．日中両国の間には国交回復後も様々な問題が積み残されており，とりわけ歴史については深刻な認識ギャップがあるが，双方では着実に世代交代が進んでいる，とくに中国での江沢民から胡錦涛への指導者の交代は日本への新しいアプローチを可能とするだろう，そういう期待があったのである．我々は，そうした展望の下に研究会を繰り返し，将来の関係の土台となるべき歴史の基礎的事実を，日本だけでなく，中国，そして世界の読者に提供しようと準備を重ねてきた．しかし，このあとがきを書いている2006年3月現在，日本と近隣諸国の関係は，国交回復以来，もっとも冷え込んだ状態となっている．

　2005年の3・4月，韓国ついで中国で，かなり激しい日本への街頭抗議行動が繰り返された．これは，東アジア三国間の生々しい覇権競争と歴史の記憶の問題とが複合して生じたものうようである．第二次世界大戦が終わり，中国の抗

日戦争勝利，植民地朝鮮の日本からの独立達成から60年という年に，たまたま日本は国連安全保障理事会の常任理事国に名乗りを上げ，他方ではアメリカ軍と自衛隊の融合を進めていた．それは，経済のグローバル化に乗って目覚ましい発展を遂げ，東アジアと世界における新たな役割を模索していた中国と韓国にとって，見過ごせない動きであった．はたして日本はこれから近隣諸国と協調する意志があるのか，ないのか．その見きわめを，両国の国民は過去認識と不可分の問題として行ったのである．この年はたまたま，日本で中学校歴史教科書が改訂される年でもあった．竹島と尖閣列島で領土問題が紛糾したが，それも歴史問題の一環であった．彼らの出した答は，否．日本首相が繰り返す靖国参拝は，日本の国民全体が，大日本帝国の行った中国への侵略と韓国の支配を反省する意志を持たないことを示している，そのように解したのである．大日本帝国の崩壊後，一度も戦争を経験せず，これからも自ら戦争を始めることなどあり得ないと信じている日本の国民は，そのような認識に基づく激しい抗議行動にあっけにとられ，日本への不信感の根深さに，あらためて驚愕したと言ってよいだろう．

　では，どうしたらよいのか．それは目下の事態がなぜ生じたか，関係国民がしっかり考えるほかにない．端的には，日本と近隣諸国の間に100年以上にわたって歴史認識をめぐる悪循環が続いてきたことを直視し，その悪循環を絶ち，好循環へ転ずる意志を持つことである．紛争を回避する初歩的な方法は会わないことであるが，国と国の関係はそうは行かない．引っ越しはできないし，経済の相互依存と人の交流は現在，奔流の如く進んでいて，誰も止めることはできない．2005年に見られた激しい言葉の応酬は，実は東アジア三国の当事者が絶対に戦争が起きないと信じているからこそ，生じたのであった．かつてのように何時でも戦争が起きえた時代には，それなりに慎重な言葉遣いが必要であった．今は暴力行使がありえないと安心し，それゆえにハラスメントを続けている．これは人間関係では最悪の状況である．引っ越ししたり，袂を分かてない以上，いくら不愉快な関係が生じても，それを互いに気持ちよく暮らせる関係に変える努力と工夫をする以外にないのではなかろうか．

　この場合，好循環への転換のためまず行動を起こすべきは日本人である．日

本は20世紀前半に朝鮮半島を支配し，中国へも攻め込んだ．和解のためには，まず加害者の側から意思表示をせねばならない．加害の事実を認め，謝罪の言葉を述べ，それを行動で示し続けるとき，初めて被害者は赦し，やがては忘れることが可能となる．戦後の日本でこうした努力がなかったわけではないが，被害国からの事実認定と謝罪の要求に比べると，小さな規模に止まった．そのギャップ，やりきれなさが，2005年春の街頭行動の背景にある．現在，中国では「歴史問題」，韓国では「歴史認識」という言葉が，普通名詞としてでなく，日本人による加害行為の認識という特殊な意味で使われ続けているのは，このような状況の持続を端的に示しているといえよう．

　日本人のイニシャティヴは，悪循環を好循環に転じ，和解に至る出発点であるが，その際には，いくつか留意すべき問題がある．第一は，現在生きている人びとの大多数が，大日本帝国の崩壊した1945年以後の生まれだということである．日本であろうと，中国・韓国であろうと，人口のほとんどが加害も被害も経験していない．かつ，戦後の第2世代は親からその記憶を聞かされて育ったのであるが，最近では，そのような経験のない第3・第4世代が成人の時を迎えている．この世代交代は，長期的には，双方で次第に忘却を進行させ，過去へのゆとりある態度を可能とするはずであるが，短期的にはむしろ，時代の諸条件を無視した信念が流布する背景ともなっている．直接に加害もせず，被害も受けなかった世代に，過去認識への確かな手がかりを提供する．それが今，極めて重要になっているのである．

　世代の問題は責任の問題を考えるとき，ゆるがせにできない．日本の戦後生まれに先祖の加害行為の責任のすべてを負わせるのは適切だろうか．そこに居なかった人に責任を問うことは不条理である．ただし，当たり前のことだが，戦後生まれは親の養育を受けている．我々の親世代は，敗戦の屈辱と貧窮の中で，子供を育てるため惜しみない愛情を注いでくれた．その上に現在の豊かで平和な日本がある．日本の戦後世代は親たちから大きな遺産を相続しているのである．しかし，そこには負の遺産も隠れていた．後世代にとって，年長世代が自分で加害問題を解決してくれなかったことは，いま大きな重荷となっているのであるが，プラスの遺産をすでに相続している以上，マイナスの遺産をすべて拒否するわけにはゆかない．自分たちが直接の加害者ではないことを意識

しつつ，なお和解への努力をするほかはないのではなかろうか．

　その際，戦前の日本と戦後日本とを明確に区別することが必要である．戦後日本が，一面で，戦前の近隣への加害を忘れたのは事実であるが，他面で，自滅の経験の痛切な反省に立って，60年以上，一度も戦争をしなかった．また，世論の画一性が雪崩現象を起こした経験に鑑みて，自由で多元的な公論を交わす慣習を育て，それもかなりの成果を上げた．歴史始まって以来の占領という屈辱を味わいながらも，戦前とは異なる，より良い社会を造り上げてきたのである．そのような観点からすると，現在の日本を，敢えて大日本帝国，それも末期の総力戦の時代と同一視しようとするのは，愚行としか言えない．その全責任を，そこに居なかった戦後生まれに，どうしてかぶせようとするのであろうか．

　さて，こうした態度で過去に臨むとして，具体的にはどうしたら良いだろうか．第一に必要なのは大局に着眼することである．今まで，歴史認識というと，南京大虐殺や従軍慰安婦など，感情を高ぶらせがちな問題をまず取り上げ，踏み絵の如く扱う慣習があった．それは適切だったろうか．こうした残虐行為は調べればいやと言うほど出てくるだろう．それらをすべて認識することは歴史の専門家ですら不可能である．大事なのは，日中関係の場合，のべ300万を超える日本軍が中国大陸に送りこまれ，そこに住む中国人と戦い，支配しようとした事実である．日本ではこれを日中戦争と呼んでいるが，決して中国軍が日本列島に来て戦ったことはない．一方的な侵略，それが大きな構図であり，これはどんな史料を持ち出しても否定はできないだろう．日本人がそうした構図を弁えておれば，いくら知らなかった酷い事実を突きつけられても，たじろがず，冷静に対処できるはずである．

　こうした認識は日本人にとっては辛いことであり，戦後世代にとっては不条理の側面も含む．したがって，心理的な壁を越える方法が大事であるが，その一つに，国内の被害体験と重ね合わせる方法がある．例えば，日中戦争で中国人が陥った立場を想像するには，沖縄戦を思い浮かべればよい．アメリカ軍が大挙上陸し，凄惨な戦闘が住民まで巻き込んで，約20万が殺された．自分を昭和20年初夏の沖縄に立たせてみよう．そして，それを媒介に昭和10年代の中

国人の境遇を想像するのである．「もしこれが自分の身に起きたら，どう感じ，どう行動するだろうか」．このように立場を置きかえて想像することは，良き人間関係を築くための根本である．とかく利己的になりがちな人間にとって難しいことであるが，それ以外にこじれた関係を修復する方法はない．東アジアの近代史の場合，普通の日本人にとって，中国人や朝鮮人の立場に身を置いて想像するのは困難かもしれないが，自国の歴史の一部と重ね合わせるならば，より易しくなるのではあるまいか．

「もし自分がその立場に居たら？」．この問いは，自他の間に横たわる厚い壁を和らげ，様々な人間の条件への想像力を育んでゆく．そして，加害者の側が先ずそうするなら，それを知った被害者も心を開くことが可能になる．和解を求めるには，一方で，過去の事実と責任帰属を明らかにすることが必要であるが，それだけでは，かえって当事者同士の心の傷を深め，悪循環の罠に閉じ込めてしまうこともありうる．「もし，この人と同じ立場だったら？」．そうした問いかけの循環を起こすことができるなら，過去の忌まわしい事実の認識は，むしろ心の傷を癒し，和解と幸せな人間関係への道を開いてくれるのではなかろうか．

東アジアの各国が，未来に向かって良好な関係を築くには，過去の傷を癒すことが必要である．歴史から逃亡する限り，日本人は，過去の奴隷という境遇から解放されることはないだろう．ただし，歴史認識はけっして十分条件ではない．東アジアが幸せな未来を築くには，自分たちだけの問題でなく，地球環境問題など世界レベルの難題に共同で取り組むことが必要である．「我々のために働いてくれた，ありがとう」，そう東アジア外の人びとから声をかけられるようになったとき，東アジアの住民は，初めて「近代」のもたらした深甚なトラウマを克服できるようになるのである．

現在の日本と近隣諸国の間には歴史認識という壁が横たわっている．しかし，その壁に門がないわけではない．本書は，ささやかなものではあるが，その門の探し方を示そうとした．東アジアの住民が関門を発見し，これをくぐって輝かしい未来に向かって共同行動を始める，その一助となることを，著者一同，期待してやまない．

本書が出版にこぎつけるまでには，多くの方々の惜しみないご協力をいただいた．和やかで率直な議論ができる場を用意してくださった，笹川平和財団の于展さん，小林義之さん，胡一平さん．出版企画にご賛同くださり，細かい点に至るまでご配慮いただいた東京大学出版会の竹中英俊さん，佐藤一絵さん．そして中国語版の作製と刊行に格段のご尽力をいただいた中国社会科学文献出版社の楊群さん．これらの方々に，執筆者一同，心からの感謝を捧げたい．

2006年3月

三谷　博

人物索引

■ ア行

阿倍仲麻呂　238
阿部信行　199
有賀長雄　47
家永三郎　214
五百旗頭眞　219
池田勇人　296, 299
石橋湛山　294
石原莞爾　123, 125
板垣征四郎　123, 126
伊藤博文　11, 247
犬養健　188
今井武夫　186
袁世凱　34, 44, 45, 46, 357
王育德　260
王家楨　97 – 103
王正廷　57 – 61, 64, 65, 68, 97
汪兆銘（汪精衛）　76, 80, 123, 171 – 177, 179 – 181, 185, 186, 188, 189, 192, 193, 198, 200, 355
大隈重信　47
大平正芳　299, 327, 331
岡田酉次　192

■ カ行

カー, E. H.　142
影佐禎昭　186, 188, 190, 192, 193
萱野長知　45
鑑真　230, 240
岸信介　92, 114, 299, 321

姫鵬飛　327
金雄白　199
小泉純一郎　289, 299, 305 – 307
黄継先　241
黄遵憲　18, 19, 34
高宗武　172
黄文雄　276
康有為　37
コーエン, ポール・A.　32, 164
胡錦涛　339
顧維鈞　41, 85, 96, 358
胡適　267
小林多喜二　247
小林よしのり　274
小森陽一　219

■ サ行

蔡智堪　96 – 101
蔡塔火　254
坂本義和　219
佐藤栄作　297, 299, 322
佐分利貞男　68
塩沢幸一　72, 73
重光葵　57 – 70, 75, 77, 80, 81, 88, 195
幣原喜重郎　57, 69, 74 – 80, 299
清水董三　188
周恩来　322 – 327, 330, 331, 341
周仏海　188, 193, 199
周隆庠　188
聶栄臻　243

蒋介石　57, 67, 68, 77 - 80, 96, 141, 171, 172, 174, 176, 179, 180, 318, 324, 339, 362
昭和天皇　85, 86, 291, 293, 299
須賀彦次郎　188
鈴木善幸　299, 300
スノー，エドガー　90
須磨弥吉郎　77, 81
スマイス，ルイス　156
戚継光　240
銭其琛　338
宋教仁　46
宋哲元　191
曾国藩　7, 357
孫科　76
孫宅巍　157
孫文　40, 44, 125, 174, 180, 259

━━━　タ行　━━━

竹入義勝　325
田中角栄　299, 325 - 327, 338
田中義一　85, 86, 92, 96, 100
谷寿夫　139
谷萩那華雄　188
ダレス，ジョン・フォスター　319, 320
俵義文　219
段祺瑞　47
チャン，アイリス　91, 360
趙安博　324
張学良　57, 66, 97, 98, 125
張群　57, 59, 73
張作相　57
張作霖　43, 124
張生　198
陳済棠　76

陳水扁　263
陳友仁　76, 78, 80
鄭成功　35
陶希聖　188, 190
唐紹儀　76
トロツキー，レオン　91

━━━　ナ行　━━━

中島今朝吾　149
中曽根康弘　299 - 301, 304
西尾幹二　218
西村熊雄　320, 321

━━━　ハ行　━━━

梅思平　188
橋本龍太郎　299, 305
秦郁彦　97, 98
原敬　276
東久邇稔彦　299
広瀬経一　192
広田弘毅　140
溥儀　13, 120
福沢諭吉　21, 23
福田赳夫　299
堀田善衞　93, 155
堀場一雄　192

━━━　マ行　━━━

松井石根　140, 159, 162, 171
松岡洋右　40, 41, 69, 85
マッカーサー，ダグラス　317
三木武夫　299
宮沢喜一　216, 300
村井倉松　57, 59, 72, 73

村山富市　304
毛沢東　318, 329, 341

ヤ・ラ行

安丸良夫　219
矢野征記　188
楊肇嘉　260
吉田茂　293, 320, 321
ラーベ，ジョン　145, 149, 166
李鴻章　7, 11, 13, 14, 16, 17, 19, 36, 39, 357
李秀英　146, 148
李登輝　261, 268
劉連仁　241
梁啓超　37
林献堂　260
連戦　267
魯迅　43

事項索引

━━━━━━ ア行 ━━━━━━

アーカイバル・ヘゲモニー　360
愛国主義　49
愛国主義教育　347
朝日新聞　218
アジア（亜細亜）　17, 19, 20
アジアからの衝撃　32
アジア歴史資料センター　361
『新しい歴史教科書』　219
新しい歴史教科書をつくる会　217, 232
アメリカ　268, 275
石井部隊　241
一国主義派　206, 221
ヴェトナム戦争　348
瓜分の危機　35, 36
APEC首脳会議　268
A級戦争犯罪（A級戦犯）　247, 292
易幟事件　68
汪兆銘工作　172
王道楽土　133
汪偽政権　173
オーラル・ヒストリー　166, 362

━━━━━━ カ行 ━━━━━━

階級闘争　141, 269
戒厳令　255, 256
外省人　255
傀儡　195, 200
傀儡国家　113
傀儡政権　187, 188, 196, 198, 355

化外の民　35
科挙　38, 43
学習指導要領　208, 228
革命外交　53, 68, 69
革命派　39, 45
閣僚の靖国神社参拝問題に関する懇談会（靖国懇）　301
学校教育法　213
桂・タフト協定　42
課程標準　236
漢奸　173, 175, 178, 179, 190, 197, 198, 200, 353
間島協約　42
関東軍　57, 81, 113, 123, 128, 129
広東政府　53, 76, 78
漢冶萍公司　37
冀察政務委員会　91
義務教育諸学校教科用図書検定基準　209
九・一八事変　→満州事変
教育委員会　210
教育勅語　254
教学大綱　236
教科書制度　208
教科書調査官　209
教科書問題　41, 46, 347
教科用図書検定規則　208, 214
強制連行　141, 333
協調外交　69
拒俄運動　39
義和団（事件）　5, 38, 39, 44

近代化　257, 258, 273
クリントン政権　268
軍閥　125
圏域　282
元寇　231, 240
遣唐使　231
興亜会　19, 20
交易市場　135
講座派　275
公式参拝　298
光緒新政　33, 38, 39, 43, 45, 357
甲申事変(政変)　23, 24, 34
高度経済成長　246
抗日教育　347
抗日戦争　6, 348, 350
皇民化　265, 273
五四運動　38, 46, 47, 51
国際協調派　206, 221
国際的地位の向上　231
国際連盟　41, 94, 347
国民政府
　　(蔣介石の南京)——　53, 54, 57, 58, 80, 172, 185, 194
　　(汪兆銘の南京)——　171
　　中華民国——(南京政府)　171-173, 195, 320
国民政府外交部　88, 102
国民党　56
『国民の歴史』　218
国務院　116
国務院会議　119
五権憲法　259
五校特約　43
五族(民族)協和　47, 114, 128, 130
国家護持　290
国家統一綱領　256
国家無答責原則　336, 337
国共内戦　243, 348
子どもと教科書全国ネット21　219
顧問　190, 191

■■■■■■■■■■■■■■■ サ行 ■■■■■■■■■■■■■■■

採択地区　208, 210
採択地区協議会　211
済南事件(事変)　5, 53, 55, 62, 67, 102
参議府　116
産経新聞　218
三国干渉　39
山東出兵　55, 102
山東問題　47
サンフランシスコ講和会議　318, 319
「自虐」史観　274
士紳　261
「自尊」史観　274
幣原外交　69, 81
支那呼称問題　47
支那事変　175
シベリア出兵　46
下関(講和)条約　41, 253
社会主義初期段階論　271
社会進化論　4, 21, 24, 36
従軍慰安婦　141, 217, 333
重慶政府　172, 186, 187, 195, 197
集団的記憶　166
自由民主党　294
条約改正　24
除斥期間　336, 337
辛亥革命　44, 124, 174

事項索引　377

清国留学生取締規則　43
壬午事変　34
辛丑和約（北京議定書）　38, 39
清朝皇帝退位　44
神道指令　291
水曜会　120
水曜会議　120
西安事変　57
政府開発援助（ODA）　315
正名運動　280
西洋からの衝撃（ウェスタンインパクト）
　32
勢力範囲　37, 38, 49
全国戦没者追悼式　290
戦後処理　317, 359
戦争遺留問題　315, 338
総統直接選挙　256
総務司長　118
総務庁　116
総務庁中心主義　117
総務長官　116
総理衙門　14, 16, 38
租界　35, 53, 58
租借地　38, 44, 47, 64
属国自主　15 - 17

■■■■■■■■■■■■■■■■　タ行　■■■■■■■■■■■■■■■■

大亜細亜主義　77
大アジア主義講演　40
第一次世界大戦　27, 39, 43, 46
第一次撤廃条約　130
大学教育　207
大化の改新　246
大正デモクラシー　353

対中蔑視　30, 39
大東亜共栄圏　93, 357
第二次世界大戦　42, 113, 315
第二次撤廃条約　130
第二辰丸事件　43
対日講和7原則　318
大日本帝国憲法　291
太平洋戦争　89, 177
太平洋問題調査会　90
大陸浪人　45
台湾議会設置運動　254, 272
台湾出兵　11, 24, 35
台湾特別行政長官公署　255
台湾独立建国連盟　276, 280
台湾文化協会　263
台湾民主国　36, 254
脱亜論　21 - 23
田中上奏文　85 - 103, 347
治外法権　34, 53, 64, 129
千歳丸　32
千鳥ヶ淵戦没者墓苑　290, 295
『中央公論』　220
中華思想　32, 49
中学校学習指導要領　212
中華民族　237, 254, 258, 269, 270
中華民族論　47
中間賠償撤去　317, 318
中原大戦　125
中興新村　255
中国革命同盟会　174, 180
中国共産党　269
中国人居留民虐殺事件　55, 62, 64, 74
中国政府選択問題　319
中国中央テレビ　267

中国ナショナリズム　47, 353
中国保全　38
朝貢体制　34, 357
朝貢貿易システム　31
朝鮮策略　18, 20, 24
朝鮮戦争　318
追悼・平和祈念のための記念碑等施設の在り方を考える懇談会　306
鉄道の国有化　44
天安門事件　38, 241
天津条約　34
档案　358
档案館　358
東京裁判　92, 292, 302
東京裁判史観　154
東南互保　38, 45
東方会議　86, 97-99, 103
東北政務委員会　57

■■■■■　ナ行　■■■■■

内地延長　276
内面指導　120
中支那方面軍　139, 171
731細菌戦　333
南京虐殺事件　90
南京国民政府　→国民政府
南京政府　→国民政府
南京大虐殺　240, 241
南京大屠殺　139, 140
南進　275
二国論　261
二十一カ条要求（対華・対支）　5, 29, 46, 55, 61, 93
日英同盟　39, 42

日独伊防共協定　189
日仏協約　42
日満定位　118
日満比率　118
日露協約　42
日露戦争　30, 39-43, 49, 231, 353
日華平和条約　319, 321, 327, 339
日韓併合　42
日清修好条規　3, 5, 6, 15, 32, 33
日清戦争　3, 5, 12, 24, 28, 33-36, 39, 44, 47, 231, 275, 314
日中共同声明　315, 324, 332, 337, 338
日中近代化比較論　30
日中国交正常化　243
日中戦争　42, 80, 99, 102, 171, 177, 198
日中平和友好条約　233, 326, 339
日中友好・非友好　29, 42, 43
二・二八事件　255, 276
日本遺族会　294, 296
日本教職員組合　214
日本国憲法　292
日本国志　36
日本史・東洋史・西洋史　233
日本社会党　294
認識台湾　259, 263
眠れる獅子　35

■■■■■　ハ行　■■■■■

ハーグ条約　337
ハーグ平和会議　40
賠償請求権　322-325, 331
排日ボイコット(排日貨運動)　46, 55, 67, 69, 72, 75, 81
白色テロ　276

事項索引　379

花岡事件　333
パブリック・メモリー　349
パリ講和会議　46
潘家峪　241
万国公法　11, 12, 13, 16
犯罪即決令　278
反日援僑委員会　56
反日教育　347
半封建半植民地体制　45
副教材　222
武昌蜂起　44
ブックロード　33
不平等条約改正　45
不平等条約体制　33
文人交流　33
文明国・非文明国　29, 30, 33, 47, 348
米西戦争　38
平甫族　258, 260
平和教育　232
ポーツマス条約　42
ポーレー賠償調査団　317
北社　262, 263
北伐　77, 124
北洋艦隊・南洋艦隊　24, 34
保甲制度　278
戊戌変法　32, 36, 37
ポストコロニアル　275, 278
ポツダム宣言　287, 316
香港返還　49
本省人　255

━━━━━━━━━ マ行 ━━━━━━━━━

満洲(州)国　113 – 135, 173, 353, 356
満洲(州)事変(九・一八事変)　5, 6, 55, 80, 94,
　　102, 103, 113, 124, 140
満洲利権　40
満鉄付属地　129
万宝山事件　57, 60, 64, 67, 72, 74
満蒙権益　61, 72, 74, 75, 78, 79
満蒙問題　67 – 69
民間賠償　333
民族英雄　240
明治維新　32, 36, 246, 275
文部科学省　208

━━━━━━━━━ ヤ行 ━━━━━━━━━

靖国神社　247, 289 – 309
靖国神社法案　296 – 298, 308
靖国神社問題に関する小委員会　300
八幡製鉄所　37
洋務(運動)　20, 32, 37, 357
吉田書簡　320

━━━━━━━━━ ラ行 ━━━━━━━━━

利権回収運動　39
理想国家　113
立憲運動・革命運動　40
立憲派　39, 45
リットン調査団　41
留学生　43, 45
糧桟　135
臨時約法　46
歴史認識問題　345
連合国最高司令官総司令部(GHQ)　291, 317
労農派　275
盧溝橋事件　99, 169, 243
露清密約　35, 39

ワ行

倭寇　240
ワシントン会議　42
ワシントン体制　353

執筆者紹介

(編者)

劉傑(りゅう　けつ：LIU, Jie)
　早稲田大学社会科学総合学術院教授(近代日本政治外交史).
　1962年中国・北京生まれ．93年東京大学大学院人文科学研究科博士課程修了．博士(文学)．早稲田大学社会科学部専任講師，同助教授を経て2003年から現職．主要著書：『日中戦争下の外交』(吉川弘文館，1995年)，『中国人の歴史観』(文春新書，99年).

三谷博(みたに　ひろし)
　東京大学大学院総合文化研究科教授(日本近代史).
　1950年広島県生まれ．78年東京大学大学院人文科学研究科博士課程単位取得退学．博士(文学)．学習院女子短期大学専任講師，助教授を経て，96年より現職．主要著書：『明治維新とナショナリズム』(山川出版社，97年)，『ペリー来航』(吉川弘文館，2003年)，『東アジアの公論形成』(編著，東京大学出版会，04年).

楊大慶(よう　だいけい：YANG, Daqing)
　ジョージワシントン大学准教授(日本・東アジア近代史).
　1964年中国・南京生まれ．ハワイ大学およびシカゴ大学修士課程，ハーバード大学博士課程修了．博士(歴史学)．主要著書・論文：「歴史家への挑戦――『南京アートロシティ』研究をめぐって」(『思想』98年8月号)，*The Technology of Empire : Telecommunications and Japanese Expansion*, 1895-1945, Harvard Asia Center(近刊).

(執筆順)

茂木敏夫(もてぎ　としお)
　東京女子大学現代文化学部教授(中国近代思想史).
　1959年群馬県生まれ．91年東京大学大学院人文科学研究科博士課程単位取得退学．博士(文学)．静岡県立大学国際関係学部，東京女子大学現代文化学部助教授を経て2005

年から現職．主要著書・論文：『変容する近代東アジアの国際秩序』（山川出版社，1997年），「国民国家の建設と内国植民地――中国辺疆の『解放』」（宮嶋博史ほか編『植民地近代の視座』岩波書店，2004年）．

川島真（かわしま　しん）

北海道大学公共政策大学院・法学研究科助教授（アジア政治外交史）．

1968年東京生まれ．97年東京大学大学院人文社会研究科単位取得退学．博士（文学）．日本学術振興会特別研究員を経て，98年北海道大学法学部助教授，2005年より現職．主要著書：『中国近代外交の形成』（名古屋大学出版会，04年，サントリー学芸賞），『戦争・ラジオ・記憶』（共編著，勉誠出版社，06年）．

服部龍二（はっとり　りゅうじ）

中央大学総合政策学部助教授（外交史）．

1968年東京生まれ．97年神戸大学大学院法学研究科単位修得退学．博士（政治学）．千葉大学大学院社会文化科学研究科助手，拓殖大学政経学部専任講師，同助教授を経て2003年から現職．主要著書：『東アジア国際環境の変動と日本外交 1918-1931』（有斐閣，01年），『満州事変と重光駐華公使報告書――外務省記録「支那ノ対外政策関係雑纂『革命外交』」に寄せて』（日本図書センター，02年），『幣原喜重郎と20世紀の日本――外交と民主主義』（有斐閣，近刊）．

樋口秀実（ひぐち　ひでみ）

國學院大学文学部助教授（近代東アジア国際政治史）．

1967年東京生まれ．94年國學院大学大学院文学研究科博士課程単位取得満期退学．博士（歴史学）．國學院大学専任講師を経て，2006年から現職．主要著書・論文：『日本海軍から見た日中関係史研究』（芙蓉書房，02年），「東三省政権をめぐる東アジア国際政治と楊宇霆」（『史學雜誌』第113編7号，04年）．

茨木智志（いばらき　さとし）

上越教育大学学校教育学部助教授（社会科教育・歴史教育）．

1961年東京生まれ．86年筑波大学大学院教育研究科修士課程修了．東京都立高校教諭，上越教育大学専任講師を経て，2002年から現職．主要著書：『「モンゴル佛教史」研究［一］』（同，ノンブル社，02年），『越境する歴史教育――国境を越えて，世代を越えて』（共著，教育史料出版会，04年），『21世紀の歴史認識と国際理解――韓国・中国・日本

からの提言』（同，明石書店，04年）．

浅野豊美（あさの　とよみ）

中京大学教養部教授（東アジア国際関係史）．

1964年福島県生まれ．98年東京大学大学院総合文化研究科博士課程単位取得退学．ハーバード大学訪問研究員，(財)交流協会嘱託，早稲田大学アジア太平洋研究センター助手，中京大学助教授を経て，2005年から現職．主要著書・論文：『植民地帝国日本の法的構造』（共編著，信山社，04年），「保護下韓国の条約改正と帝国法制──破綻した日韓両国法の地域主義的結合」（『講座「帝国」日本の学知　第一巻　帝国編成の系譜』岩波書店，06年）．

村井良太（むらい　りょうた）

駒澤大学法学部政治学科専任講師（日本政治外交史）．

1972年香川県生まれ．2002年神戸大学大学院法学研究科博士課程修了．博士（政治学）．日本学術振興会特別研究員を経て03年から現職．主要著書：『政党内閣制の成立　一九一八〜二七年』（有斐閣，05年）．

楊志輝（よう　しき：YANG, Zhihui）

早稲田大学大学院政治学研究科客員講師（国際政治・日本外交）．

1966年中国・厦門生まれ．2001年早稲田大学大学院政治学研究科国際政治専修満期退学．博士（政治学）．01年早稲田大学社会科学部非常勤講師，03年早稲田大学21世紀COEプログラム「現代アジア学の創生」研究員．主要論文：「日中間の認識の相違を超える道への模索──日中歴史問題を考える」笹川日中友好基金『若手歴史研究者会議研究発表抜粋』(02年10月)，「戦後日本外交におけるアジア──『中国問題』をめぐる日米の攻防から」早稲田大学COE-CAS 2002-2003年次報告書．

国境を越える歴史認識——日中対話の試み

2006年5月22日　初　版

［検印廃止］

編　者　劉傑・三谷博・楊大慶

発行所　財団法人　東京大学出版会
代表者　岡本和夫
113-8654　東京都文京区本郷 7-3-1 東大構内
http://www.utp.or.jp/
電話 03-3811-8814・Fax 03-3812-6958
振替 00160-6-59964

印刷所　株式会社平文社
製本所　矢嶋製本株式会社

Ⓒ 2006 J. Liu, H. Mitani and D. Yang, et al.
ISBN 4-13-023053-0　　Printed in Japan

〈R〉日本複写権センター委託出版物〉
本書の全部または一部を無断で複写複製（コピー）することは，著作権法上での例外を除き，禁じられています．本書からの複写を希望される場合は，日本複写権センター（03-3401-2382）にご連絡ください．

東アジアの公論形成　三谷博　編	A5	5800円
中国の衝撃　溝口雄三	四六	2000円
近代東アジア国際関係史　衞藤瀋吉	A5	3600円
中国国民政府の対日政策　1931–1933　鹿錫俊	A5	6200円
日中戦争期における経済と政治　近衛文麿と池田成彬　　松浦正孝	A5	6400円
戦間期中国〈自立への模索〉　関税通貨政策と経済発展　　久保亨	A5	5400円
重慶国民政府史の研究　石島紀之・久保亨　編	A5	9000円
中国革命の起源　1915–1949　　ビアンコ/坂野正高訳・坪井善明補訳	A5	3700円
戦後中国の憲政実施と言論の自由　1945–49　　中村元哉	A5	6800円
戦後日本の中国政策　1950年代東アジア国際政治の文脈　　陳肇斌	A5	6200円
中国の対外戦略　岡部達味	A5	4600円

現代中国の構造変動［全8巻］　1～4巻：A5　3600円　5～8巻：A5　3800円
1．大国中国への視座　毛里和子　編
2．経済―構造変動と市場化　中兼和津次　編
3．ナショナリズム―歴史からの接近　西村成雄　編
4．政治―中央と地方の構図　天児慧　編
5．社会―国家との共棲関係　菱田雅晴　編
6．環境―成長への制約となるか　小島麗逸　編
7．中華世界―アイデンティティの再編　毛里和子　編
8．国際関係―アジア太平洋の地域秩序　田中恭子　編

ここに表示された価格は本体価格です．御購入の際には消費税が加算されますので御了承ください．